BOYS LOVE

[given]

KAZÉ ANIME

CAN'T SAY GOODBYE, I'M STILL DRIFTING WITH YOUR ECHOES.

Riff ins Herz!

Ritsuka will eigentlich nur ein Nickerchen an seinem Lieblingsplatz machen, doch er muss feststellen, dass dieser vom wortkargen Mafuyu in Beschlag genommen wurde. Schlafend klammert der sich an eine Gitarre. Als Ritsuka den Zustand des Instruments bemerkt, platzt ihm der Kragen. Genervt repariert er die Saiten und nimmt Mafuyu mit zu seiner Bandprobe. Schon bald muss er sich eingestehen, dass Mafuyu ihn magisch in seinen Bann zieht …

www.kaze-online.de   Kaze.Deutschland   KazeDeutschland

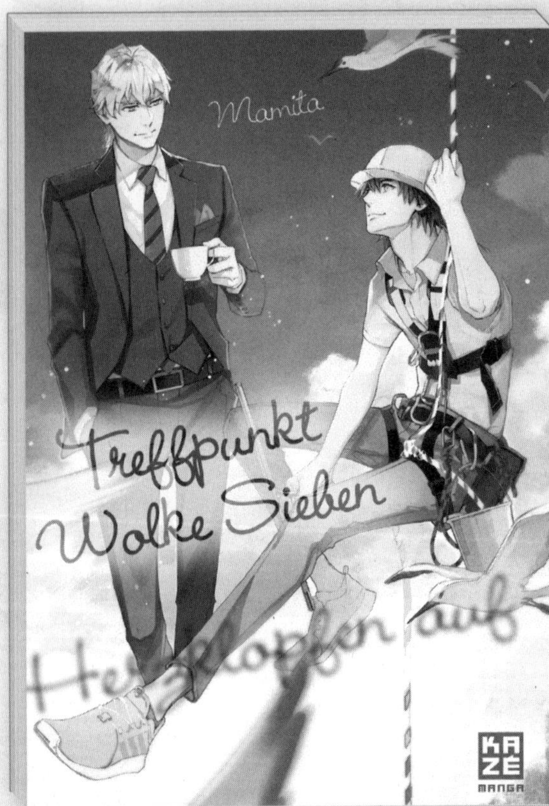
Mamita
Treffpunkt
Wolke Sieben
Herzklopfen auf
KAZE
MANGA

Der Metalhead von nebenan

First published by Tokuma Shoten Publishing Co., Ltd. in Japan.
German language translation rights arranged with Tokuma Shoten Publishing Co., Ltd., Tokyo through Tuttle-Mori Agency, Inc., Tokyo.

Deutschsprachige Ausgabe / German Edition

CH-1007 Lausanne
2. Auflage

Verlegt unter dem Label KAZÉ MANGA
durch Crunchyroll SA

Aus dem Japanischen von Katharina Schmölders

Redaktion: Marvin Schmid
Herstellung: Sonja Lesch
Lettering: Paolo Gattone, Chiara Antonelli, Alessio Ravazzani
Druck und Bindung: GGP Media GmbH, Pößneck

ISBN 978-2-88951-615-5

Der Metalhead von nebenan

PROFIL

Mamita

Stammt aus Tokyo
Géboren am 12. März

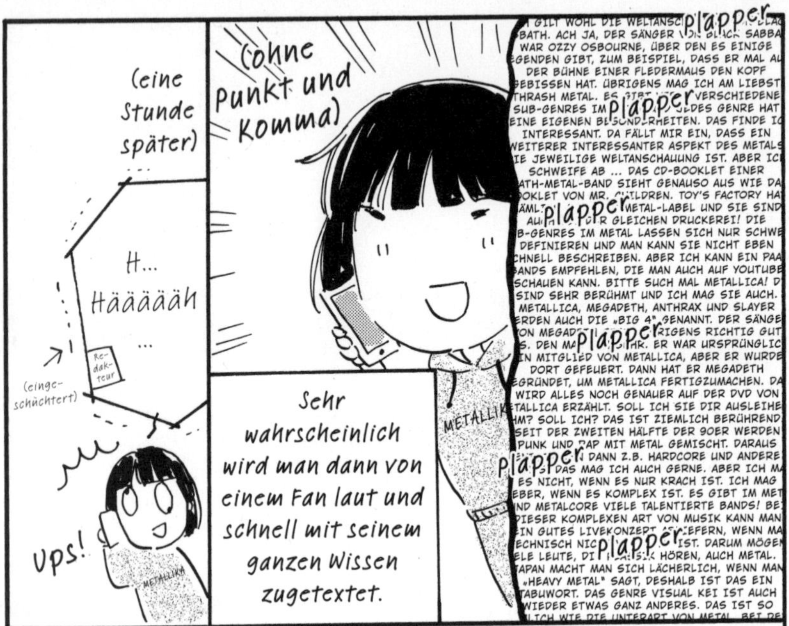

Vielen Dank, dass ihr diese Geschichte gelesen habt!

Herr Redakteur, das von damals tut mir wirklich leid!

Special Thanks

Ryono
Miyuki Ogasawara
Akane
Mein Redakteur Herr T.
Mein Designer

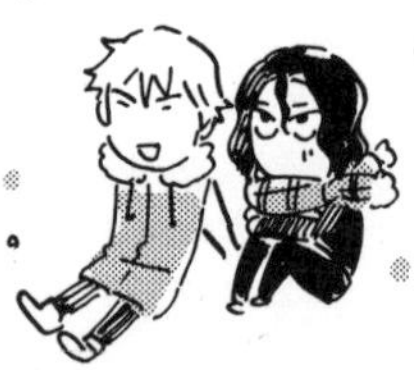

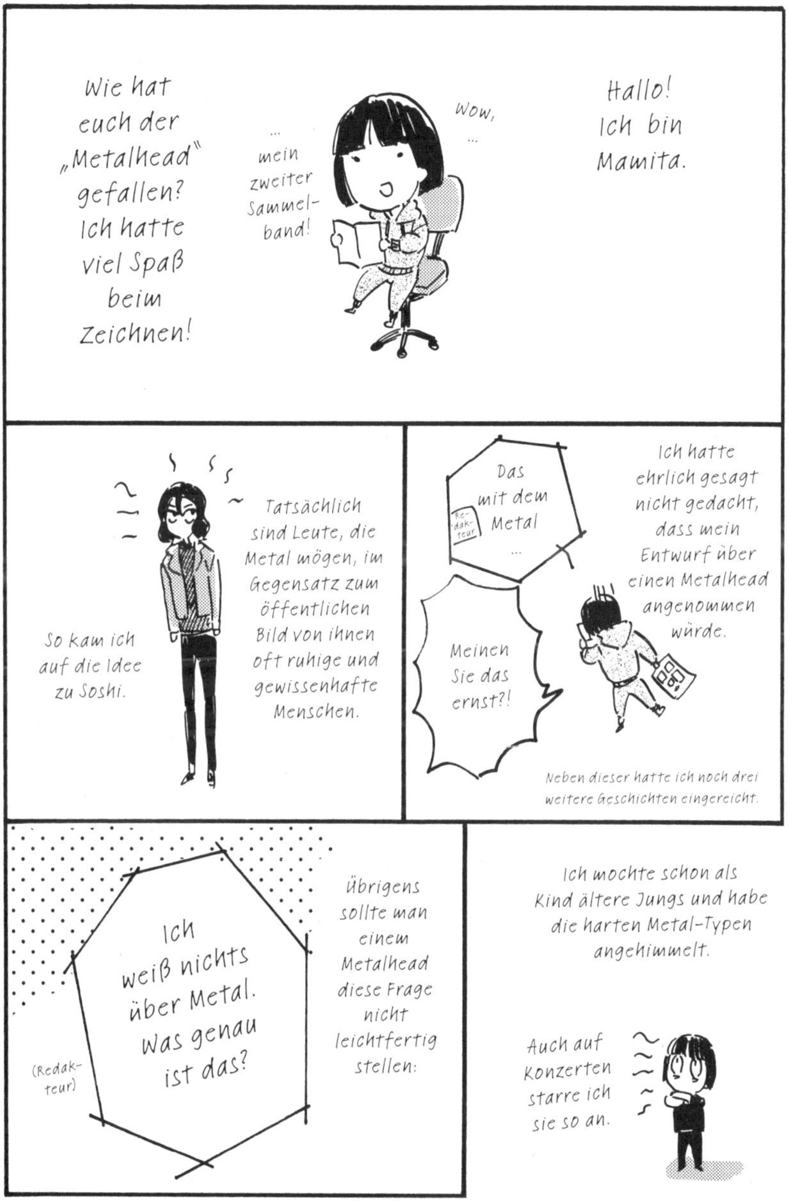

Hallo! Ich bin Mamita.
Wow, … mein zweiter Sammelband!
Wie hat euch der „Metalhead" gefallen? Ich hatte viel Spaß beim Zeichnen!
Ich hatte ehrlich gesagt nicht gedacht, dass mein Entwurf über einen Metalhead angenommen würde.
Das mit dem Metal …
Redakteur
Meinen Sie das ernst?!
Neben dieser hatte ich noch drei weitere Geschichten eingereicht.
Tatsächlich sind Leute, die Metal mögen, im Gegensatz zum öffentlichen Bild von ihnen oft ruhige und gewissenhafte Menschen.
So kam ich auf die Idee zu Soshi.
Ich mochte schon als Kind ältere Jungs und habe die harten Metal-Typen angehimmelt.
Auch auf Konzerten starre ich sie so an.
Übrigens sollte man einem Metalhead diese Frage nicht leichtfertig stellen:
Ich weiß nichts über Metal. Was genau ist das?
(Redakteur)

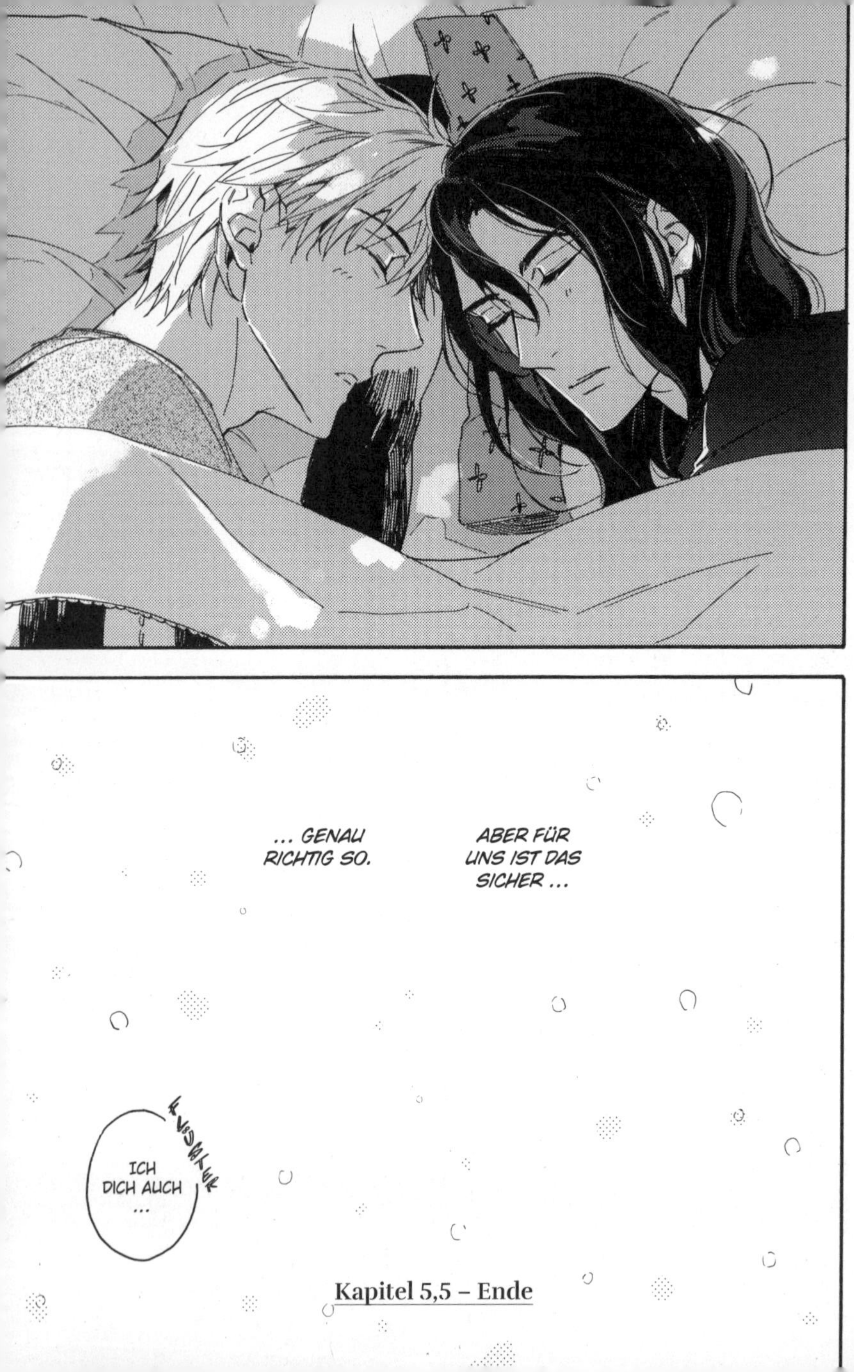
ABER FÜR UNS IST DAS SICHER …
… GENAU RICHTIG SO.
ICH DICH AUCH …
Kapitel 5,5 – Ende

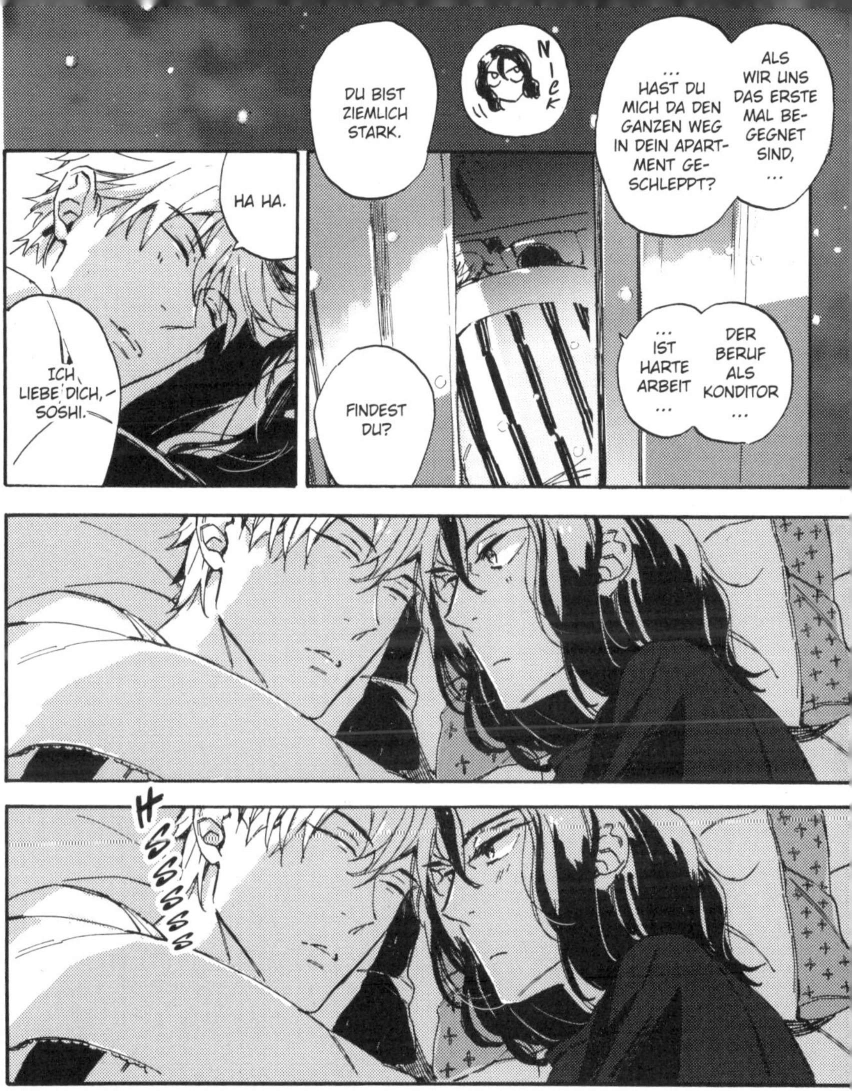

BIS WIR ZUSAMMEN- GEKOMMEN SIND UND AUCH DANACH …

… HABEN WIR UNS BEI EINIGEN DINGEN VIEL ZEIT GELASSEN.

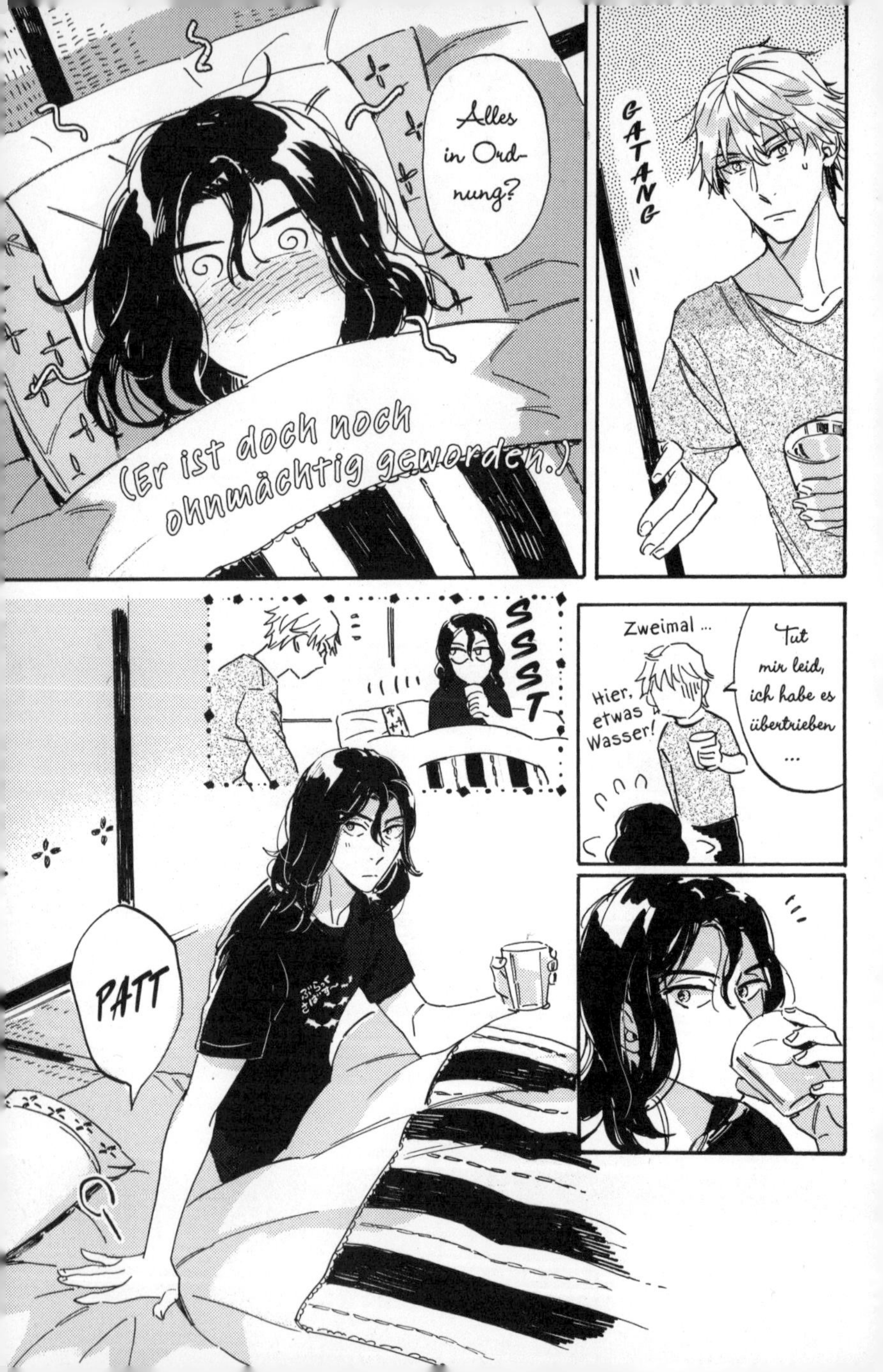
GATANG
Alles in Ordnung?
(Er ist doch noch ohnmächtig geworden.)
Tut mir leid, ich habe es übertrieben ...
Zweimal ...
Hier, etwas Wasser!
SSST
PATT

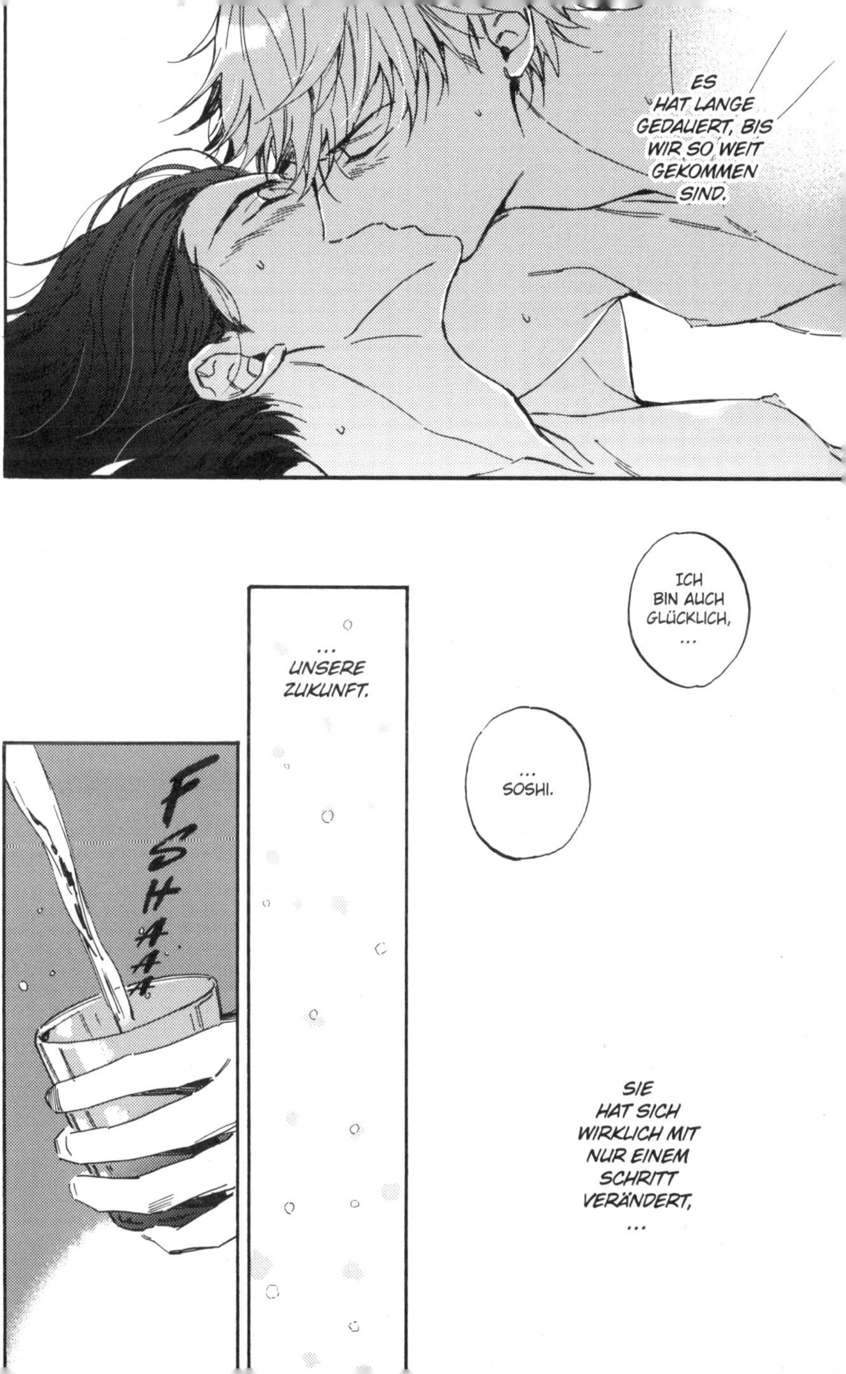
ES HAT LANGE GEDAUERT, BIS WIR SO WEIT GEKOMMEN SIND.
ICH BIN AUCH GLÜCKLICH, ...
... SOSHI.
... UNSERE ZUKUNFT.
SIE HAT SICH WIRKLICH MIT NUR EINEM SCHRITT VERÄNDERT, ...
FSHAAA

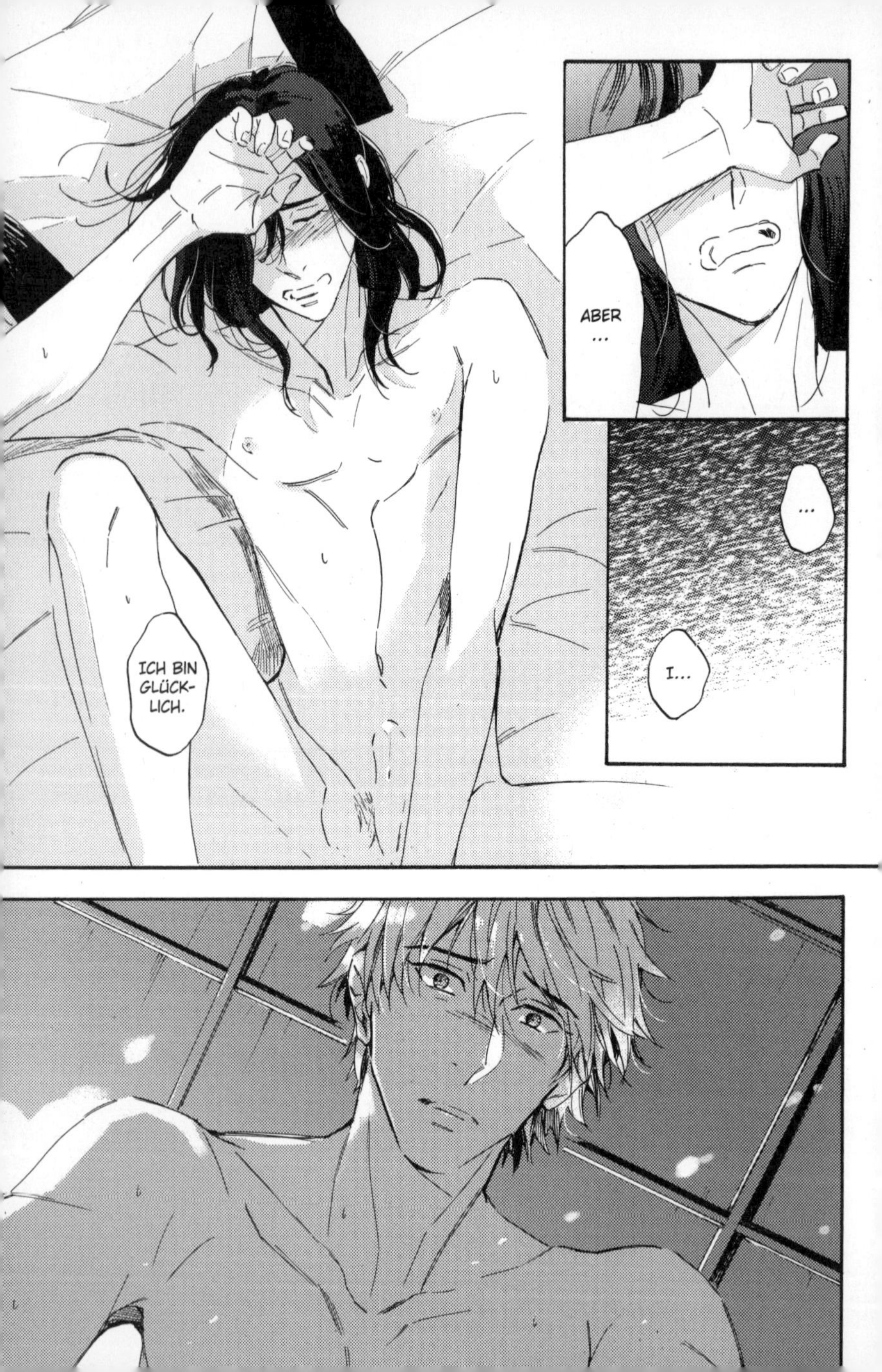
ABER
...
...
I...
ICH BIN
GLÜCK-
LICH.

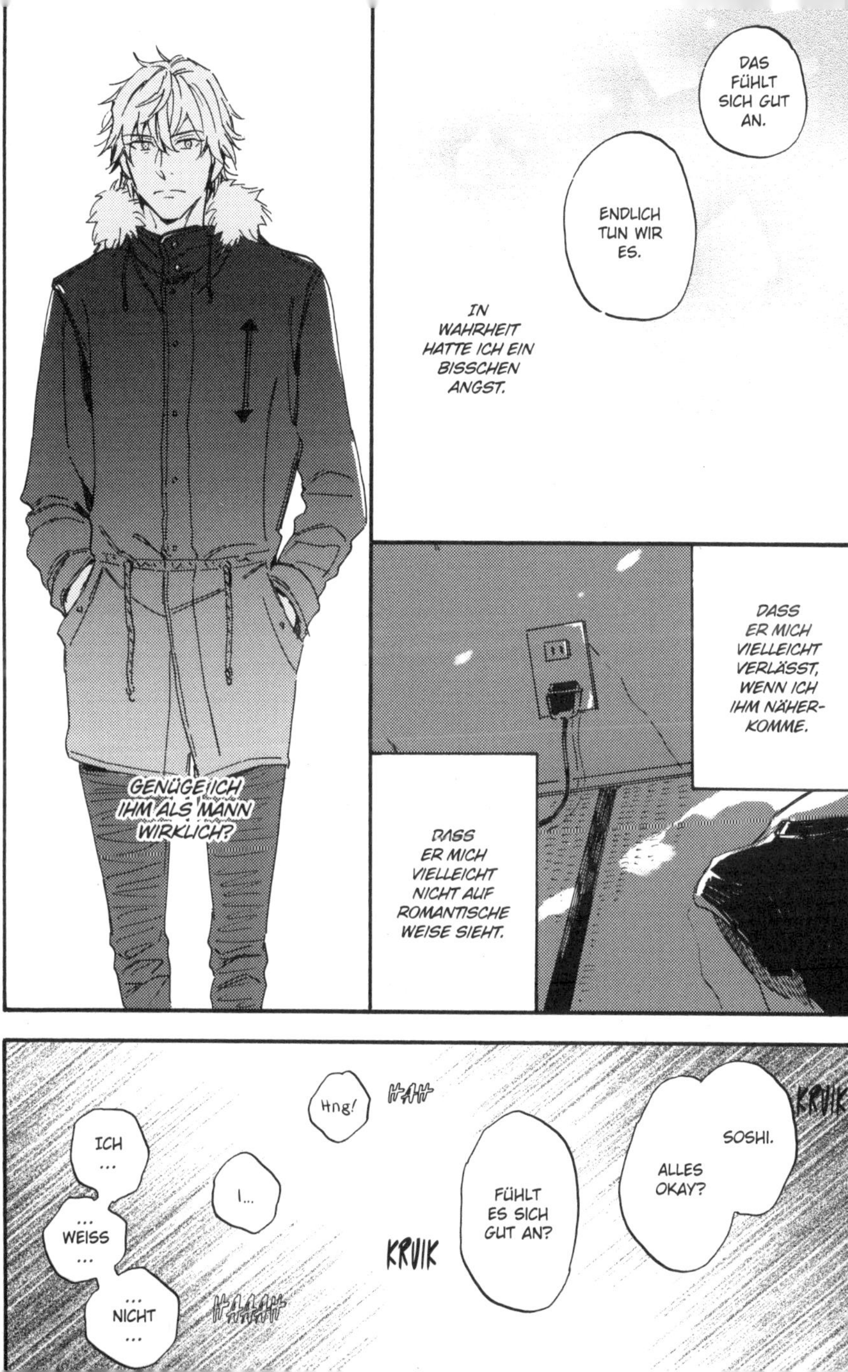

DAS FÜHLT SICH GUT AN.
ENDLICH TUN WIR ES.
IN WAHRHEIT HATTE ICH EIN BISSCHEN ANGST.
GENÜGE ICH IHM ALS MANN WIRKLICH?
DASS ER MICH VIELLEICHT VERLÄSST, WENN ICH IHM NÄHERKOMME.
DASS ER MICH VIELLEICHT NICHT AUF ROMANTISCHE WEISE SIEHT.
KRUIK
SOSHI.
ALLES OKAY?
FÜHLT ES SICH GUT AN?
KRUIK
HAH
Hng!
HAAAAH
I...
ICH ...
... WEISS ...
... NICHT ...

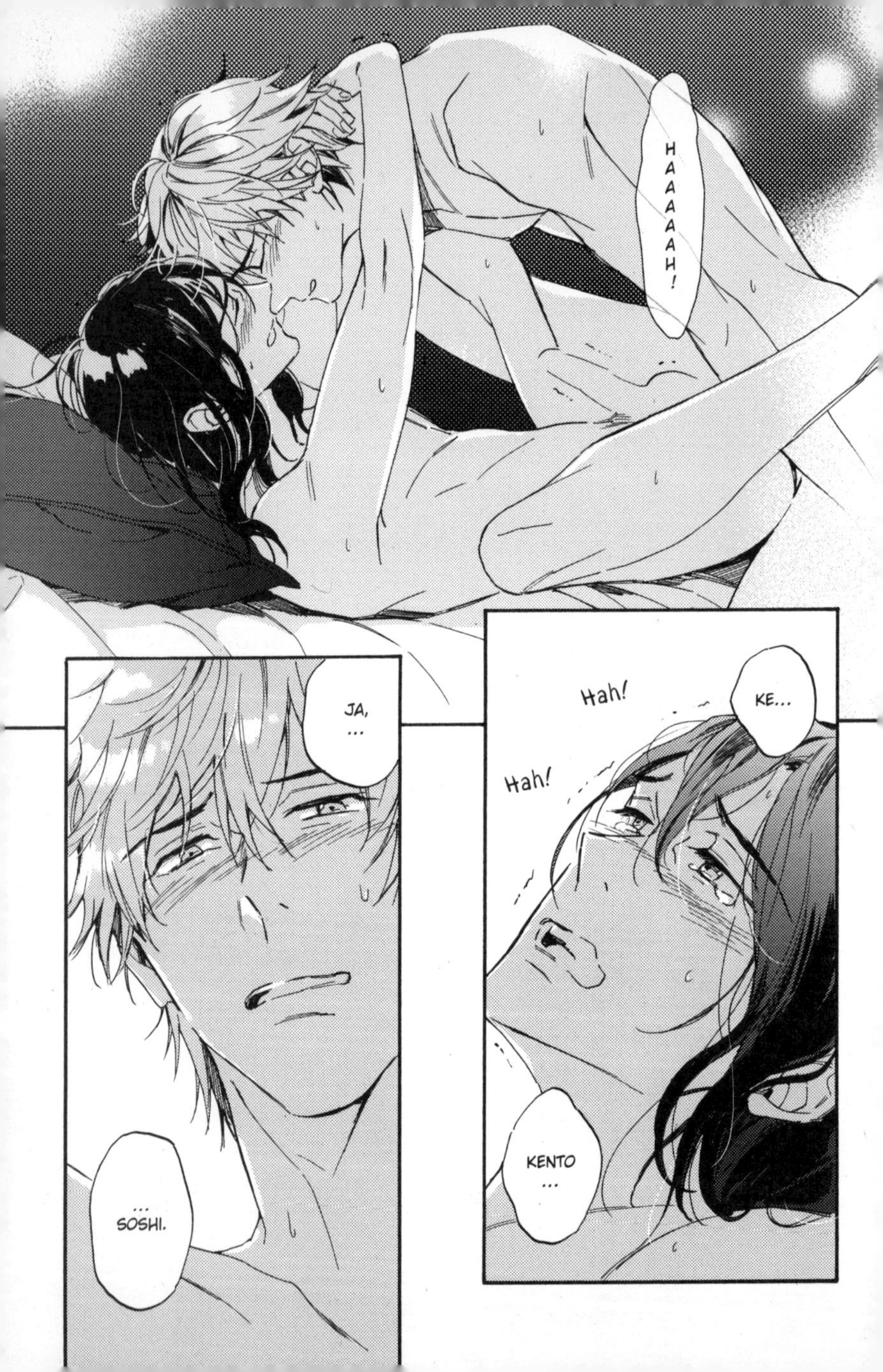
HAAAAAAH!
KE...
Hah!
Hah!
KENTO ...
JA, ...
... SOSHI.

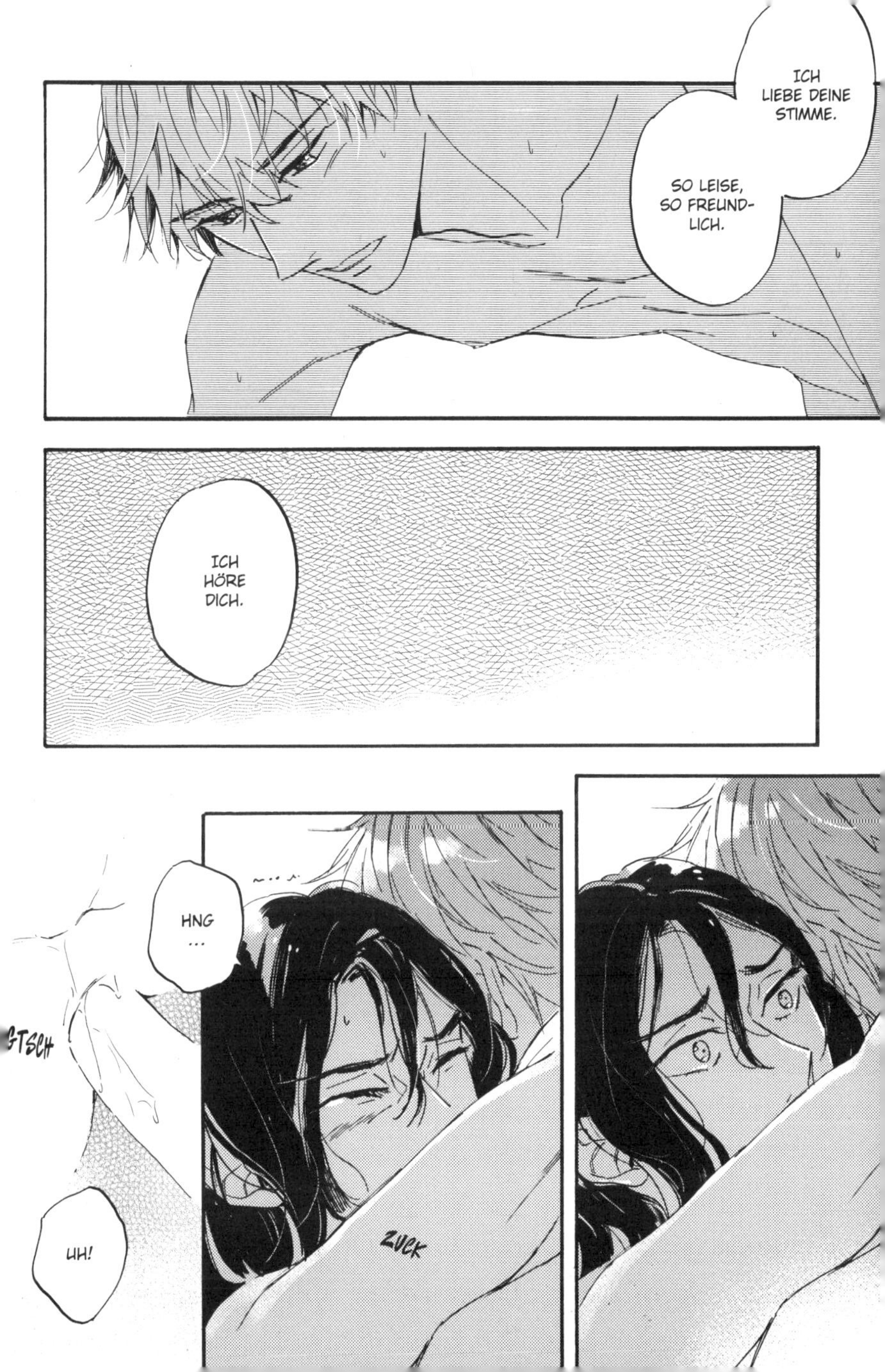
ICH LIEBE DEINE STIMME.
SO LEISE, SO FREUND-LICH.
ICH HÖRE DICH.
HNG …
GTSCH
UH!
ZUCK

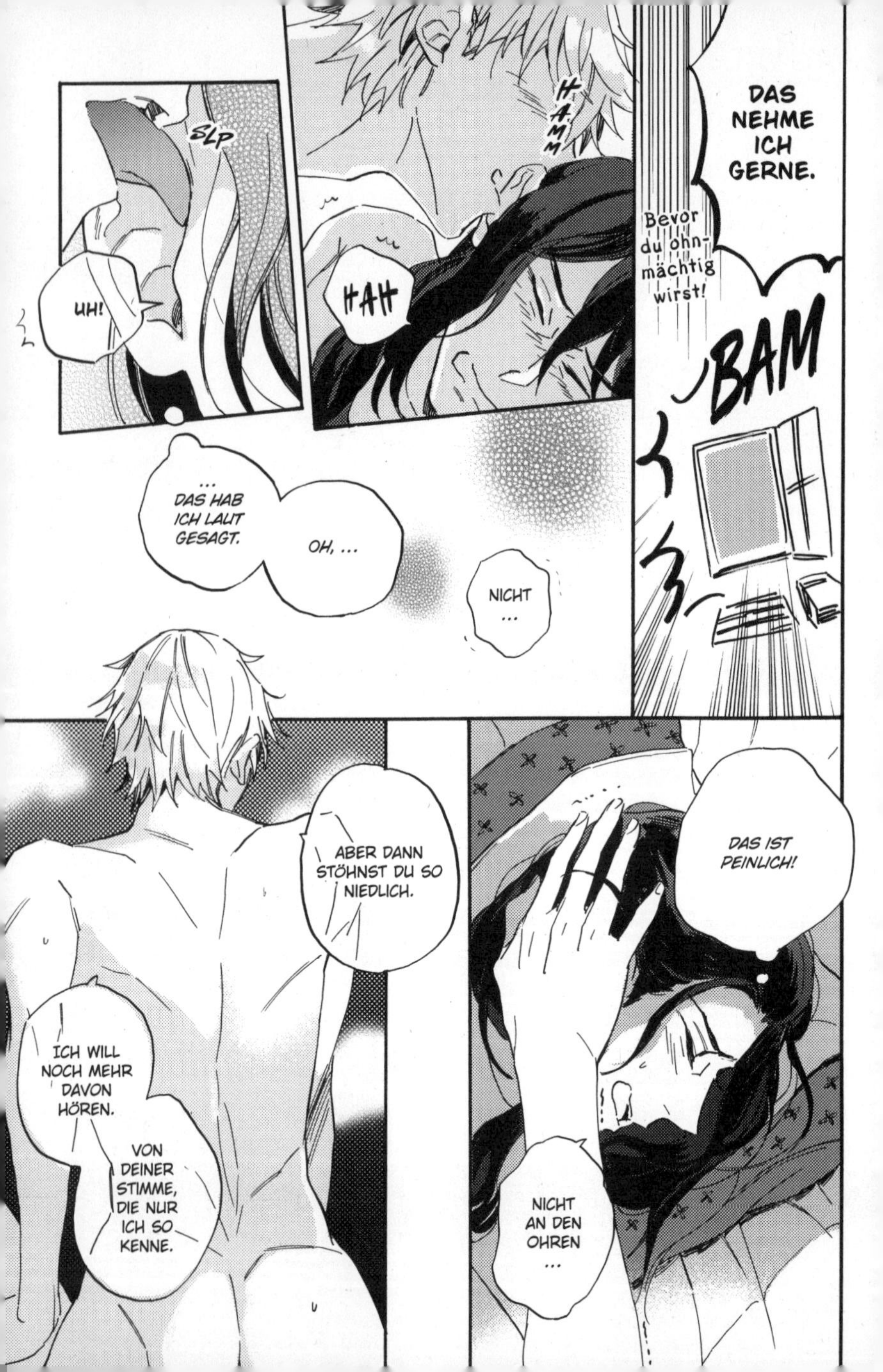
DAS NEHME ICH GERNE.
Bevor du ohnmächtig wirst!
HAMM
HAH
SLP
UH!
BAM
NICHT ...
OH, ...
... DAS HAB ICH LAUT GESAGT.
DAS IST PEINLICH!
NICHT AN DEN OHREN ...
ABER DANN STÖHNST DU SO NIEDLICH.
ICH WILL NOCH MEHR DAVON HÖREN.
VON DEINER STIMME, DIE NUR ICH SO KENNE.

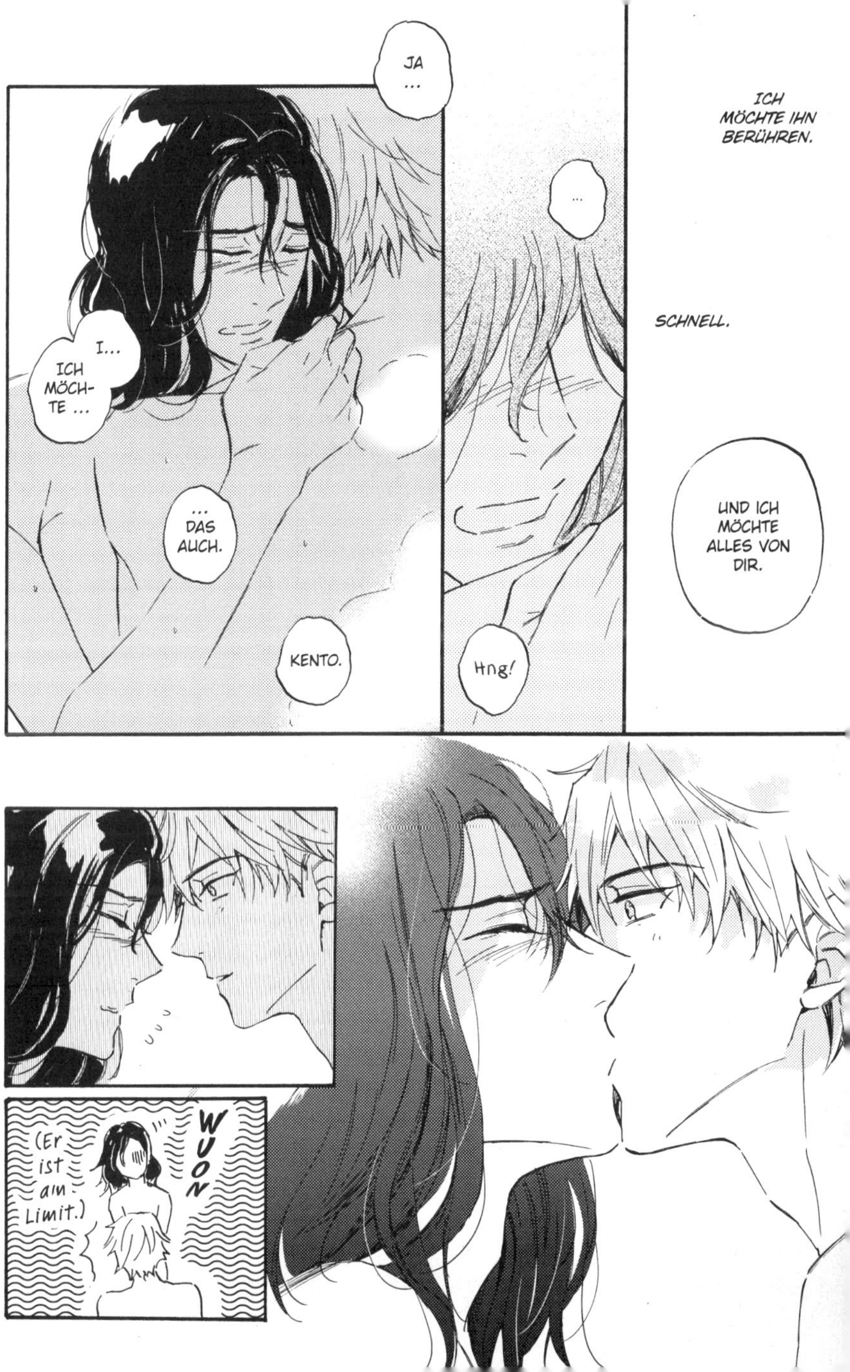

ICH MÖCHTE IHN BERÜHREN.
SCHNELL.
UND ICH MÖCHTE ALLES VON DIR.
...
Hng!
JA ...
I... ICH MÖCHTE ...
... DAS AUCH.
KENTO.
WUON
(Er ist am Limit.)

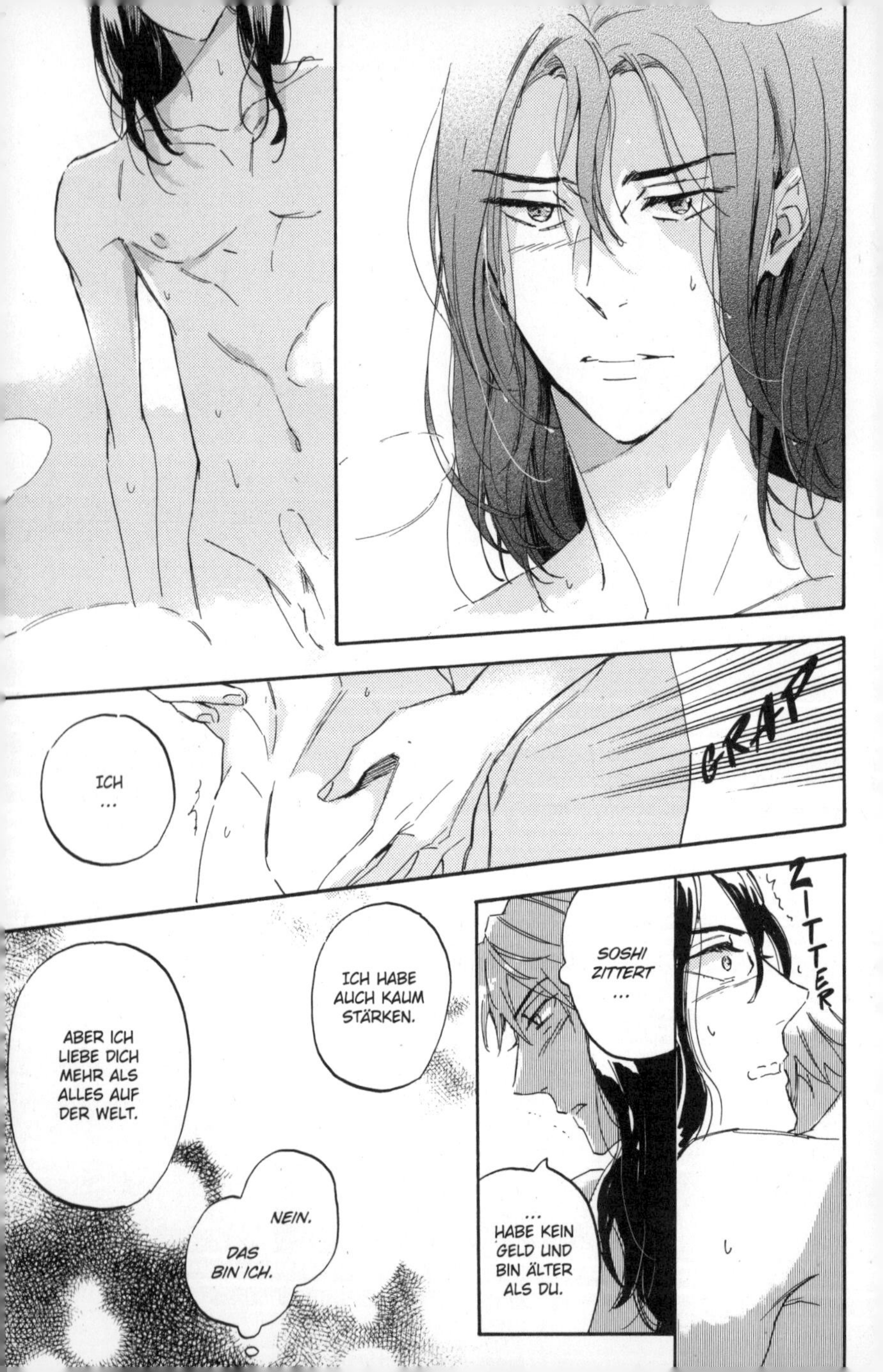

GRAP
ICH ...
ZITTER
SOSHI ZITTERT ...
... HABE KEIN GELD UND BIN ÄLTER ALS DU.
ICH HABE AUCH KAUM STÄRKEN.
ABER ICH LIEBE DICH MEHR ALS ALLES AUF DER WELT.
NEIN.
DAS BIN ICH.

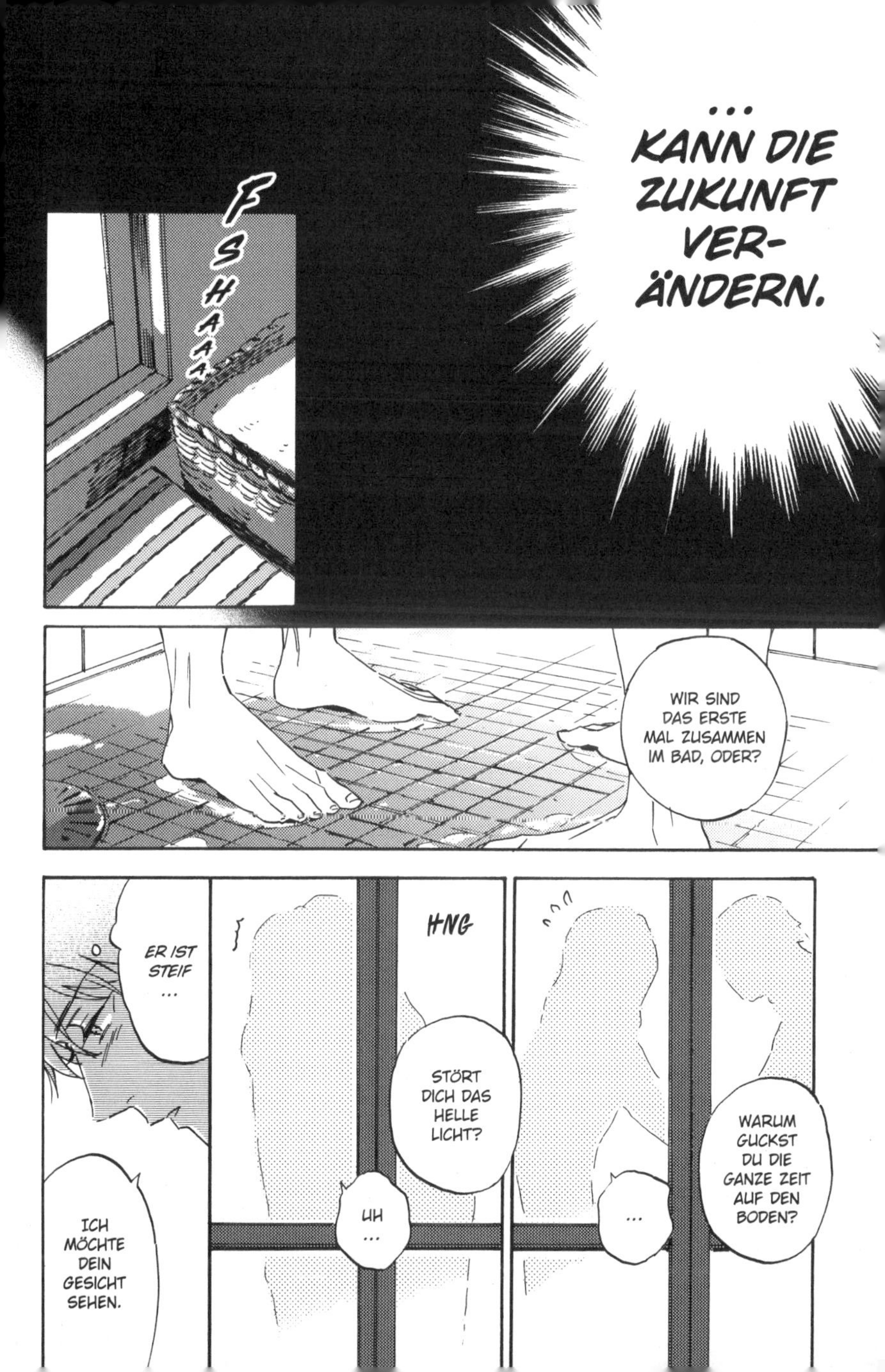

... KANN DIE ZUKUNFT VER- ÄNDERN.
FSHAAAA
WIR SIND DAS ERSTE MAL ZUSAMMEN IM BAD, ODER?
WARUM GUCKST DU DIE GANZE ZEIT AUF DEN BODEN?
...
HNG
STÖRT DICH DAS HELLE LICHT?
UH ...
ER IST STEIF ...
ICH MÖCHTE DEIN GESICHT SEHEN.

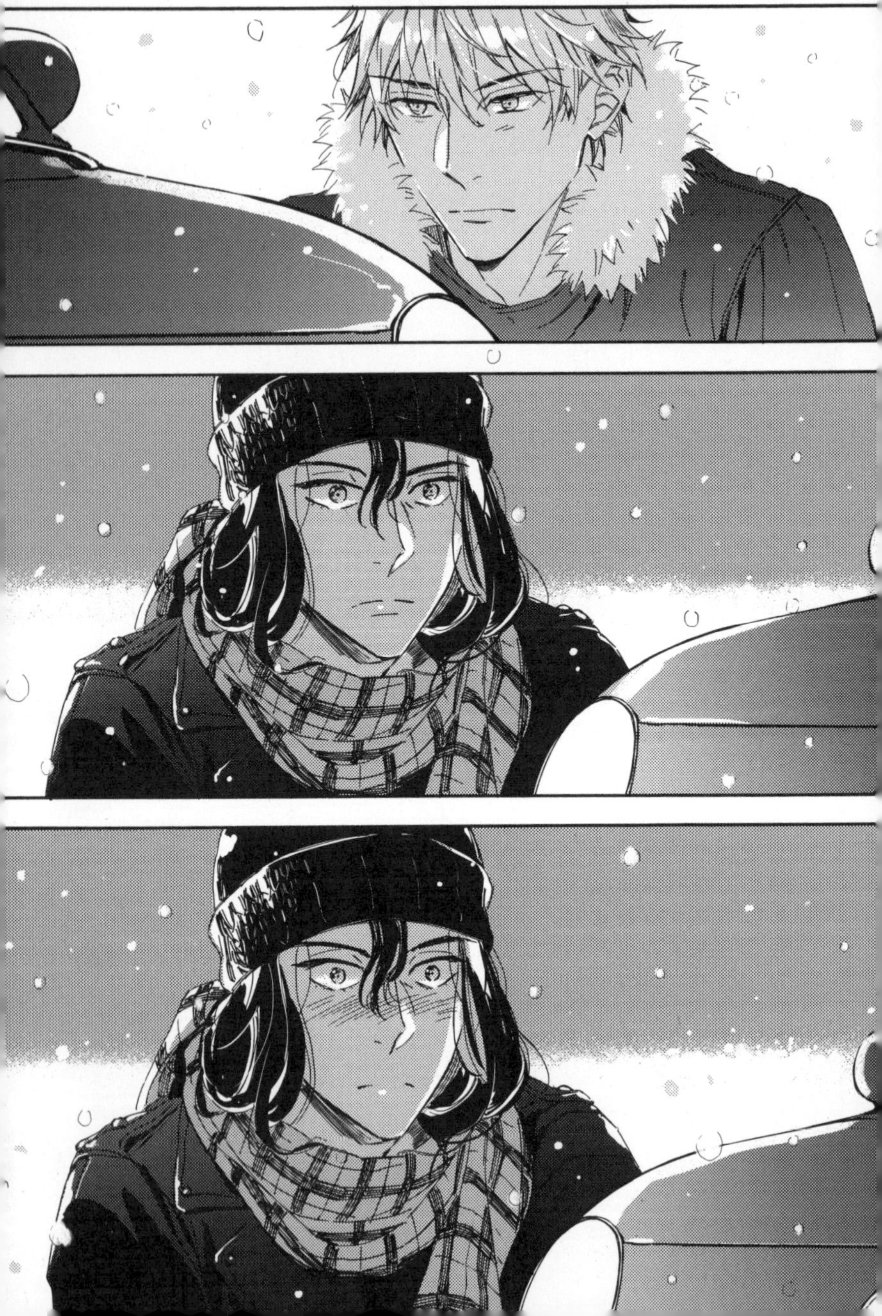

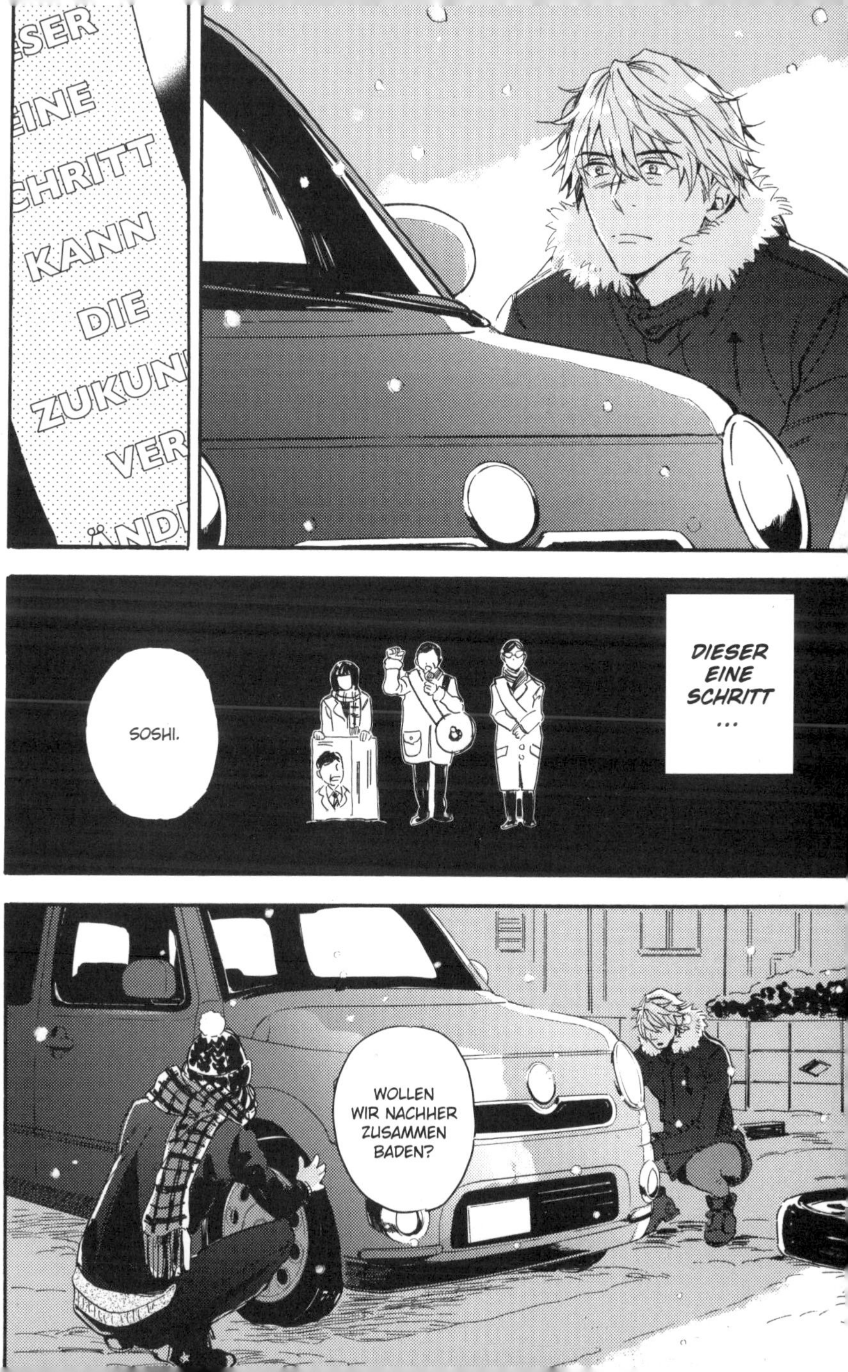
ESER EINE CHRITT KANN DIE ZUKUN VER ÄNDE
DIESER EINE SCHRITT …
SOSHI.
WOLLEN WIR NACHHER ZUSAMMEN BADEN?

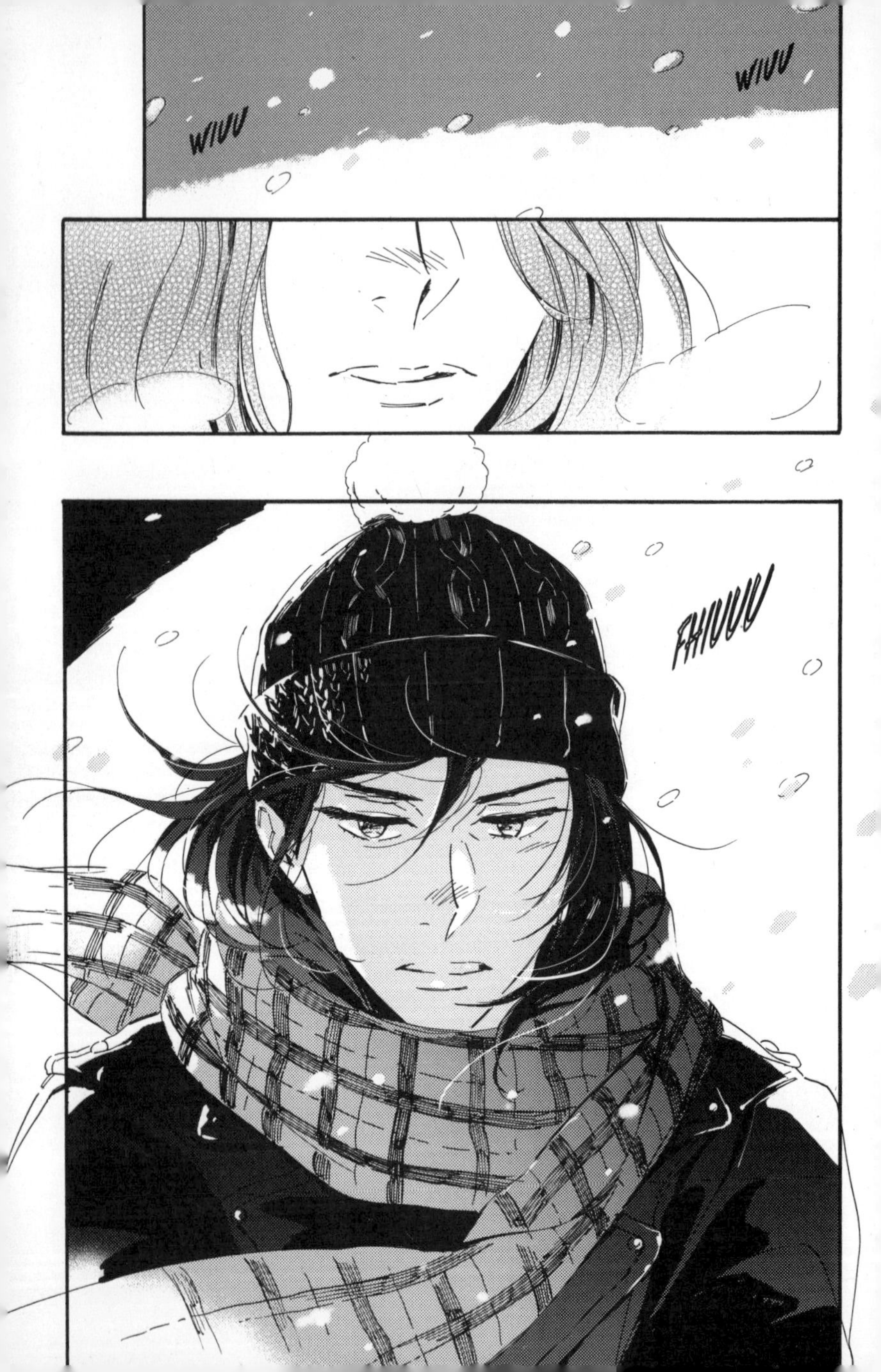
WIUU
WIUU
FHIUUU

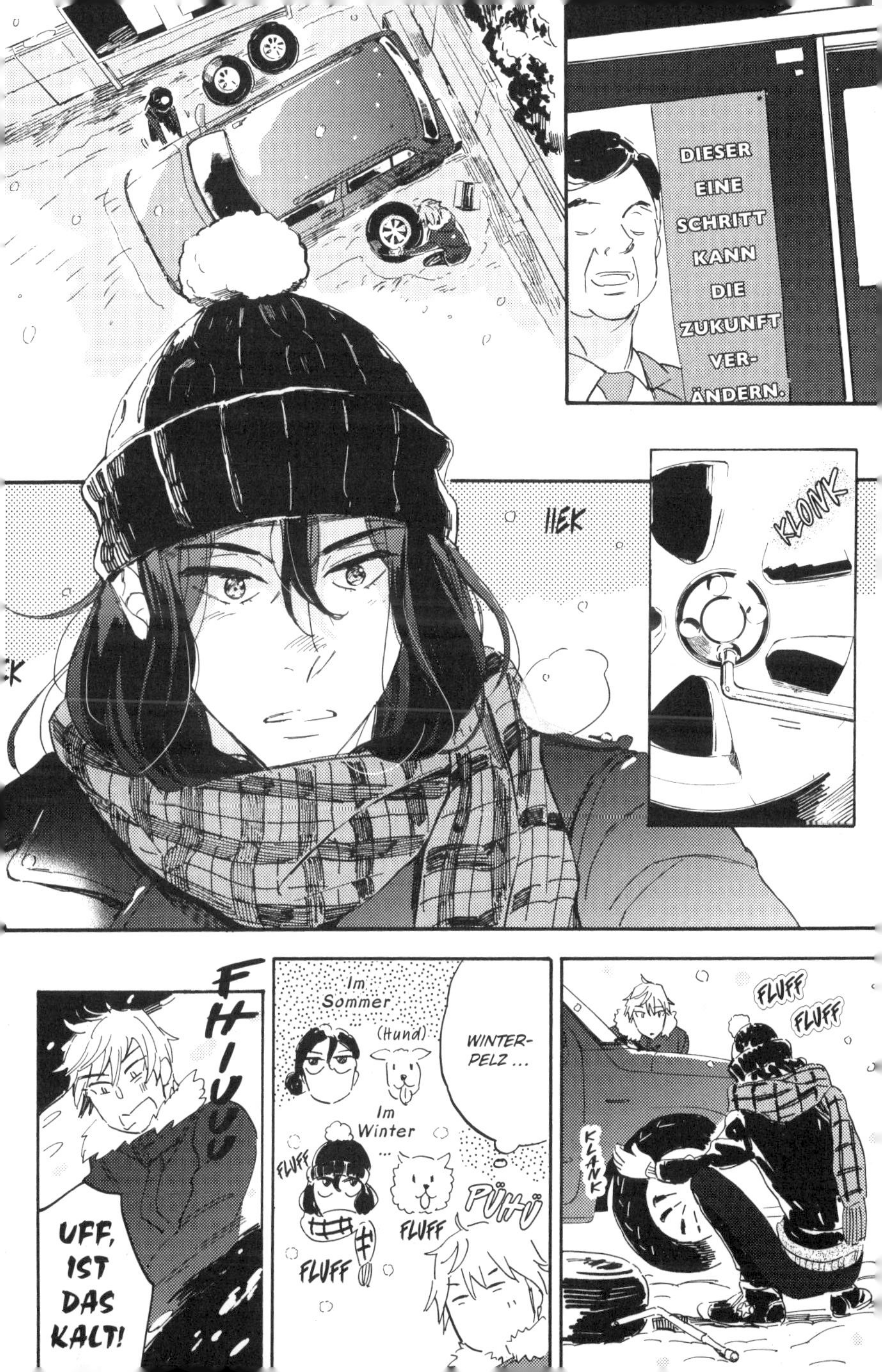
DIESER EINE SCHRITT KANN DIE ZUKUNFT VER-ÄNDERN.
KLONK
IIEK
FHIUUU
UFF, IST DAS KALT!
WINTER-PELZ ...
Im Sommer
(Hund)
Im Winter ...
FLUFF
FLUFF
FLUFF
PÜHÜ
FLUFF
FLUFF
KLANK

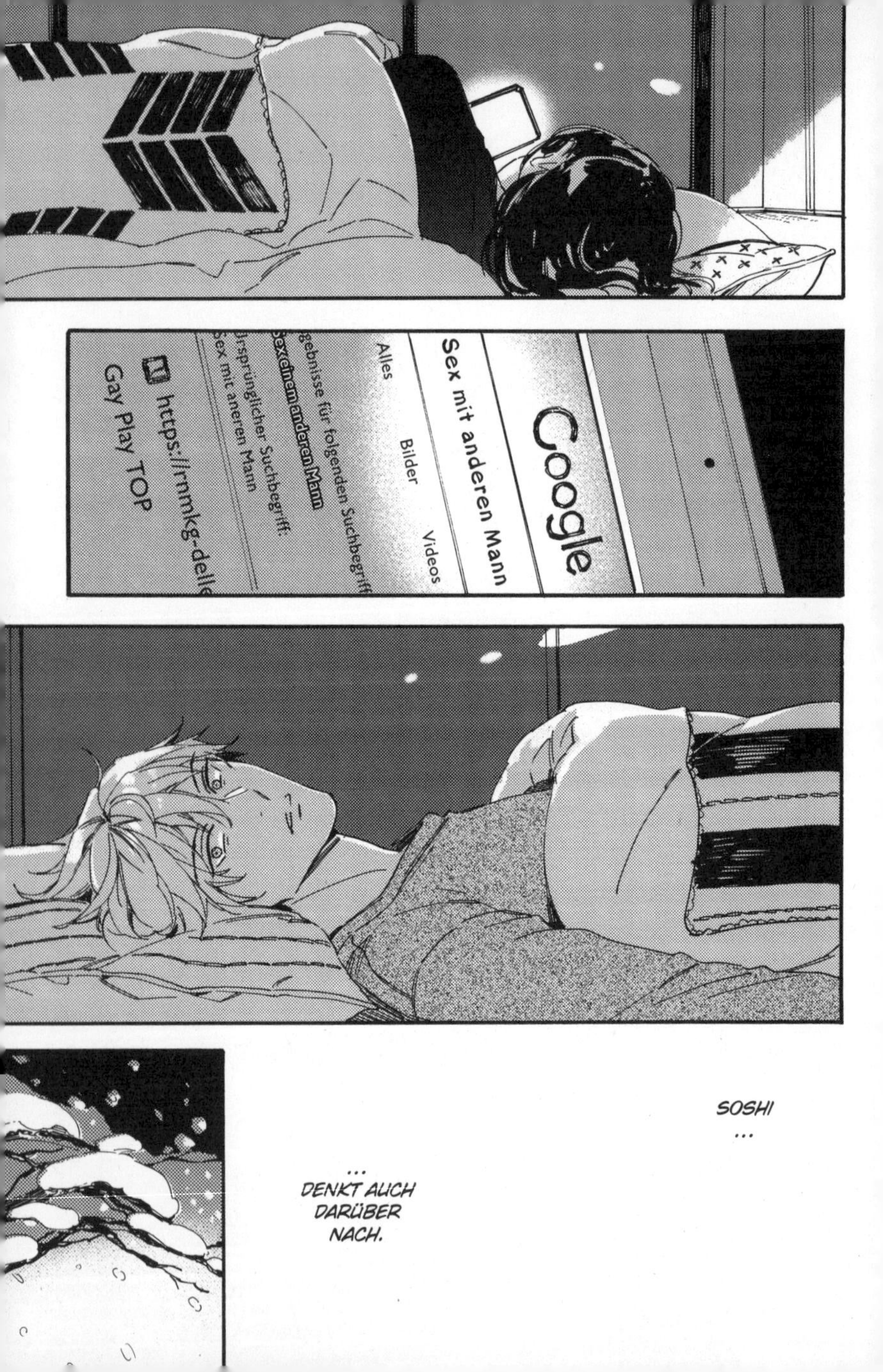
Coogle
Sex mit anderen Mann
Alles
Bilder
Videos
gebnisse für folgenden Suchbegriff
Sex einem anderen Mann
Ursprünglicher Suchbegriff:
Sex mit aneren Mann
https://rmmkg-delle
Gay Play TOP
SOSHI …
… DENKT AUCH DARÜBER NACH.

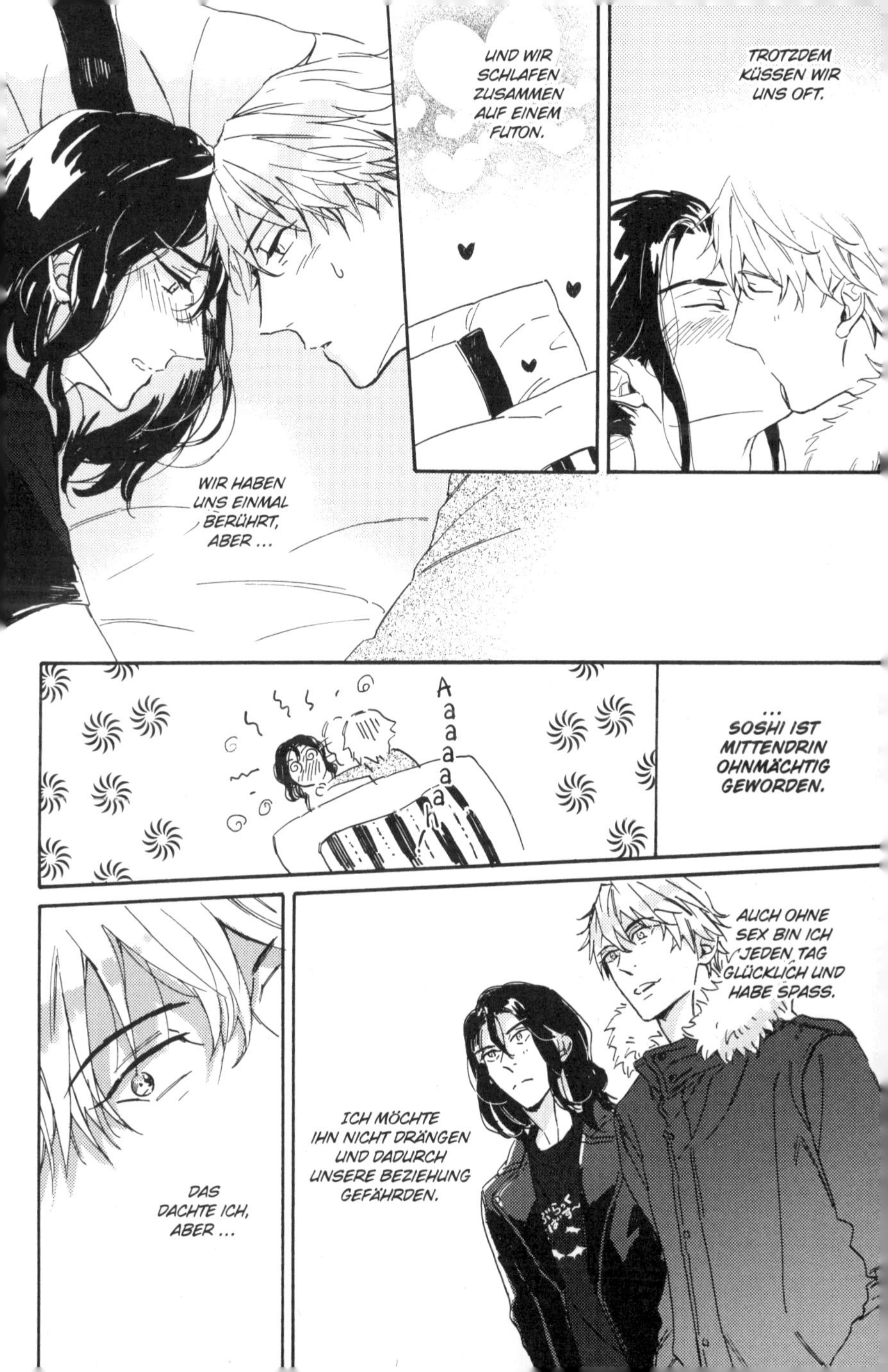
TROTZDEM KÜSSEN WIR UNS OFT.
UND WIR SCHLAFEN ZUSAMMEN AUF EINEM FUTON.
WIR HABEN UNS EINMAL BERÜHRT, ABER ...
... SOSHI IST MITTENDRIN OHNMÄCHTIG GEWORDEN.
Aaaaaah
AUCH OHNE SEX BIN ICH JEDEN TAG GLÜCKLICH UND HABE SPASS.
ICH MÖCHTE IHN NICHT DRÄNGEN UND DADURCH UNSERE BEZIEHUNG GEFÄHRDEN.
DAS DACHTE ICH, ABER ...

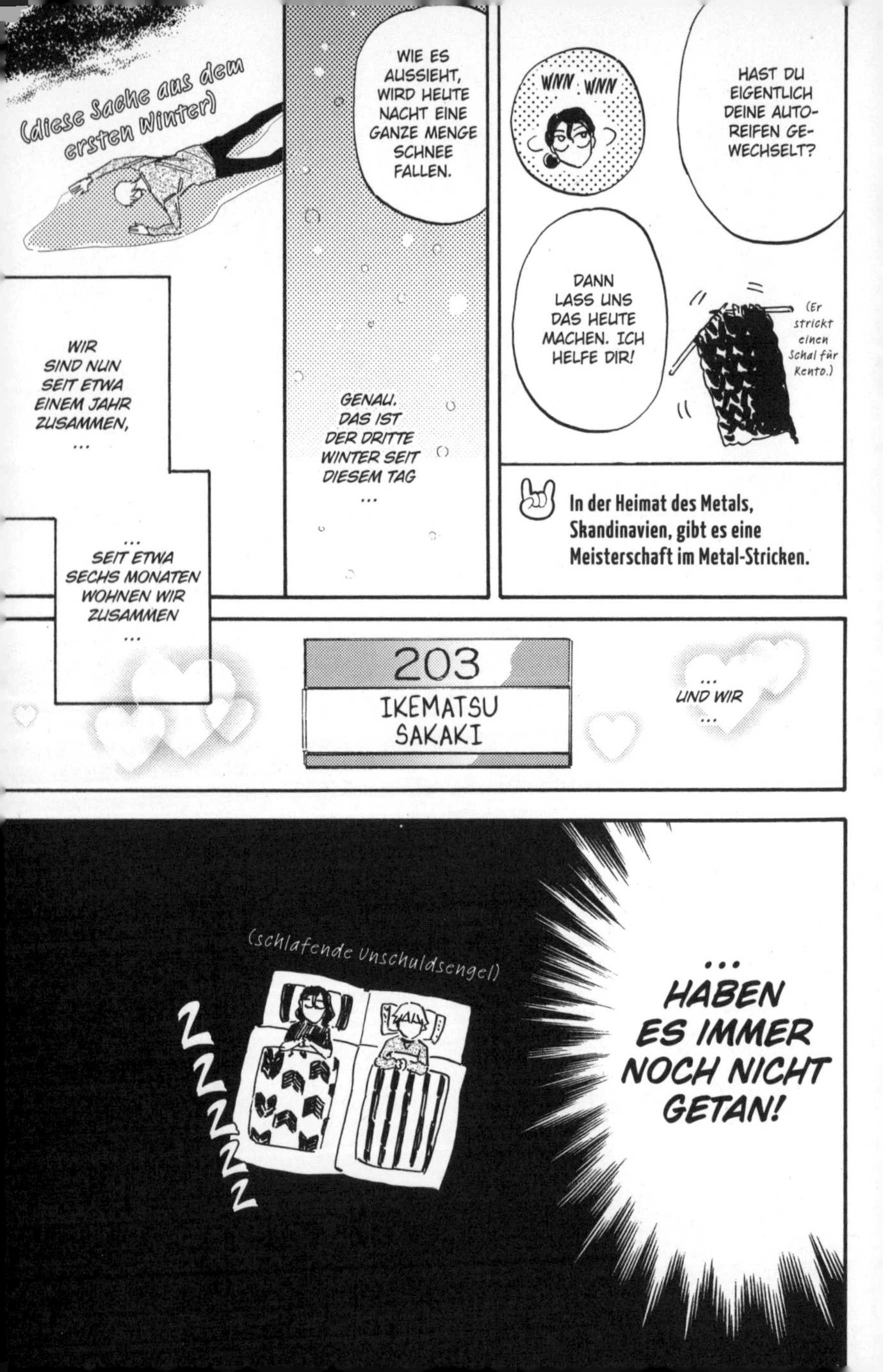

HAST DU EIGENTLICH DEINE AUTO-REIFEN GE-WECHSELT?
WNN WNN
DANN LASS UNS DAS HEUTE MACHEN. ICH HELFE DIR!
(Er strickt einen Schal für Kento.)
In der Heimat des Metals, Skandinavien, gibt es eine Meisterschaft im Metal-Stricken.
WIE ES AUSSIEHT, WIRD HEUTE NACHT EINE GANZE MENGE SCHNEE FALLEN.
GENAU. DAS IST DER DRITTE WINTER SEIT DIESEM TAG …
(diese Sache aus dem ersten Winter)
WIR SIND NUN SEIT ETWA EINEM JAHR ZUSAMMEN, …
… SEIT ETWA SECHS MONATEN WOHNEN WIR ZUSAMMEN …
… UND WIR …
203
IKEMATSU SAKAKI
… HABEN ES IMMER NOCH NICHT GETAN!
(schlafende Unschuldsengel)
ZZZZZ

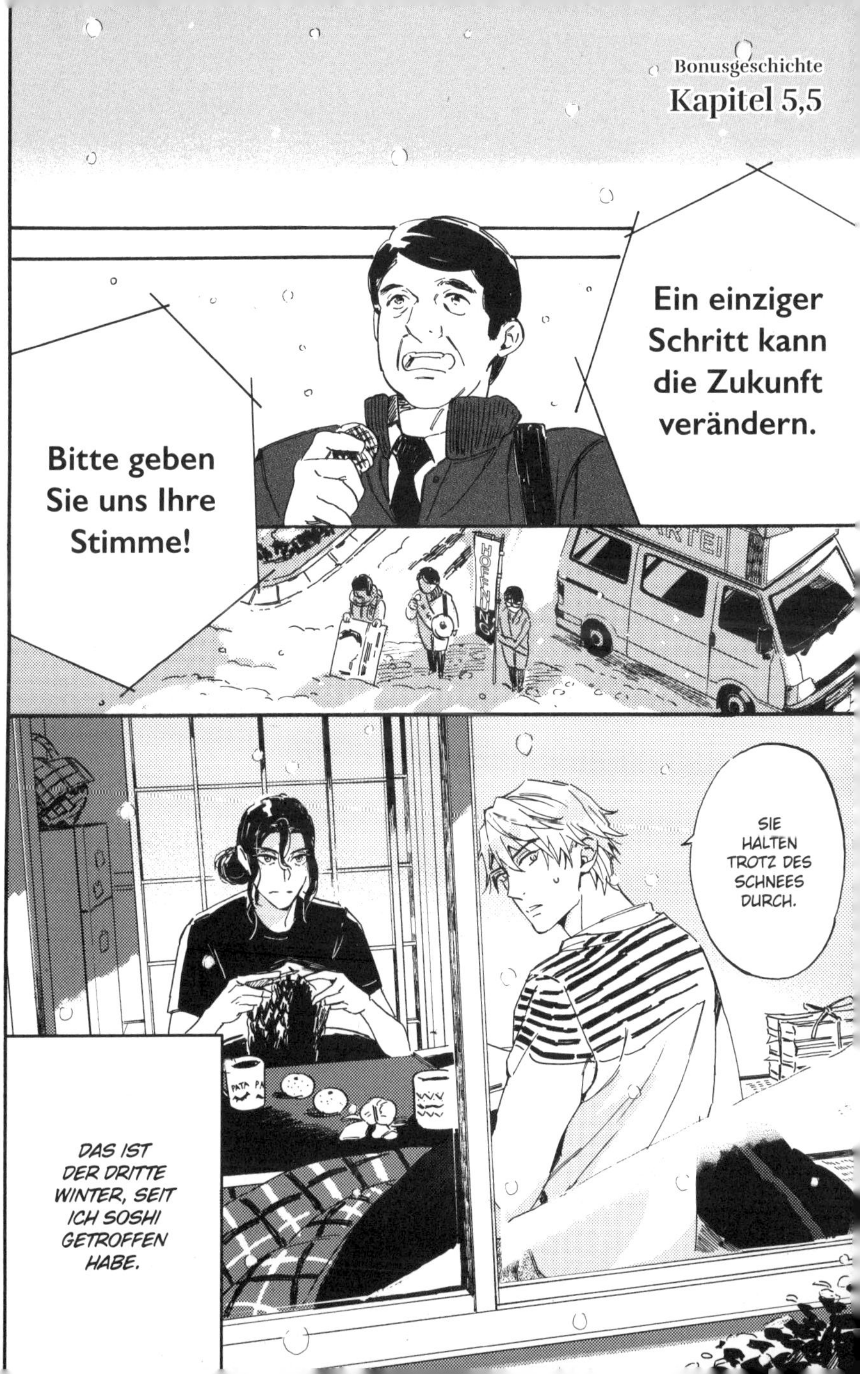
Bonusgeschichte
Kapitel 5,5
Ein einziger Schritt kann die Zukunft verändern.
Bitte geben Sie uns Ihre Stimme!
HOFFNUNG
SIE HALTEN TROTZ DES SCHNEES DURCH.
DAS IST DER DRITTE WINTER, SEIT ICH SOSHI GETROFFEN HABE.

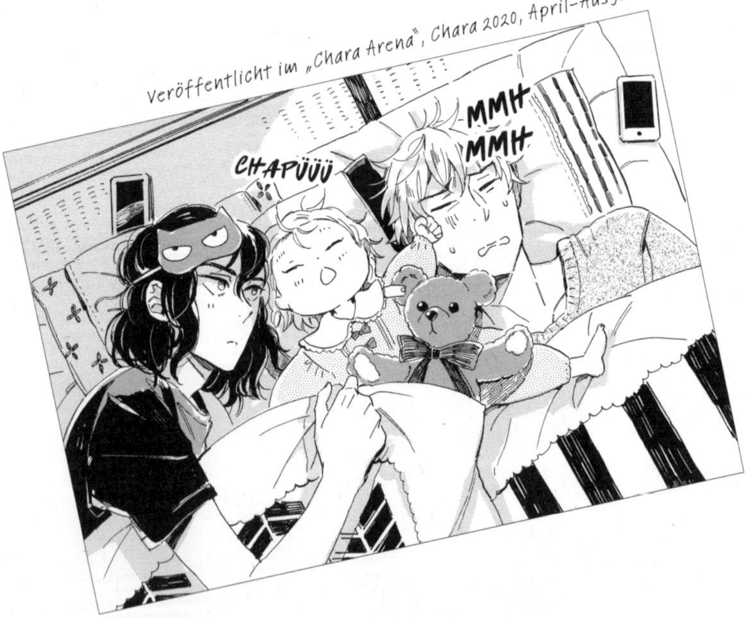

Veröffentlicht im „Chara Arena", Chara 2020, April-Ausgabe

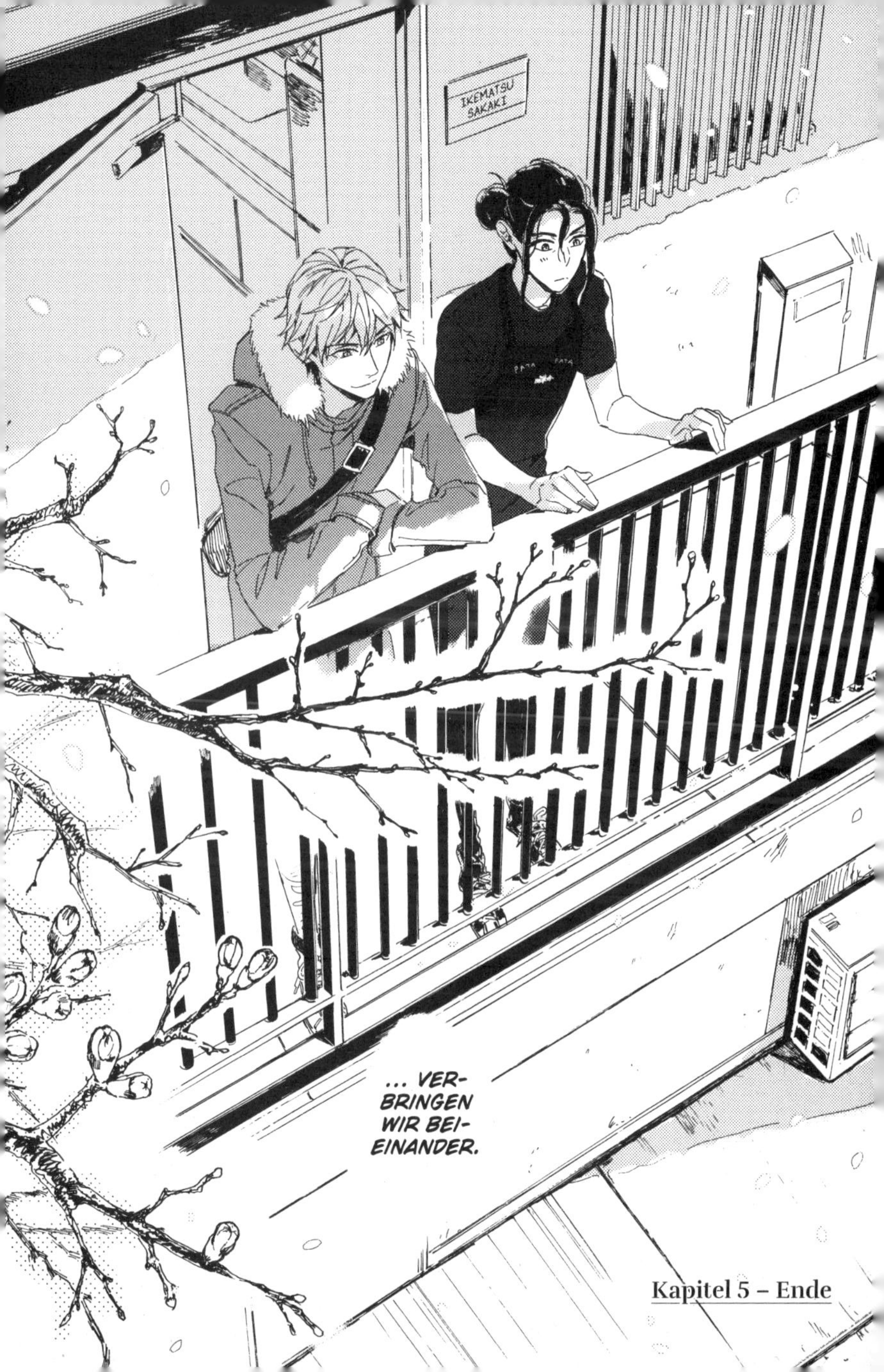
IKEMATSU
SAKAKI
... VERBRINGEN WIR BEIEINANDER.
Kapitel 5 – Ende

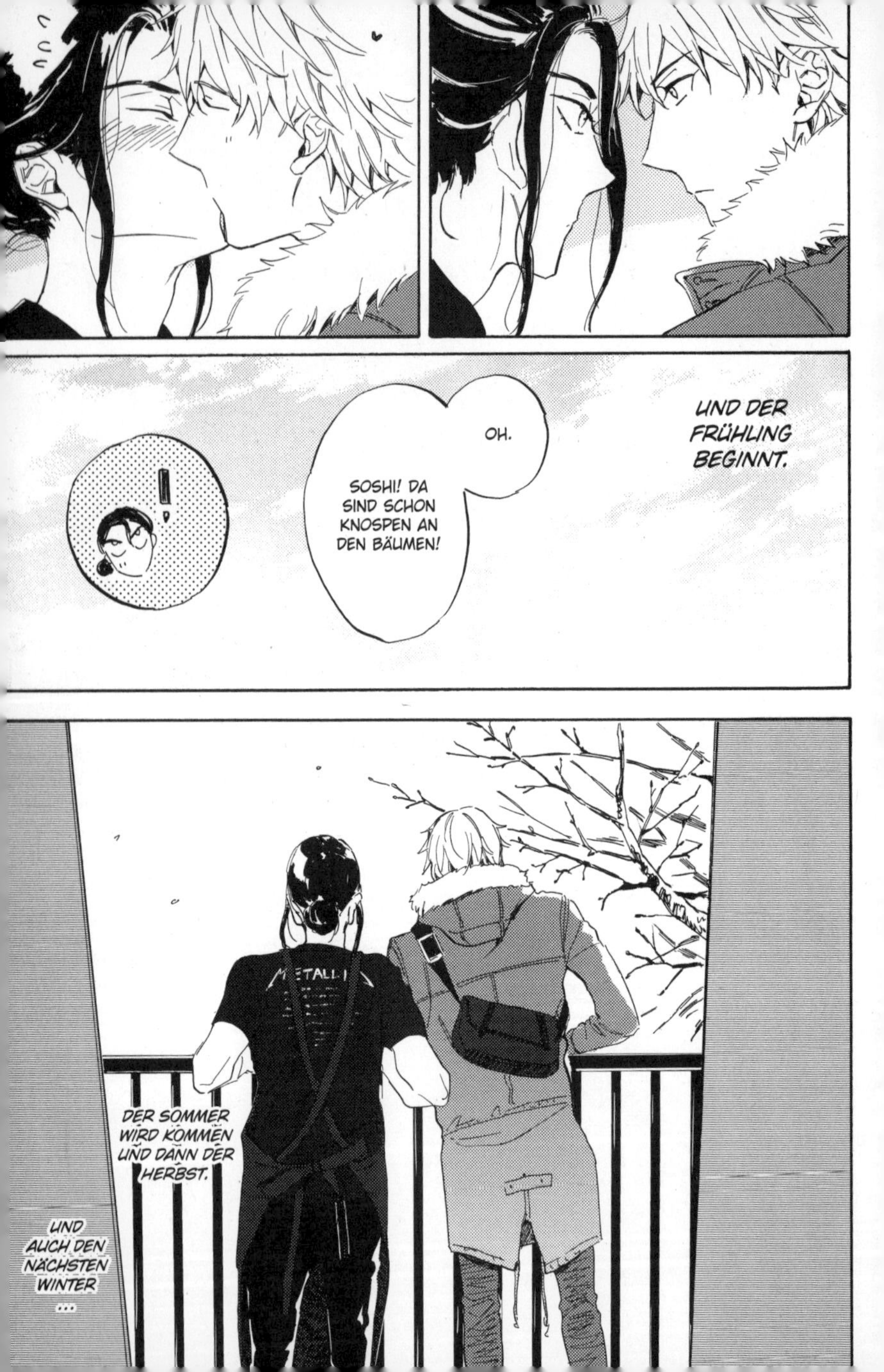
UND DER FRÜHLING BEGINNT.
OH.
SOSHI! DA SIND SCHON KNOSPEN AN DEN BÄUMEN!
!
DER SOMMER WIRD KOMMEN UND DANN DER HERBST.
UND AUCH DEN NÄCHSTEN WINTER ...

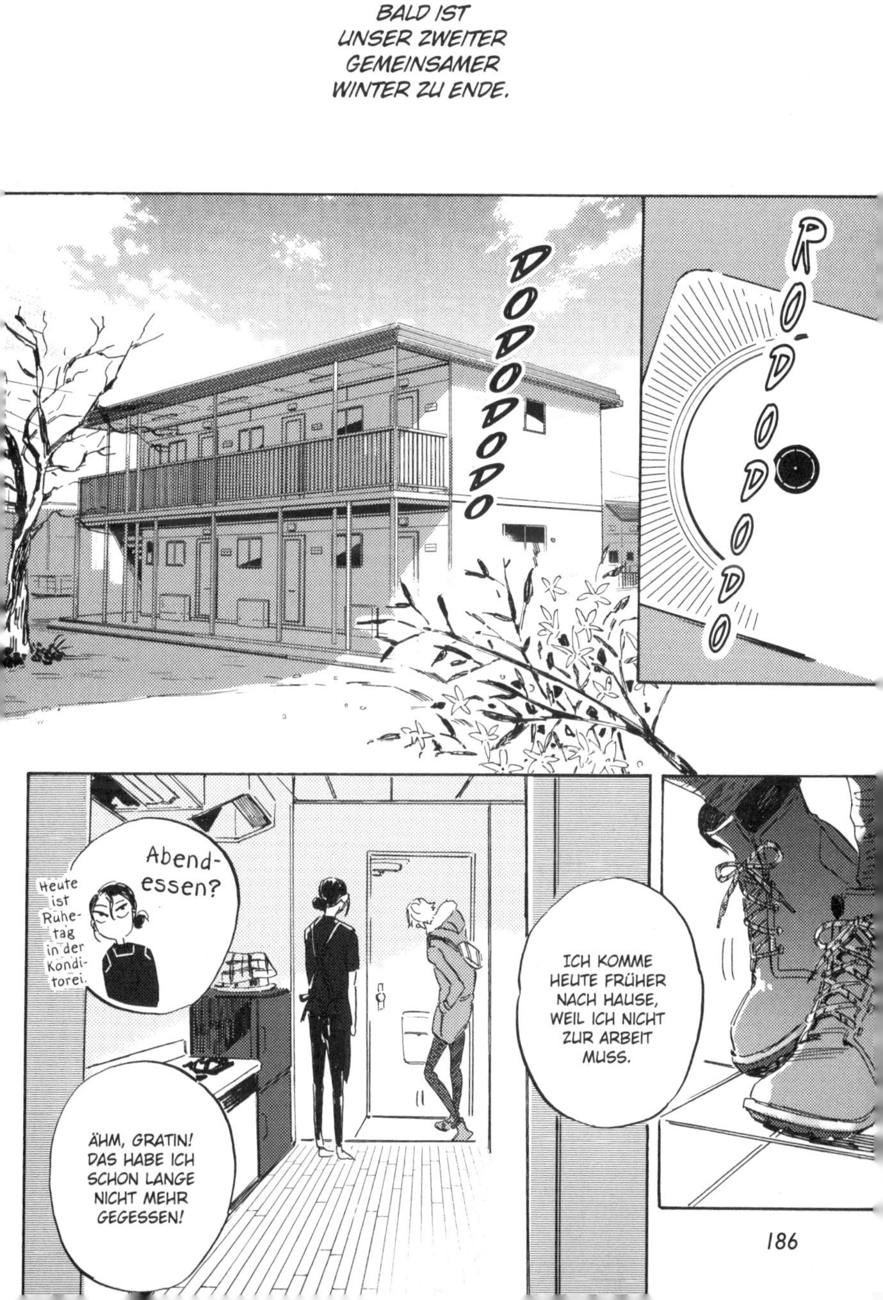
BALD IST UNSER ZWEITER GEMEINSAMER WINTER ZU ENDE.
RO-DODODODO
DODODODODODO
ICH KOMME HEUTE FRÜHER NACH HAUSE, WEIL ICH NICHT ZUR ARBEIT MUSS.
Abendessen?
Heute ist Ruhetag in der Konditorei.
ÄHM, GRATIN! DAS HABE ICH SCHON LANGE NICHT MEHR GEGESSEN!

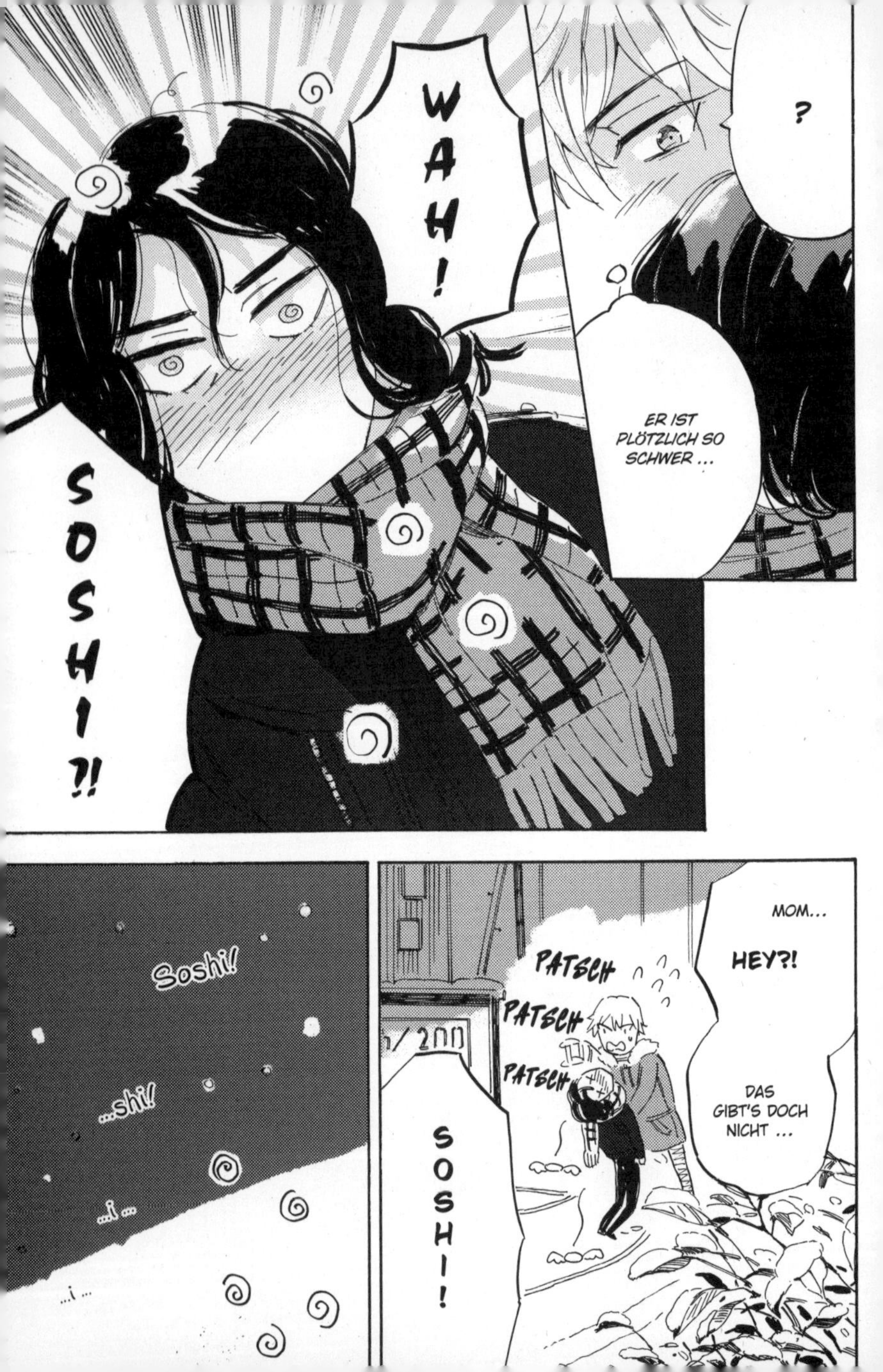
?
WAH!
ER IST PLÖTZLICH SO SCHWER ...
SOSHI?!
MOM...
HEY?!
DAS GIBT'S DOCH NICHT ...
PATSCH
PATSCH
PATSCH
SOSHI!
Soshi!
...shi!
...i ...
...i ...

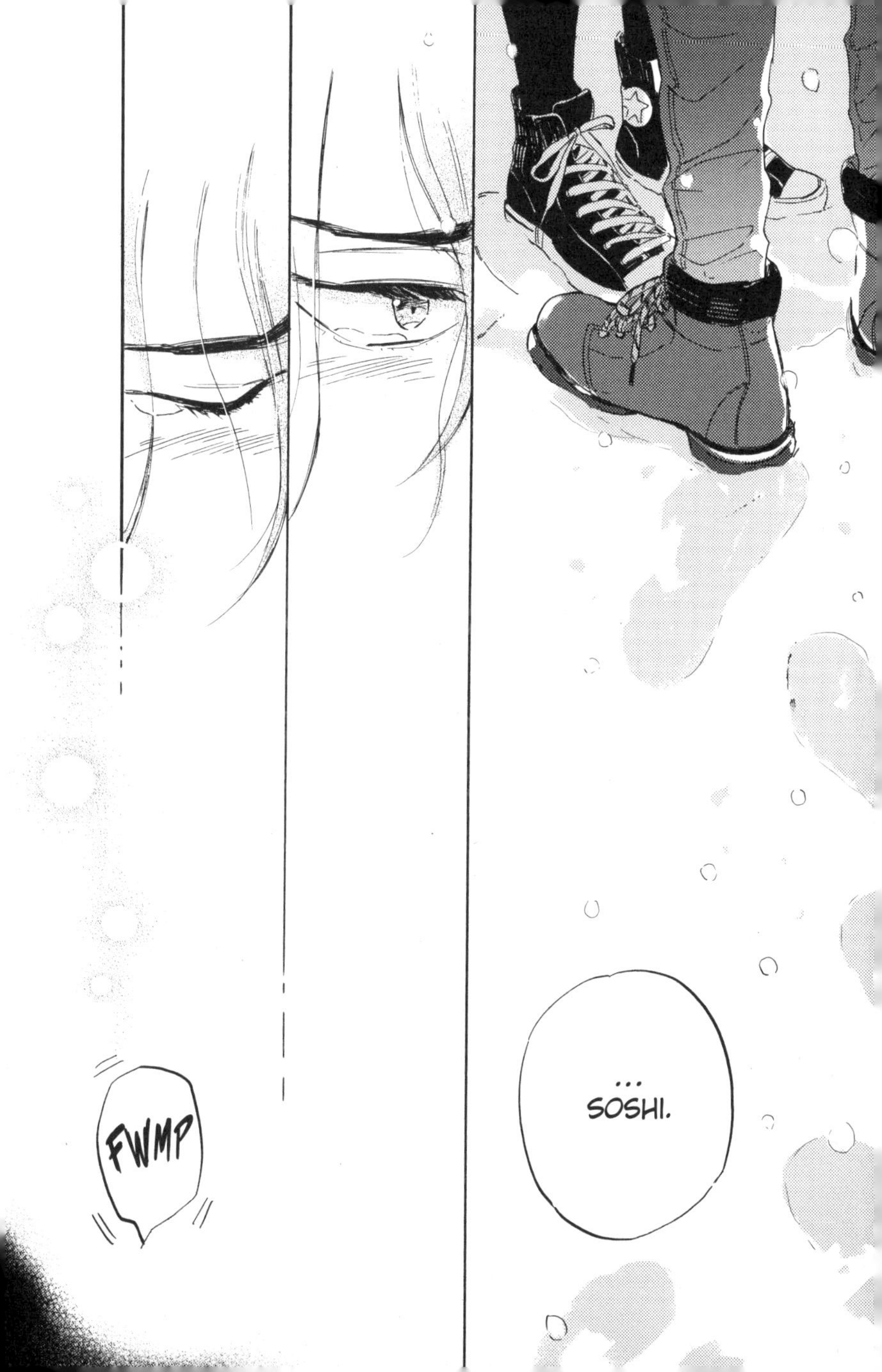
...
SOSHI.
FWMP

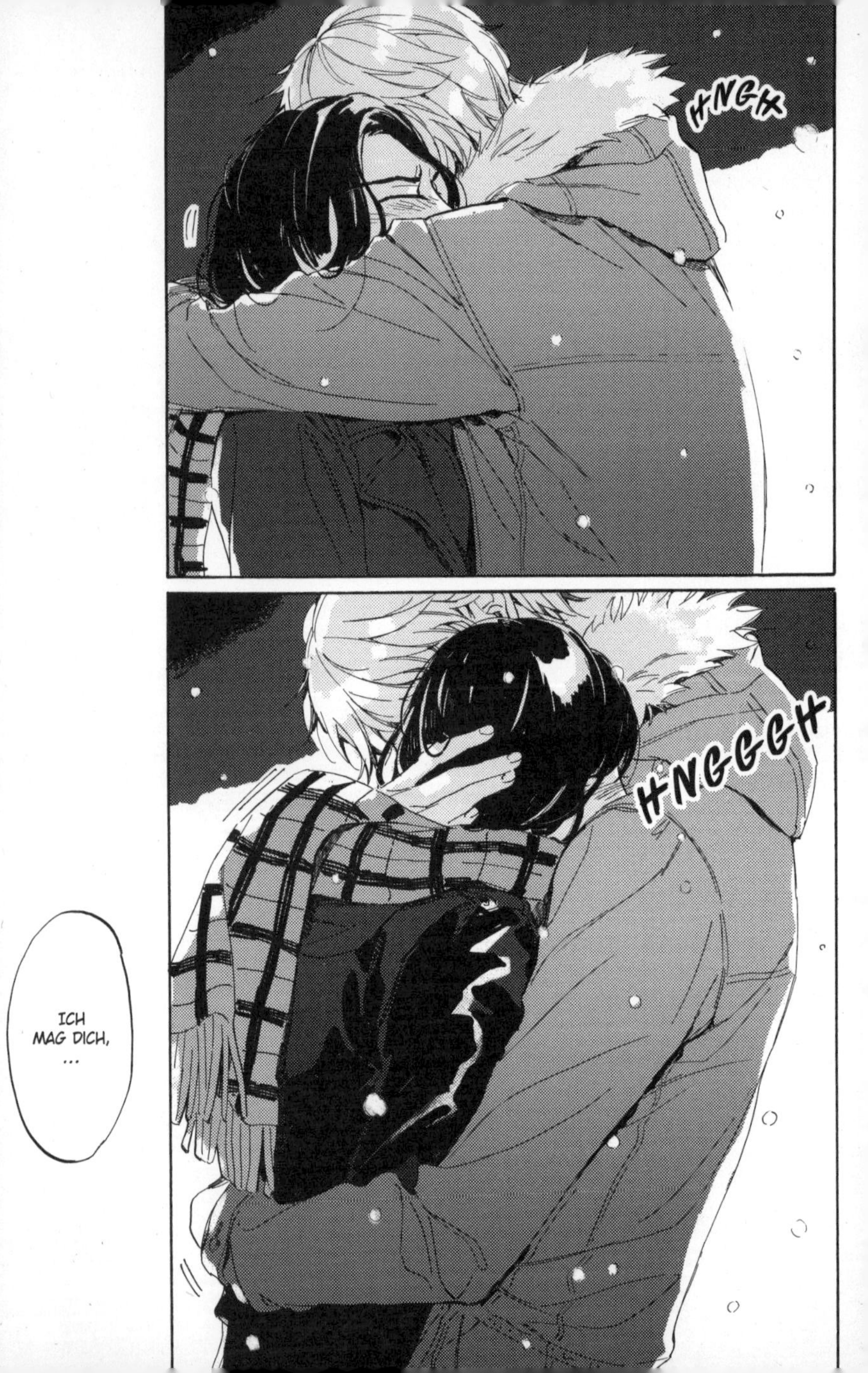
HNGH
HNGGGH
ICH
MAG DICH,
...

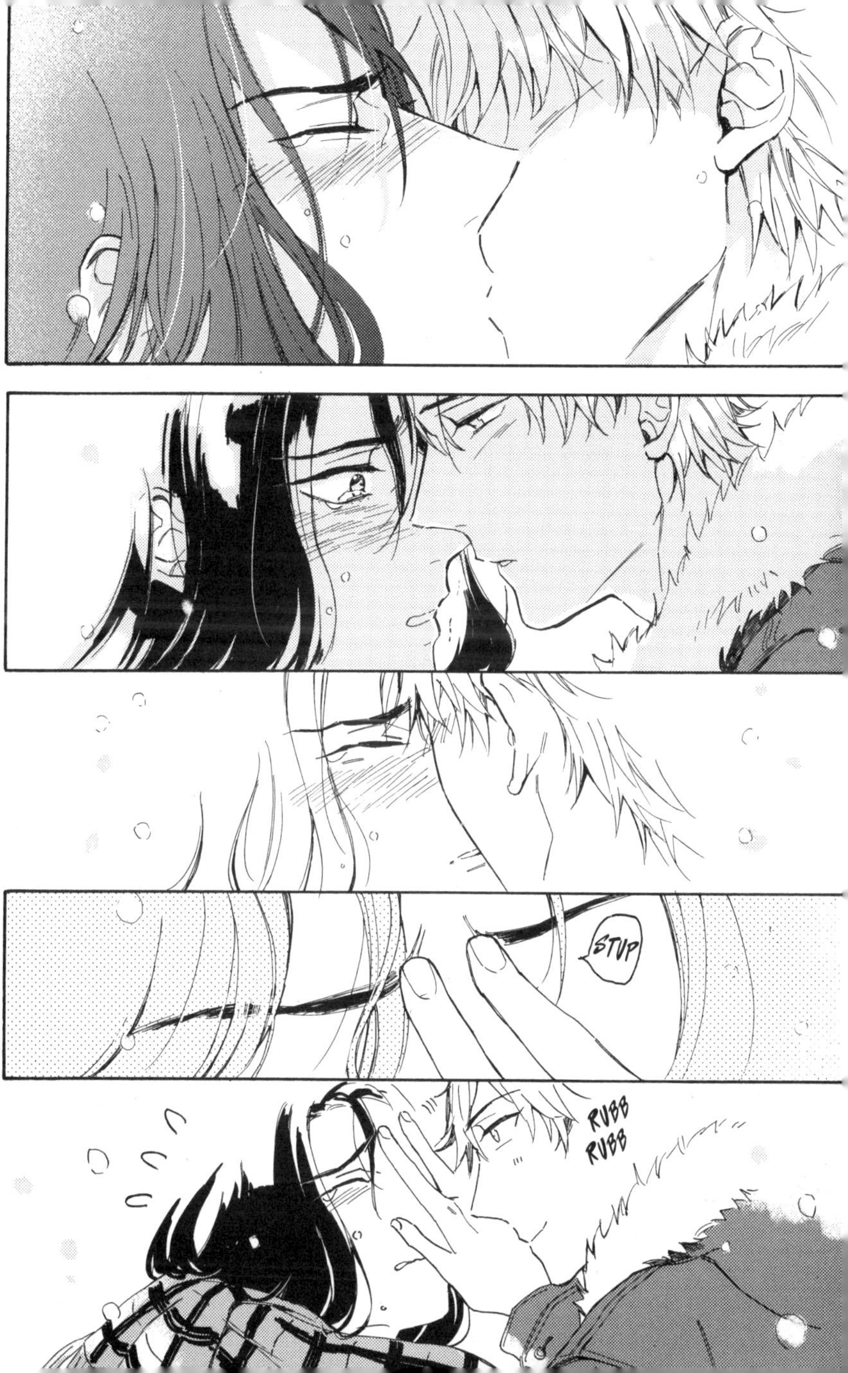
STUP
RUBB
RUBB

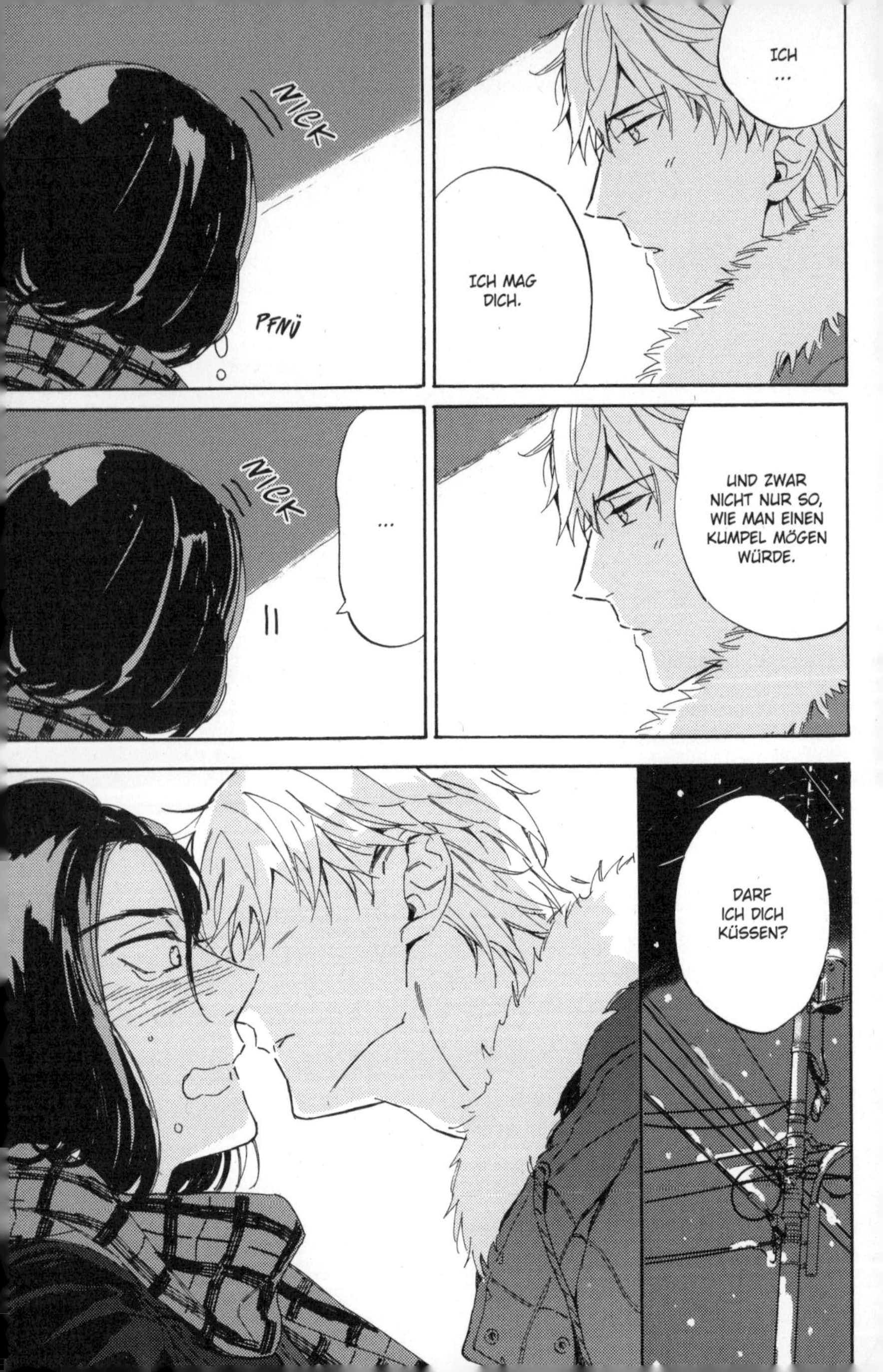
ICH ...
ICH MAG DICH.
NICK
PFNÜ
UND ZWAR NICHT NUR SO, WIE MAN EINEN KUMPEL MÖGEN WÜRDE.
...
NICK
DARF ICH DICH KÜSSEN?

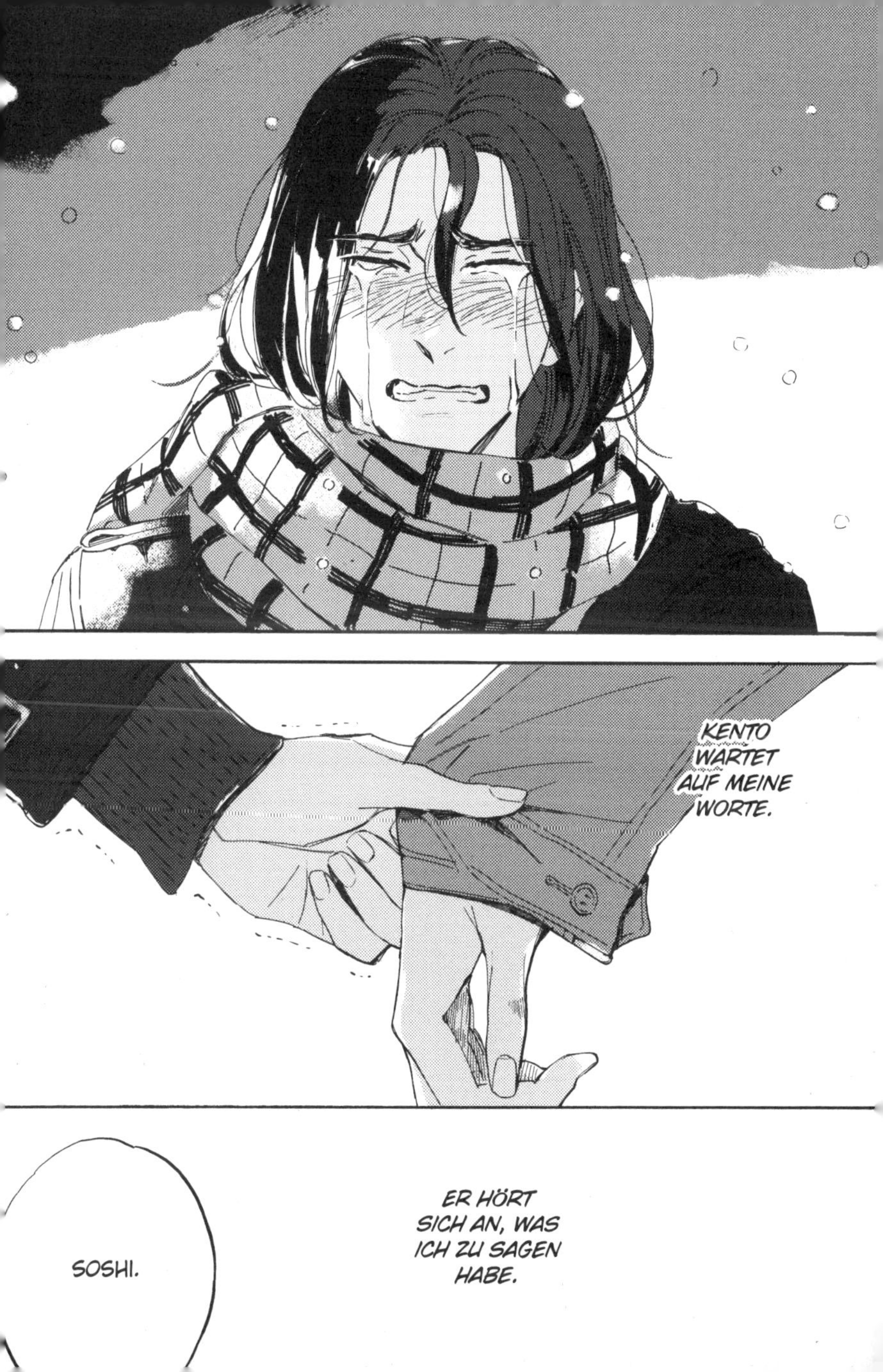
KENTO WARTET AUF MEINE WORTE.
ER HÖRT SICH AN, WAS ICH ZU SAGEN HABE.
SOSHI.

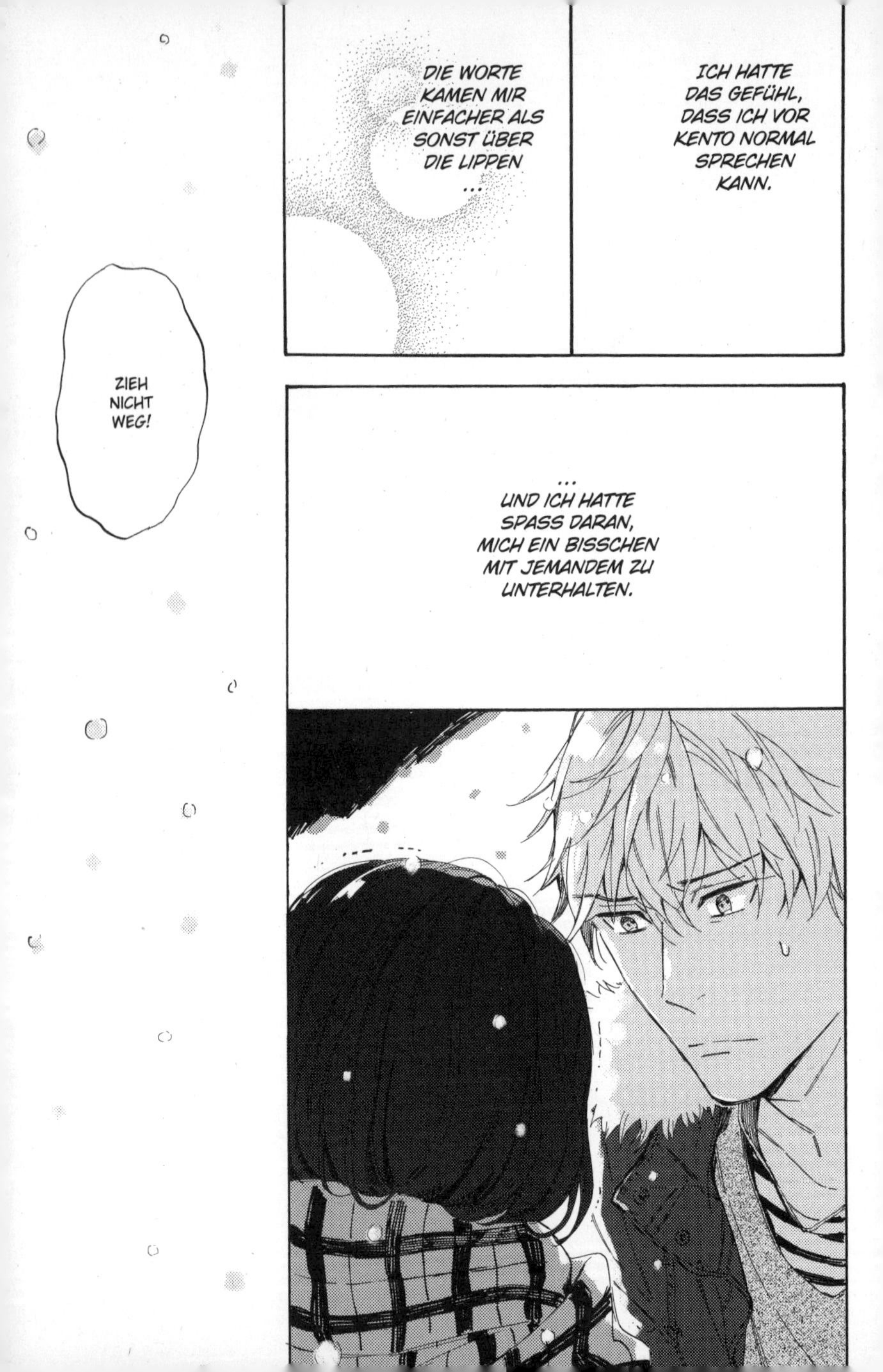
ICH HATTE DAS GEFÜHL, DASS ICH VOR KENTO NORMAL SPRECHEN KANN.
DIE WORTE KAMEN MIR EINFACHER ALS SONST ÜBER DIE LIPPEN ...
... UND ICH HATTE SPASS DARAN, MICH EIN BISSCHEN MIT JEMANDEM ZU UNTERHALTEN.
ZIEH NICHT WEG!

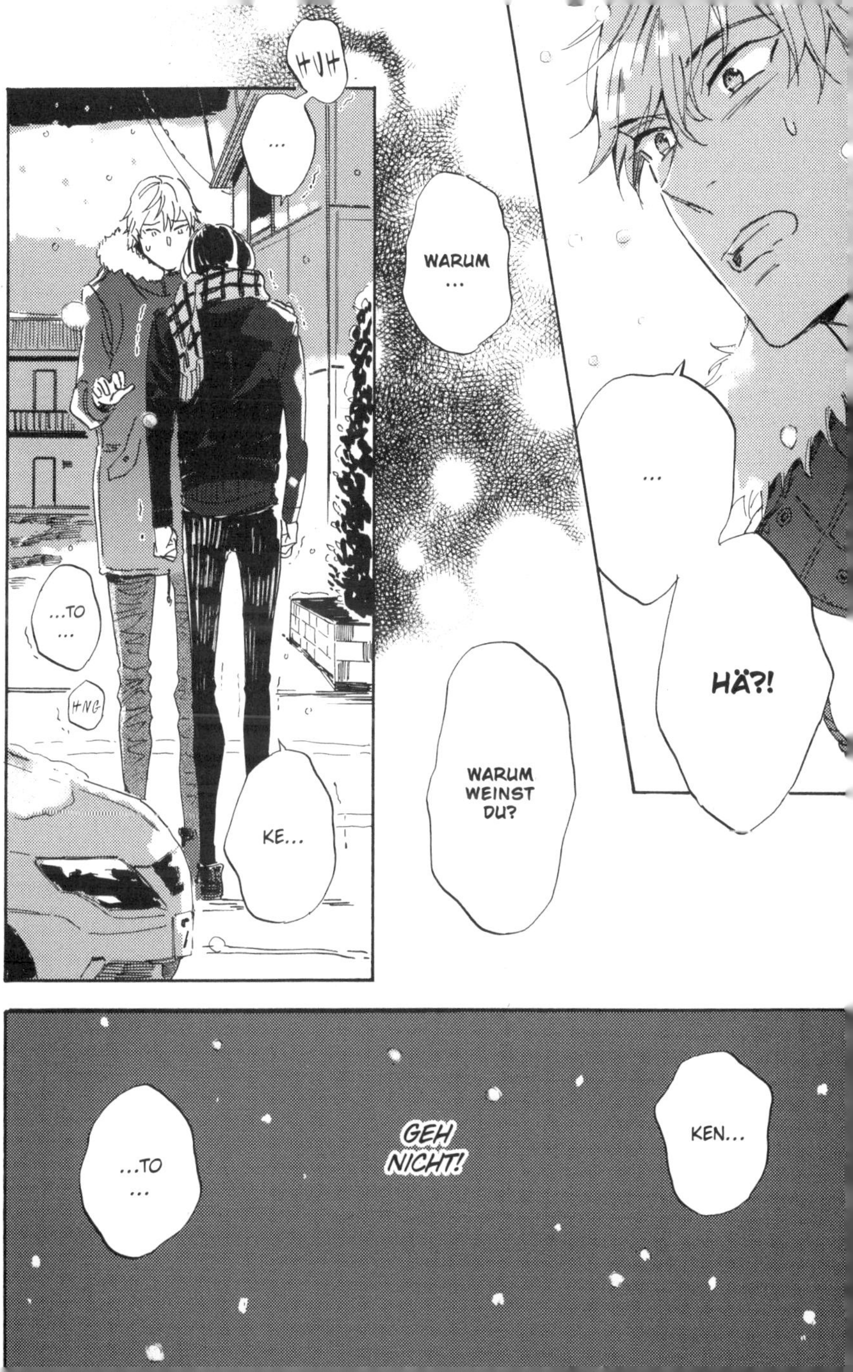
...
HÄ?!
WARUM ...
WARUM WEINST DU?
HUH
...
...TO ...
HNG
KE...
KEN...
GEH NICHT!
...TO ...

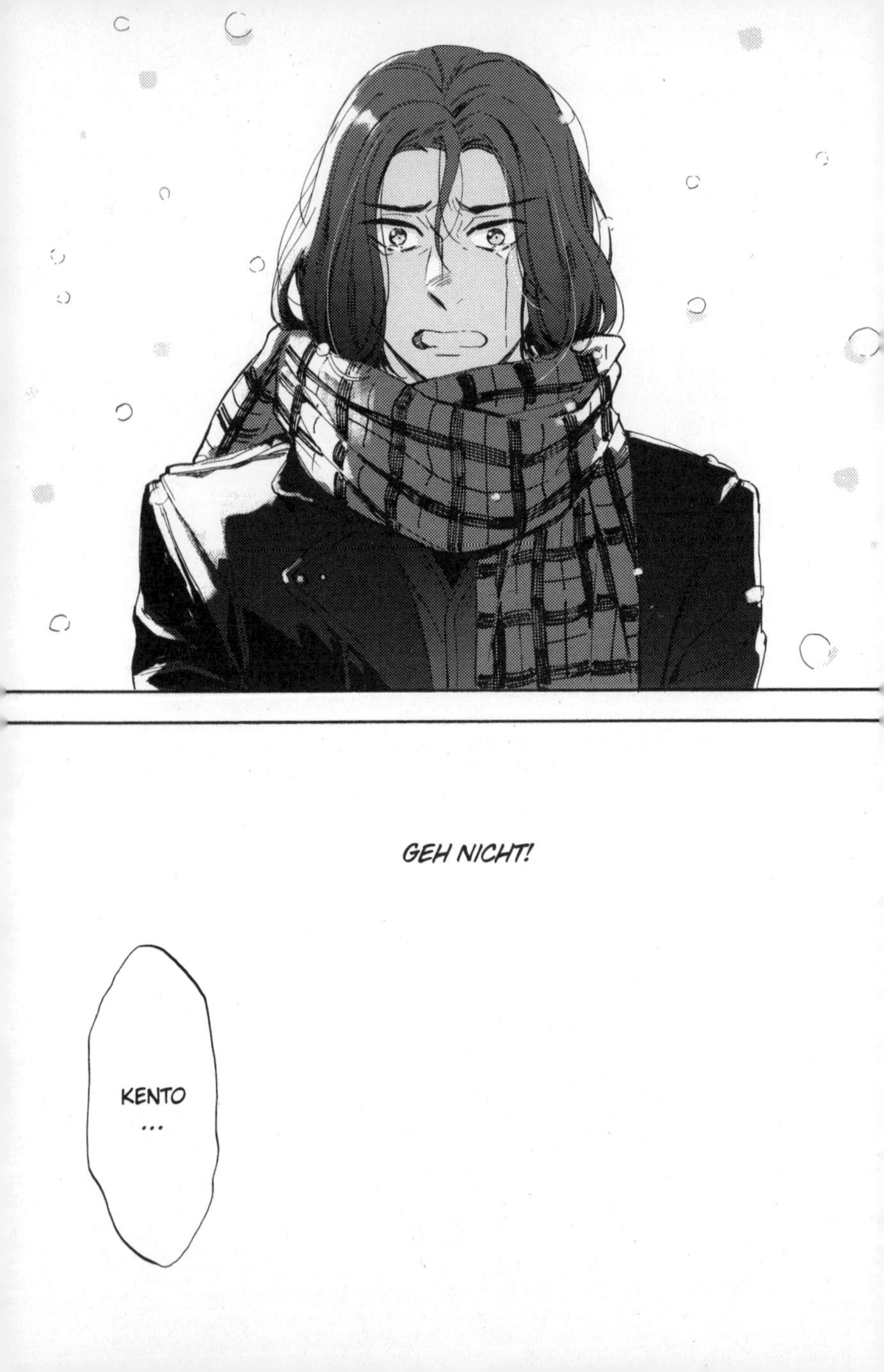
GEH NICHT!
KENTO …

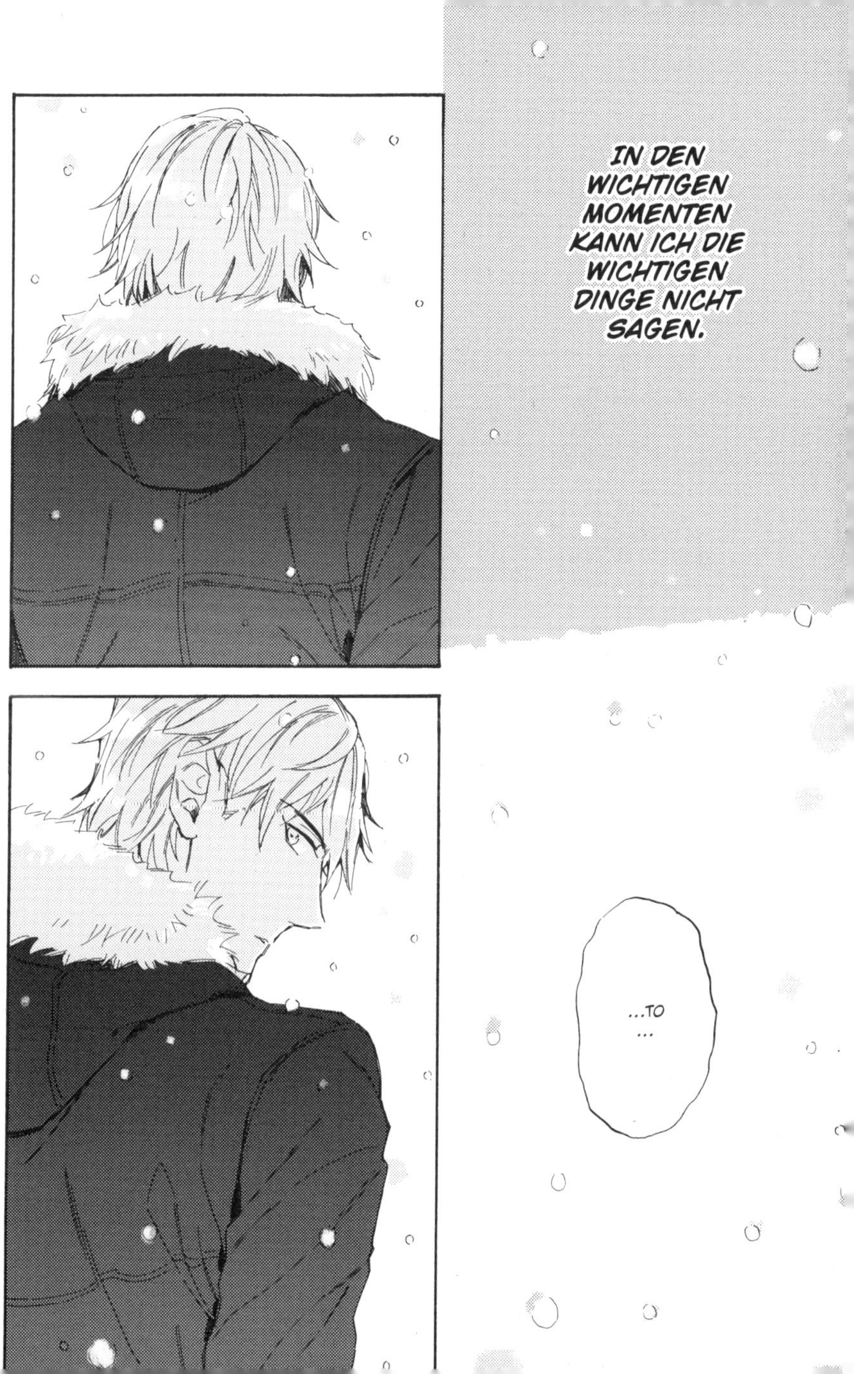
IN DEN WICHTIGEN MOMENTEN KANN ICH DIE WICHTIGEN DINGE NICHT SAGEN.
...TO
...

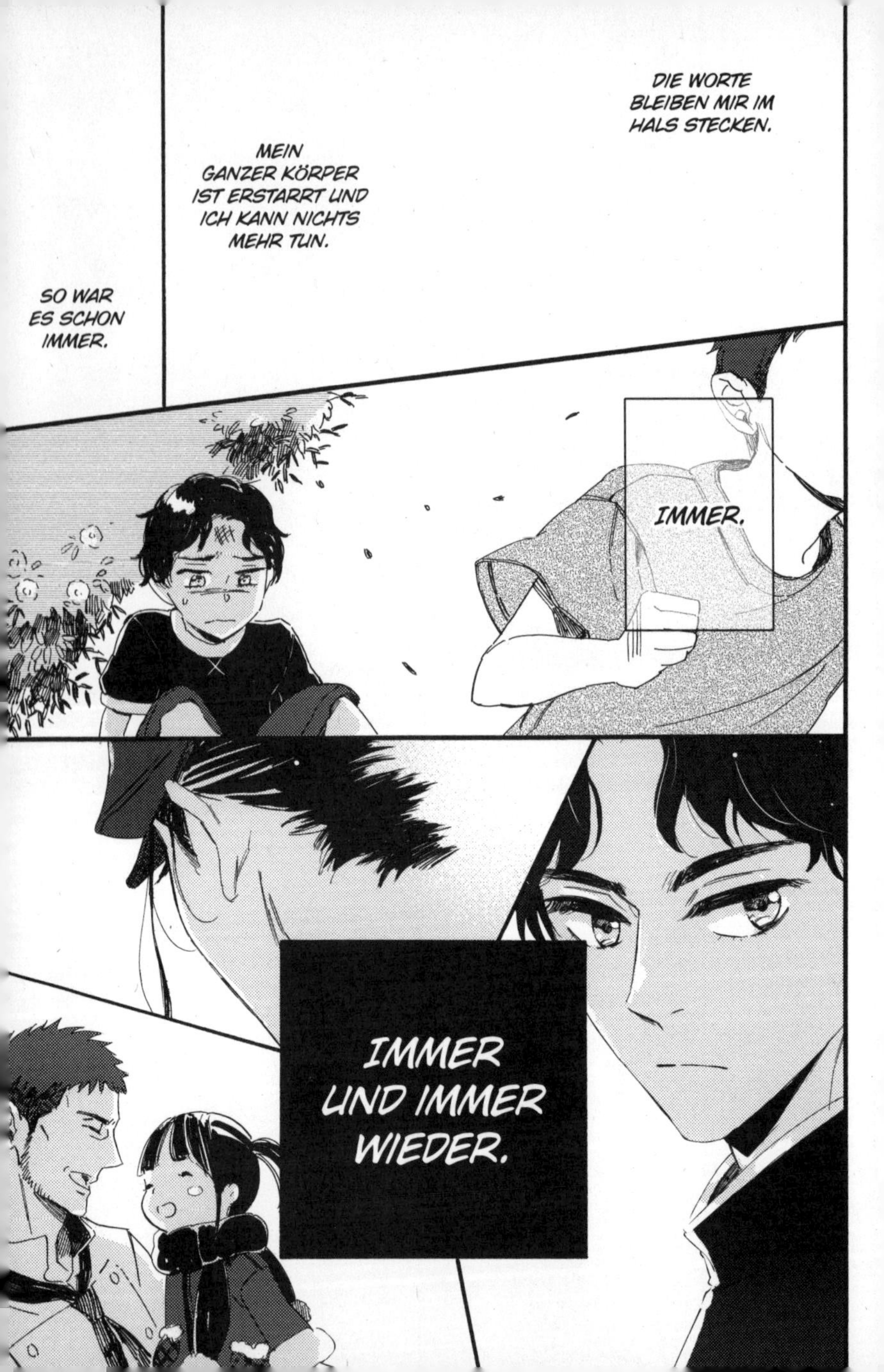
DIE WORTE BLEIBEN MIR IM HALS STECKEN.
MEIN GANZER KÖRPER IST ERSTARRT UND ICH KANN NICHTS MEHR TUN.
SO WAR ES SCHON IMMER.
IMMER.
IMMER UND IMMER WIEDER.

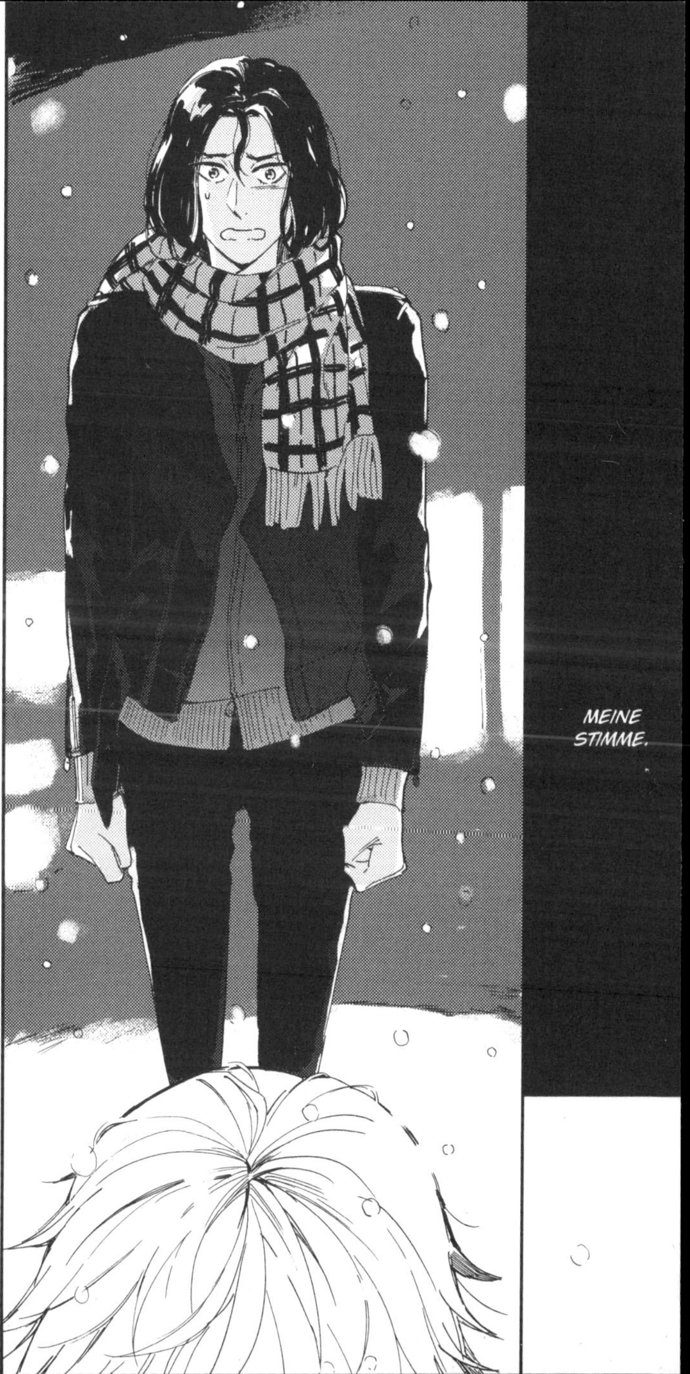

ICH KRIEGE KEINEN TON RAUS.

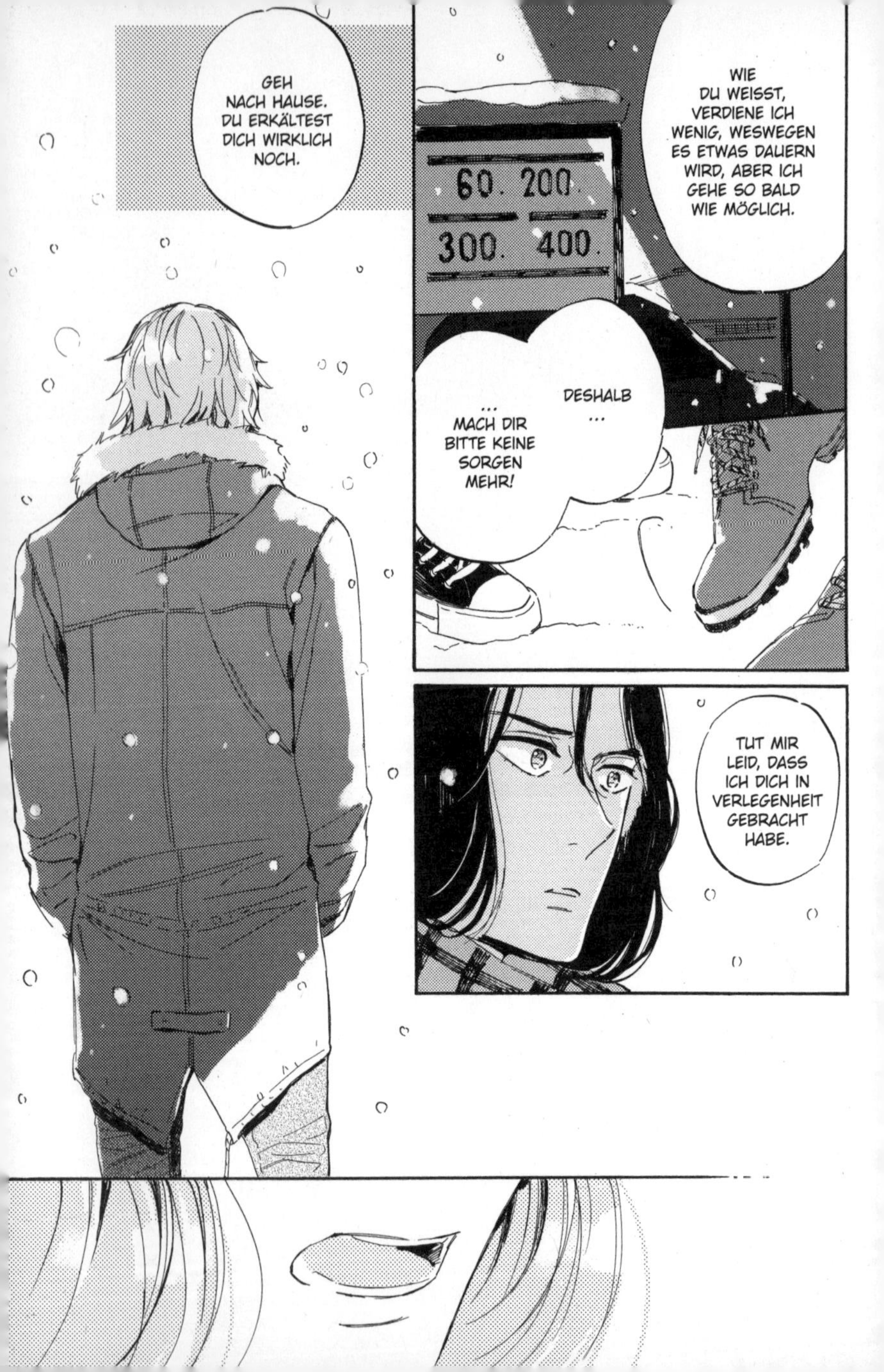
WIE DU WEISST, VERDIENE ICH WENIG, WESWEGEN ES ETWAS DAUERN WIRD, ABER ICH GEHE SO BALD WIE MÖGLICH.
60. 200.
300. 400.
DESHALB ...
... MACH DIR BITTE KEINE SORGEN MEHR!
GEH NACH HAUSE. DU ERKÄLTEST DICH WIRKLICH NOCH.
TUT MIR LEID, DASS ICH DICH IN VERLEGENHEIT GEBRACHT HABE.

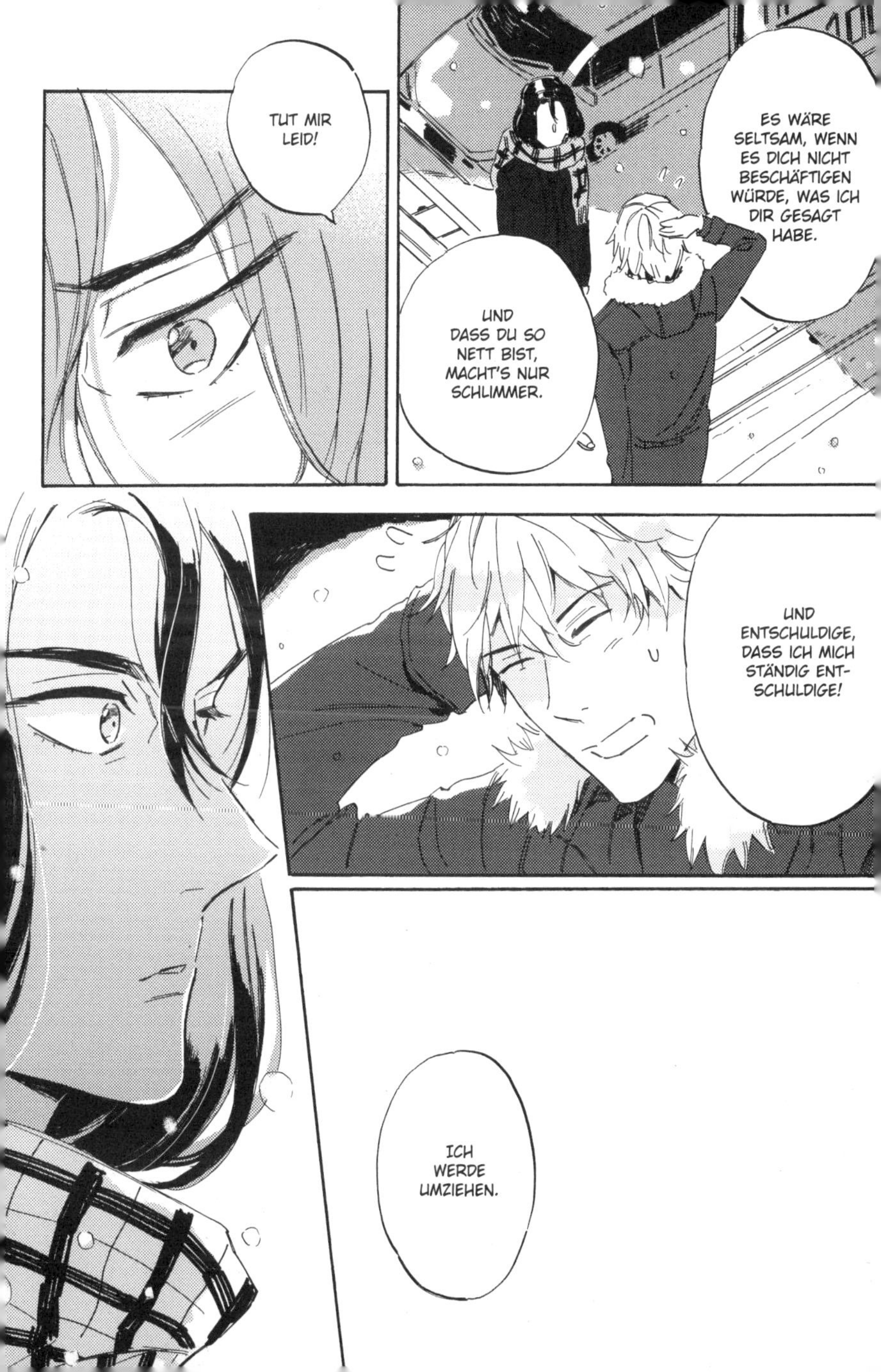
ES WÄRE SELTSAM, WENN ES DICH NICHT BESCHÄFTIGEN WÜRDE, WAS ICH DIR GESAGT HABE.
UND DASS DU SO NETT BIST, MACHT'S NUR SCHLIMMER.
TUT MIR LEID!
UND ENTSCHULDIGE, DASS ICH MICH STÄNDIG ENT-SCHULDIGE!
ICH WERDE UMZIEHEN.

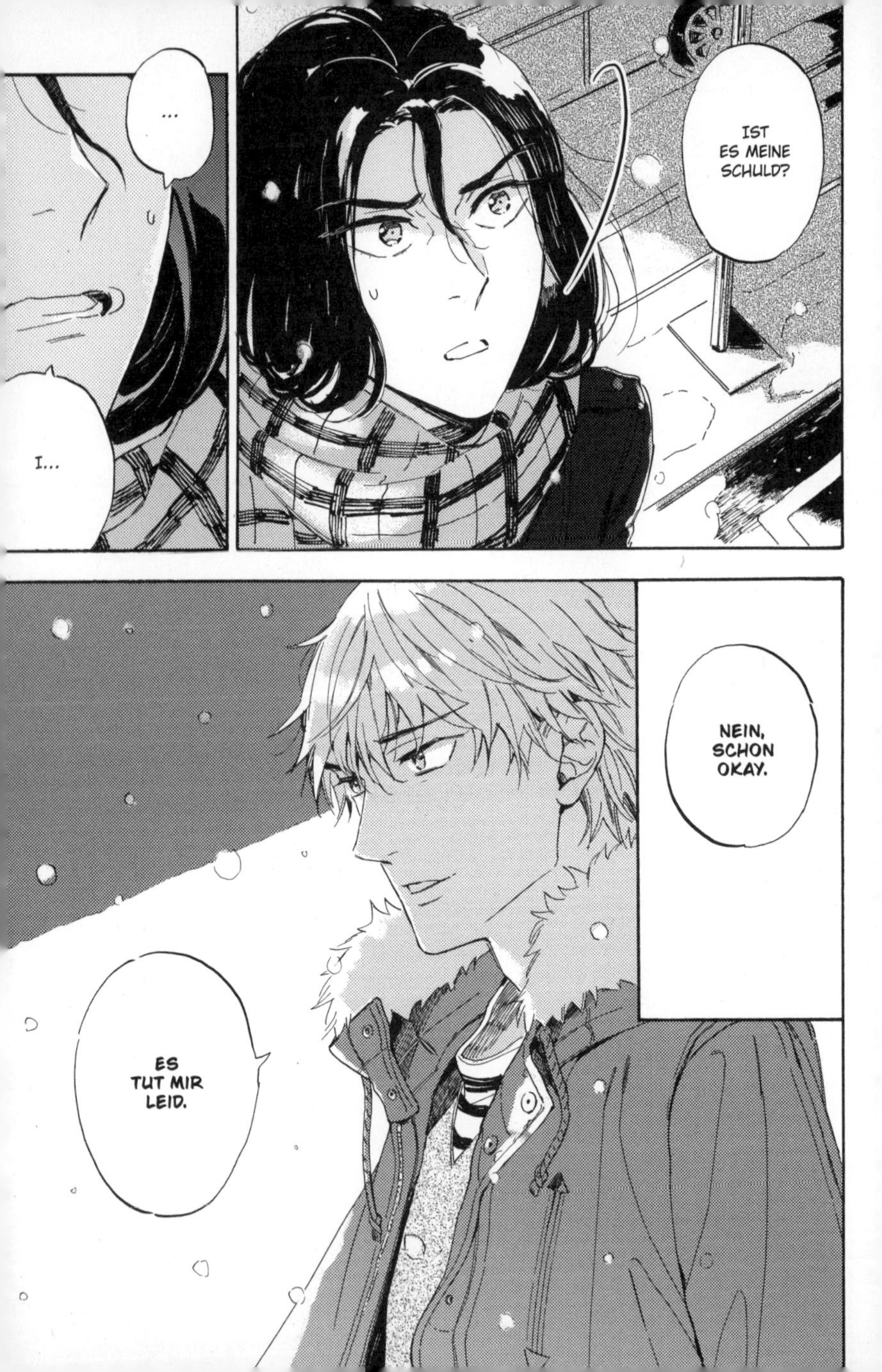
IST ES MEINE SCHULD?
...
I...
NEIN, SCHON OKAY.
ES TUT MIR LEID.

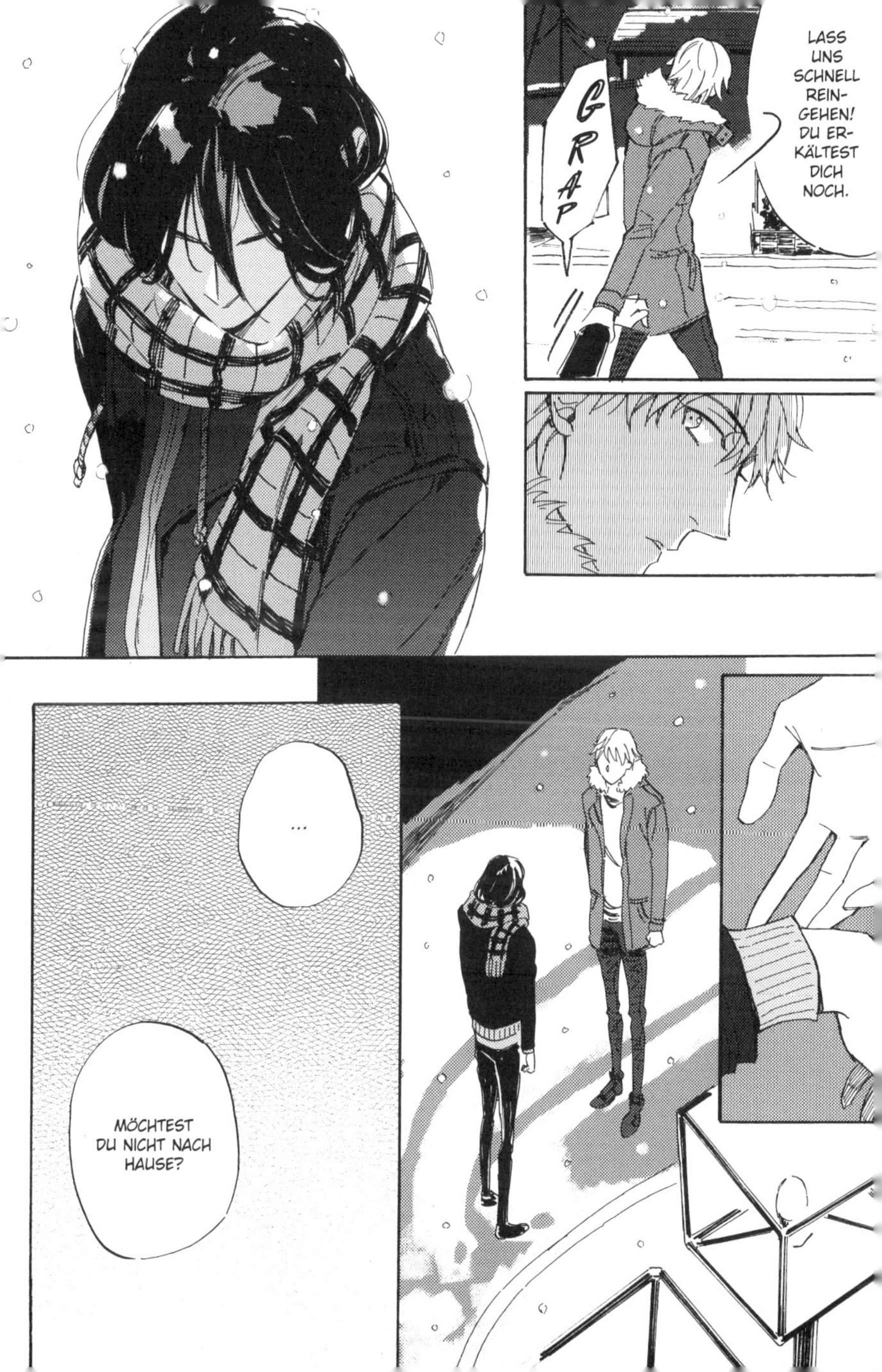
LASS UNS SCHNELL REIN-GEHEN! DU ER-KÄLTEST DICH NOCH.
GRAP
...
MÖCHTEST DU NICHT NACH HAUSE?

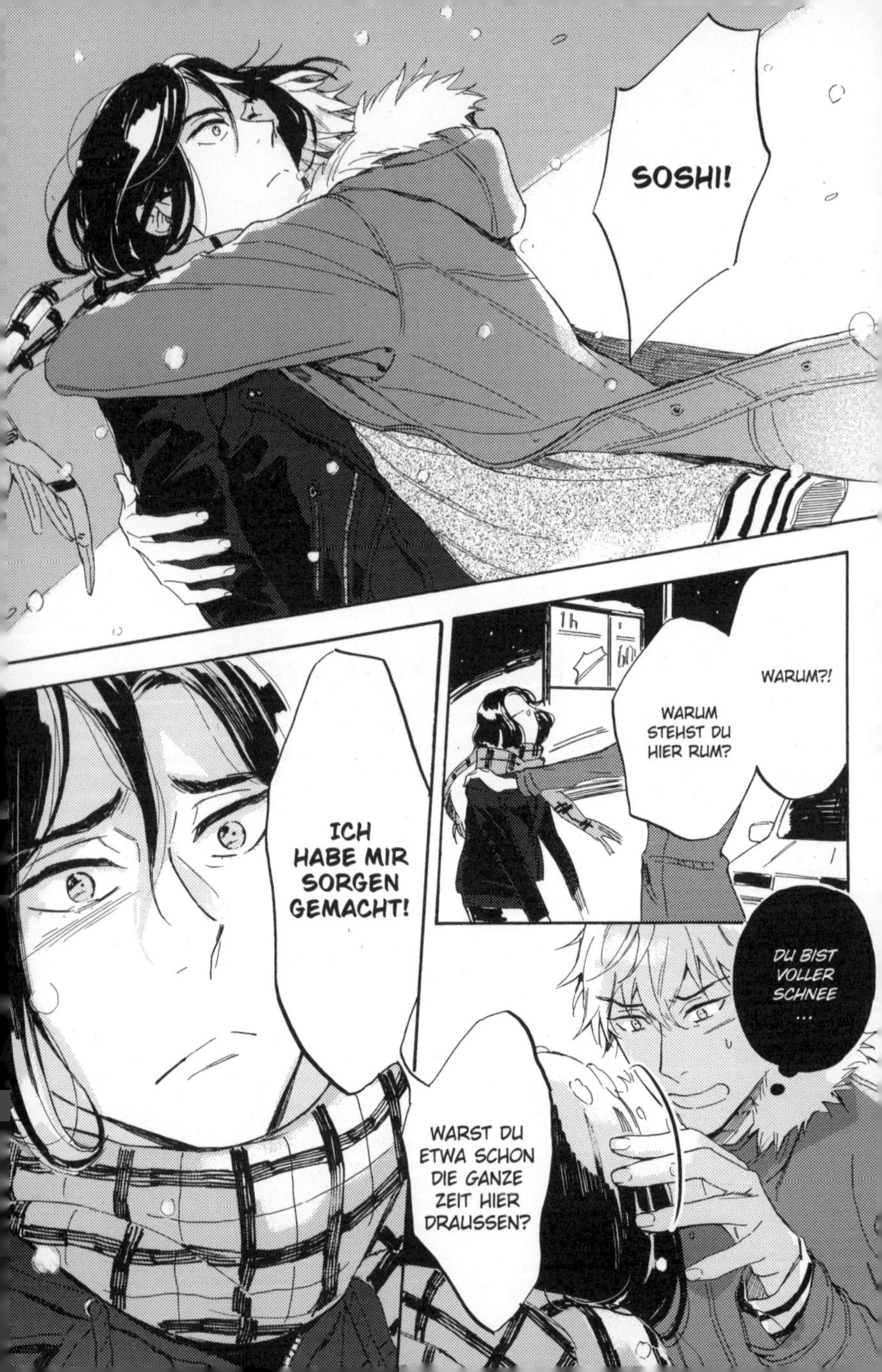
SOSHI!
WARUM?!
WARUM STEHST DU HIER RUM?
ICH HABE MIR SORGEN GEMACHT!
DU BIST VOLLER SCHNEE ...
WARST DU ETWA SCHON DIE GANZE ZEIT HIER DRAUSSEN?

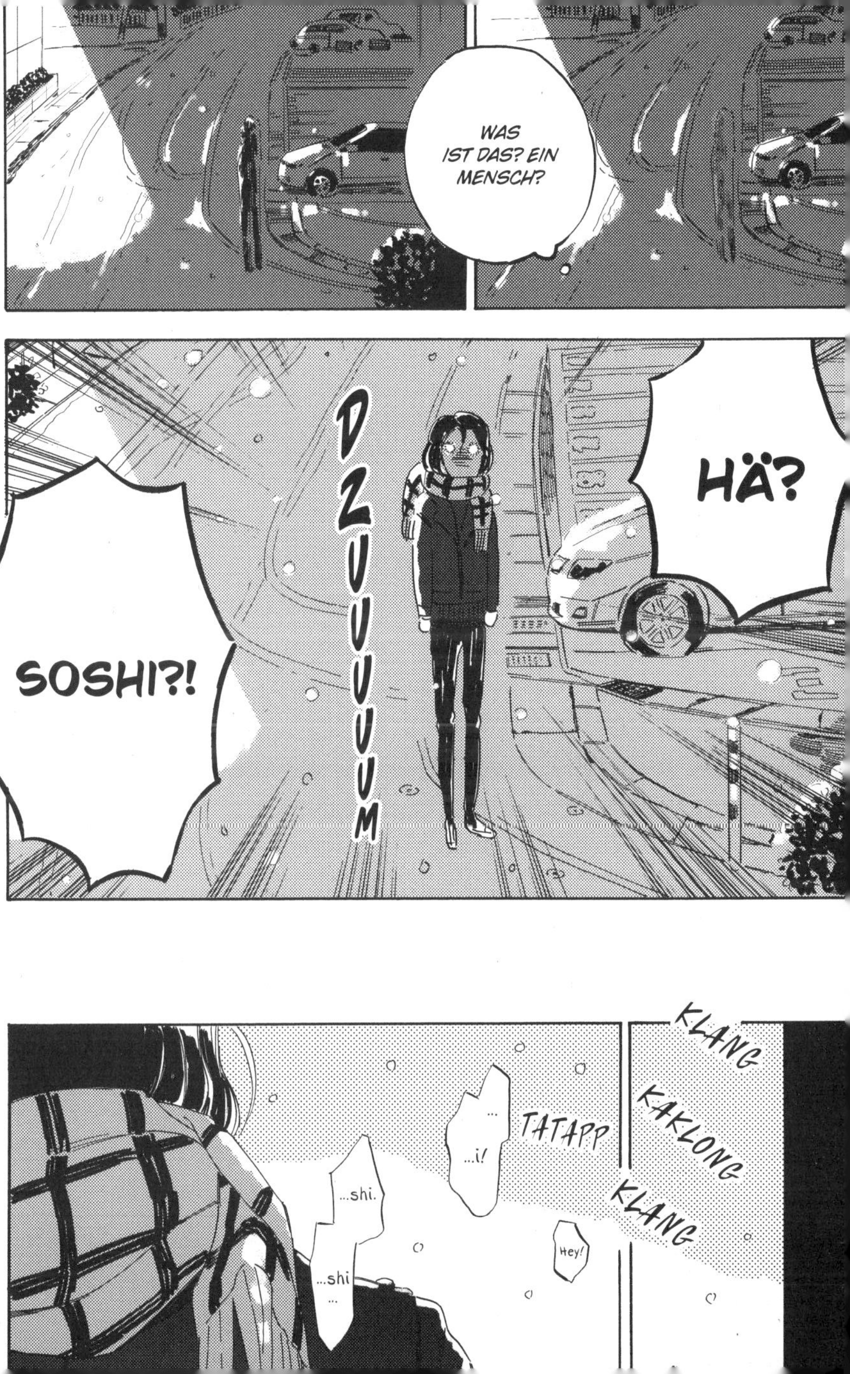
WAS IST DAS? EIN MENSCH?
HÄ?
DZUUUUUUM
SOSHI?!
KLANG
KAKLONG
KLANG
TATAPP
...
...i!
Hey!
...shi.
...shi
...

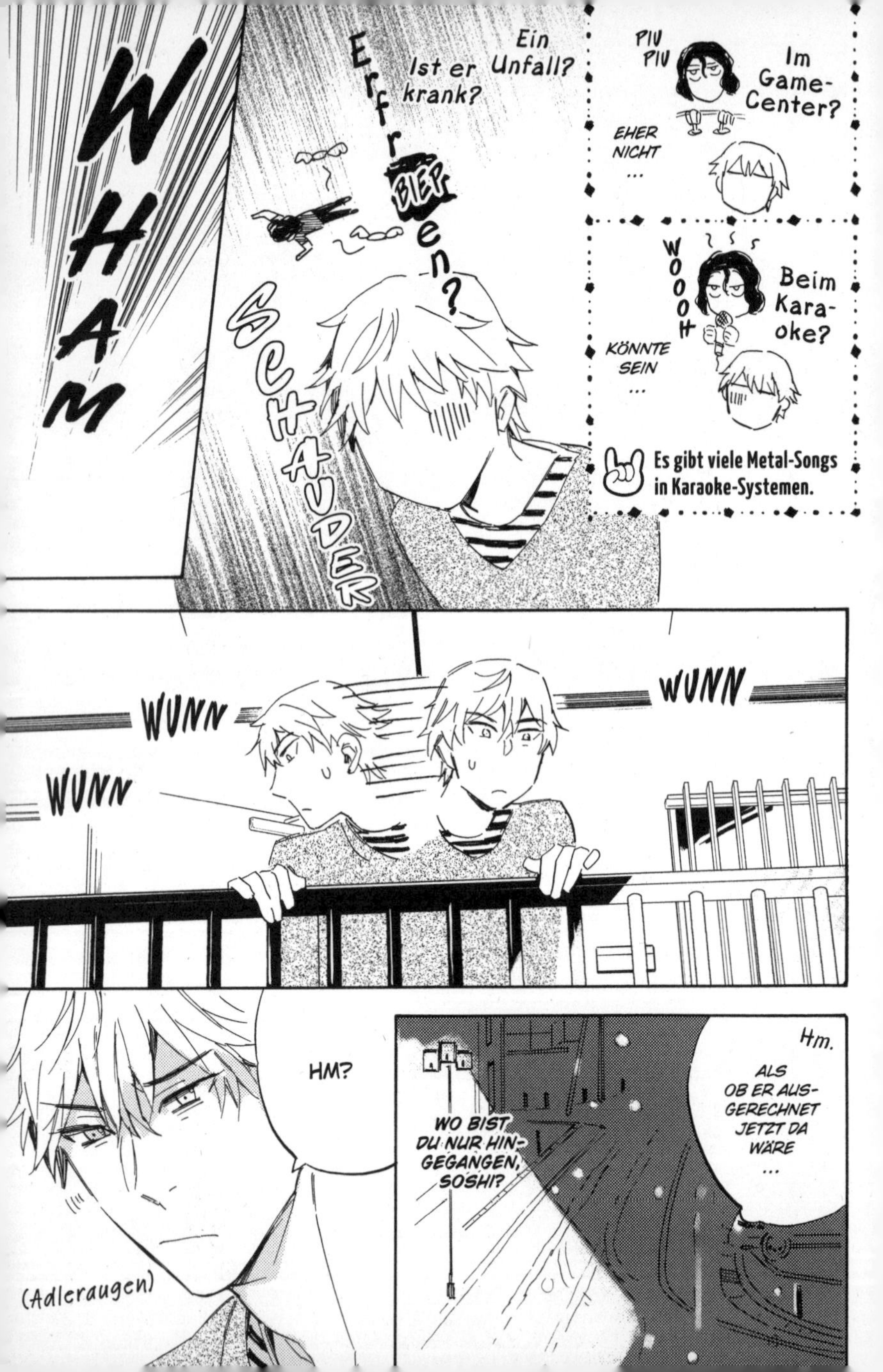
PIU PIU
Im Game-Center?
EHER NICHT ...
WOOOOH
Beim Karaoke?
KÖNNTE SEIN ...
Es gibt viele Metal-Songs in Karaoke-Systemen.
Ein Unfall?
Ist er krank?
Erfr BIEP en?
SCHAUDER
WHAM
WUNN
WUNN
WUNN
Hm.
ALS OB ER AUSGERECHNET JETZT DA WÄRE ...
WO BIST DU NUR HINGEGANGEN, SOSHI?
HM?
(Adleraugen)

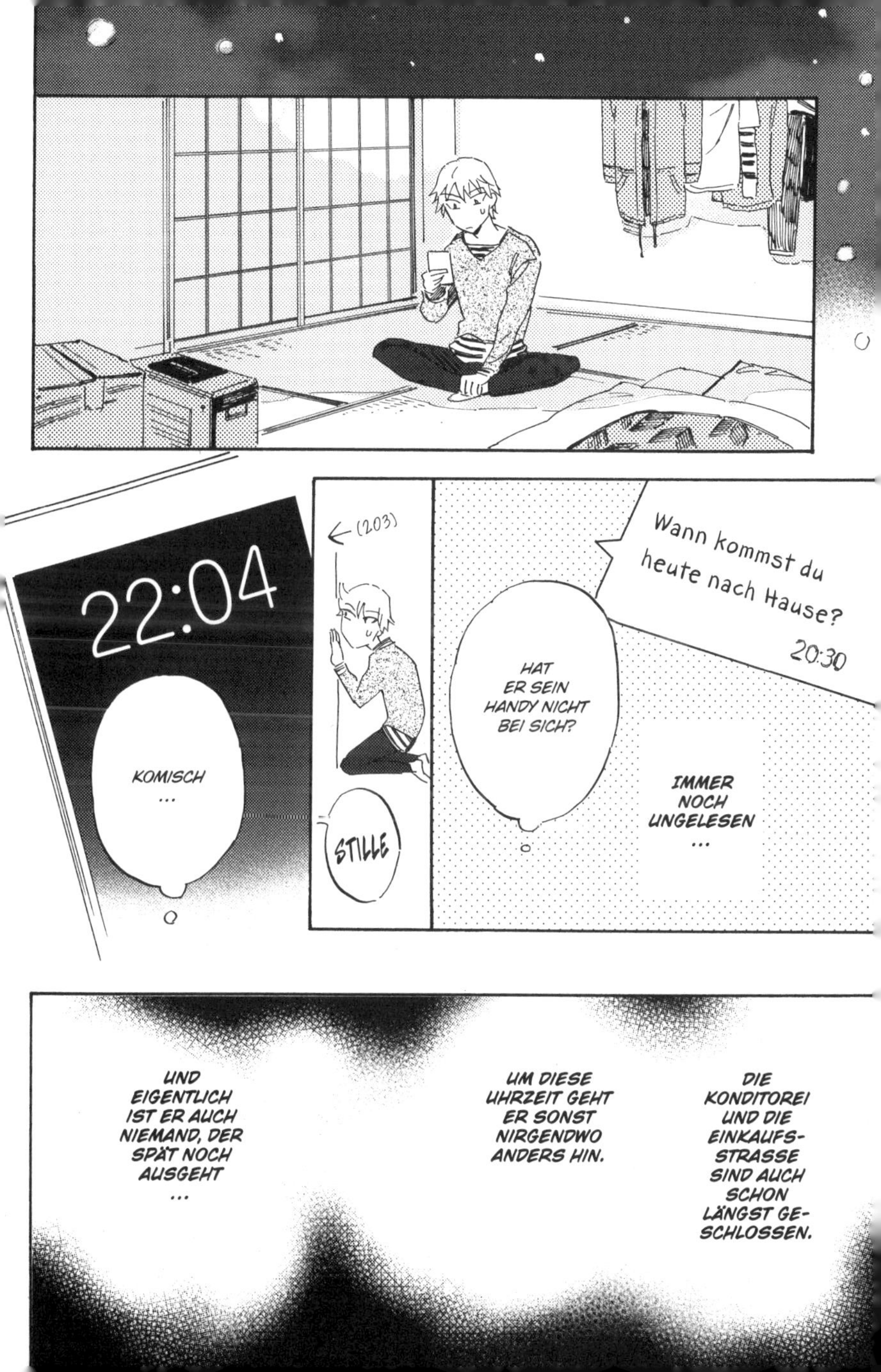

Wann kommst du heute nach Hause?
20:30
IMMER NOCH UNGELESEN ...
HAT ER SEIN HANDY NICHT BEI SICH?
← (203)
STILLE
22:04
KOMISCH ...
DIE KONDITOREI UND DIE EINKAUFS-STRASSE SIND AUCH SCHON LÄNGST GE-SCHLOSSEN.
UM DIESE UHRZEIT GEHT ER SONST NIRGENDWO ANDERS HIN.
UND EIGENTLICH IST ER AUCH NIEMAND, DER SPÄT NOCH AUSGEHT ...

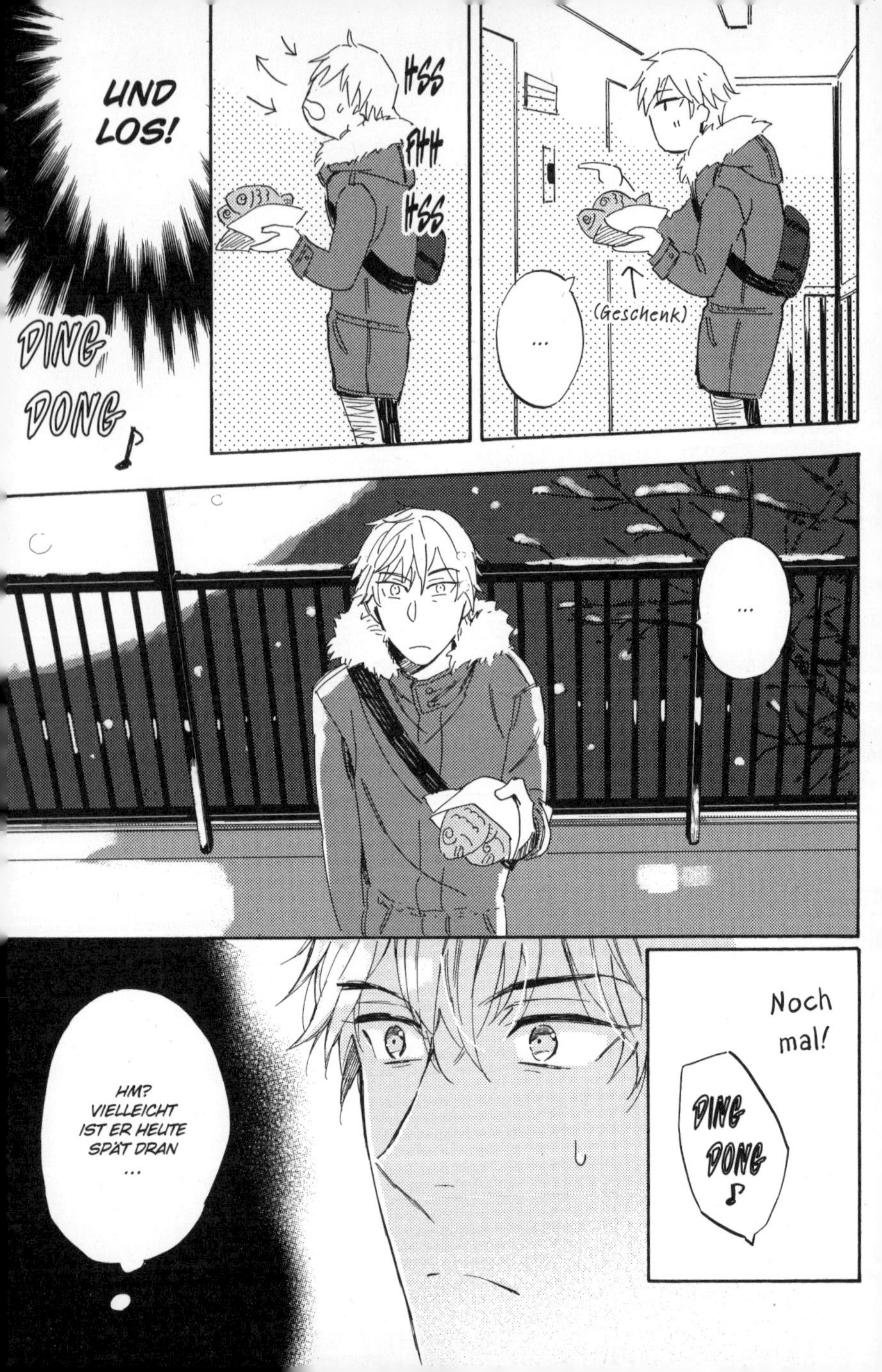
…
(Geschenk)
HSS
FHH
HSS
UND LOS!
DING DONG
…
Noch mal!
DING DONG
HM? VIELLEICHT IST ER HEUTE SPÄT DRAN …

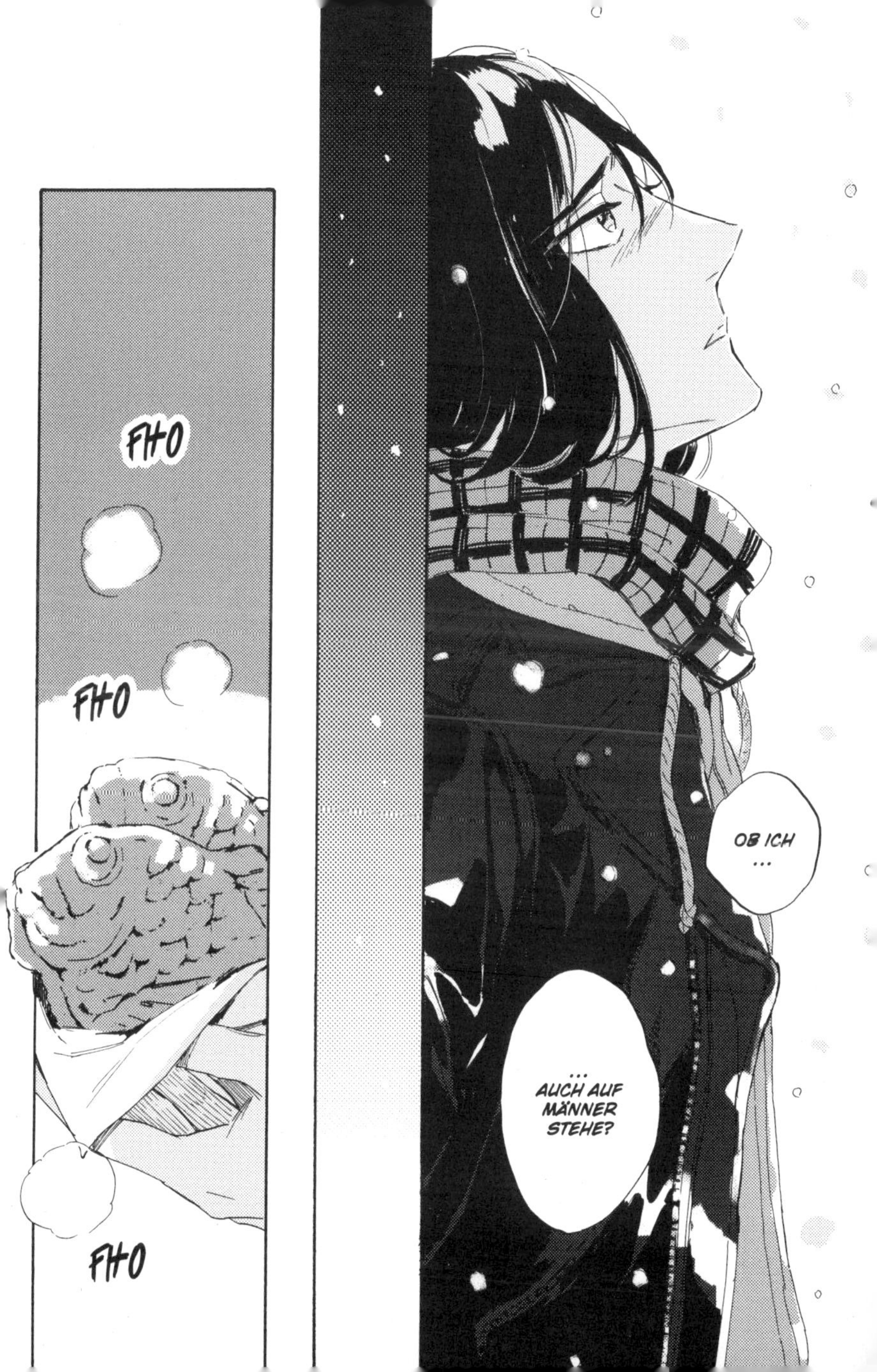
OB ICH ...
... AUCH AUF MÄNNER STEHE?
FHO
FHO
FHO

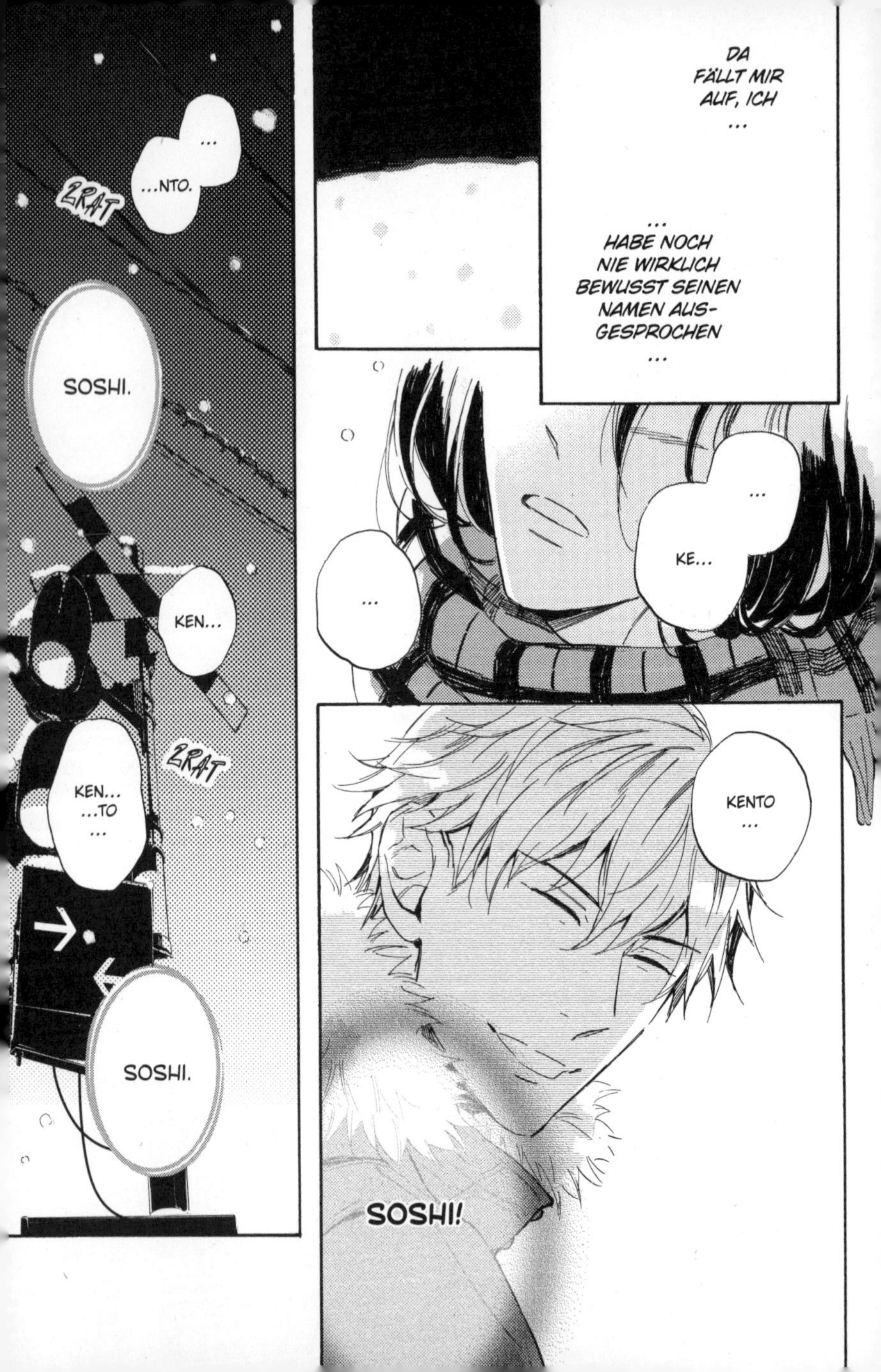
DA FÄLLT MIR AUF, ICH …
… HABE NOCH NIE WIRKLICH BEWUSST SEINEN NAMEN AUS-GESPROCHEN …
… KE…
…
KENTO …
SOSHI!
… …NTO.
ZRAT
SOSHI.
KEN…
KEN… …TO …
ZRAT
SOSHI.

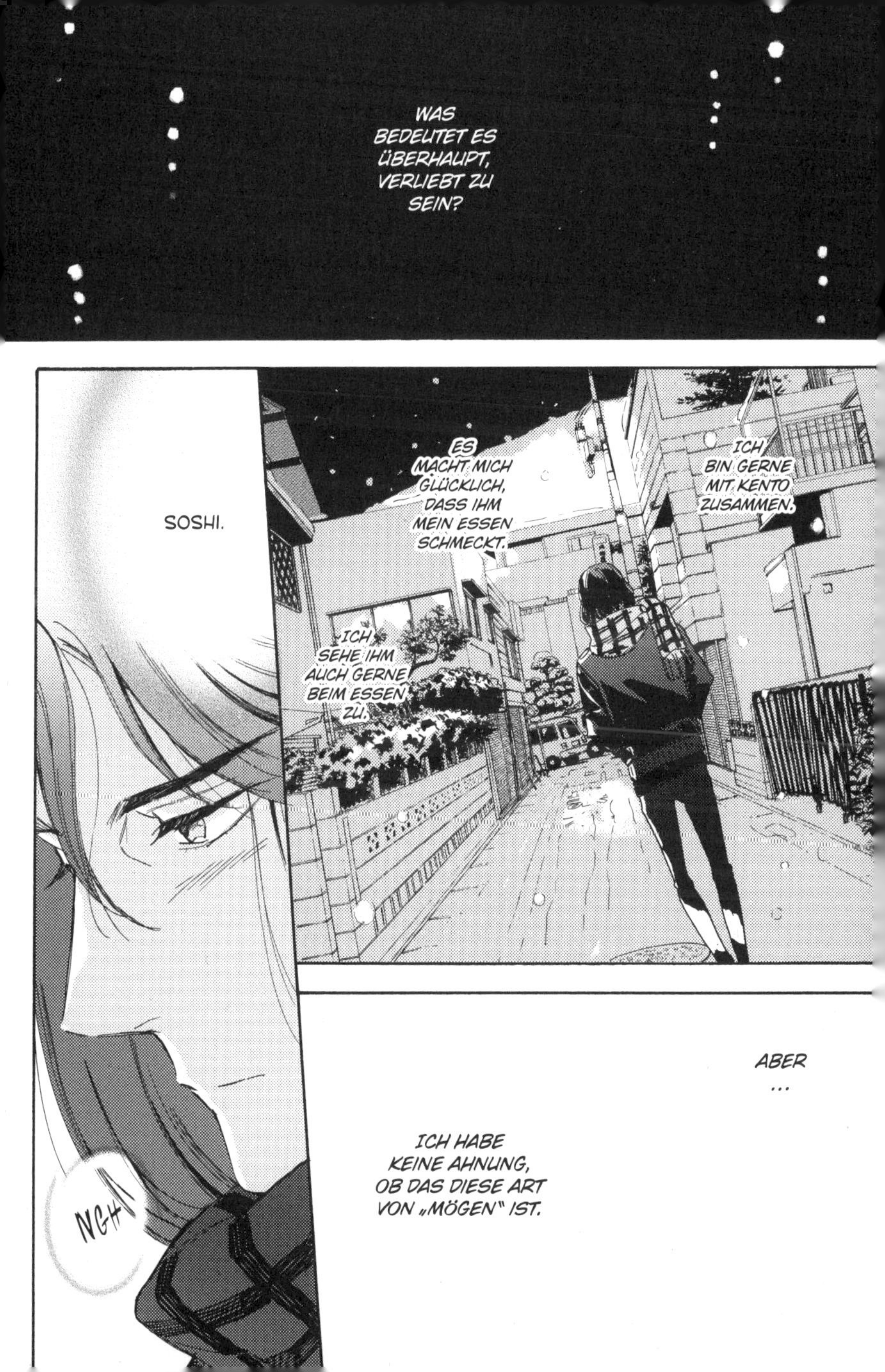
WAS BEDEUTET ES ÜBERHAUPT, VERLIEBT ZU SEIN?
ICH BIN GERNE MIT KENTO ZUSAMMEN.
ES MACHT MICH GLÜCKLICH, DASS IHM MEIN ESSEN SCHMECKT.
ICH SEHE IHM AUCH GERNE BEIM ESSEN ZU.
SOSHI.
ABER ...
ICH HABE KEINE AHNUNG, OB DAS DIESE ART VON „MÖGEN" IST.
NGH

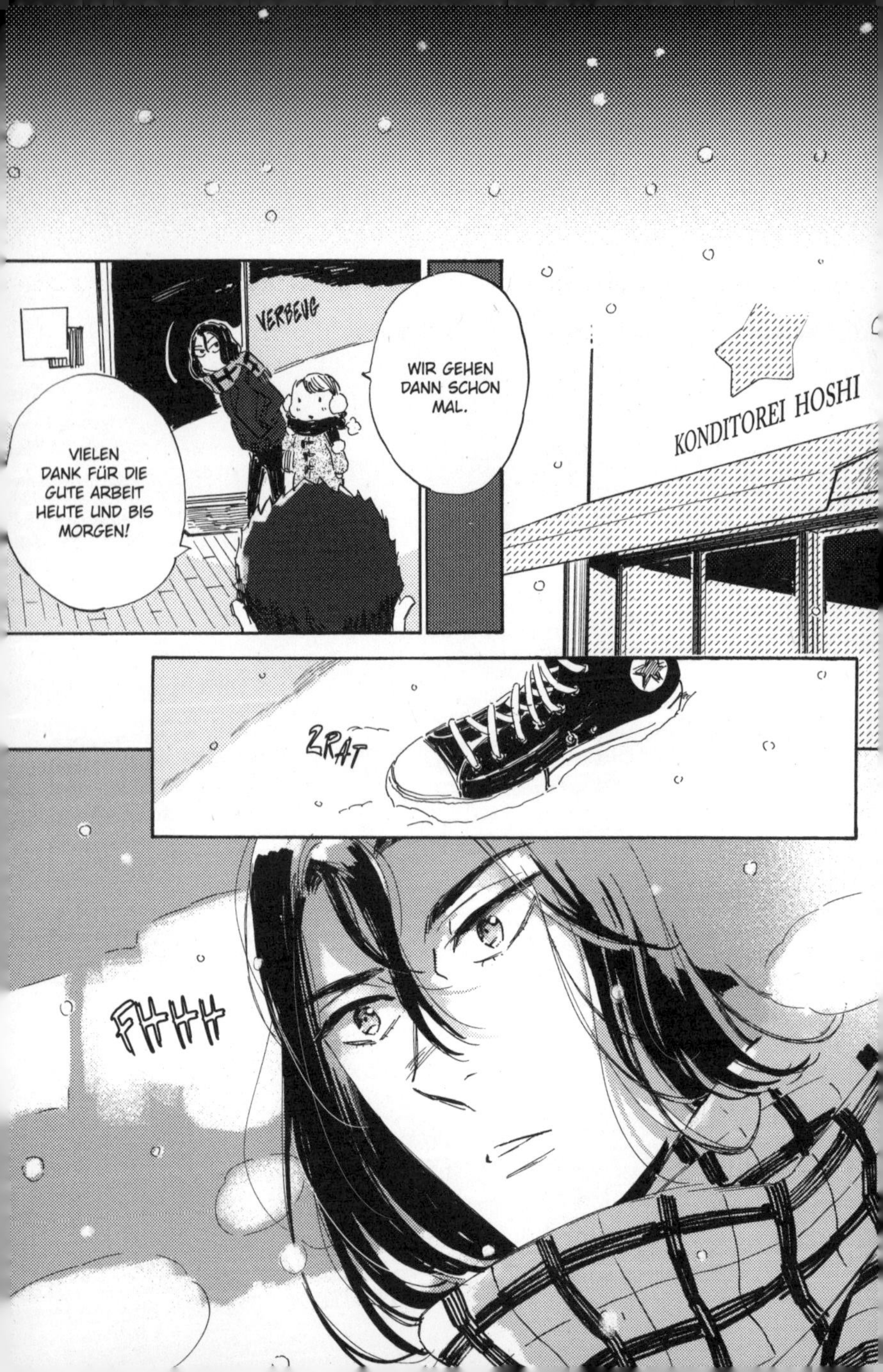
KONDITOREI HOSHI
VERBEUG
WIR GEHEN DANN SCHON MAL.
VIELEN DANK FÜR DIE GUTE ARBEIT HEUTE UND BIS MORGEN!
ZRAT
FHHH

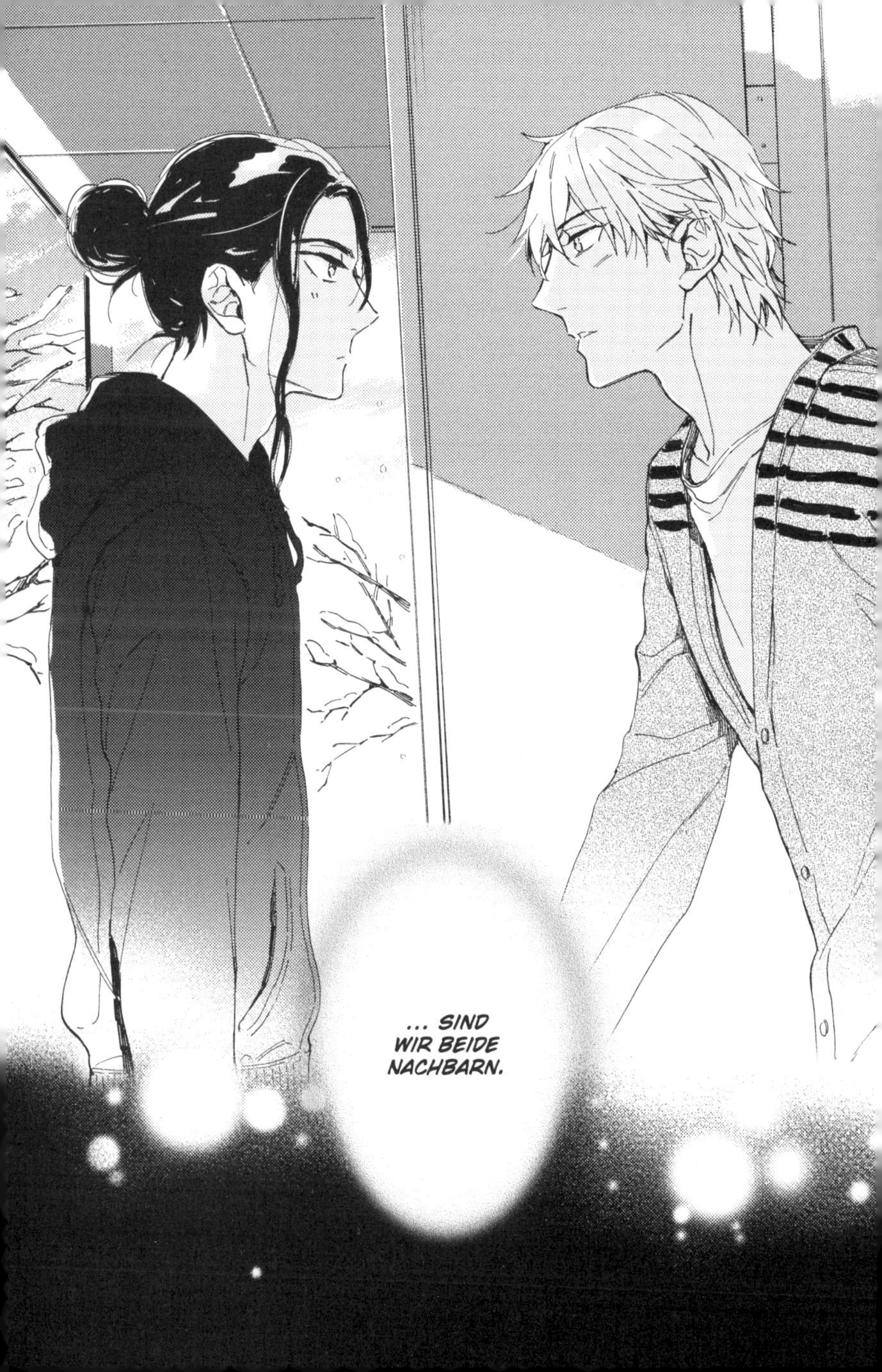
... SIND
WIR BEIDE
NACHBARN.

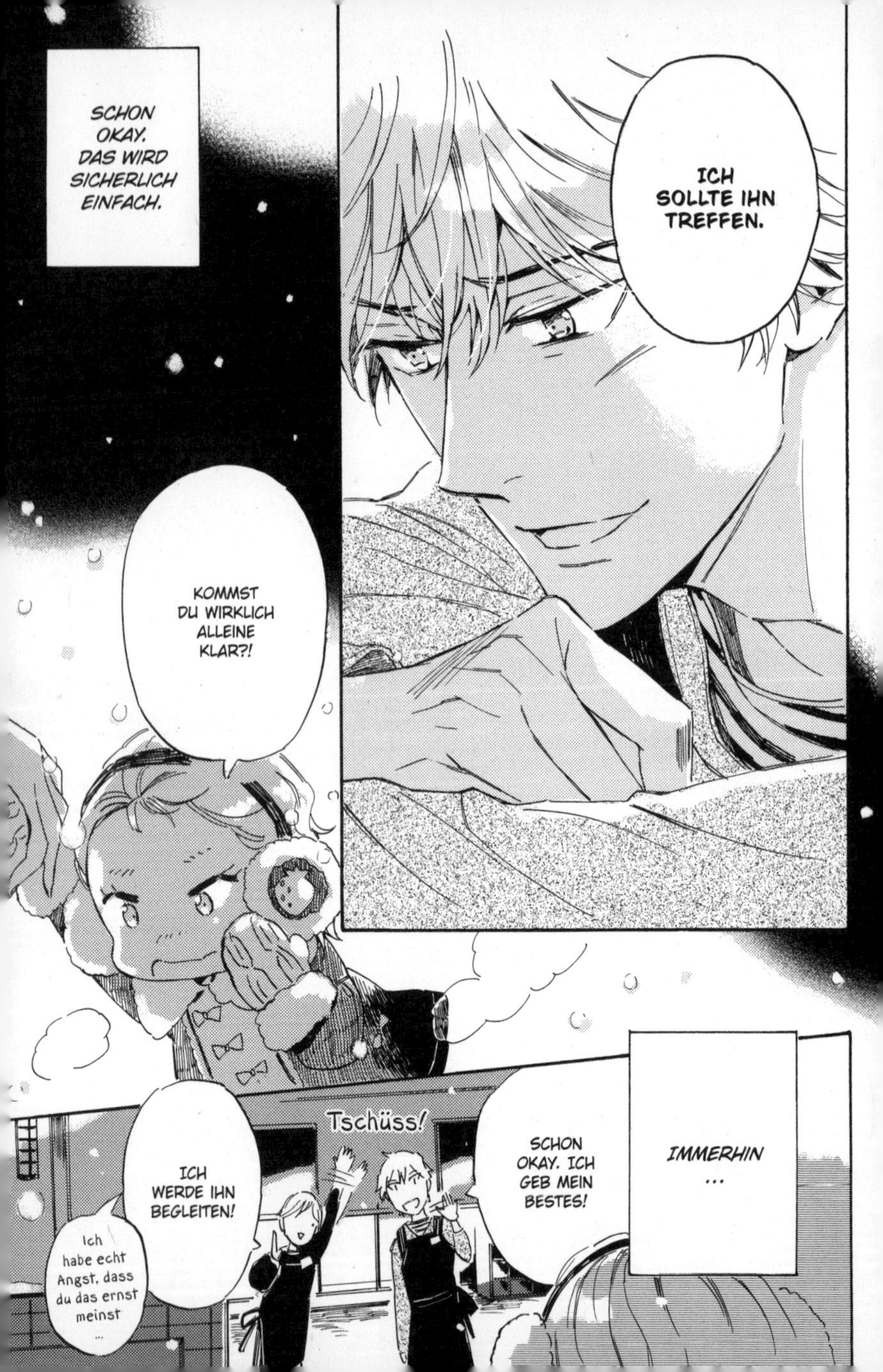
ICH SOLLTE IHN TREFFEN.
SCHON OKAY. DAS WIRD SICHERLICH EINFACH.
KOMMST DU WIRKLICH ALLEINE KLAR?!
IMMERHIN ...
SCHON OKAY. ICH GEB MEIN BESTES!
Tschüss!
ICH WERDE IHN BEGLEITEN!
Ich habe echt Angst, dass du das ernst meinst ...

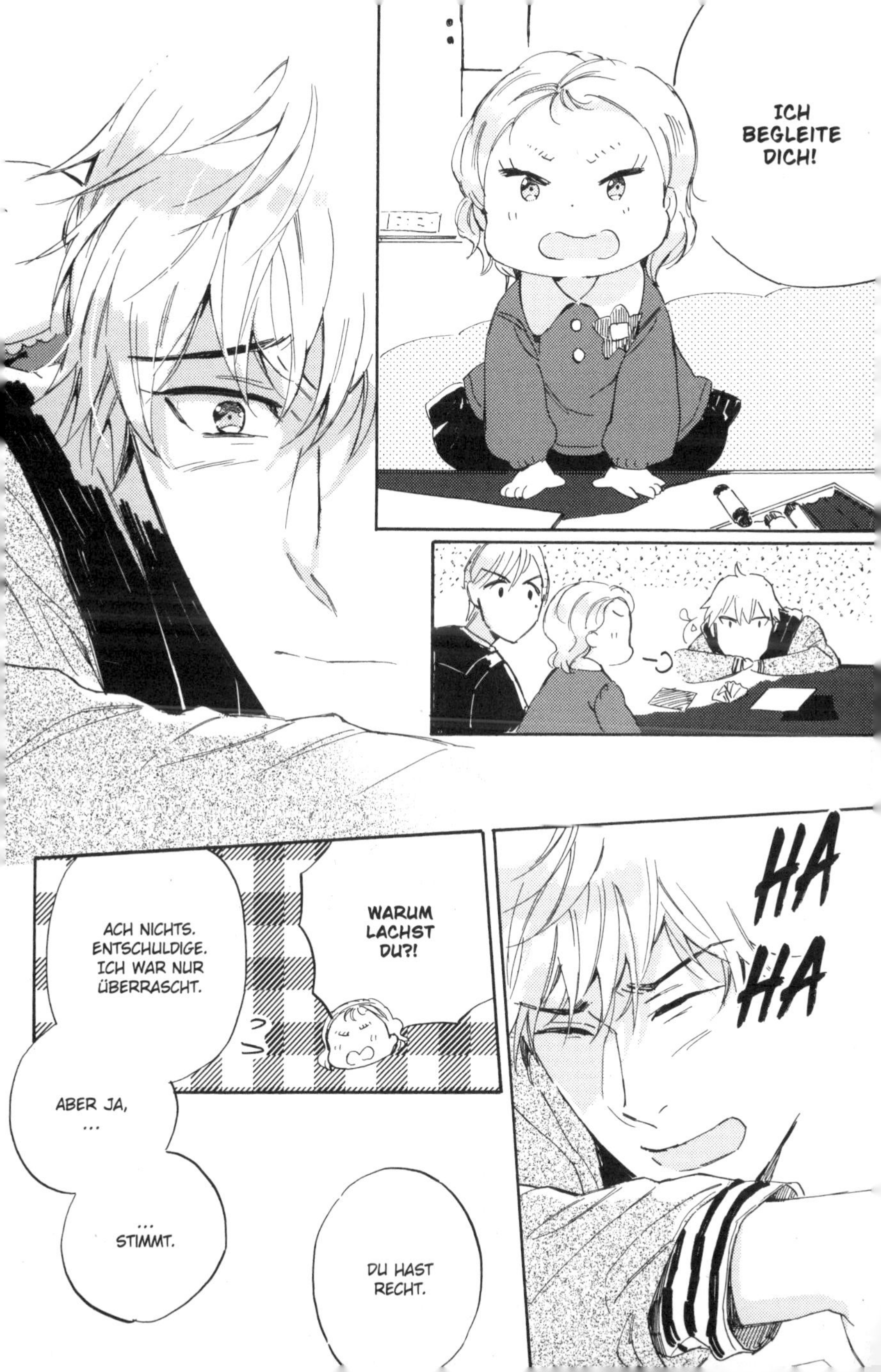

ICH BEGLEITE DICH!
HA HA
WARUM LACHST DU?!
ACH NICHTS. ENTSCHULDIGE. ICH WAR NUR ÜBERRASCHT.
ABER JA, ...
... STIMMT.
DU HAST RECHT.

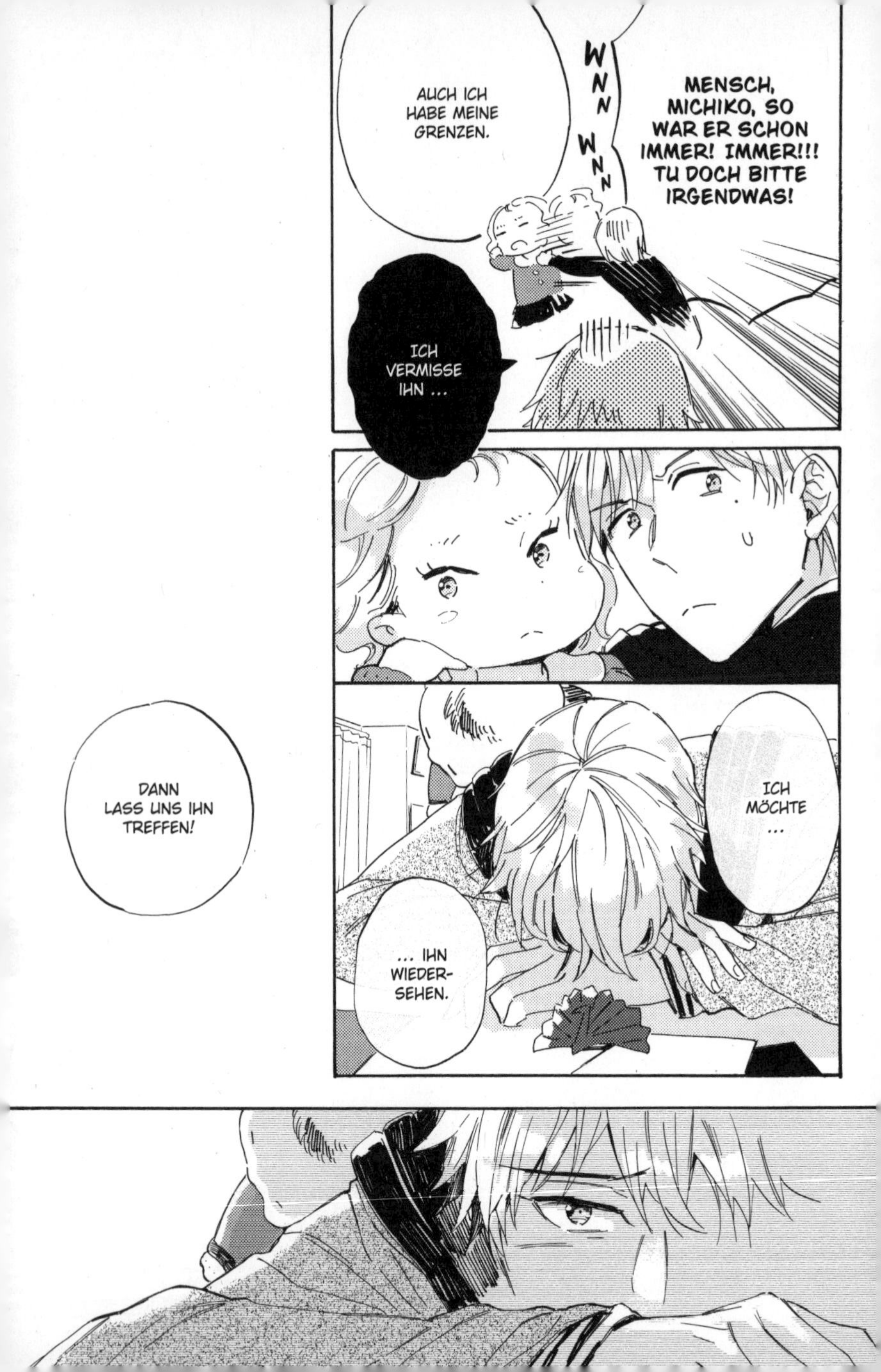
MENSCH, MICHIKO, SO WAR ER SCHON IMMER! IMMER!!! TU DOCH BITTE IRGENDWAS!
WNN WNN
AUCH ICH HABE MEINE GRENZEN.
ICH VERMISSE IHN …
ICH MÖCHTE …
… IHN WIEDER-SEHEN.
DANN LASS UNS IHN TREFFEN!

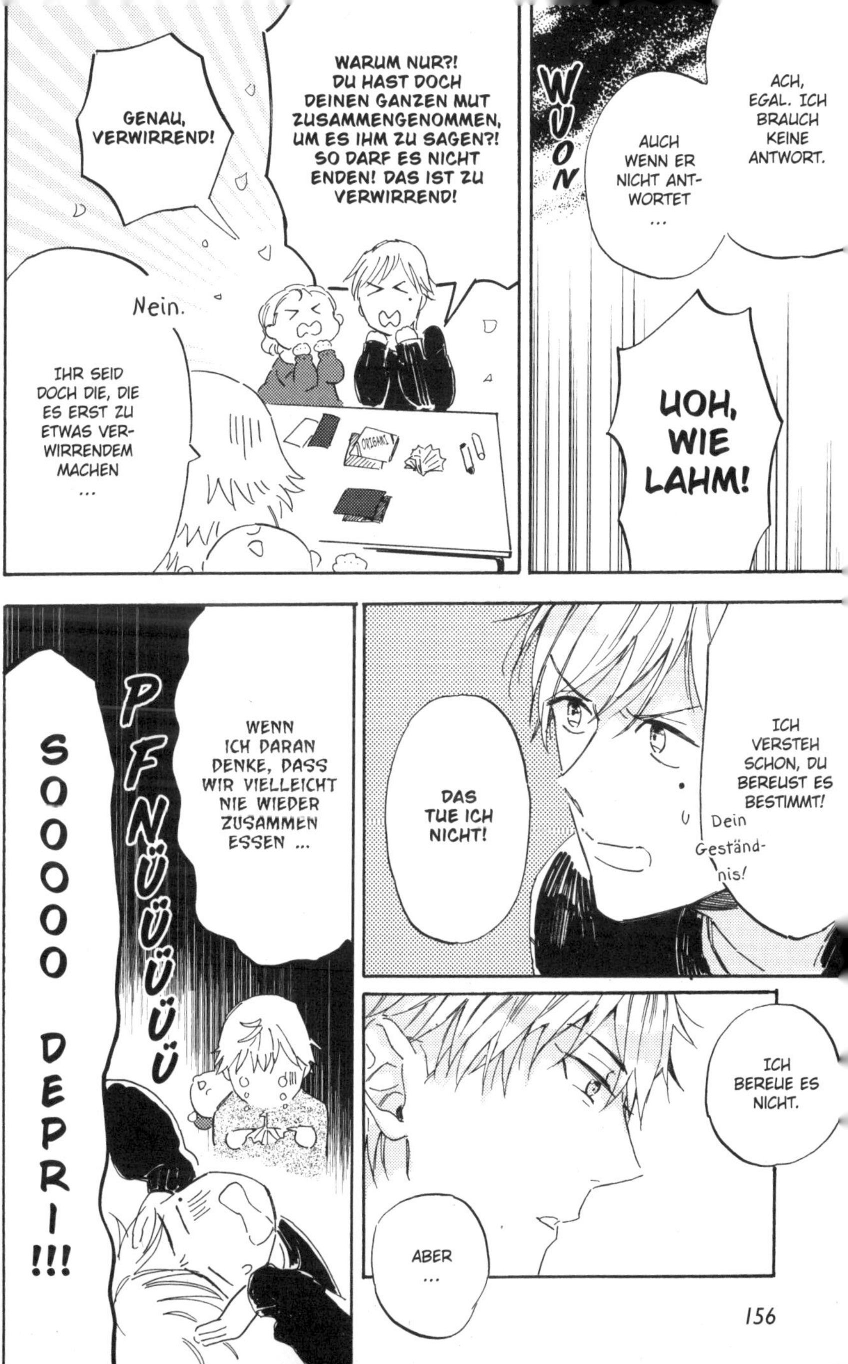

ACH, EGAL. ICH BRAUCH KEINE ANTWORT.
AUCH WENN ER NICHT ANTWORTET ...
WUON
UOH, WIE LAHM!
WARUM NUR?! DU HAST DOCH DEINEN GANZEN MUT ZUSAMMENGENOMMEN, UM ES IHM ZU SAGEN?! SO DARF ES NICHT ENDEN! DAS IST ZU VERWIRREND!
GENAU, VERWIRREND!
Nein.
IHR SEID DOCH DIE, DIE ES ERST ZU ETWAS VERWIRRENDEM MACHEN ...
ICH VERSTEH SCHON, DU BEREUST ES BESTIMMT!
Dein Geständnis!
DAS TUE ICH NICHT!
ICH BEREUE ES NICHT.
ABER ...
WENN ICH DARAN DENKE, DASS WIR VIELLEICHT NIE WIEDER ZUSAMMEN ESSEN ...
PFNÜÜÜÜ
SOOOOO DEPRI!!!

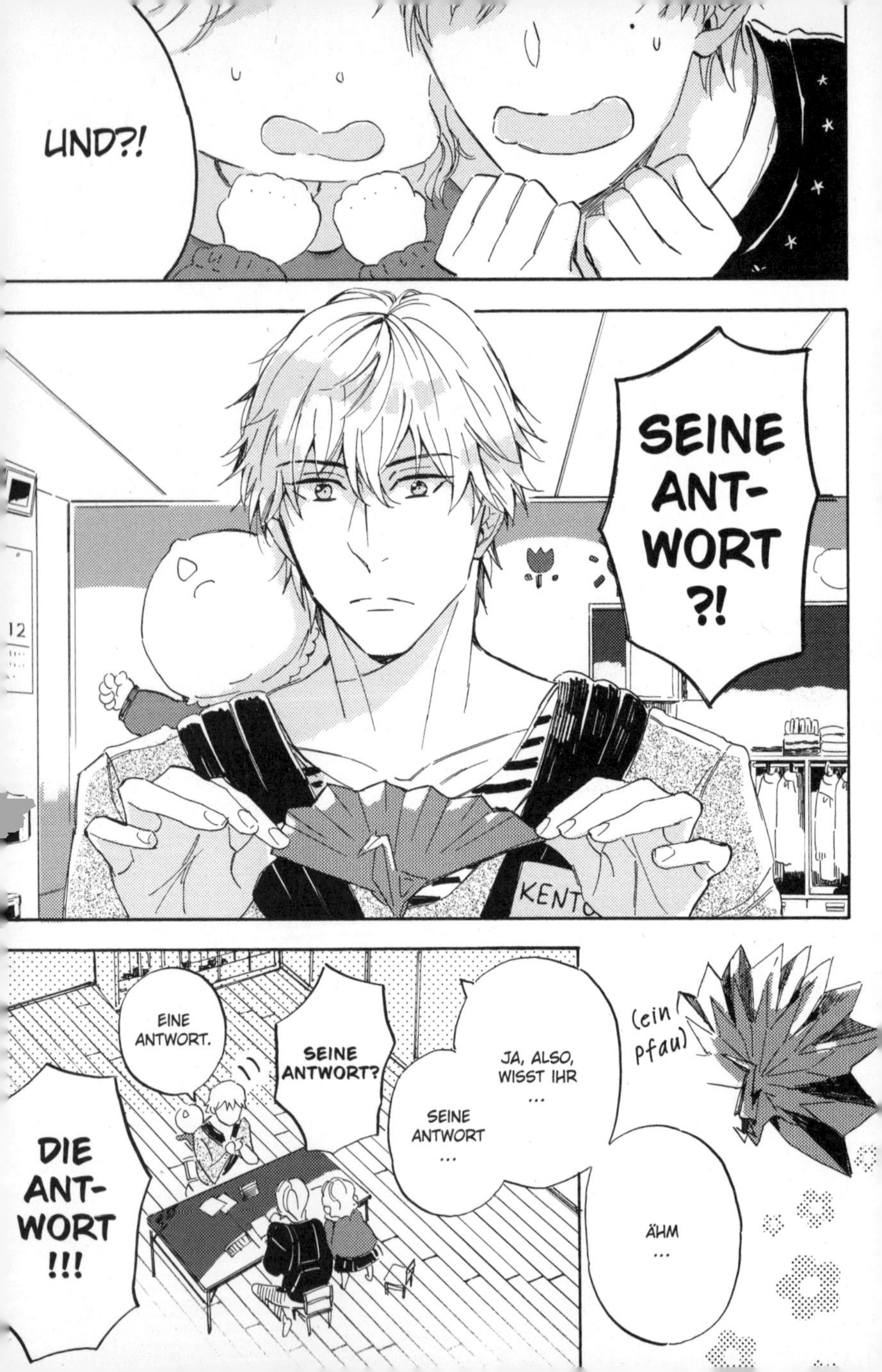
UND?!
SEINE ANT-WORT?!
KENTO
(ein pfau)
JA, ALSO, WISST IHR …
ÄHM …
SEINE ANTWORT …
SEINE ANTWORT?
EINE ANTWORT.
DIE ANT-WORT!!!

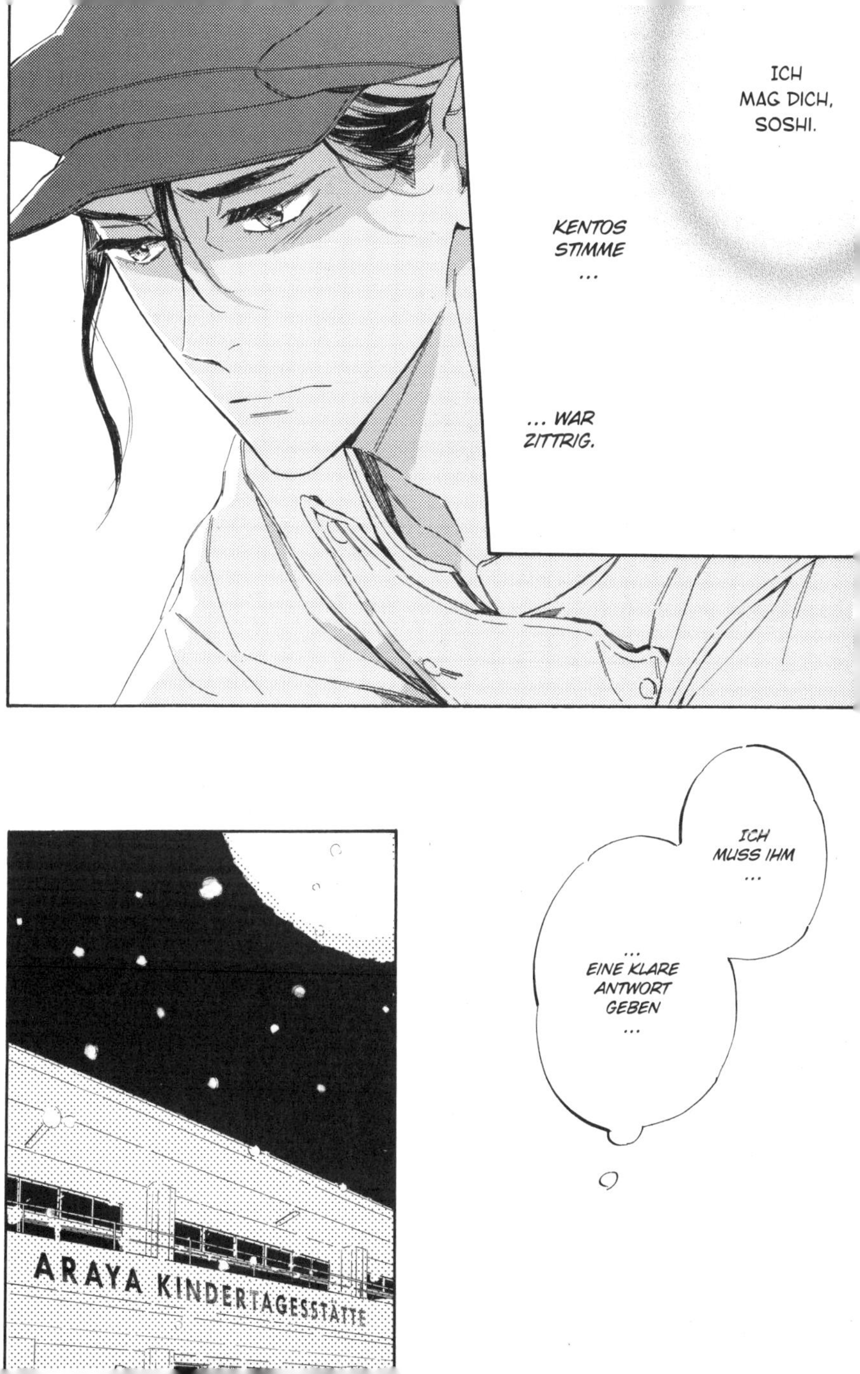
ICH MAG DICH, SOSHI.
KENTOS STIMME …
… WAR ZITTRIG.
ICH MUSS IHM …
… EINE KLARE ANTWORT GEBEN …
ARAYA KINDERTAGESSTÄTTE

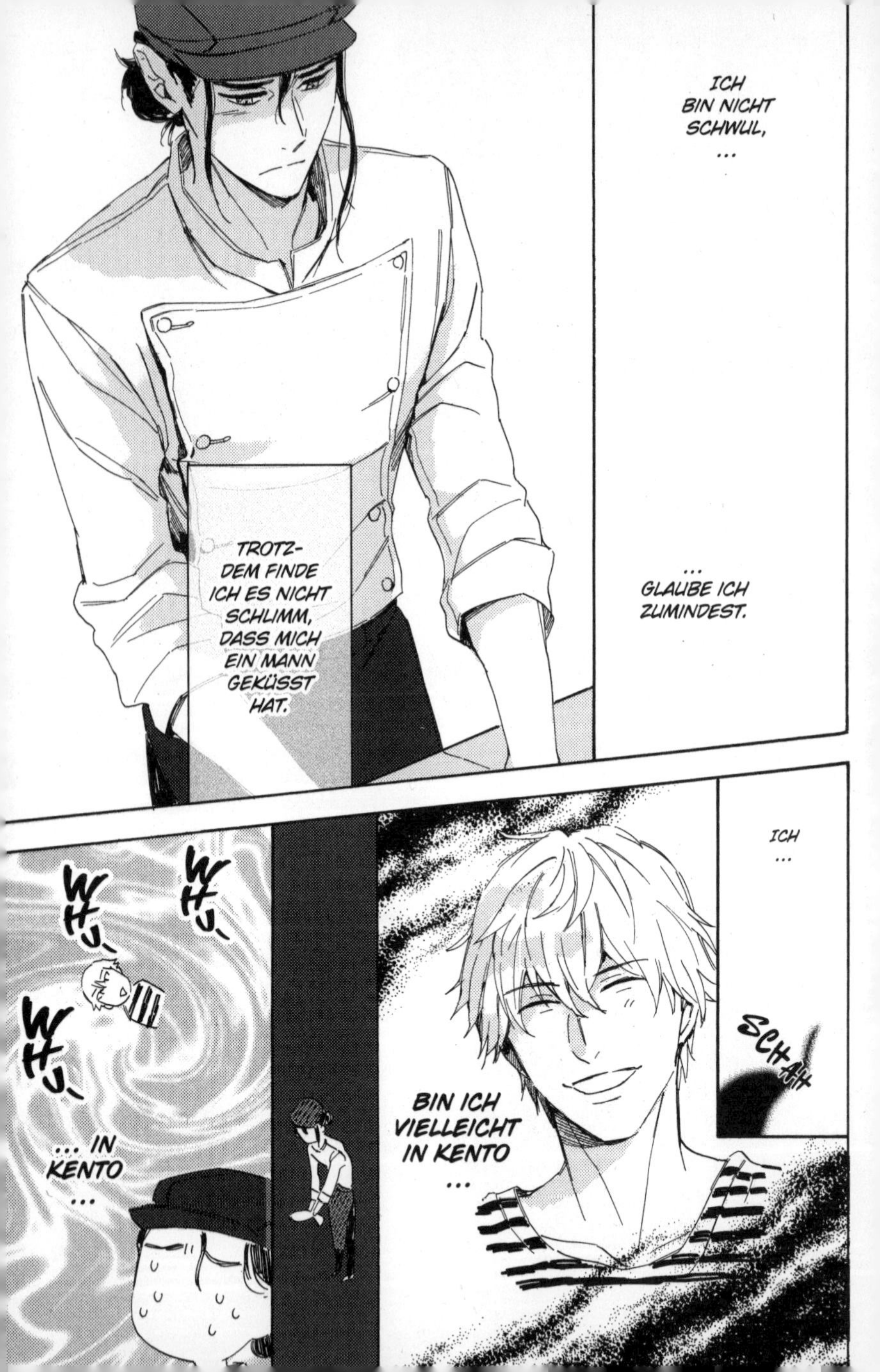
ICH BIN NICHT SCHWUL, …
… GLAUBE ICH ZUMINDEST.
TROTZ-DEM FINDE ICH ES NICHT SCHLIMM, DASS MICH EIN MANN GEKÜSST HAT.
ICH …
SCHAH
BIN ICH VIELLEICHT IN KENTO …
WHU-
WHU-
WHU-
… IN KENTO …

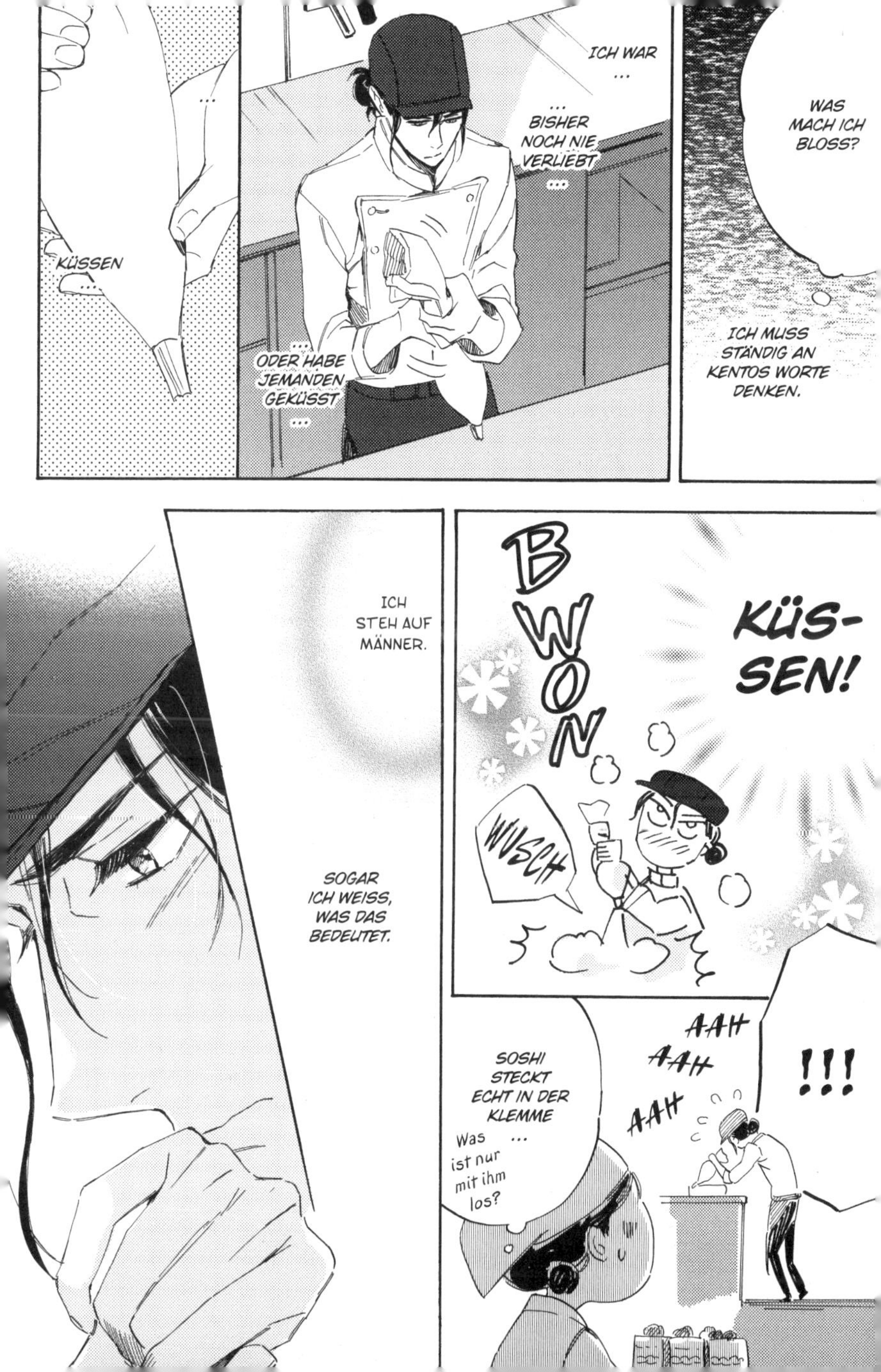
WAS MACH ICH BLOSS?
ICH MUSS STÄNDIG AN KENTOS WORTE DENKEN.
ICH WAR ...
... BISHER NOCH NIE VERLIEBT ...
... ODER HABE JEMANDEN GEKÜSST ...
...
KÜSSEN ...
KÜS-SEN!
BWON
WUSCH
!!!
AAH
AAH
AAH
SOSHI STECKT ECHT IN DER KLEMME ...
Was ist nur mit ihm los?
ICH STEH AUF MÄNNER.
SOGAR ICH WEISS, WAS DAS BEDEUTET.

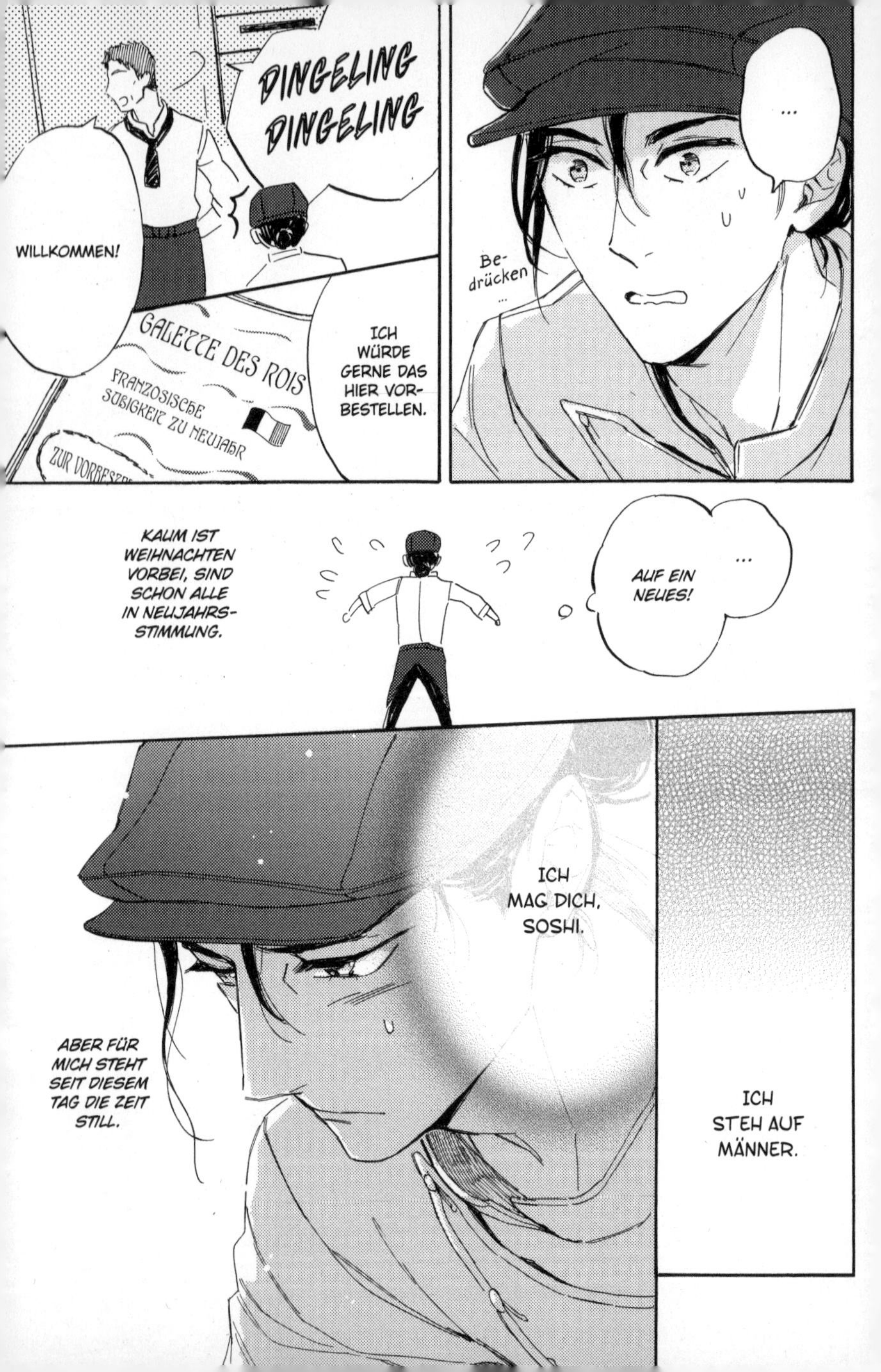
...
Be-drücken ...
DINGELING DINGELING
WILLKOMMEN!
GALETTE DES ROIS
FRANZOSISCHE SUßIGKEIT ZU NEUJAHR
ICH WÜRDE GERNE DAS HIER VORBESTELLEN.
... AUF EIN NEUES!
KAUM IST WEIHNACHTEN VORBEI, SIND SCHON ALLE IN NEUJAHRS-STIMMUNG.
ICH STEH AUF MÄNNER.
ICH MAG DICH, SOSHI.
ABER FÜR MICH STEHT SEIT DIESEM TAG DIE ZEIT STILL.

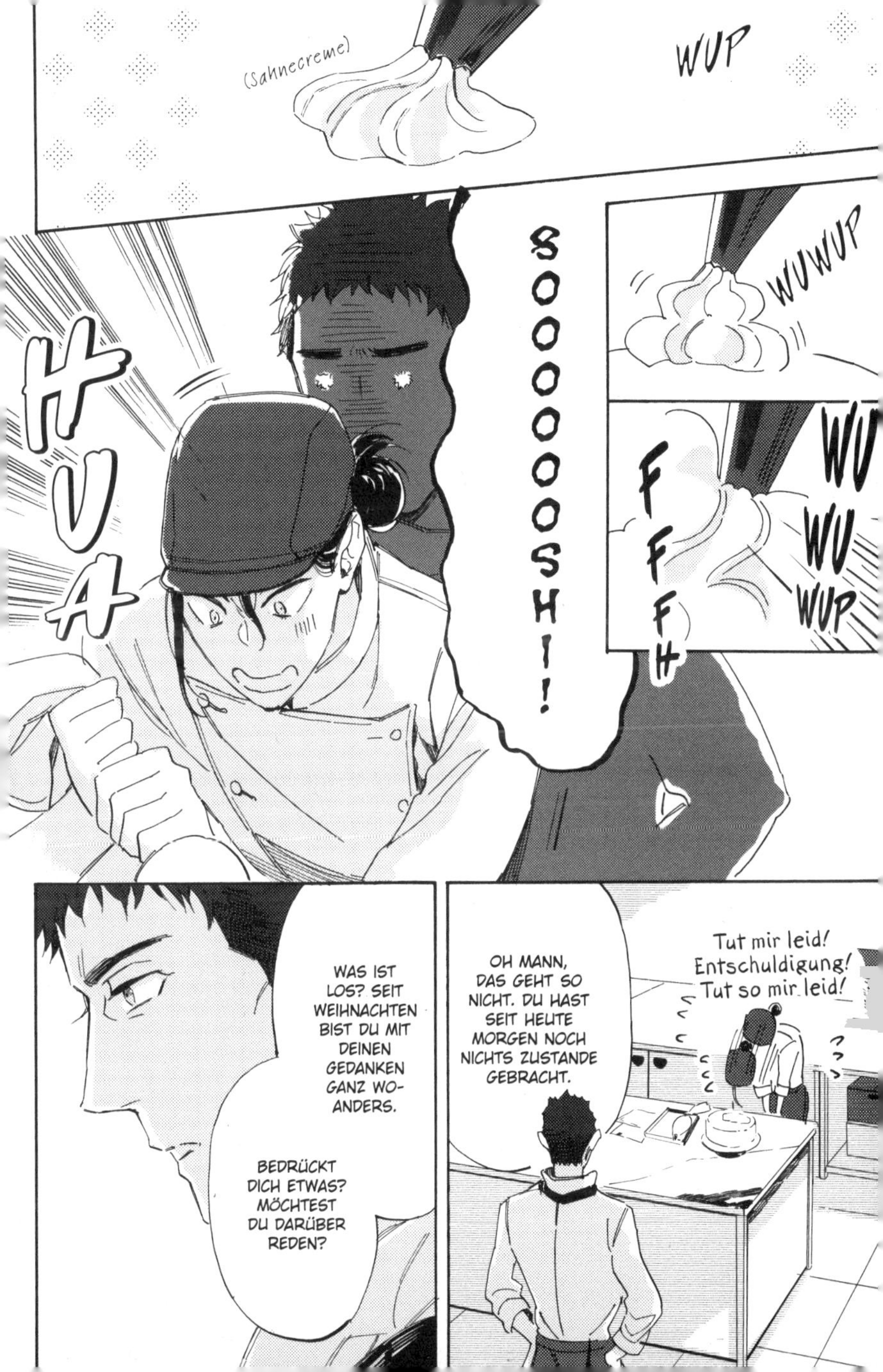
WUP
(Sahnecreme)
WUWUP
WU WU WUP
FFFFH
SOOOOOOOSH!!
HUA
Tut mir leid!
Entschuldigung!
Tut so mir leid!
OH MANN, DAS GEHT SO NICHT. DU HAST SEIT HEUTE MORGEN NOCH NICHTS ZUSTANDE GEBRACHT.
WAS IST LOS? SEIT WEIHNACHTEN BIST DU MIT DEINEN GEDANKEN GANZ WO-ANDERS.
BEDRÜCKT DICH ETWAS? MÖCHTEST DU DARÜBER REDEN?

Kapitel 5

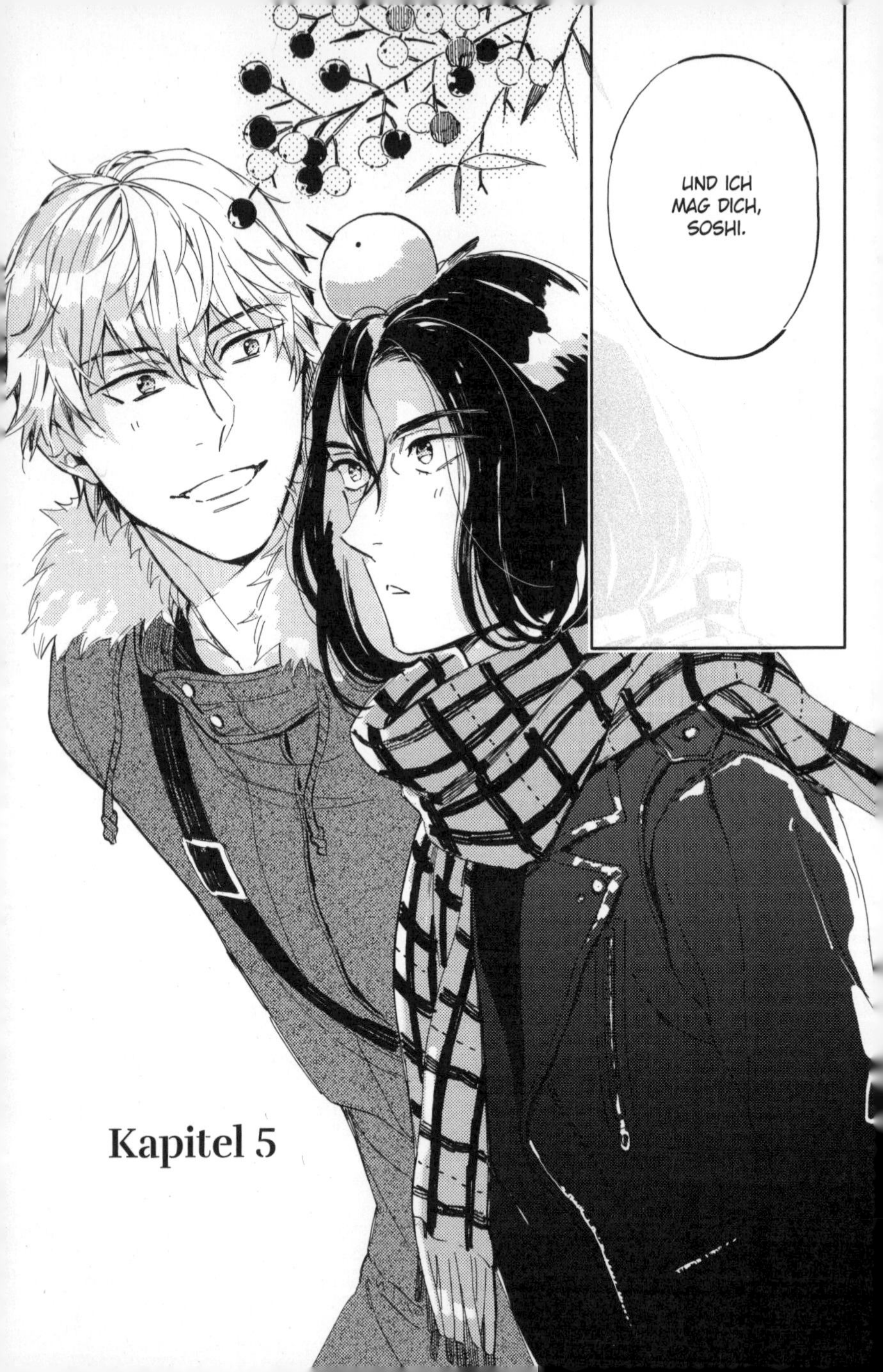

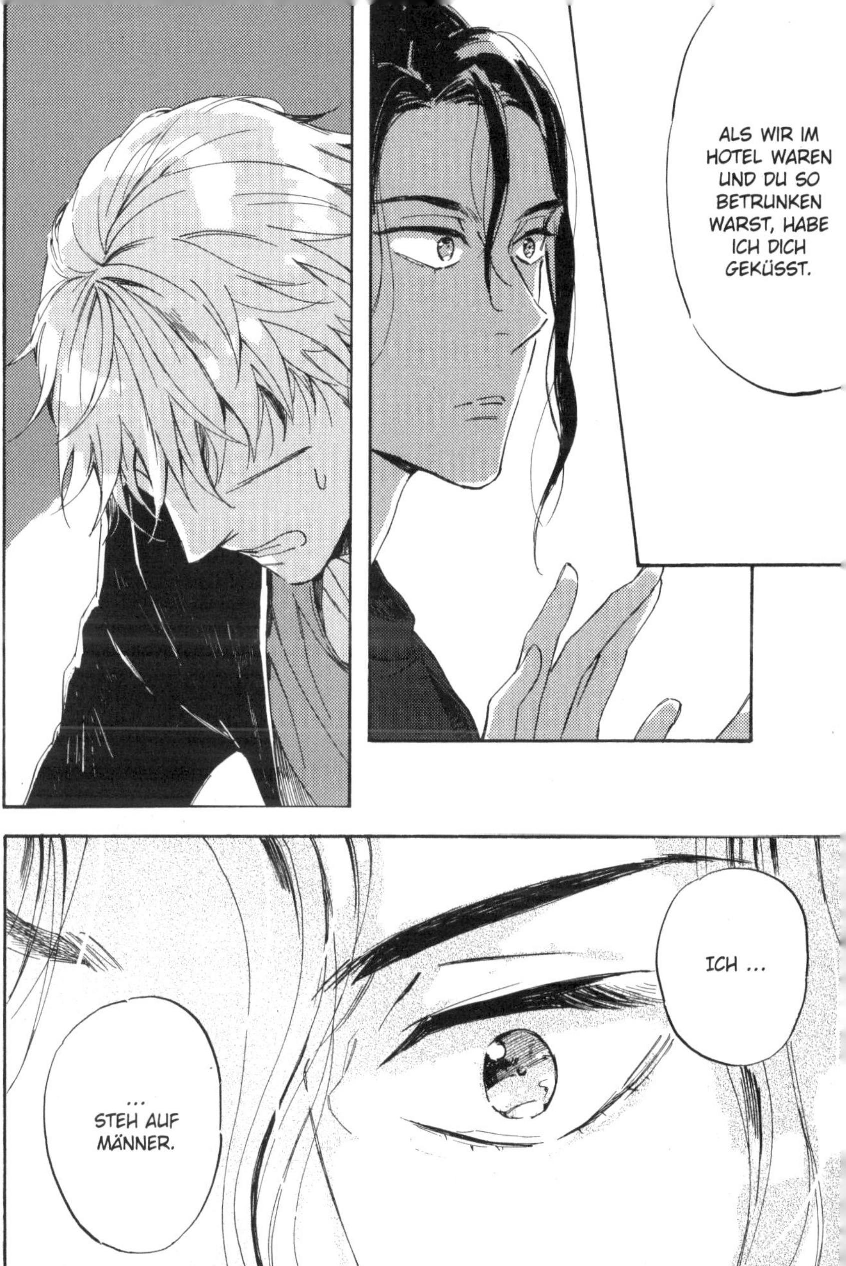
ALS WIR IM HOTEL WAREN UND DU SO BETRUNKEN WARST, HABE ICH DICH GEKÜSST.
ICH …
… STEH AUF MÄNNER.

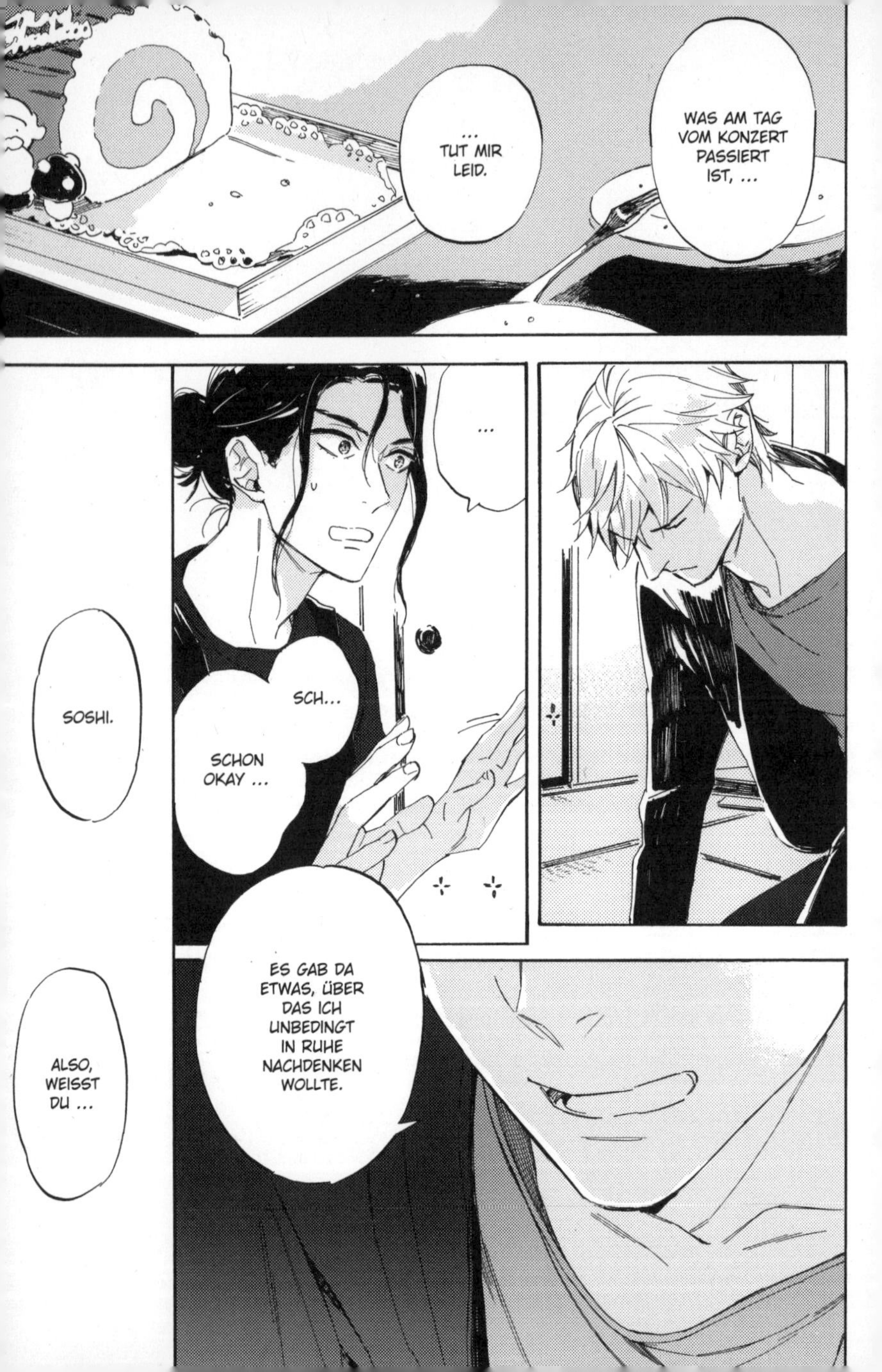
WAS AM TAG VOM KONZERT PASSIERT IST, …
… TUT MIR LEID.
…
SCH…
SCHON OKAY …
SOSHI.
ES GAB DA ETWAS, ÜBER DAS ICH UNBEDINGT IN RUHE NACHDENKEN WOLLTE.
ALSO, WEISST DU …

Der Metalhead von nebenan

Der Metalhead
von nebenan

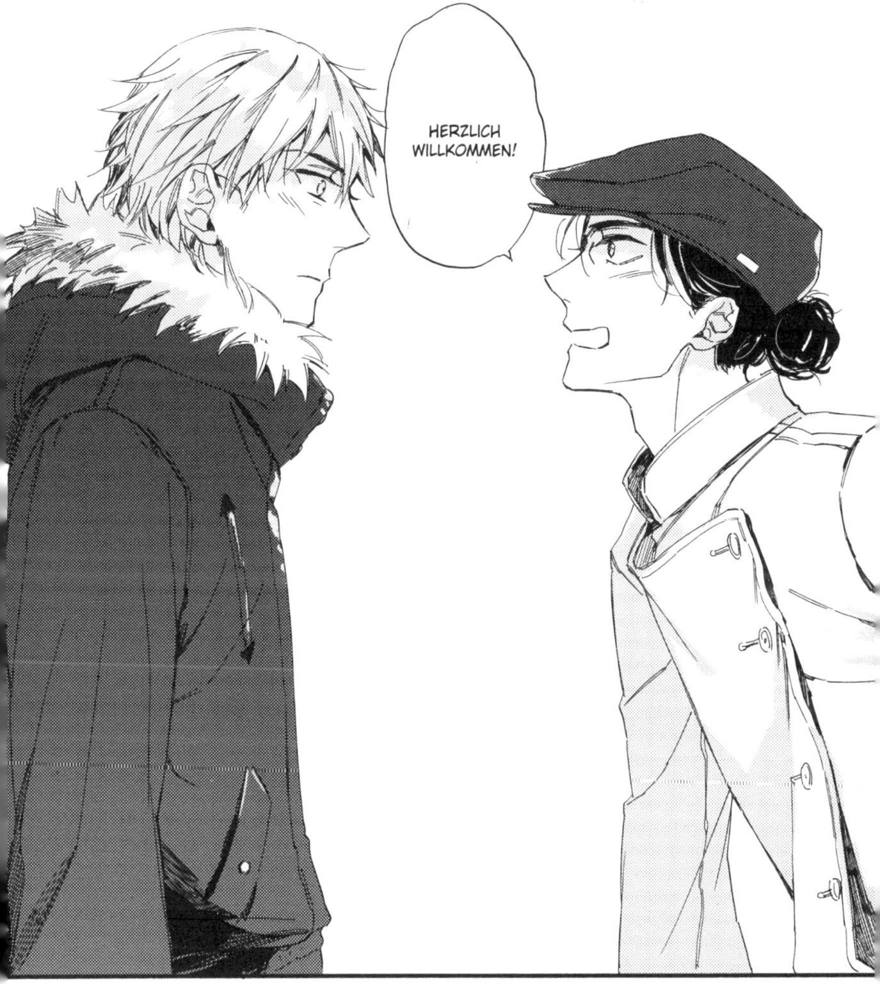

IN WAHRHEIT GING ES MIR ALLEINE ÜBERHAUPT NICHT GUT.

Kapitel 4 – Ende

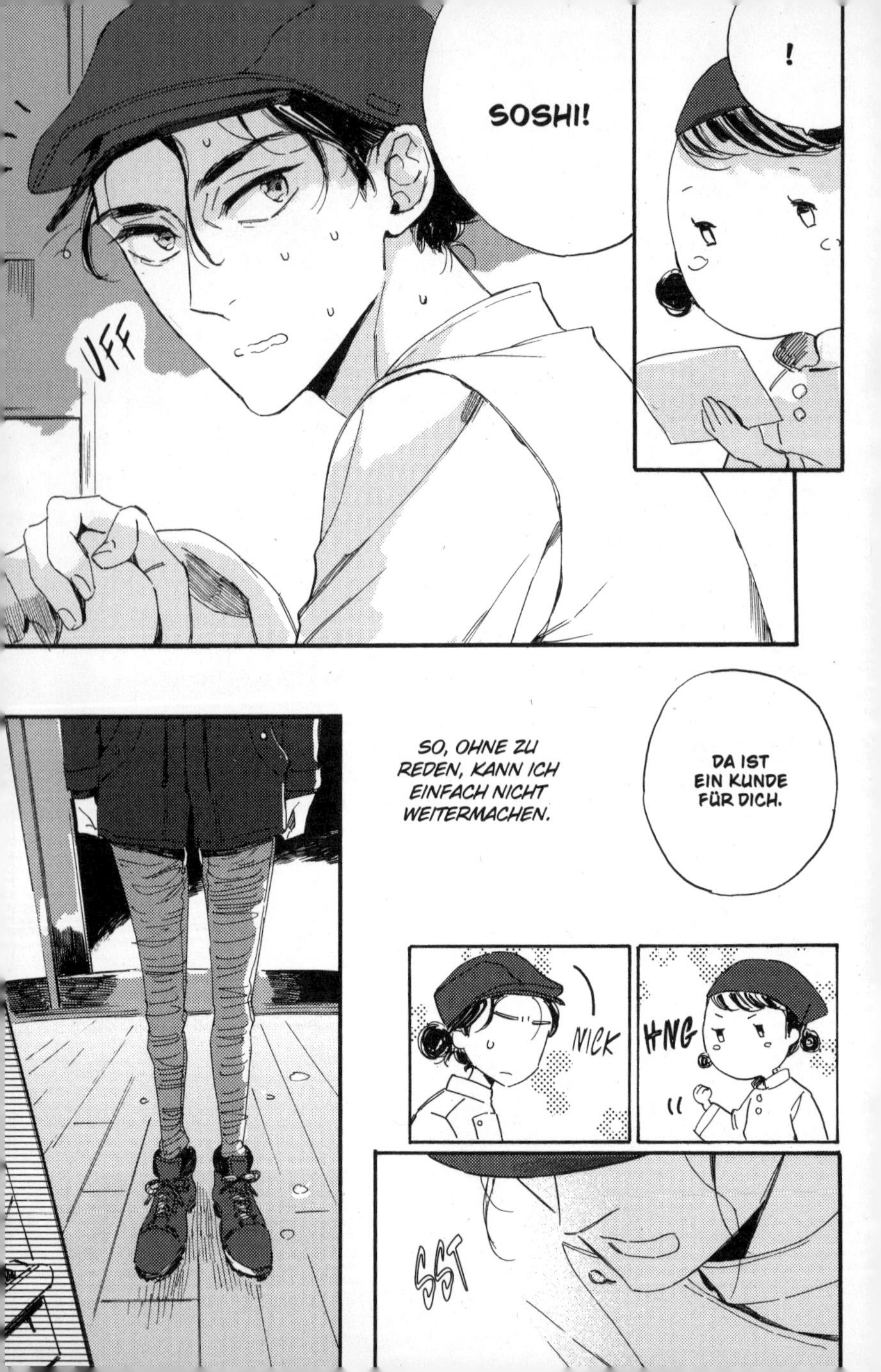
!
SOSHI!
UFF
DA IST EIN KUNDE FÜR DICH.
SO, OHNE ZU REDEN, KANN ICH EINFACH NICHT WEITERMACHEN.
HNG
NICK
SST

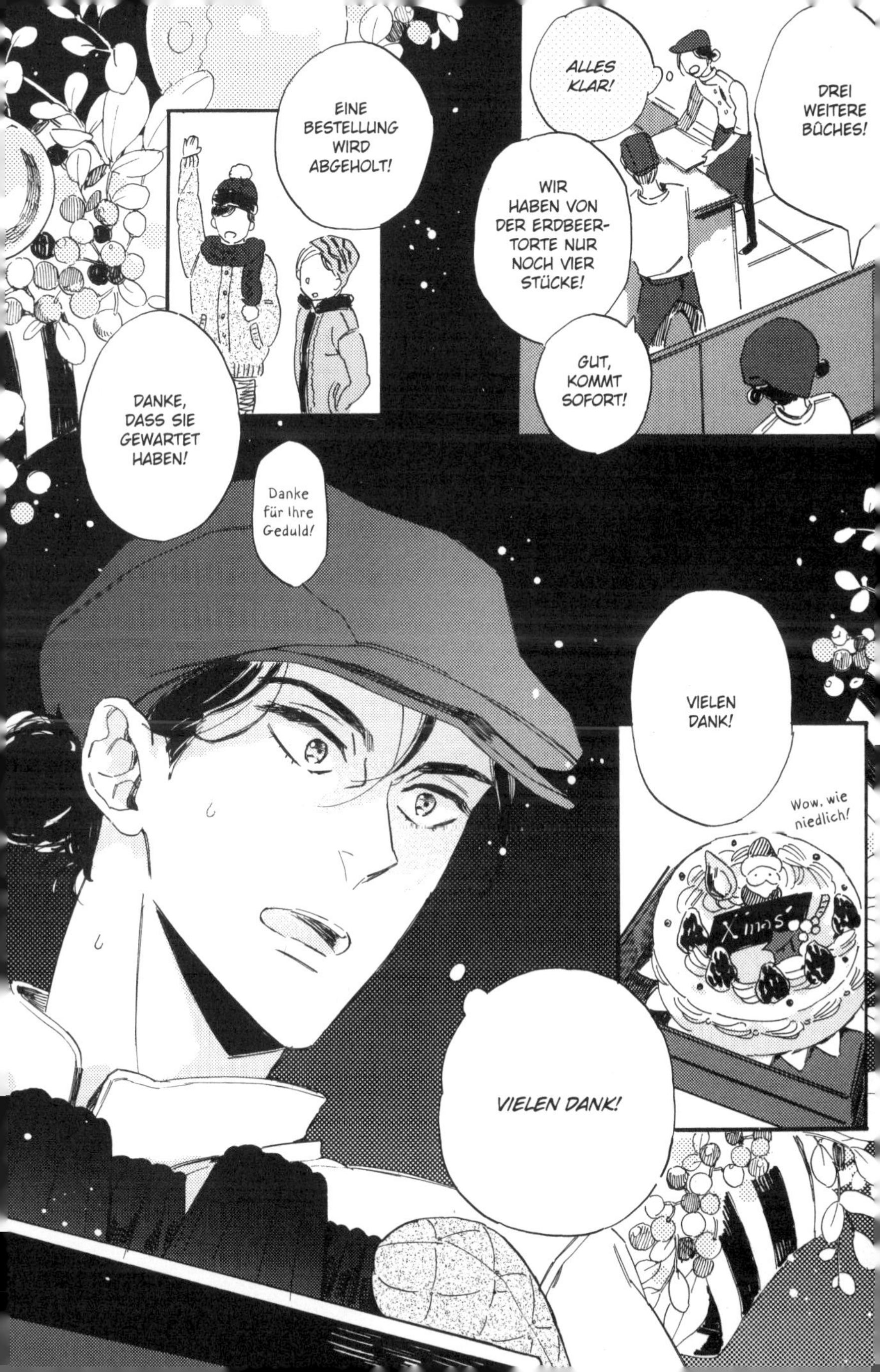
DREI WEITERE BÛCHES!
ALLES KLAR!
WIR HABEN VON DER ERDBEER-TORTE NUR NOCH VIER STÜCKE!
GUT, KOMMT SOFORT!
EINE BESTELLUNG WIRD ABGEHOLT!
DANKE, DASS SIE GEWARTET HABEN!
Danke für Ihre Geduld!
VIELEN DANK!
Wow, wie niedlich!
X'mas
VIELEN DANK!

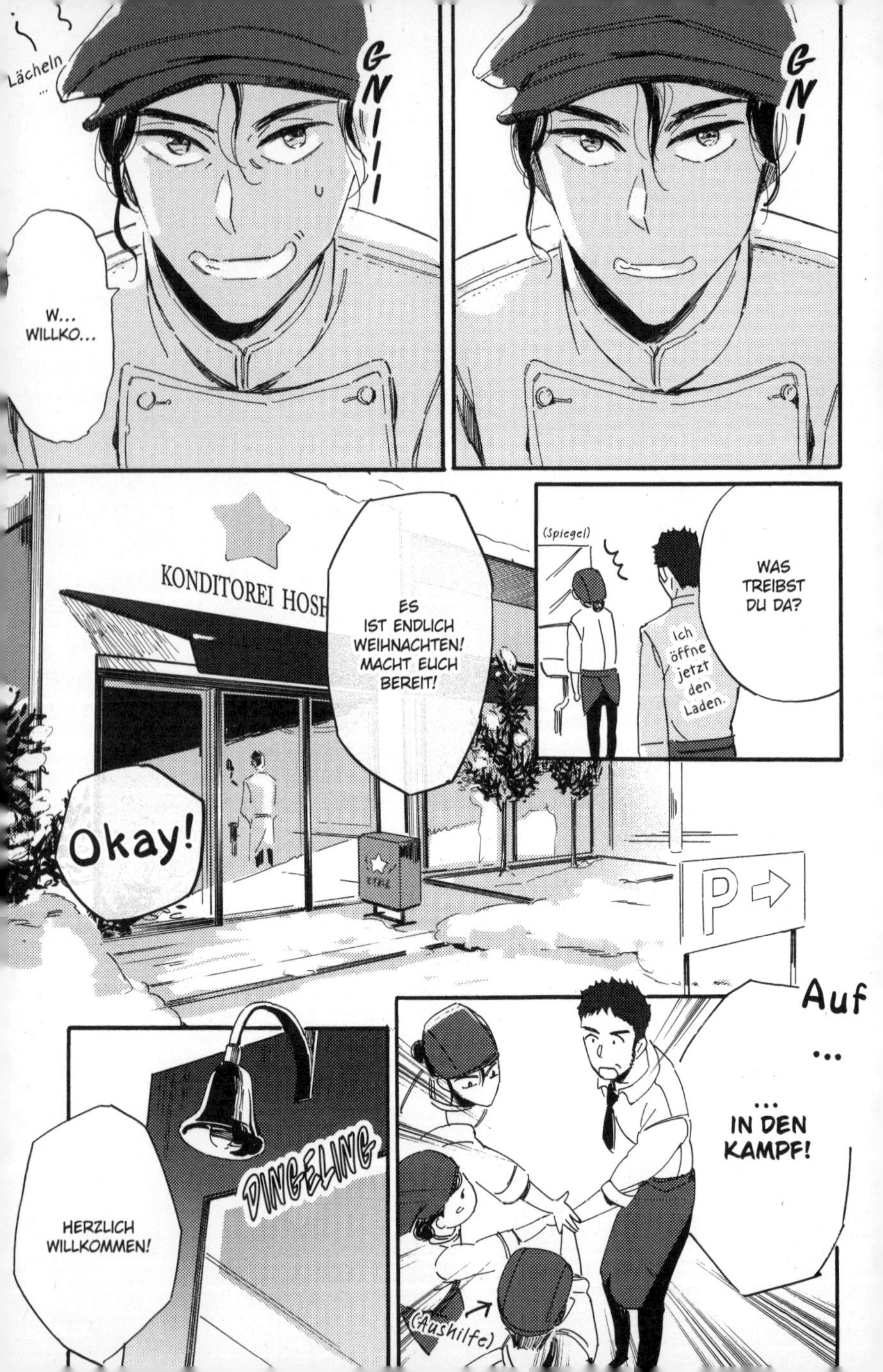
GNI
Lächeln ...
GNIIII
W... WILLKO...
WAS TREIBST DU DA?
(Spiegel)
Ich öffne jetzt den Laden.
ES IST ENDLICH WEIHNACHTEN! MACHT EUCH BEREIT!
KONDITOREI HOSH
Okay!
Auf ...
... IN DEN KAMPF!
(Aushilfe)
DINGELING
HERZLICH WILLKOMMEN!

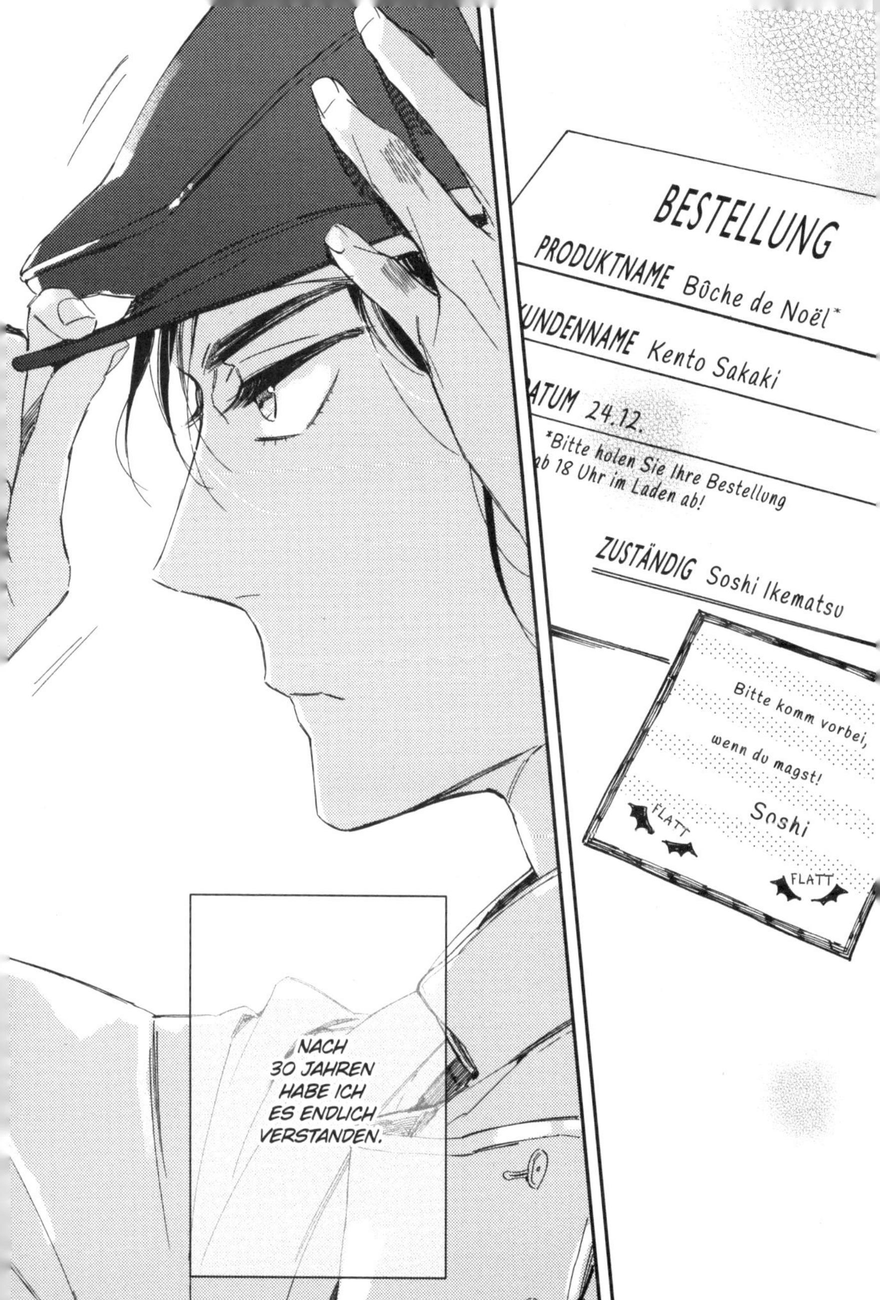

* Traditionelles Weihnachtsgebäck aus Frankreich.

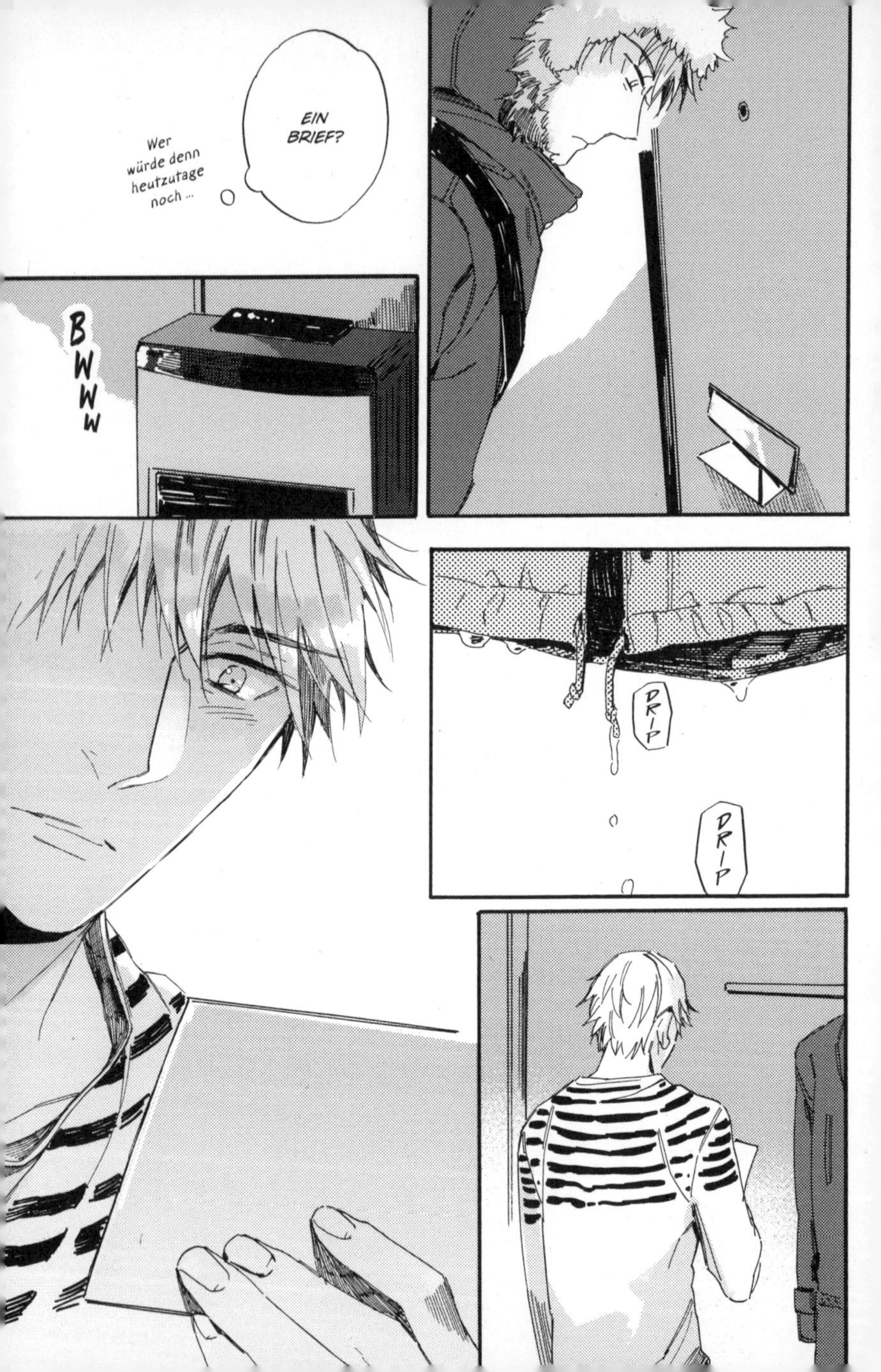
EIN BRIEF?
Wer würde denn heutzutage noch ...
BWWW
DRIP
DRIP

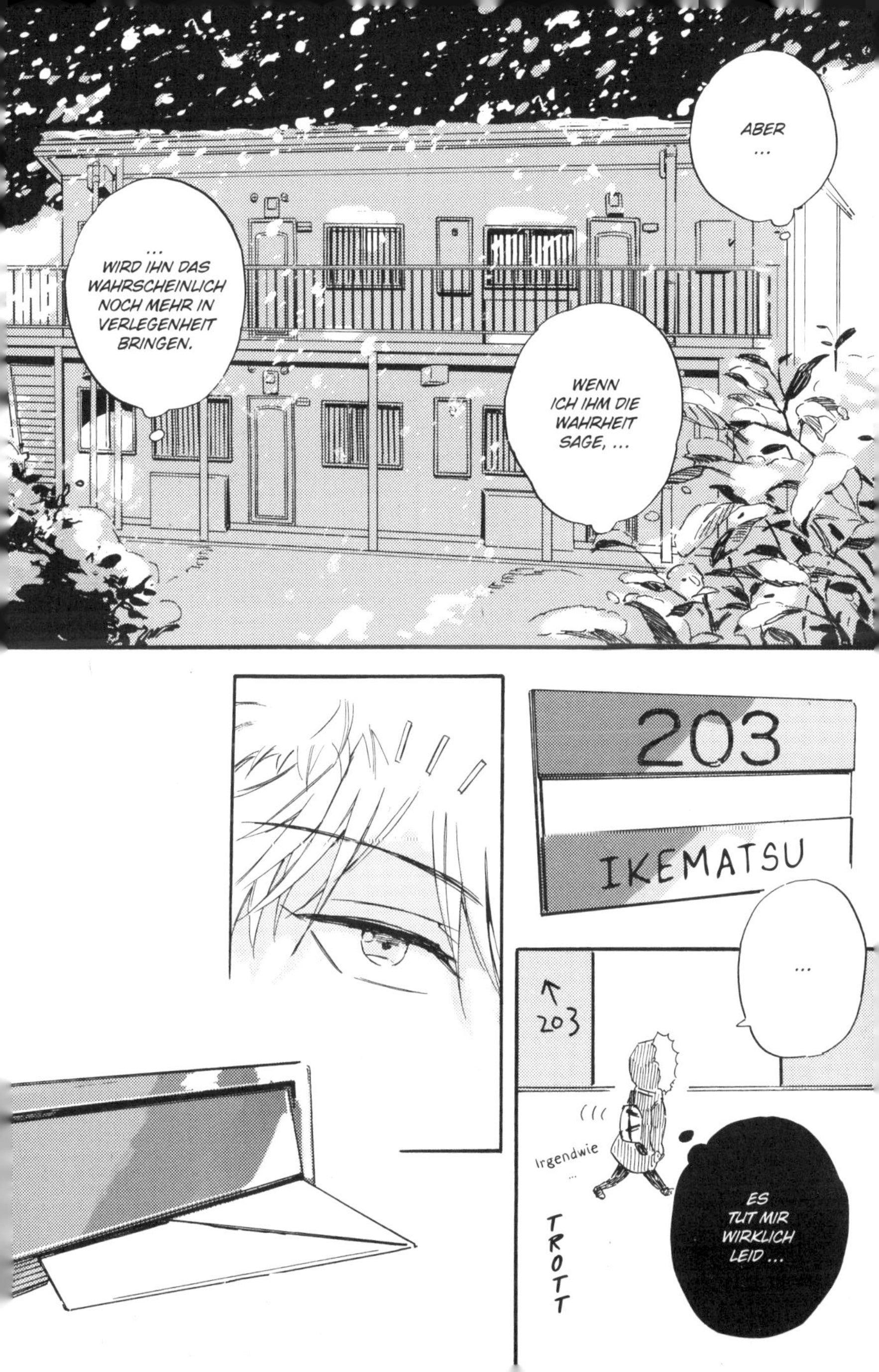
ABER …
WENN ICH IHM DIE WAHRHEIT SAGE, …
… WIRD IHN DAS WAHRSCHEINLICH NOCH MEHR IN VERLEGENHEIT BRINGEN.
203
IKEMATSU
…
203
ES TUT MIR WIRKLICH LEID …
Irgendwie …
TROTT

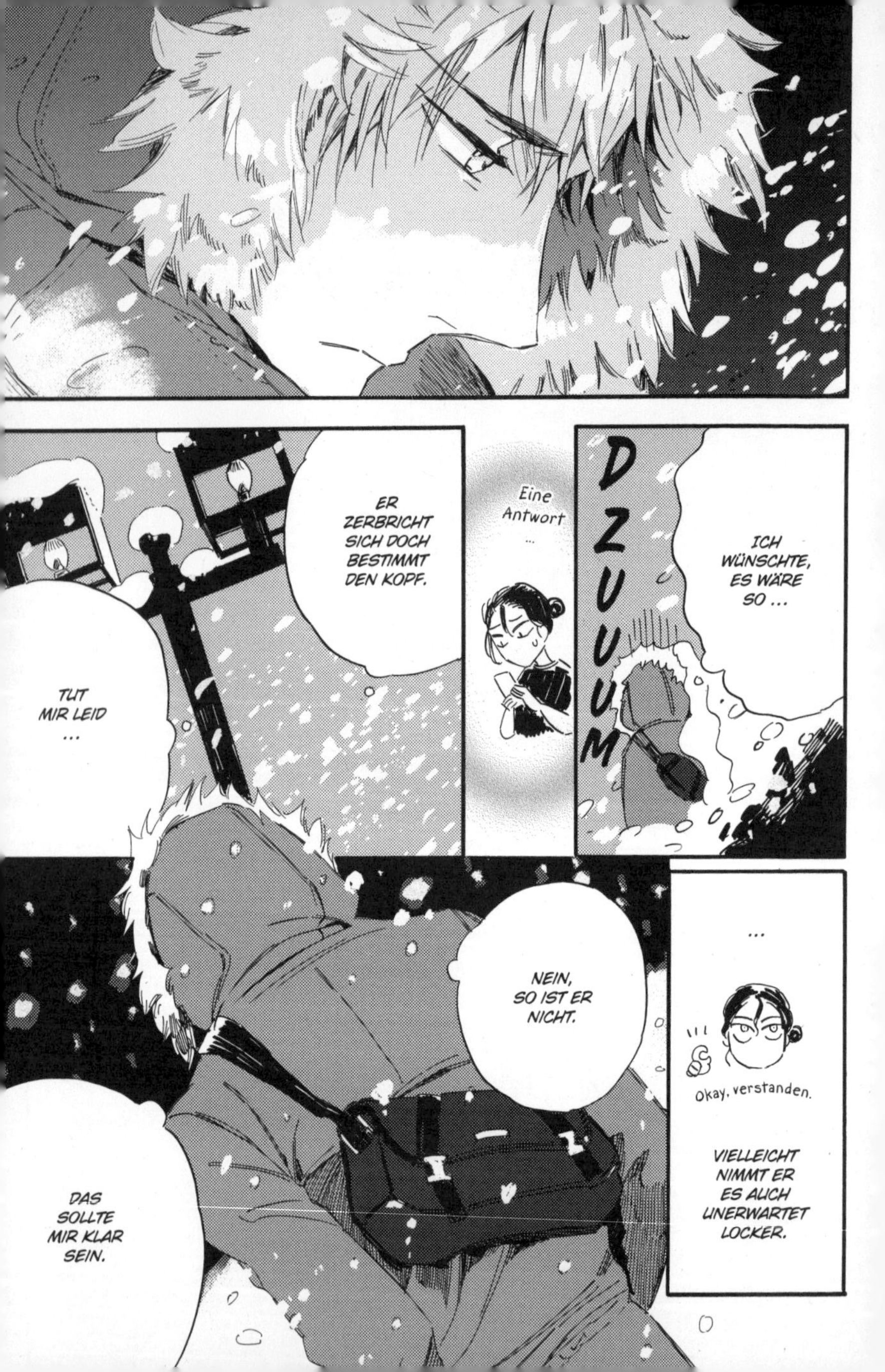
ICH WÜNSCHTE, ES WÄRE SO ...
DZUUUM
Eine Antwort ...
ER ZERBRICHT SICH DOCH BESTIMMT DEN KOPF.
TUT MIR LEID ...
...
Okay, verstanden.
VIELLEICHT NIMMT ER ES AUCH UNERWARTET LOCKER.
NEIN, SO IST ER NICHT.
DAS SOLLTE MIR KLAR SEIN.

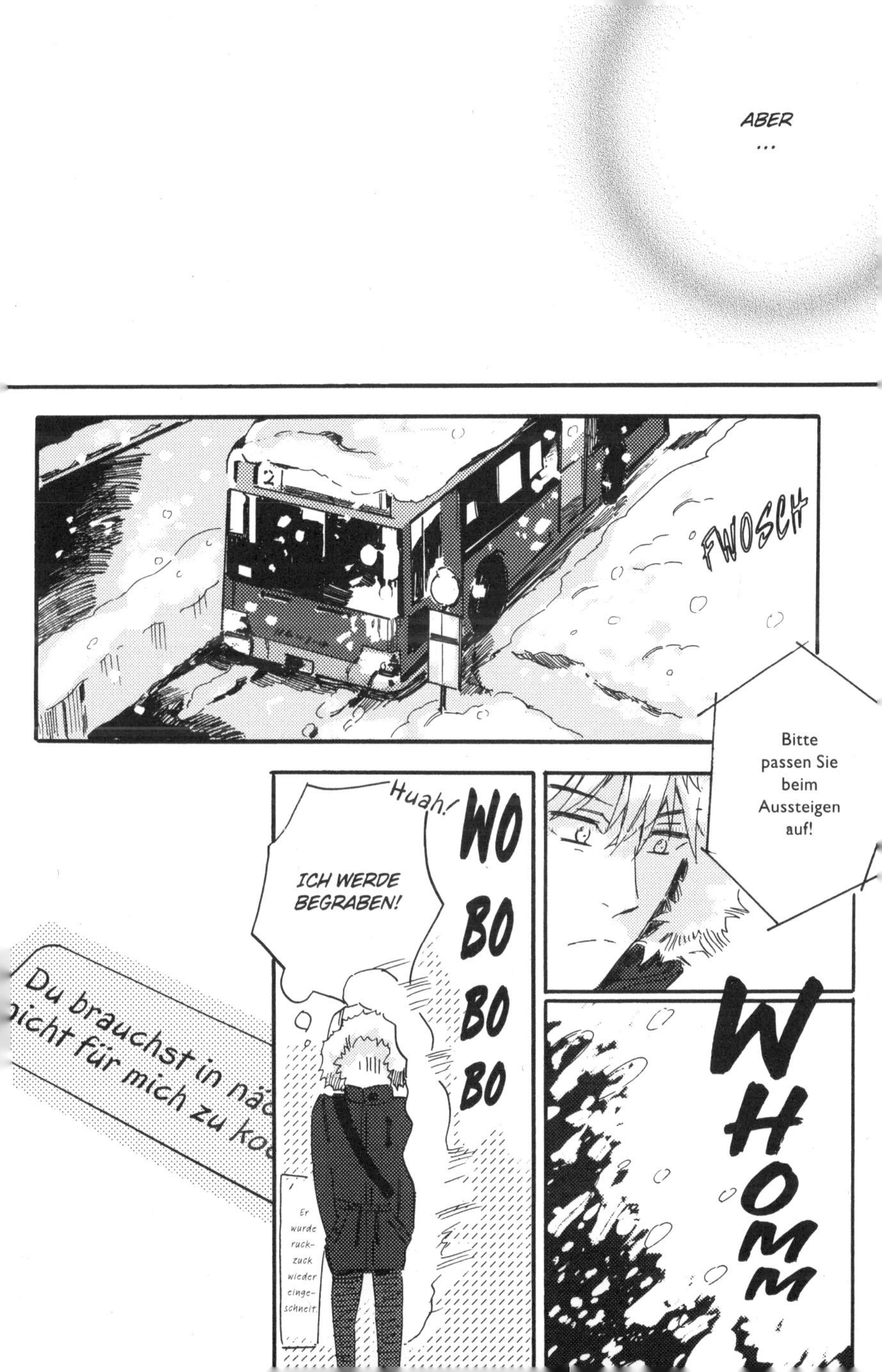
ABER ...
FWOSCH
Bitte passen Sie beim Aussteigen auf!
Huah!
WO BO BO BO BO
ICH WERDE BEGRABEN!
Er wurde ruck-zuck wieder einge-schneit.
WHOMM
Du brauchst in nä
nicht für mich zu ko

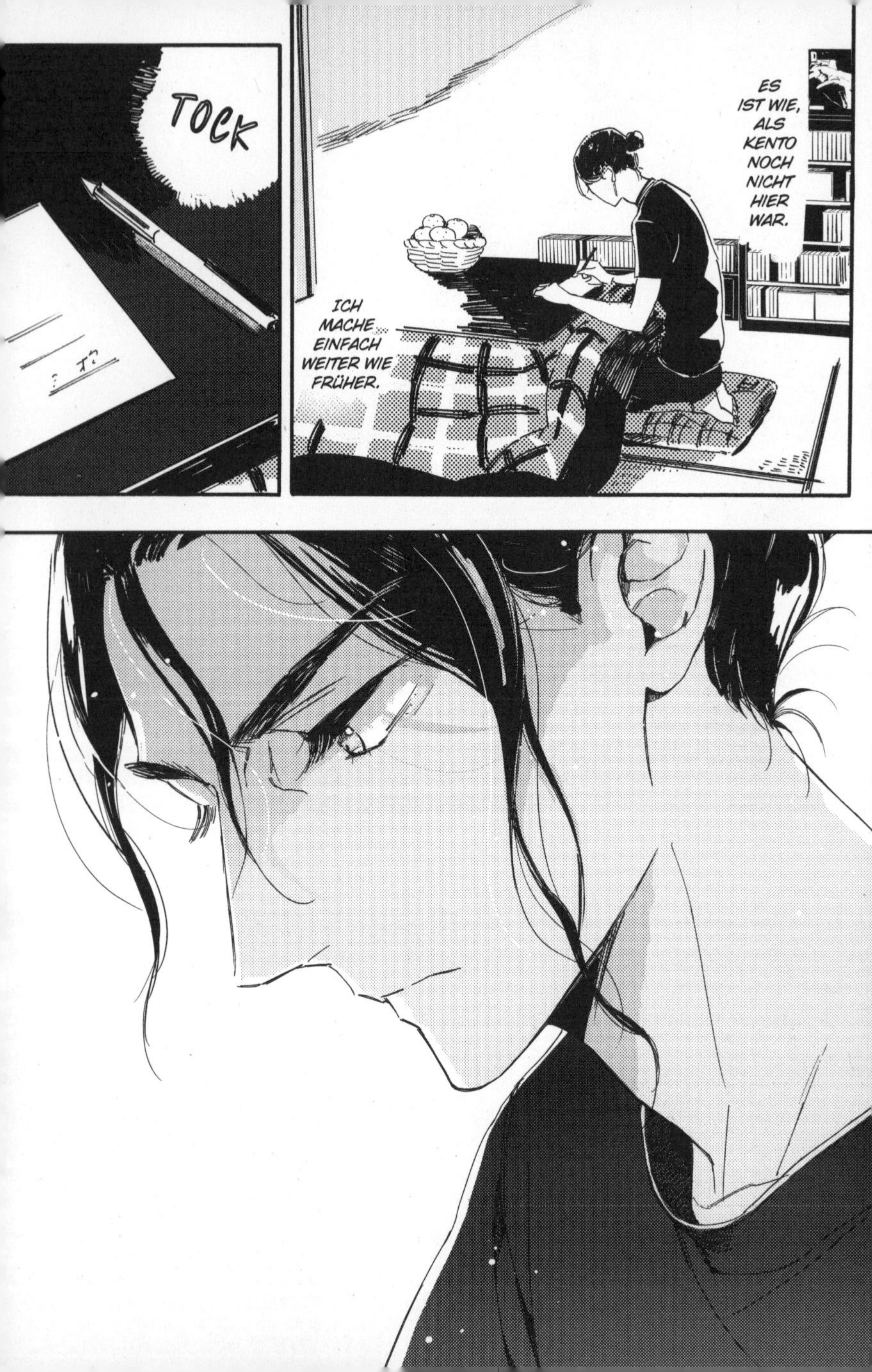

ES IST WIE, ALS KENTO NOCH NICHT HIER WAR.
ICH MACHE EINFACH WEITER WIE FRÜHER.
TOCK

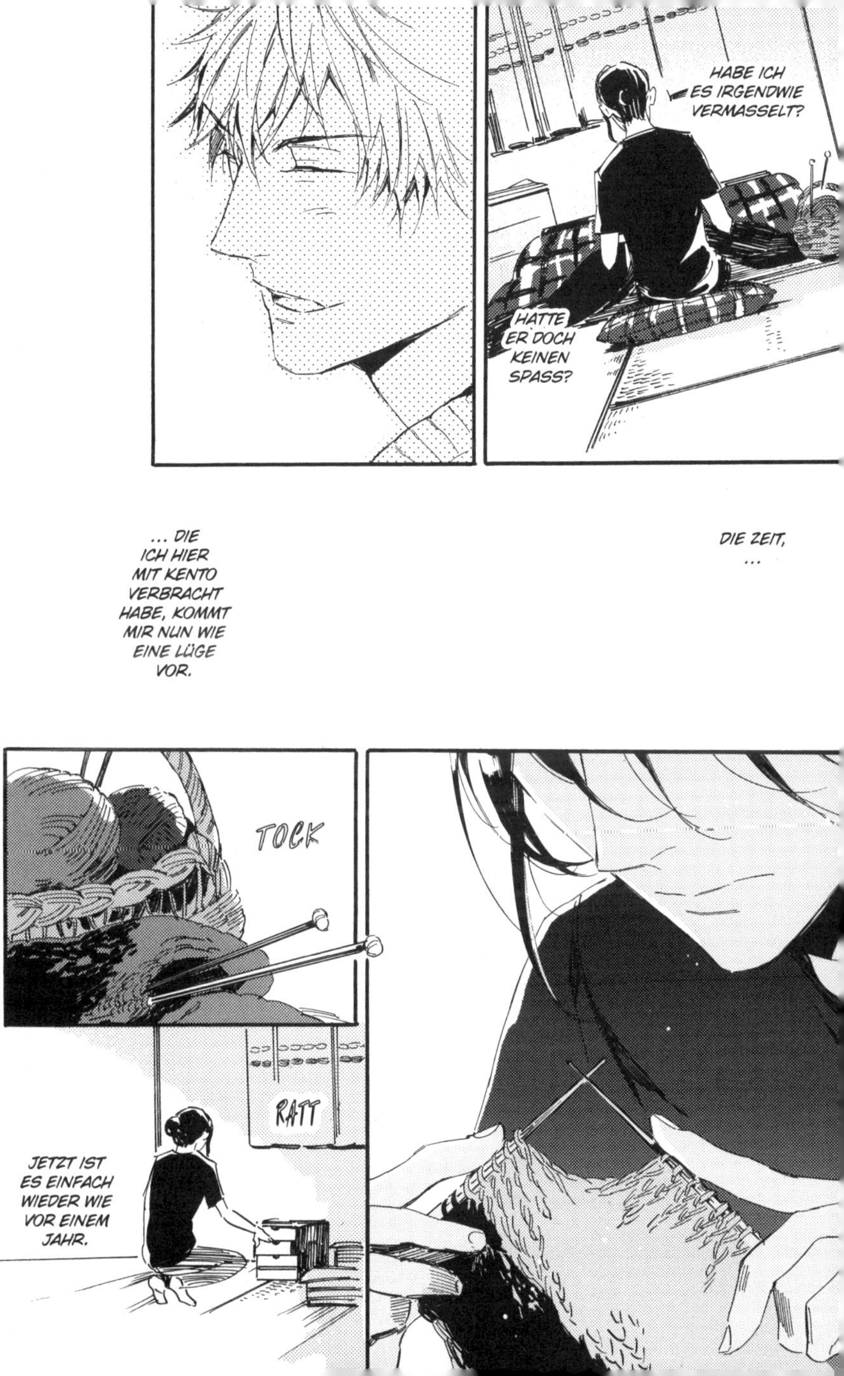
HABE ICH ES IRGENDWIE VERMASSELT?
HATTE ER DOCH KEINEN SPASS?
DIE ZEIT, ...
... DIE ICH HIER MIT KENTO VERBRACHT HABE, KOMMT MIR NUN WIE EINE LÜGE VOR.
TOCK
RATT
JETZT IST ES EINFACH WIEDER WIE VOR EINEM JAHR.

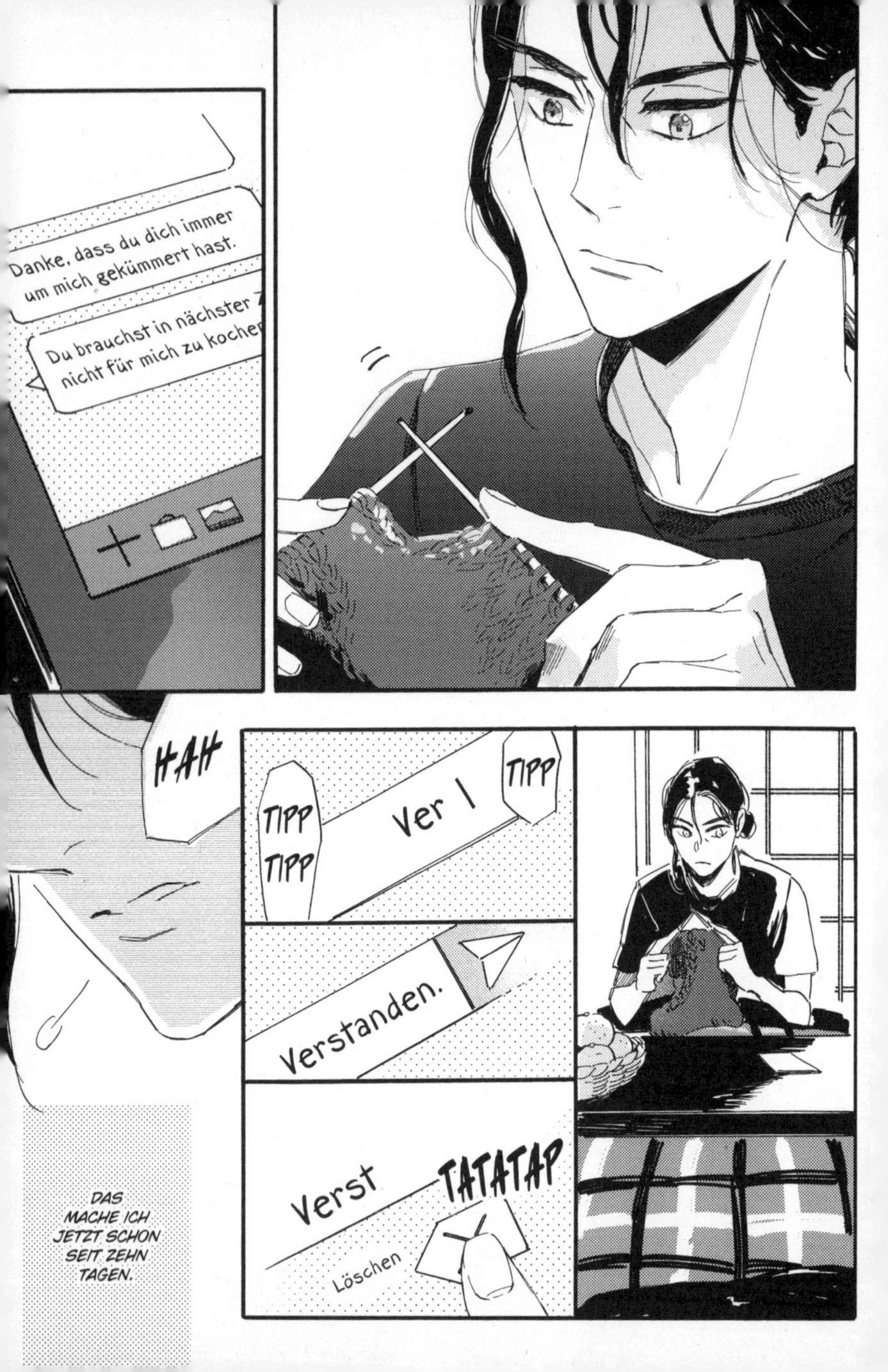

Danke, dass du dich immer um mich gekümmert hast.
Du brauchst in nächster Z
nicht für mich zu koche
HAH
TIPP
TIPP
TIPP
Ver I
Verstanden.
Verst
TATATAP
Löschen
DAS MACHE ICH JETZT SCHON SEIT ZEHN TAGEN.

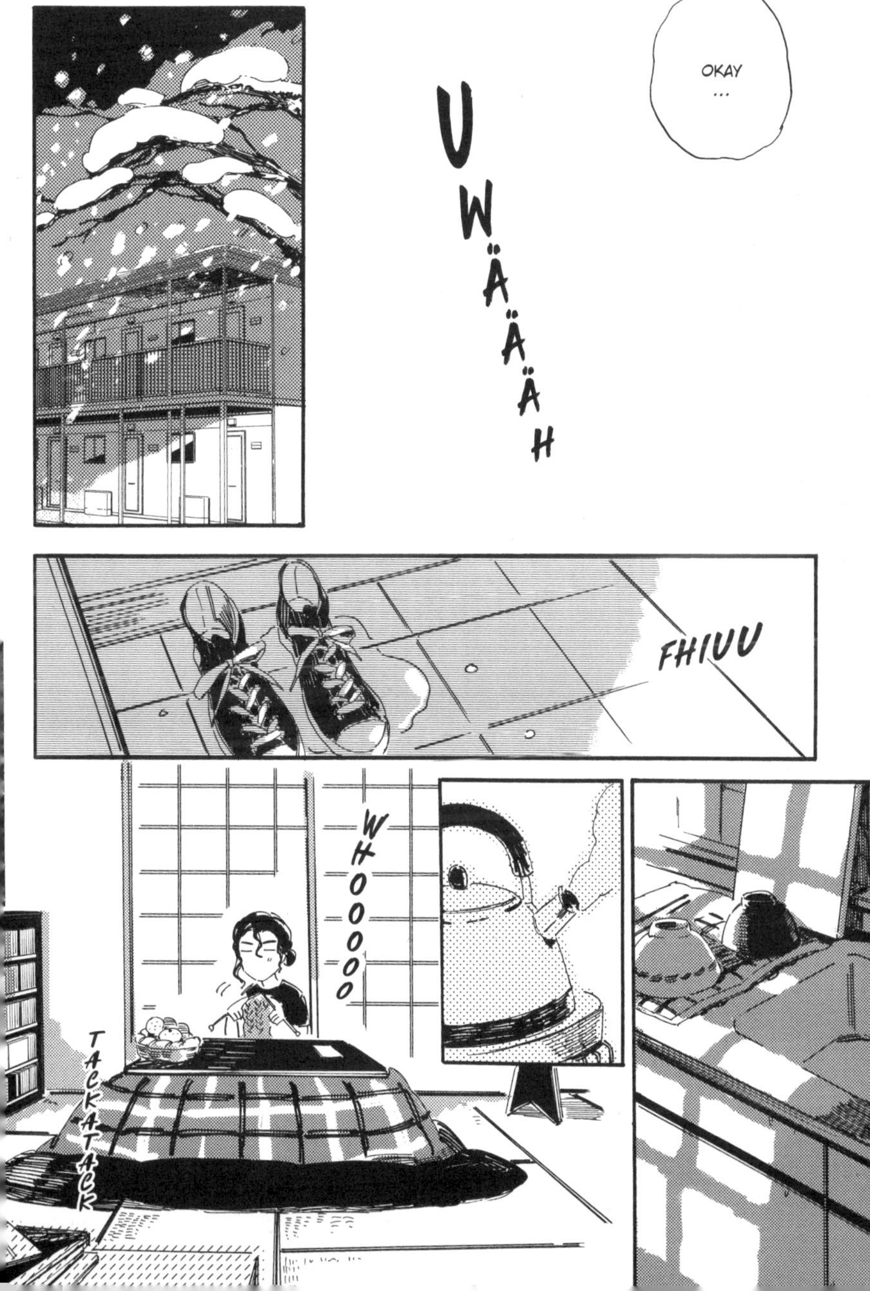
OKAY
...
UWÄÄÄH
FHIUU
WHOOOOOO
TACKATACK

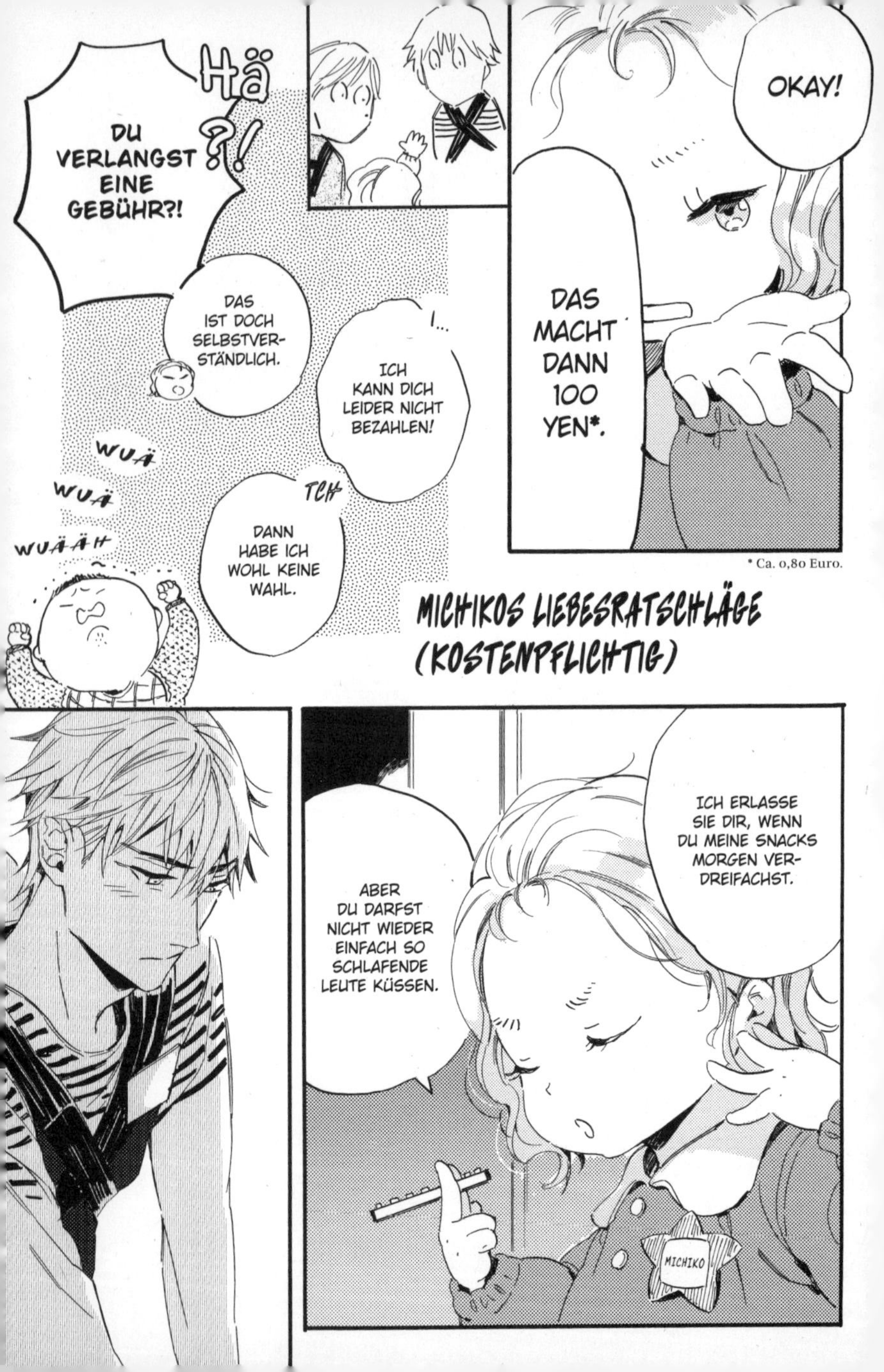
OKAY!
DAS MACHT DANN 100 YEN*.
HÄ?!
DU VERLANGST EINE GEBÜHR?!
DAS IST DOCH SELBSTVERSTÄNDLICH.
I…
ICH KANN DICH LEIDER NICHT BEZAHLEN!
TCH
DANN HABE ICH WOHL KEINE WAHL.
WUÄ
WUÄ
WUÄÄH
MICHIKOS LIEBESRATSCHLÄGE (KOSTENPFLICHTIG)
ICH ERLASSE SIE DIR, WENN DU MEINE SNACKS MORGEN VERDREIFACHST.
ABER DU DARFST NICHT WIEDER EINFACH SO SCHLAFENDE LEUTE KÜSSEN.
MICHIKO

* Ca. 0,80 Euro.

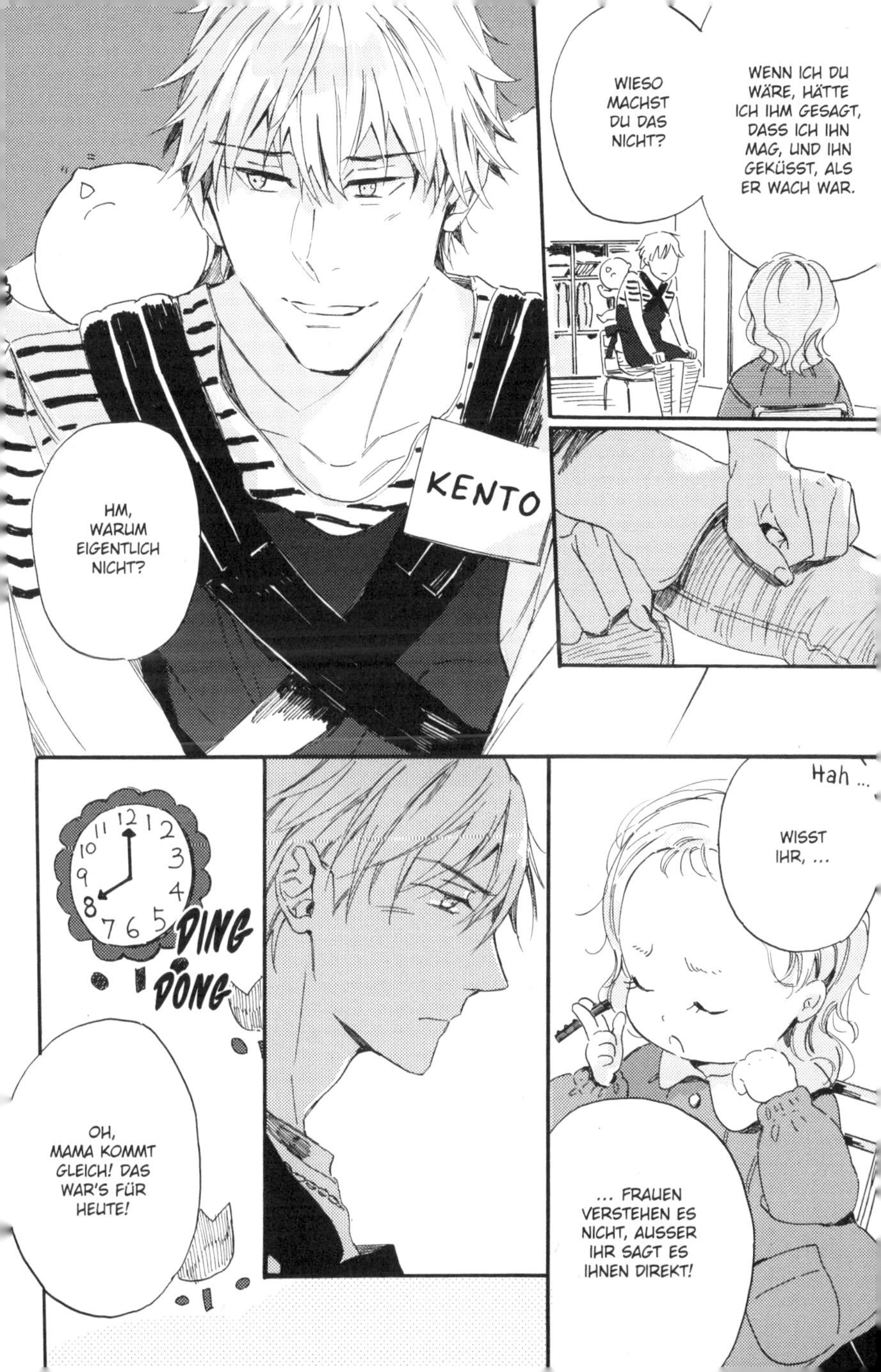
WENN ICH DU WÄRE, HÄTTE ICH IHM GESAGT, DASS ICH IHN MAG, UND IHN GEKÜSST, ALS ER WACH WAR.
WIESO MACHST DU DAS NICHT?
KENTO
HM, WARUM EIGENTLICH NICHT?
Hah ...
WISST IHR, ...
... FRAUEN VERSTEHEN ES NICHT, AUSSER IHR SAGT ES IHNEN DIREKT!
DING DONG
OH, MAMA KOMMT GLEICH! DAS WAR'S FÜR HEUTE!

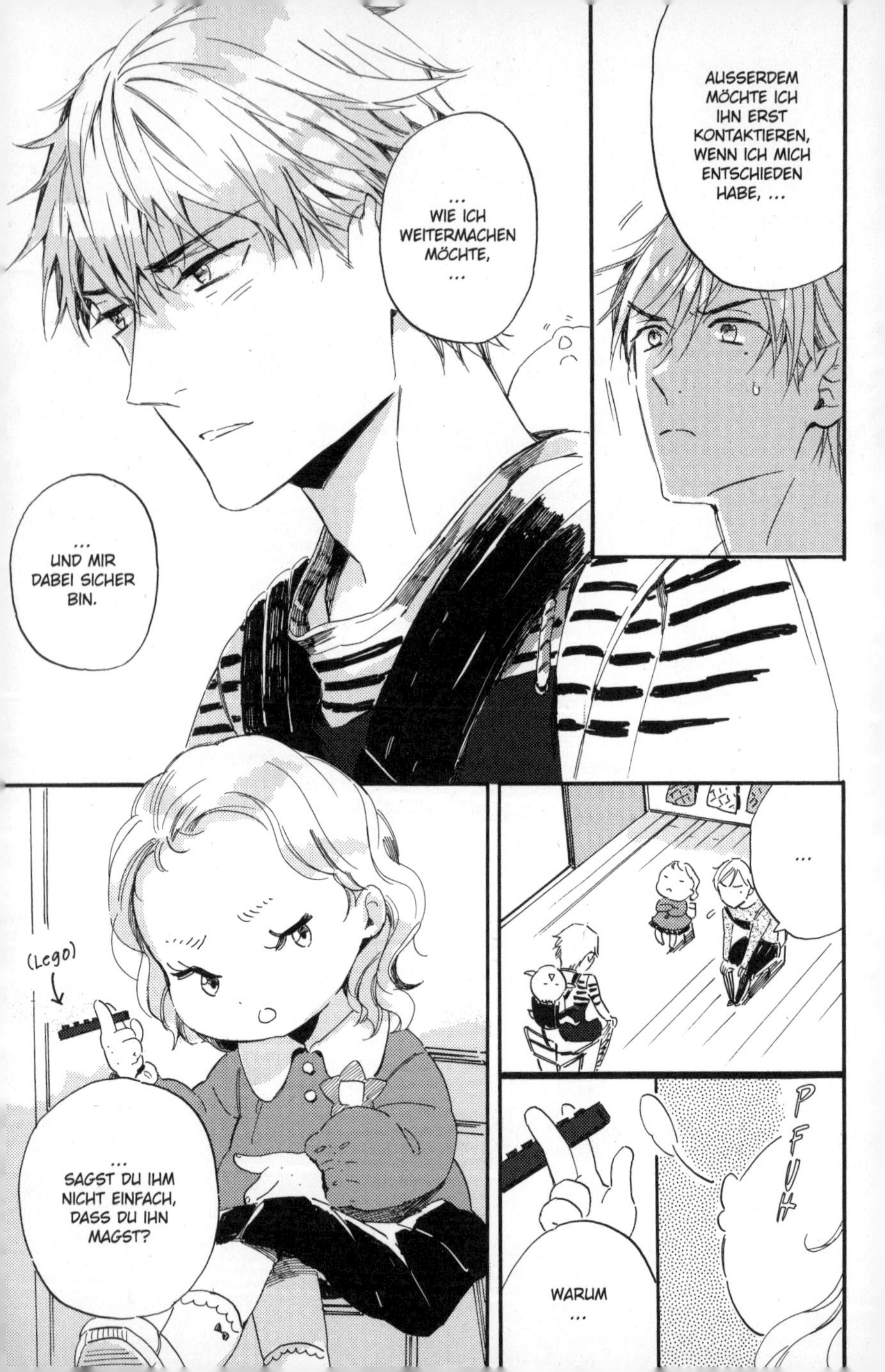
AUSSERDEM MÖCHTE ICH IHN ERST KONTAKTIEREN, WENN ICH MICH ENTSCHIEDEN HABE, ...
... WIE ICH WEITERMACHEN MÖCHTE, ...
... UND MIR DABEI SICHER BIN.
...
(Lego)
... SAGST DU IHM NICHT EINFACH, DASS DU IHN MAGST?
PFUH
WARUM ...

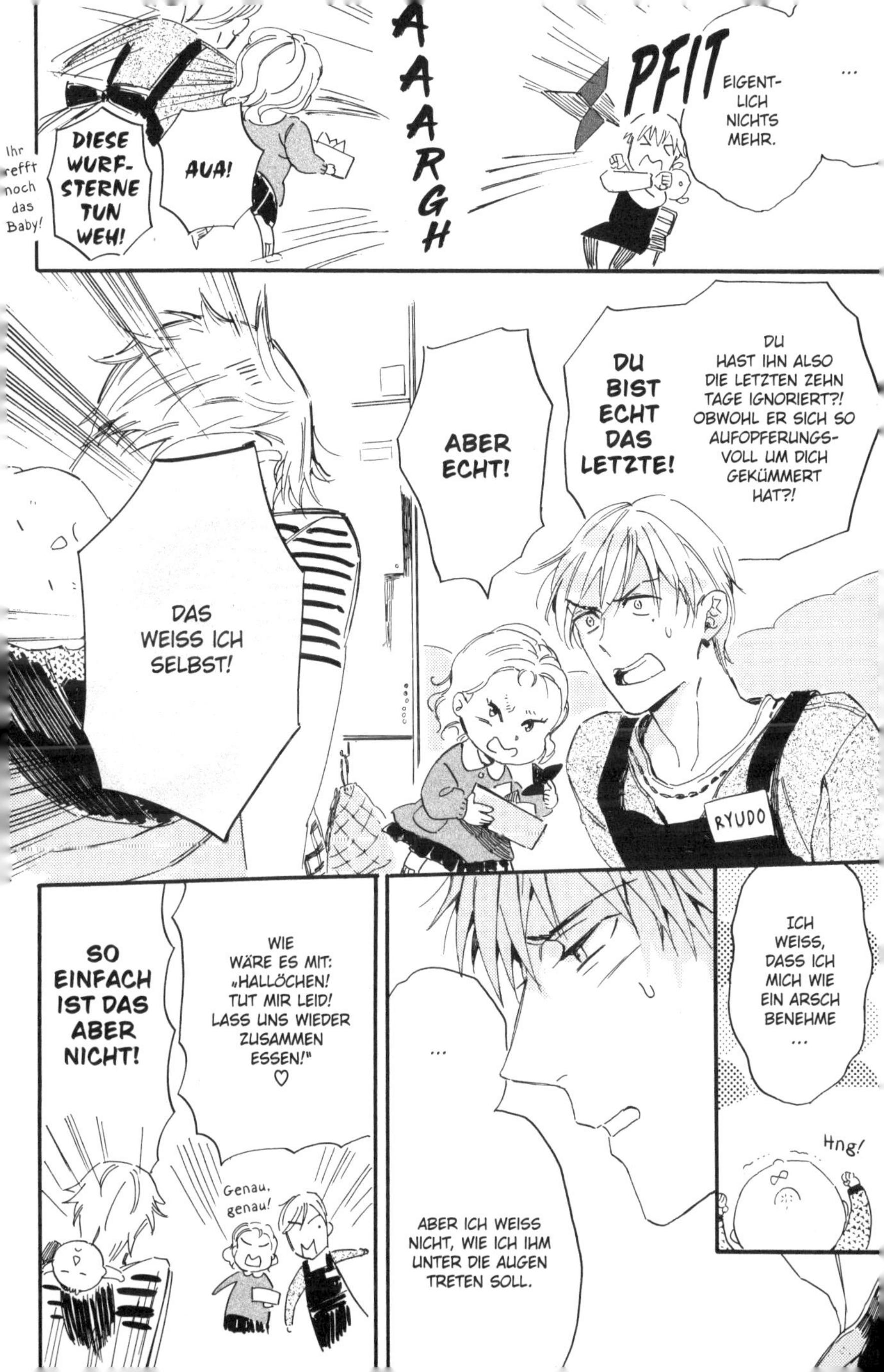
...
EIGENT-LICH NICHTS MEHR.
PFIT
AAAARGH
AUA!
DIESE WURF-STERNE TUN WEH!
Ihr refft noch das Baby!
DU HAST IHN ALSO DIE LETZTEN ZEHN TAGE IGNORIERT?! OBWOHL ER SICH SO AUFOPFERUNGS-VOLL UM DICH GEKÜMMERT HAT?!
DU BIST ECHT DAS LETZTE!
ABER ECHT!
RYUDO
DAS WEISS ICH SELBST!
ICH WEISS, DASS ICH MICH WIE EIN ARSCH BENEHME ...
Hng!
...
ABER ICH WEISS NICHT, WIE ICH IHM UNTER DIE AUGEN TRETEN SOLL.
WIE WÄRE ES MIT: „HALLÖCHEN! TUT MIR LEID! LASS UNS WIEDER ZUSAMMEN ESSEN!“ ♡
SO EINFACH IST DAS ABER NICHT!
Genau, genau!

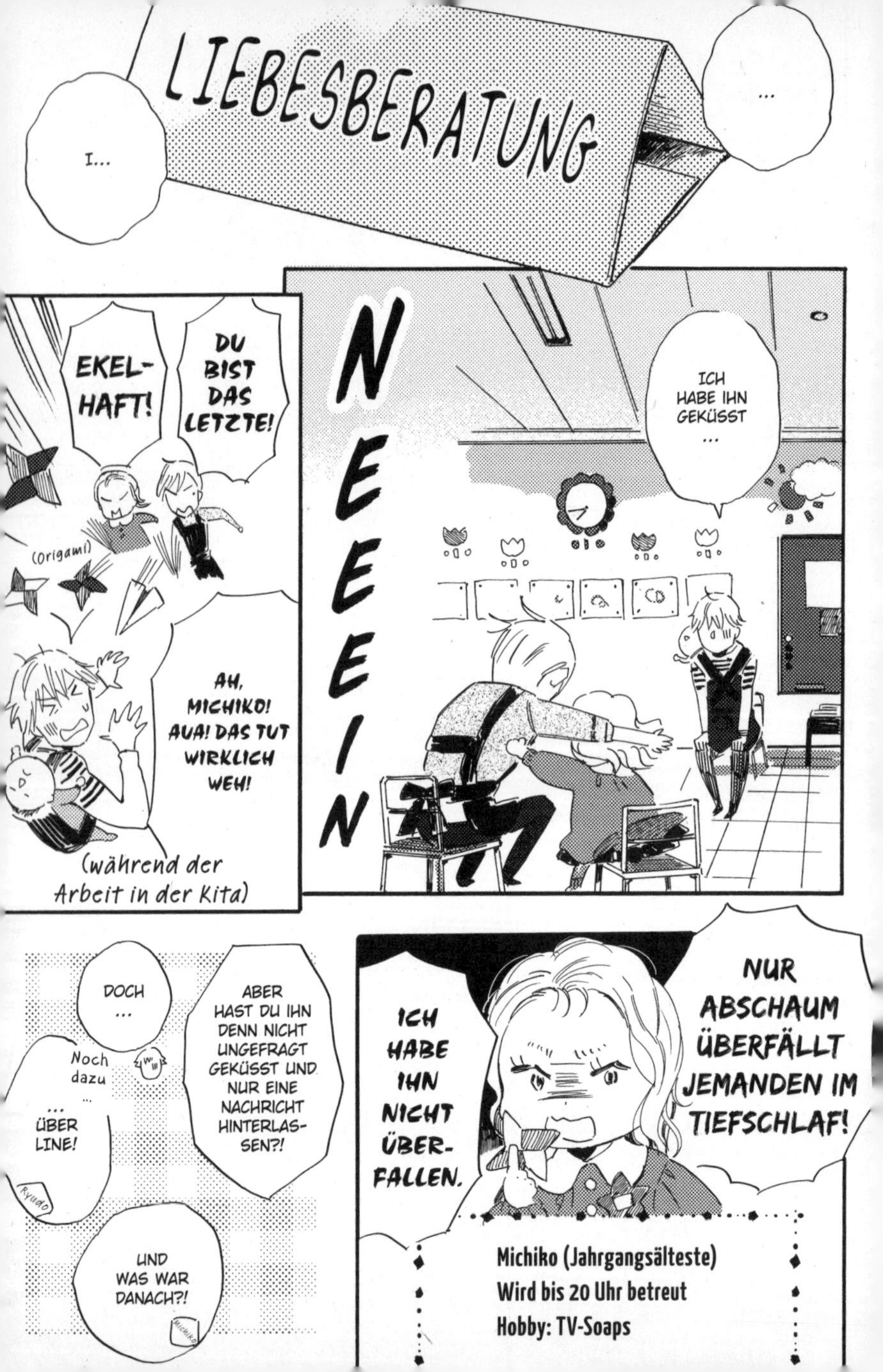
...
LIEBESBERATUNG
I...
ICH HABE IHN GEKÜSST ...
NEEEIN
DU BIST DAS LETZTE!
EKEL-HAFT!
(Origami)
AH, MICHIKO! AUA! DAS TUT WIRKLICH WEH!
(während der Arbeit in der Kita)
NUR ABSCHAUM ÜBERFÄLLT JEMANDEN IM TIEFSCHLAF!
ICH HABE IHN NICHT ÜBER-FALLEN.
Michiko (Jahrgangsälteste)
Wird bis 20 Uhr betreut
Hobby: TV-Soaps
ABER HAST DU IHN DENN NICHT UNGEFRAGT GEKÜSST UND NUR EINE NACHRICHT HINTERLAS-SEN?!
DOCH ...
Noch dazu ...
... ÜBER LINE!
Ryudo
UND WAS WAR DANACH?!
Michiko

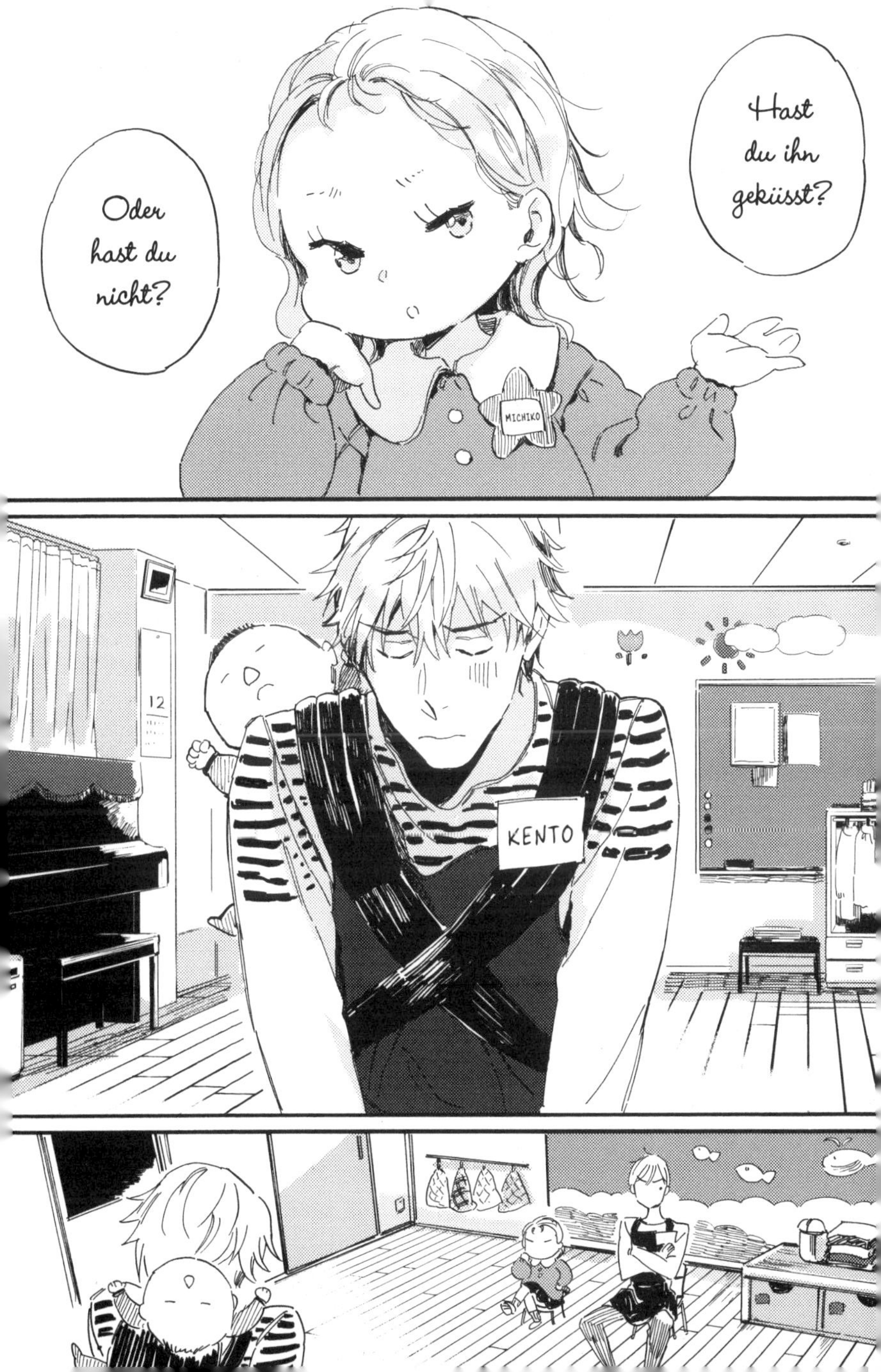
Hast du ihn geküsst?
Oder hast du nicht?
MICHIKO
12
KENTO

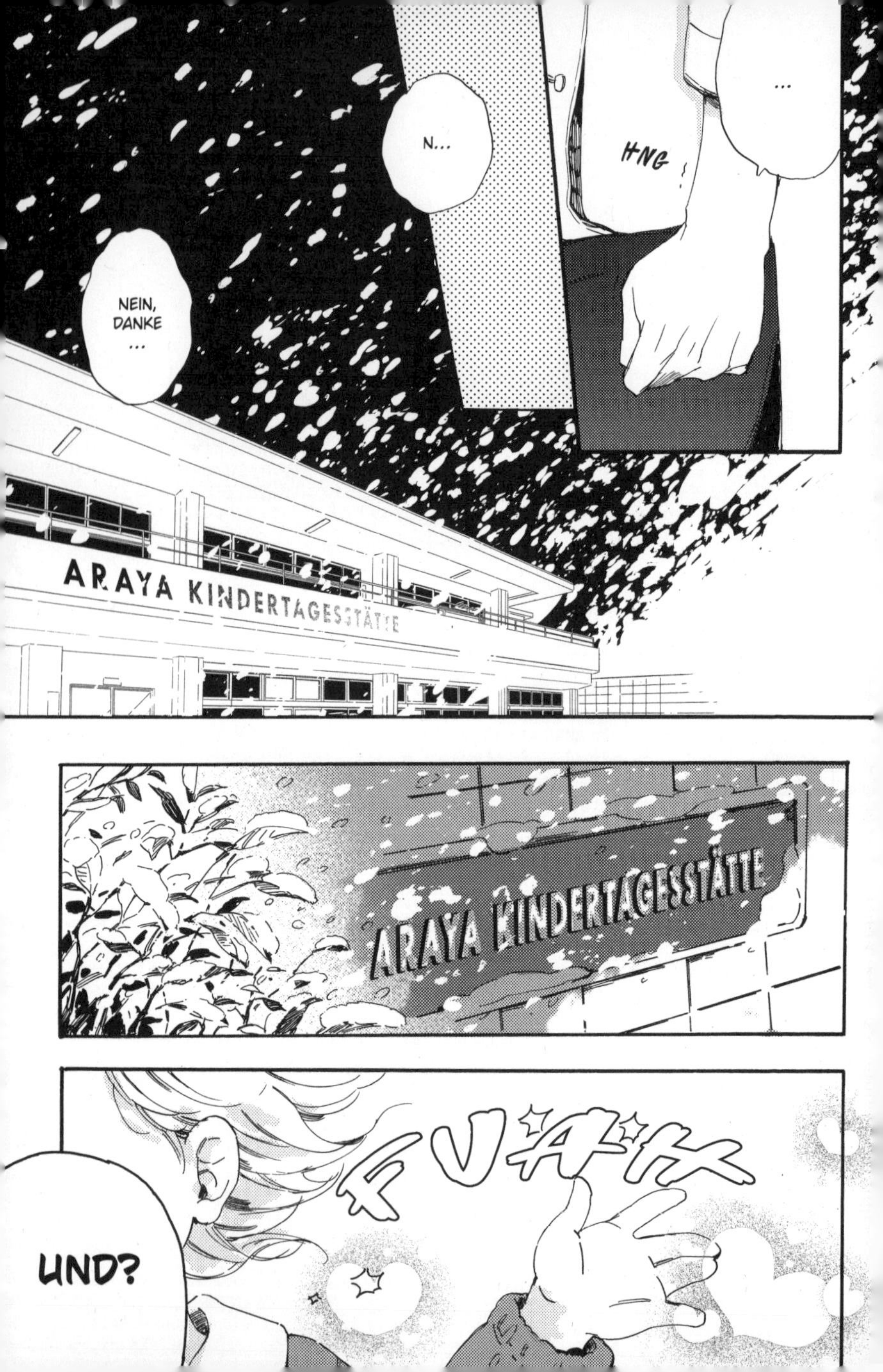
...
HNG
N...
NEIN, DANKE ...
ARAYA KINDERTAGESSTÄTTE
ARAYA KINDERTAGESSTÄTTE
FUAH
UND?

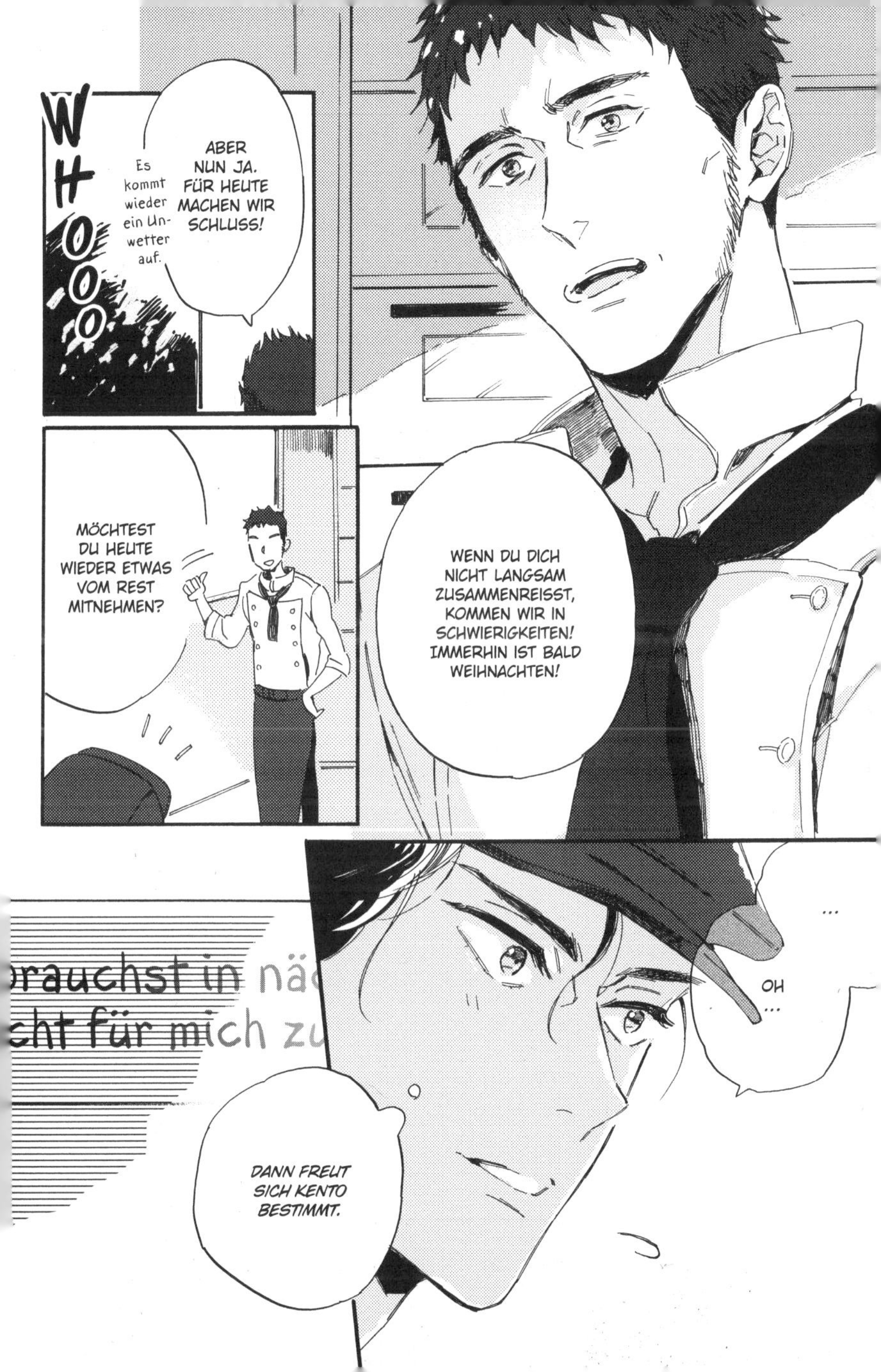
WHOOOO
ABER NUN JA. FÜR HEUTE MACHEN WIR SCHLUSS!
Es kommt wieder ein Unwetter auf.
WENN DU DICH NICHT LANGSAM ZUSAMMENREISST, KOMMEN WIR IN SCHWIERIGKEITEN! IMMERHIN IST BALD WEIHNACHTEN!
MÖCHTEST DU HEUTE WIEDER ETWAS VOM REST MITNEHMEN?
…
OH …
brauchst in näc
cht für mich zu
DANN FREUT SICH KENTO BESTIMMT.

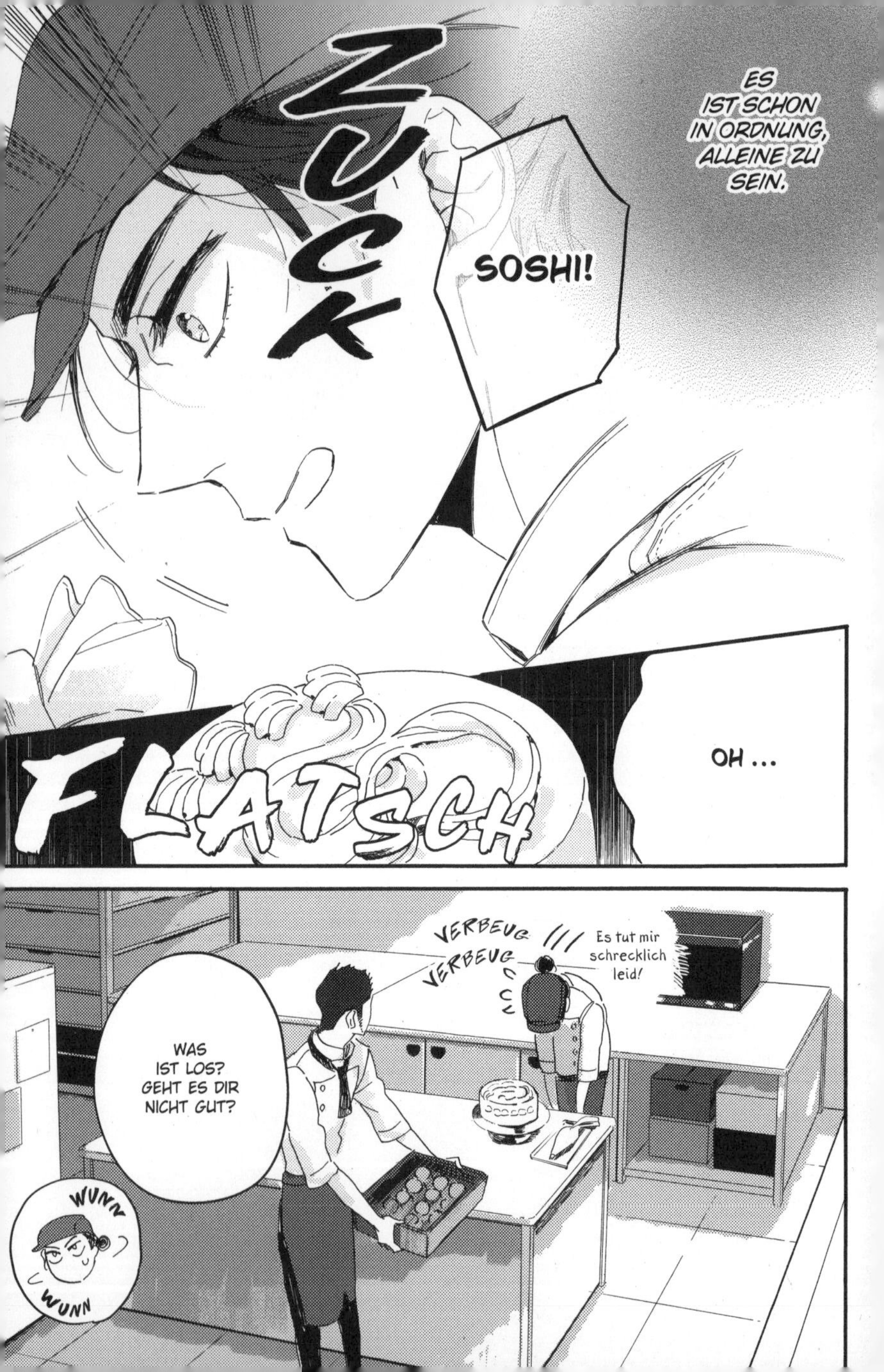
ES IST SCHON IN ORDNUNG, ALLEINE ZU SEIN.
ZUCK
SOSHI!
OH ...
FLATSCH
Es tut mir schrecklich leid!
VERBEUG
VERBEUG
WAS IST LOS? GEHT ES DIR NICHT GUT?
WUNN
WUNN

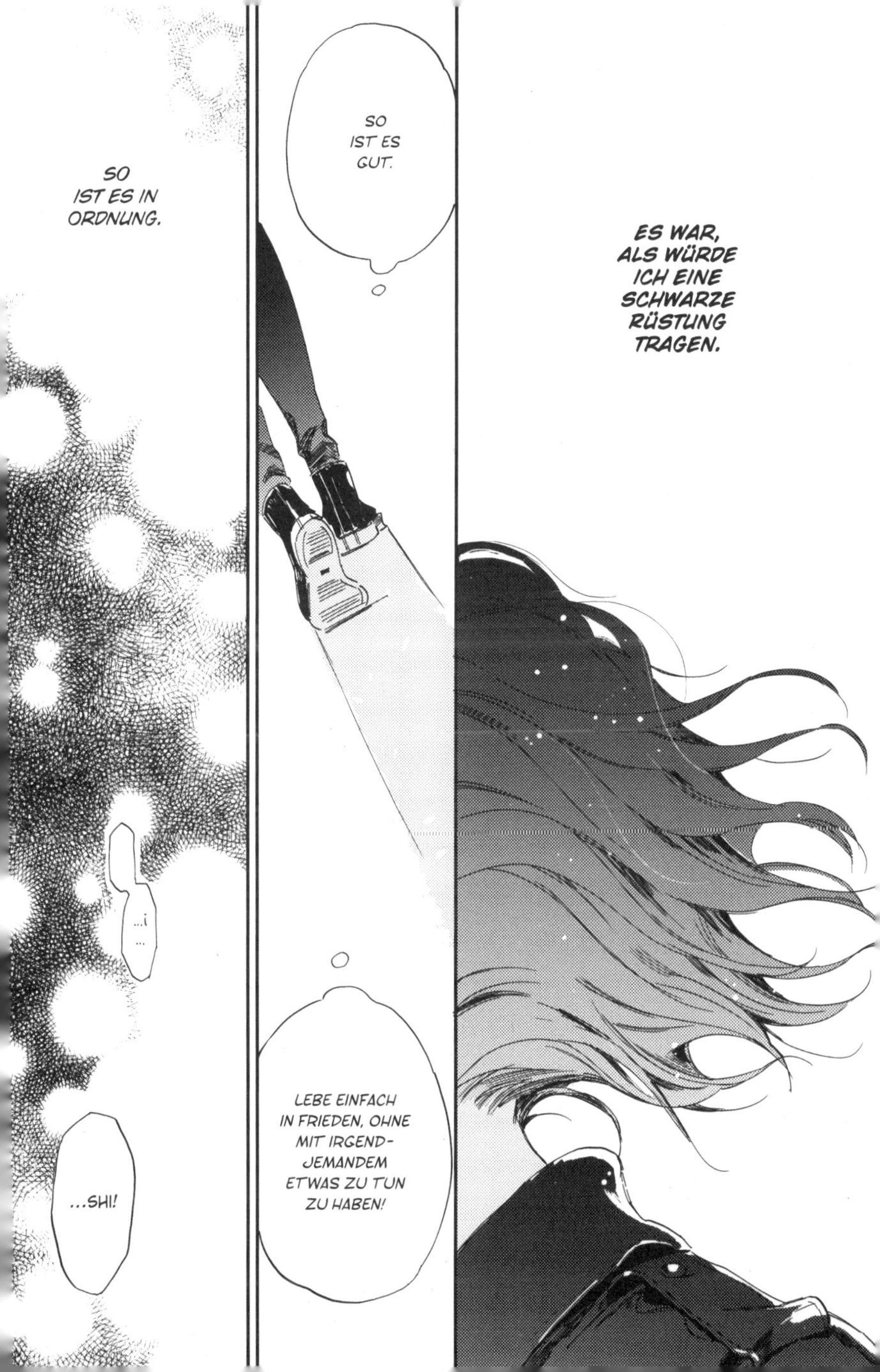
ES WAR, ALS WÜRDE ICH EINE SCHWARZE RÜSTUNG TRAGEN.
SO IST ES GUT.
LEBE EINFACH IN FRIEDEN, OHNE MIT IRGEND-JEMANDEM ETWAS ZU TUN ZU HABEN!
SO IST ES IN ORDNUNG.
...i ...
...SHI!

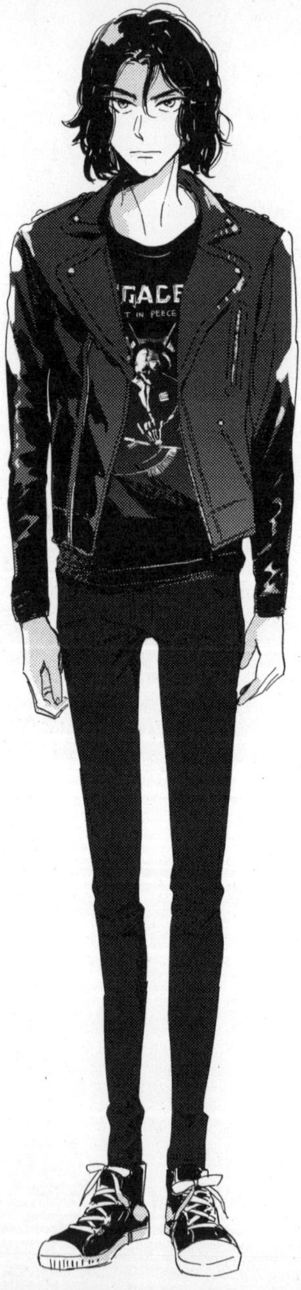

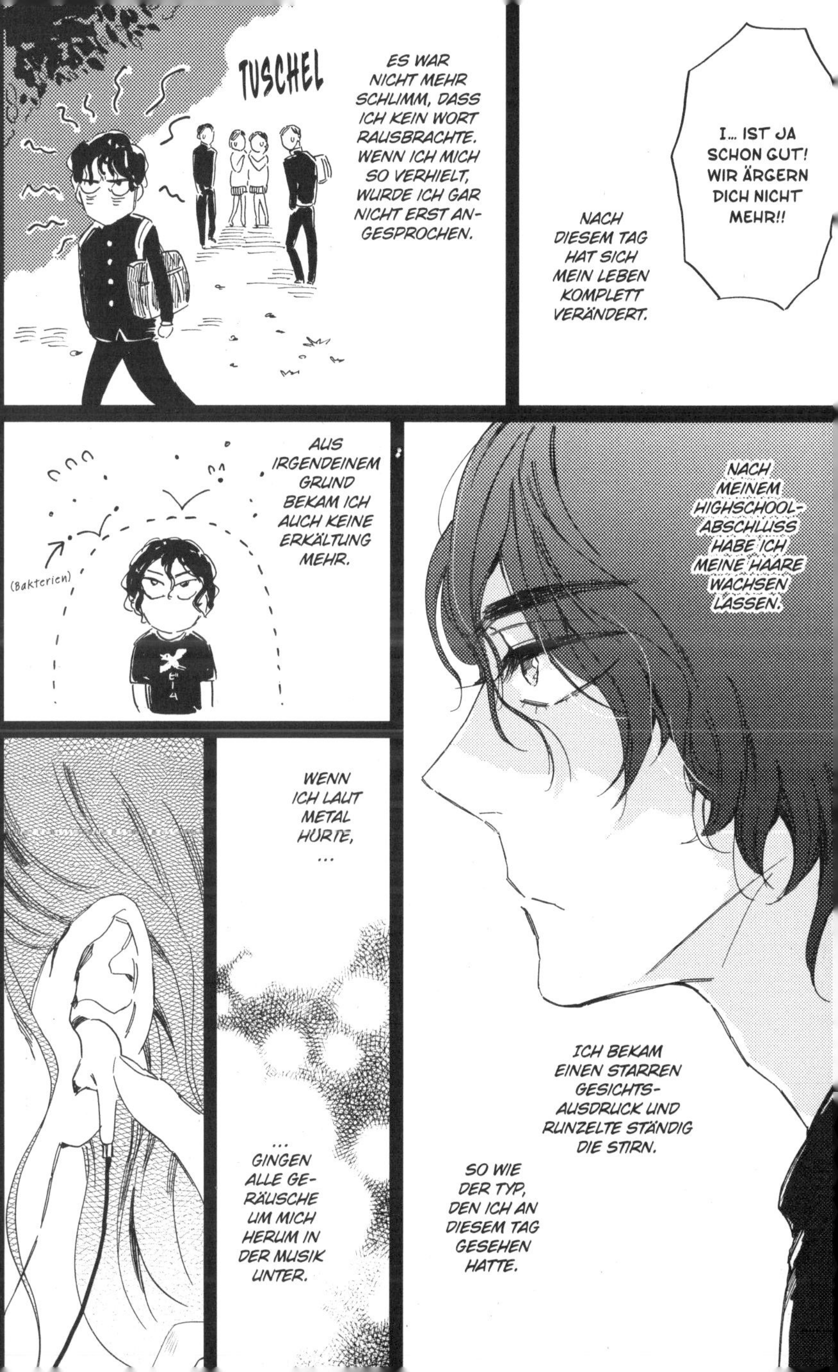
I... IST JA SCHON GUT! WIR ÄRGERN DICH NICHT MEHR!!
NACH DIESEM TAG HAT SICH MEIN LEBEN KOMPLETT VERÄNDERT.
TUSCHEL
ES WAR NICHT MEHR SCHLIMM, DASS ICH KEIN WORT RAUSBRACHTE. WENN ICH MICH SO VERHIELT, WURDE ICH GAR NICHT ERST ANGESPROCHEN.
AUS IRGENDEINEM GRUND BEKAM ICH AUCH KEINE ERKÄLTUNG MEHR.
(Bakterien)
WENN ICH LAUT METAL HÖRTE, ...
... GINGEN ALLE GERÄUSCHE UM MICH HERUM IN DER MUSIK UNTER.
NACH MEINEM HIGHSCHOOL-ABSCHLUSS HABE ICH MEINE HAARE WACHSEN LASSEN.
ICH BEKAM EINEN STARREN GESICHTSAUSDRUCK UND RUNZELTE STÄNDIG DIE STIRN.
SO WIE DER TYP, DEN ICH AN DIESEM TAG GESEHEN HATTE.

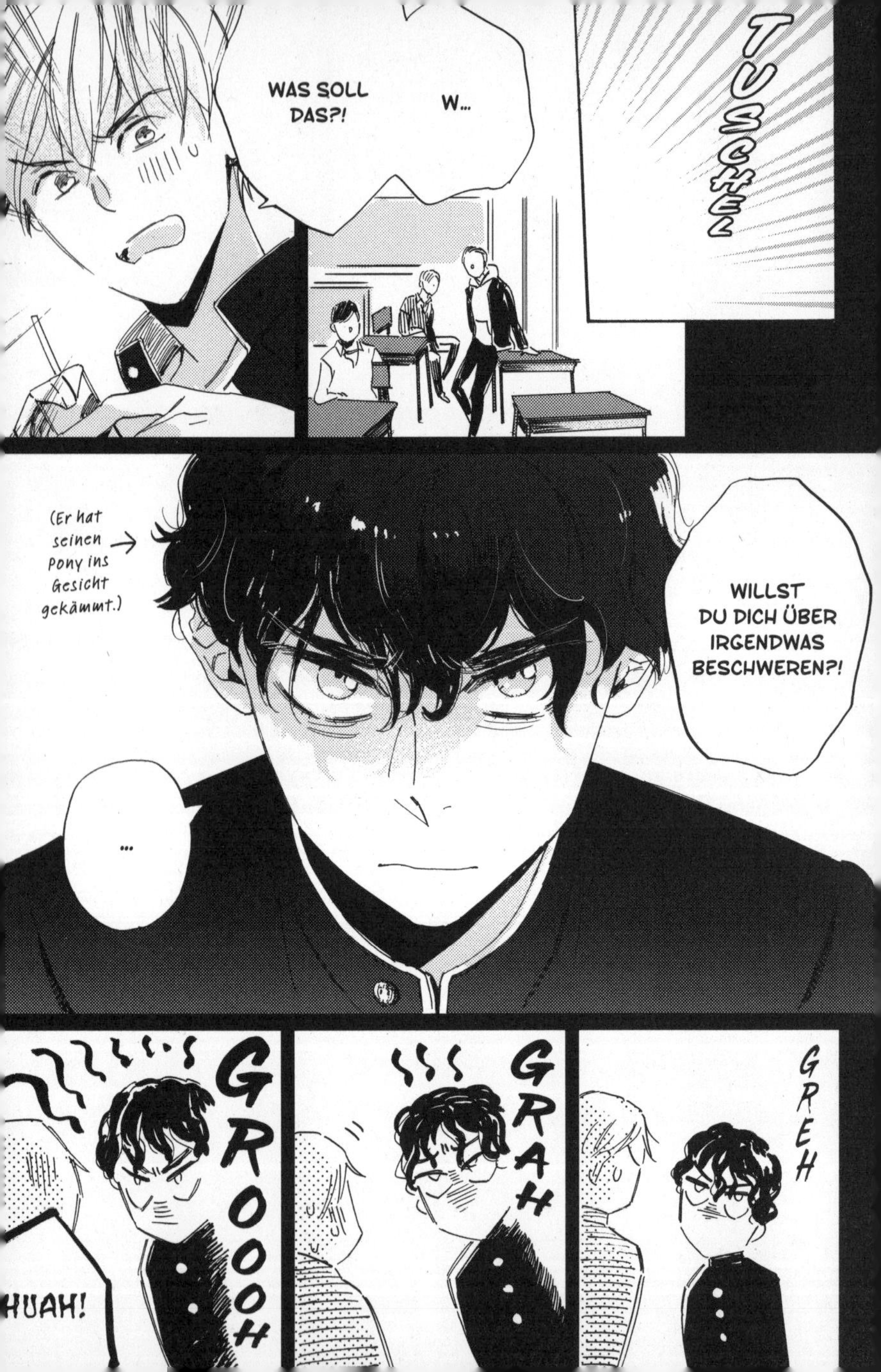

TUSCHEL
W...
WAS SOLL DAS?!
WILLST DU DICH ÜBER IRGENDWAS BESCHWEREN?!
(Er hat seinen Pony ins Gesicht gekämmt.)
...
GREH
GRAH
GROOOOH
HUAH!

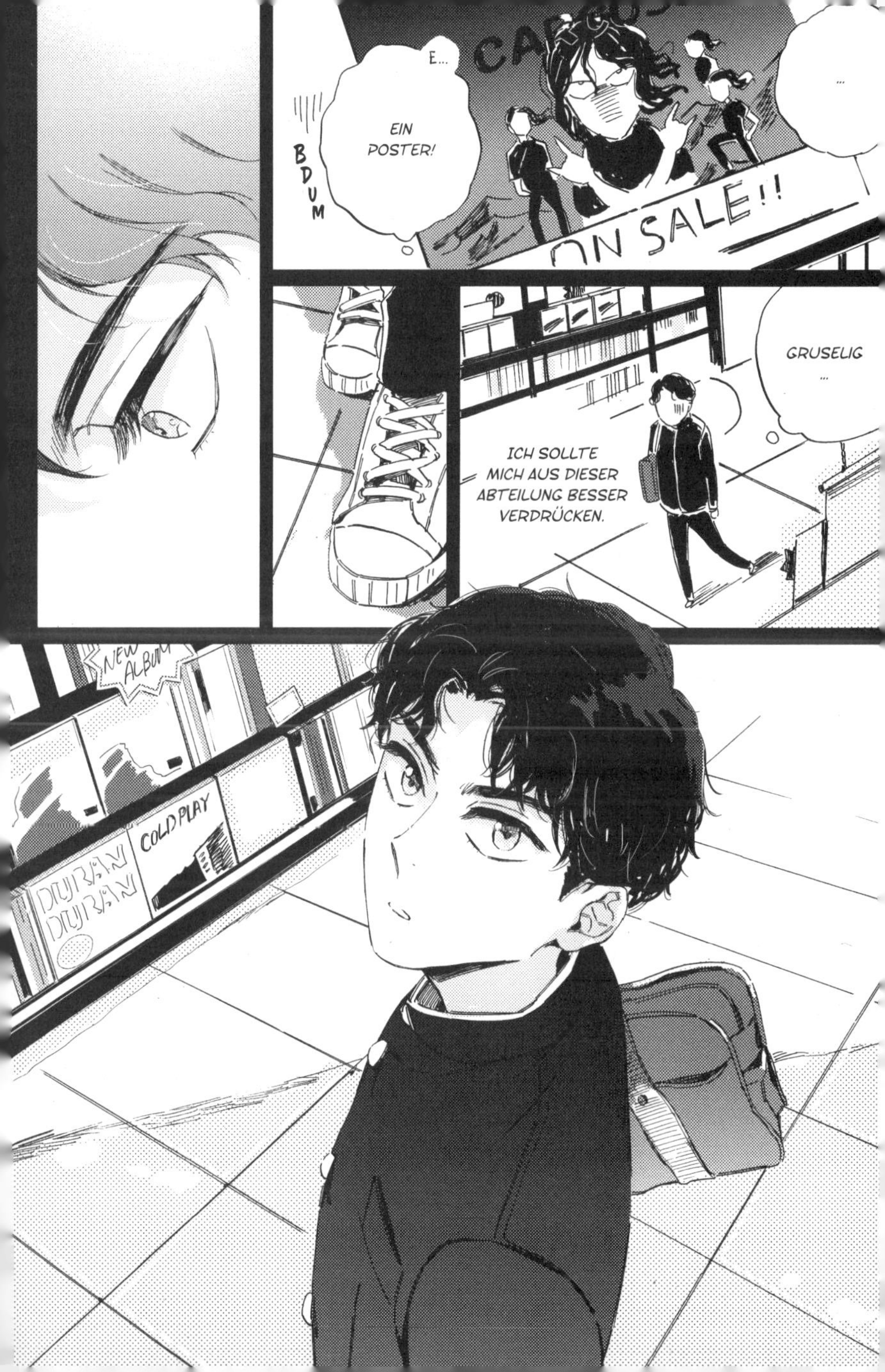

E…
EIN POSTER!
BDUM
…
ON SALE!!
GRUSELIG …
ICH SOLLTE MICH AUS DIESER ABTEILUNG BESSER VERDRÜCKEN.
NEW ALBUM
COLDPLAY
DURAN DURAN

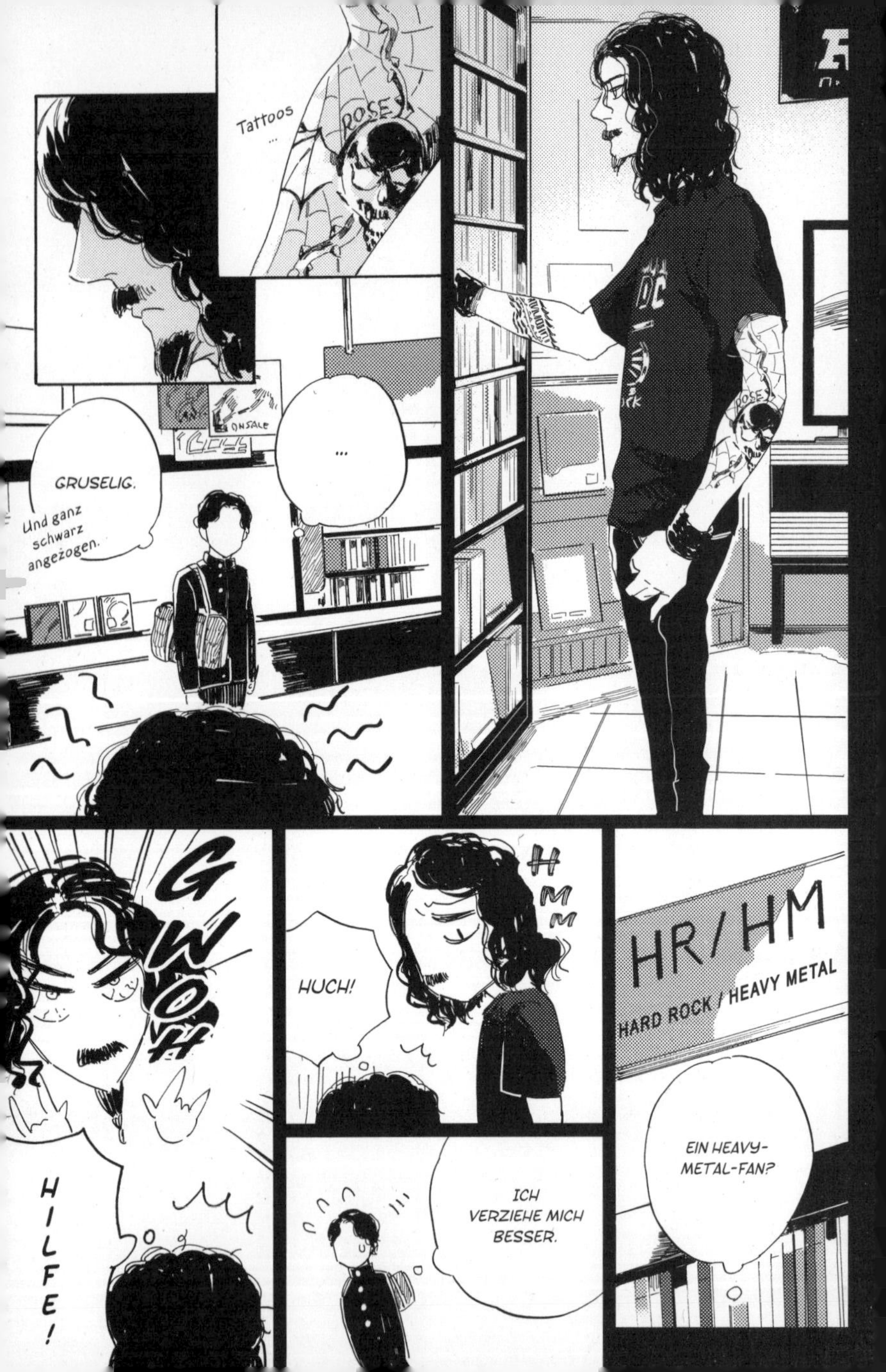

Tattoos ...
ROSE
GRUSELIG.
Und ganz schwarz angezogen.
...
ONSALE
ROSE
DC
GWOH
HMMM
HUCH!
HR / HM
HARD ROCK / HEAVY METAL
EIN HEAVY-METAL-FAN?
ICH VERZIEHE MICH BESSER.
HILFE!

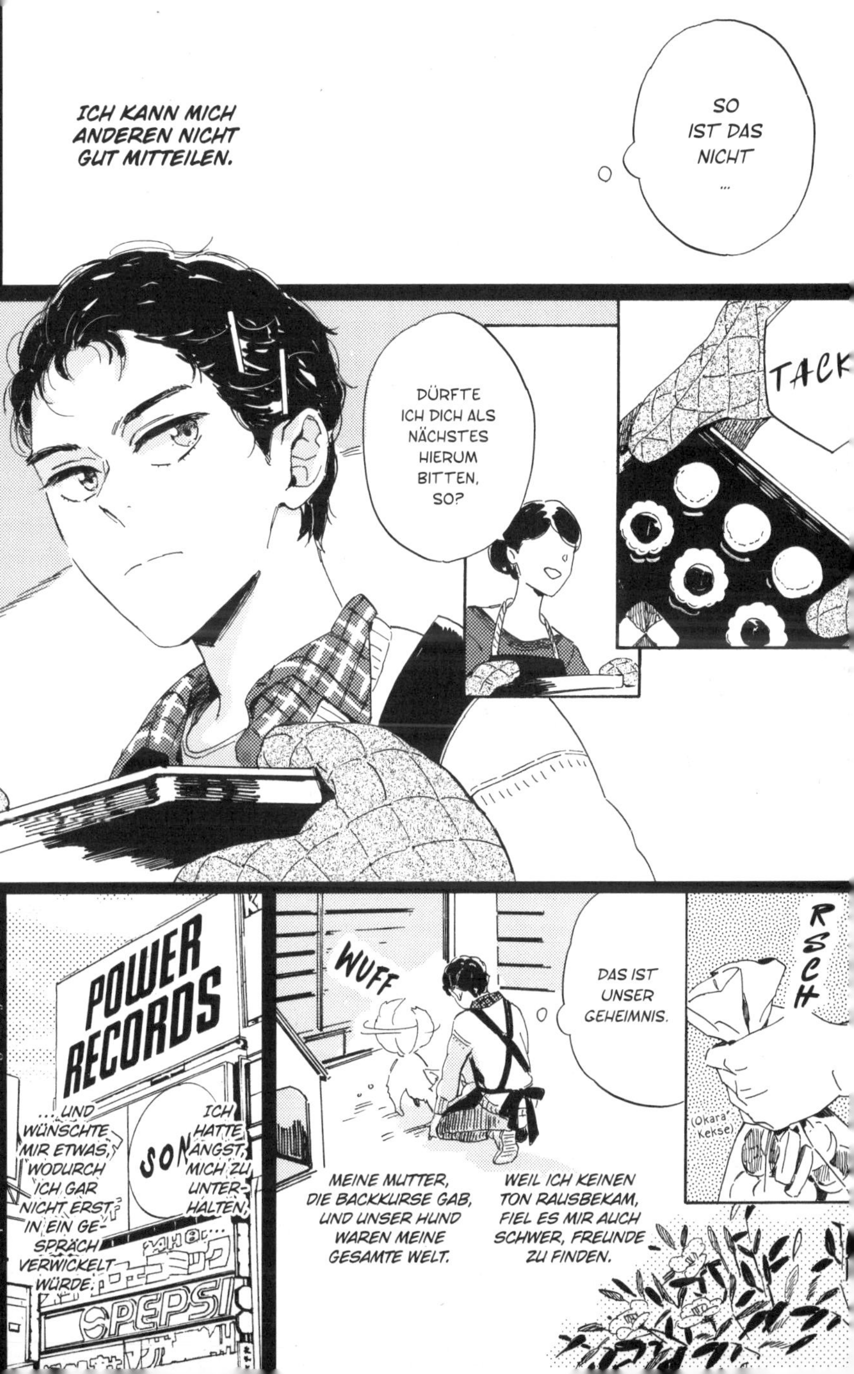

* Ein Nebenprodukt bei der Herstellung von Soja-Lebensmitteln.

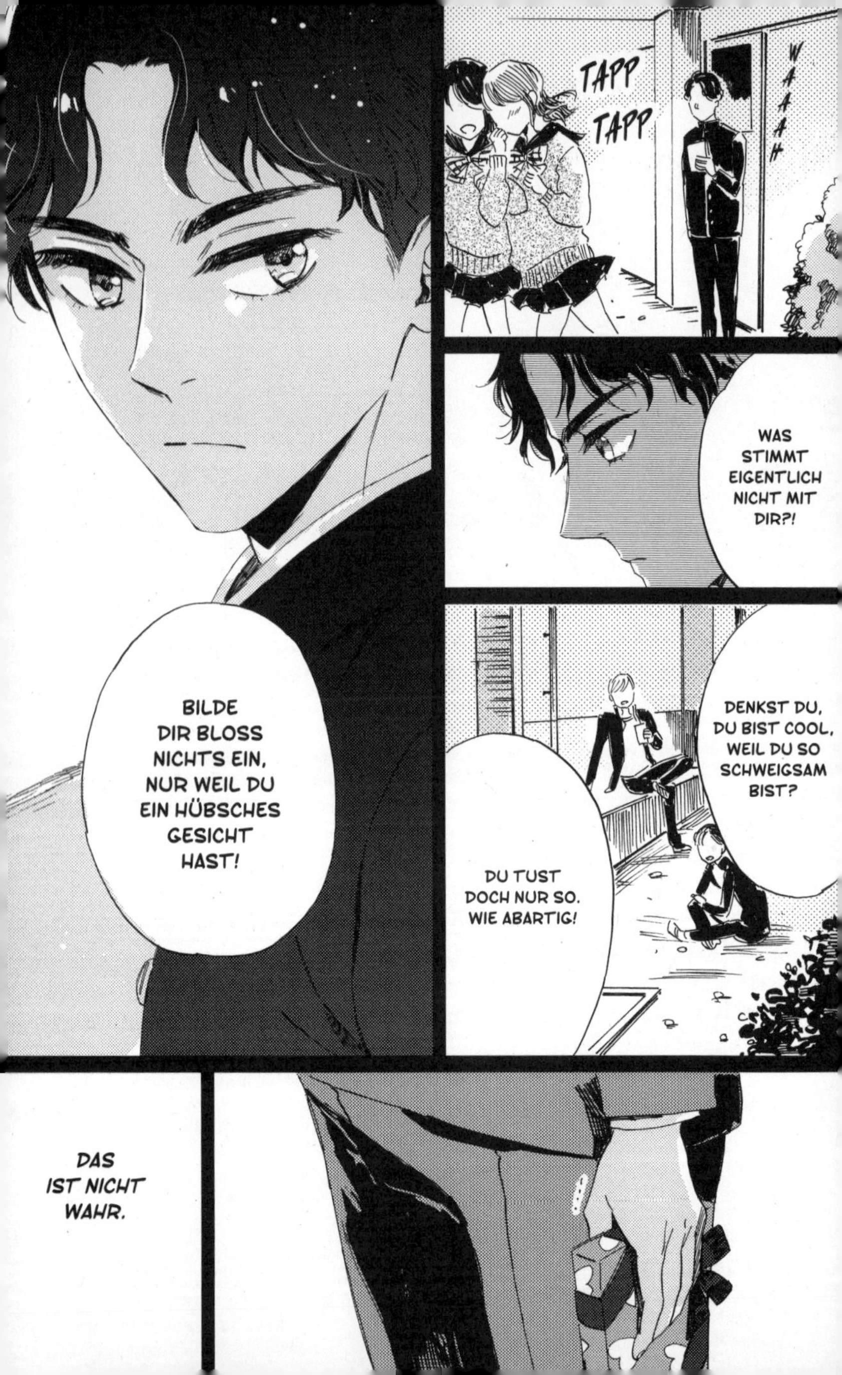
TAPP TAPP
WAAAAH
WAS STIMMT EIGENTLICH NICHT MIT DIR?!
DENKST DU, DU BIST COOL, WEIL DU SO SCHWEIGSAM BIST?
DU TUST DOCH NUR SO. WIE ABARTIG!
BILDE DIR BLOSS NICHTS EIN, NUR WEIL DU EIN HÜBSCHES GESICHT HAST!
DAS IST NICHT WAHR.
…

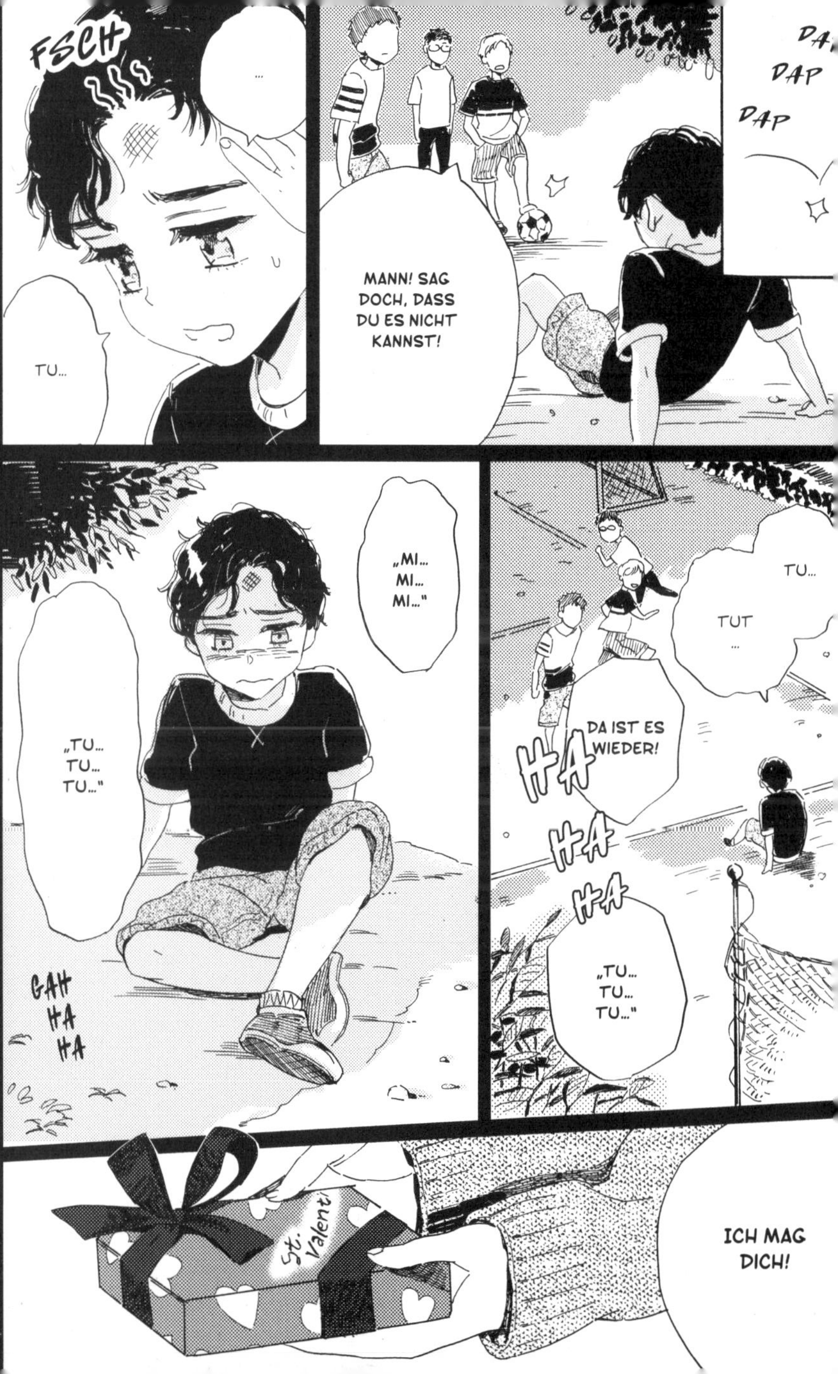
FSCH
...
TU...
DAP
DAP
DAP
MANN! SAG DOCH, DASS DU ES NICHT KANNST!
„MI... MI... MI..."
„TU... TU... TU..."
GAH HA HA
TU... TUT ...
DA IST ES WIEDER!
HA HA HA
„TU... TU... TU..."
St. Valent
ICH MAG DICH!

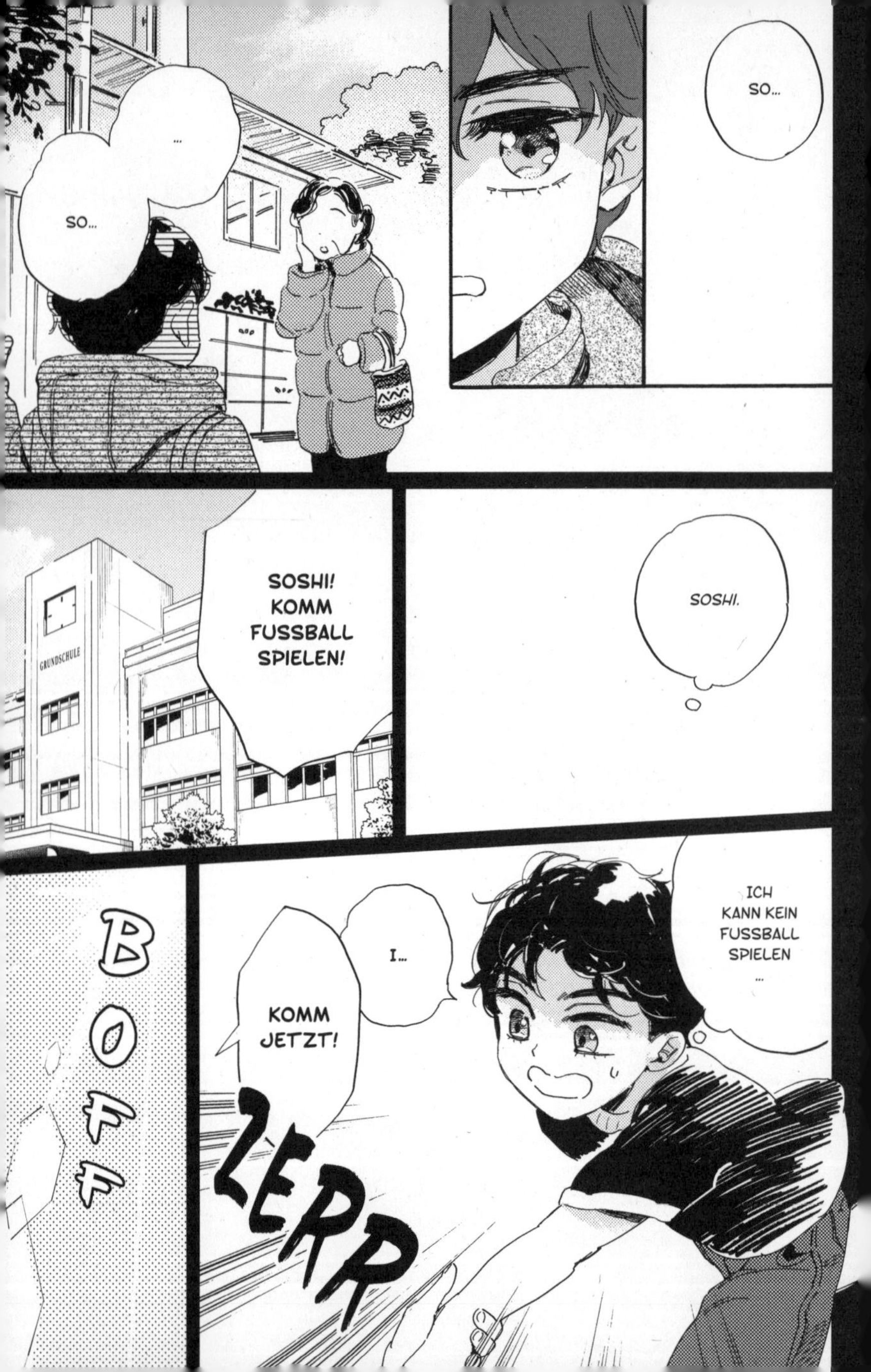

SO...
...
SO...
SOSHI.
SOSHI! KOMM FUSSBALL SPIELEN!
ICH KANN KEIN FUSSBALL SPIELEN ...
I...
KOMM JETZT!
ZERR
BOFF

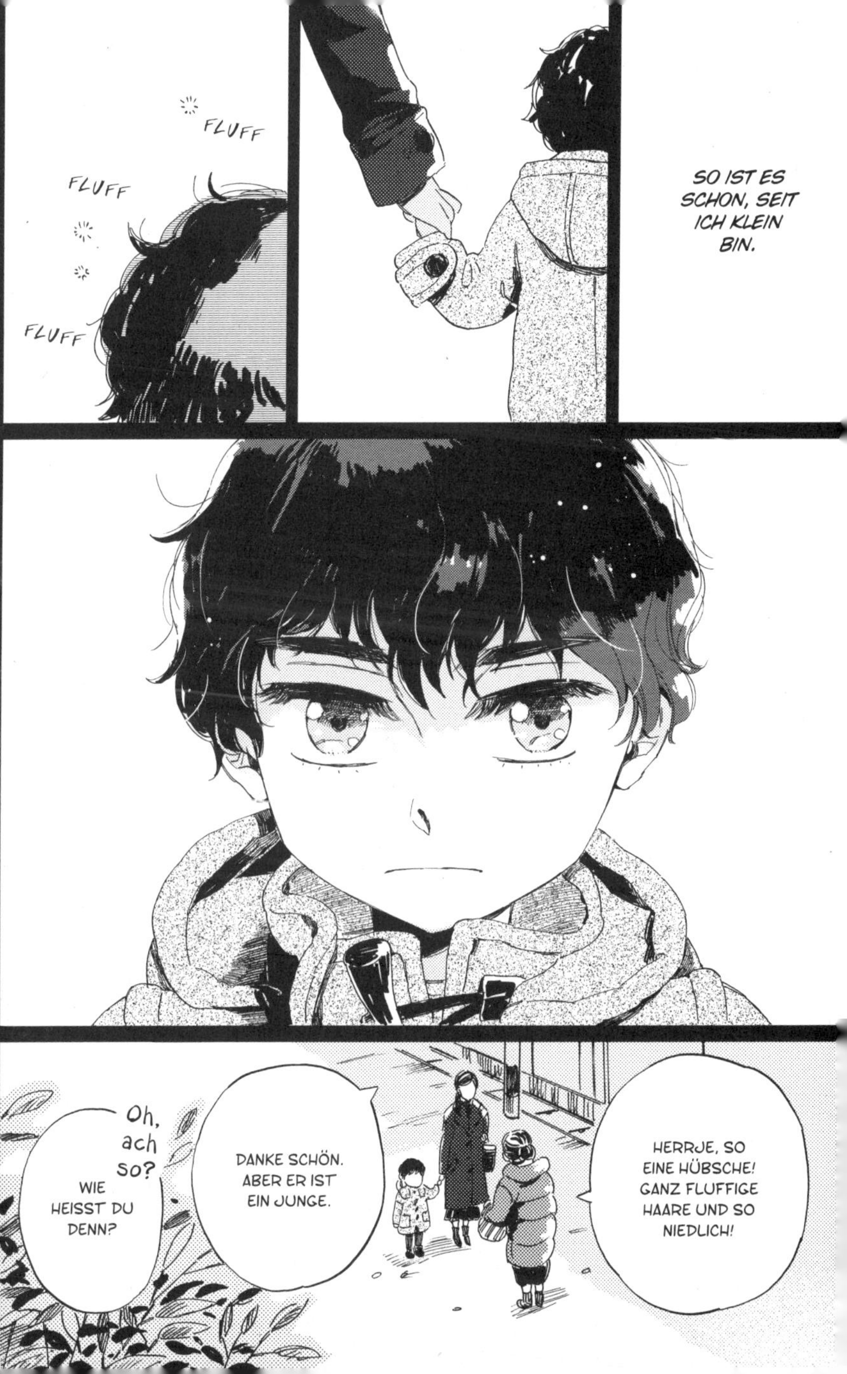

SO IST ES SCHON, SEIT ICH KLEIN BIN.
FLUFF
FLUFF
FLUFF
HERRJE, SO EINE HÜBSCHE! GANZ FLUFFIGE HAARE UND SO NIEDLICH!
DANKE SCHÖN. ABER ER IST EIN JUNGE.
Oh, ach so?
WIE HEISST DU DENN?

Kapitel 4

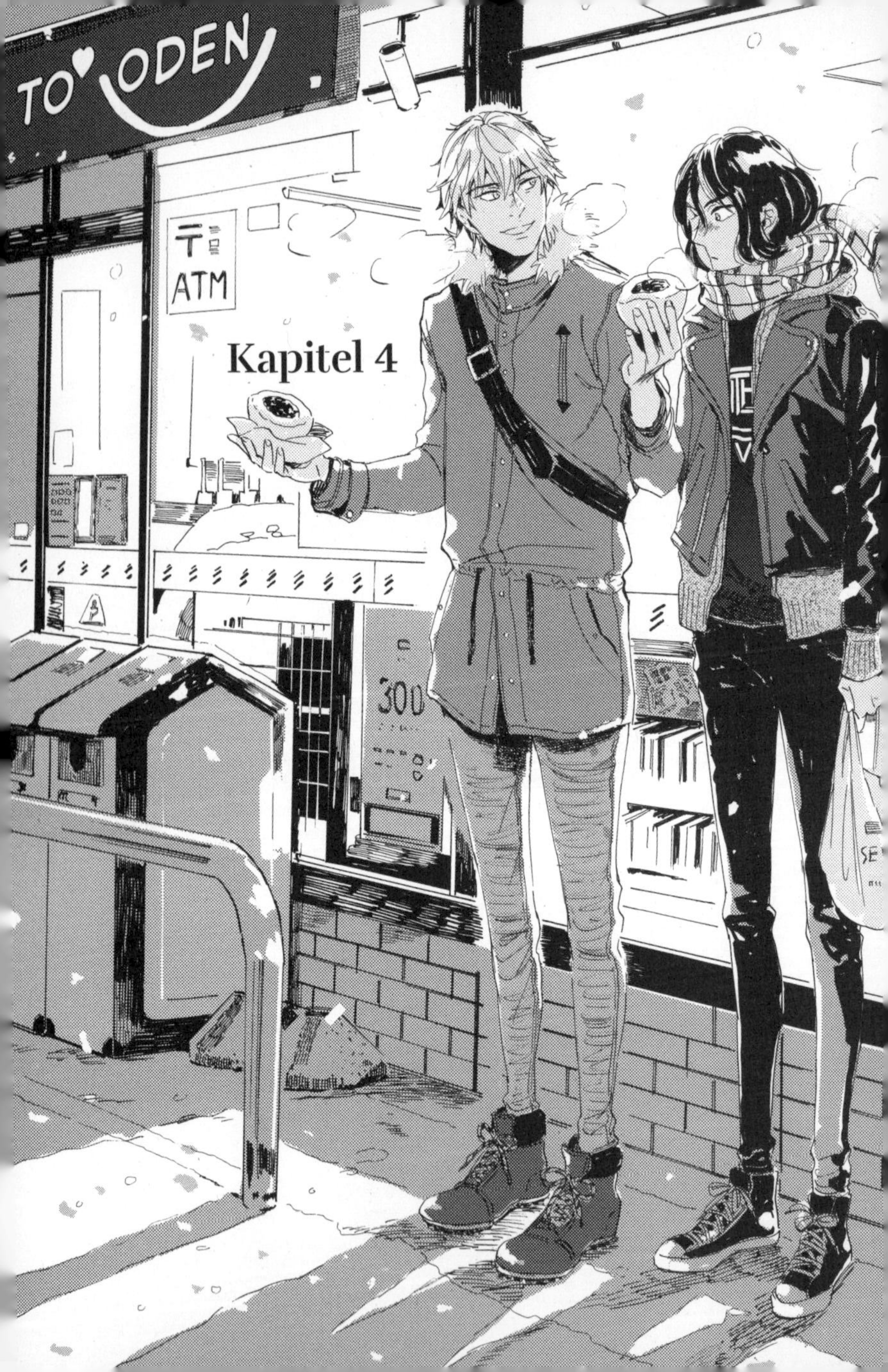

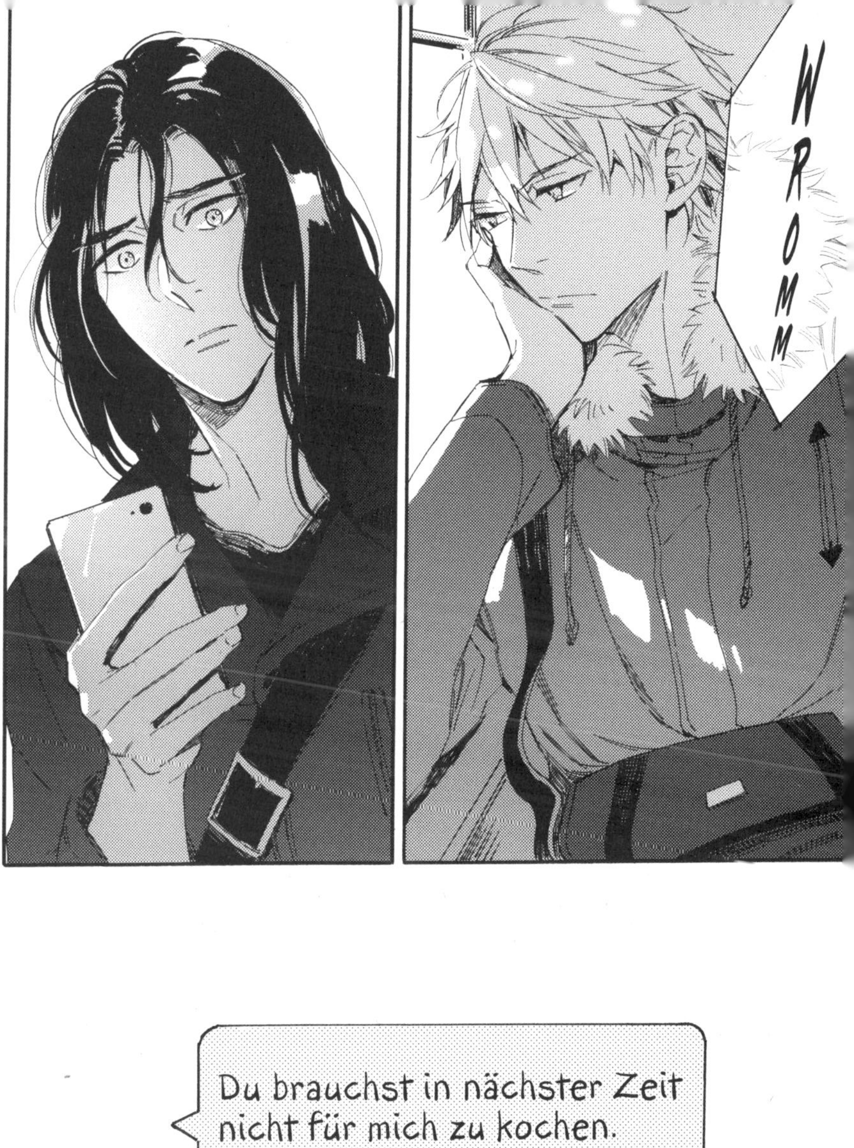

Kapitel 3 – Ende

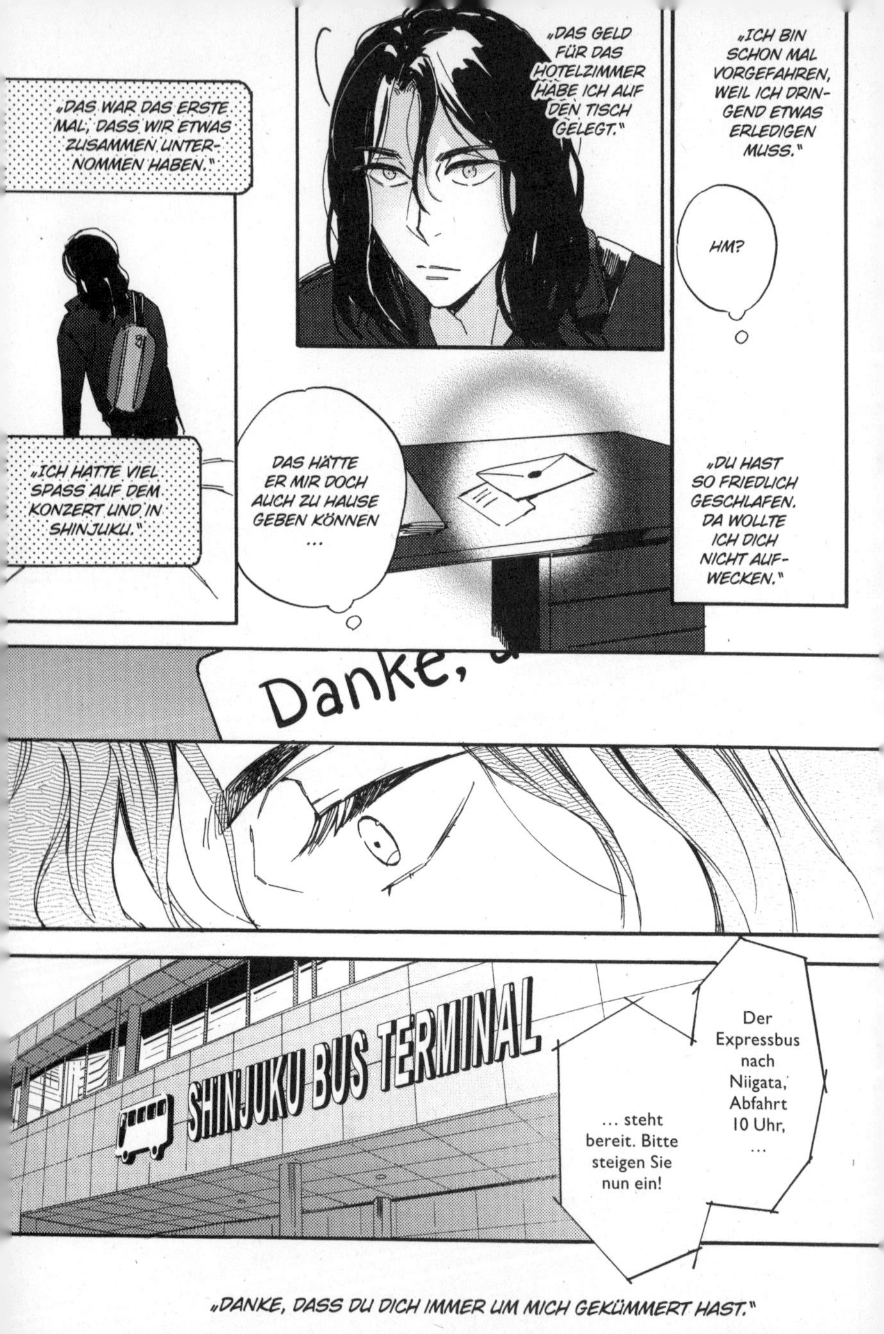
„ICH BIN SCHON MAL VORGEFAHREN, WEIL ICH DRINGEND ETWAS ERLEDIGEN MUSS."
HM?
„DAS GELD FÜR DAS HOTELZIMMER HABE ICH AUF DEN TISCH GELEGT."
„DAS WAR DAS ERSTE MAL, DASS WIR ETWAS ZUSAMMEN UNTERNOMMEN HABEN."
„DU HAST SO FRIEDLICH GESCHLAFEN. DA WOLLTE ICH DICH NICHT AUFWECKEN."
DAS HÄTTE ER MIR DOCH AUCH ZU HAUSE GEBEN KÖNNEN …
„ICH HATTE VIEL SPASS AUF DEM KONZERT UND IN SHINJUKU."
Danke, d
SHINJUKU BUS TERMINAL
Der Expressbus nach Niigata, Abfahrt 10 Uhr, …
… steht bereit. Bitte steigen Sie nun ein!
„DANKE, DASS DU DICH IMMER UM MICH GEKÜMMERT HAST."

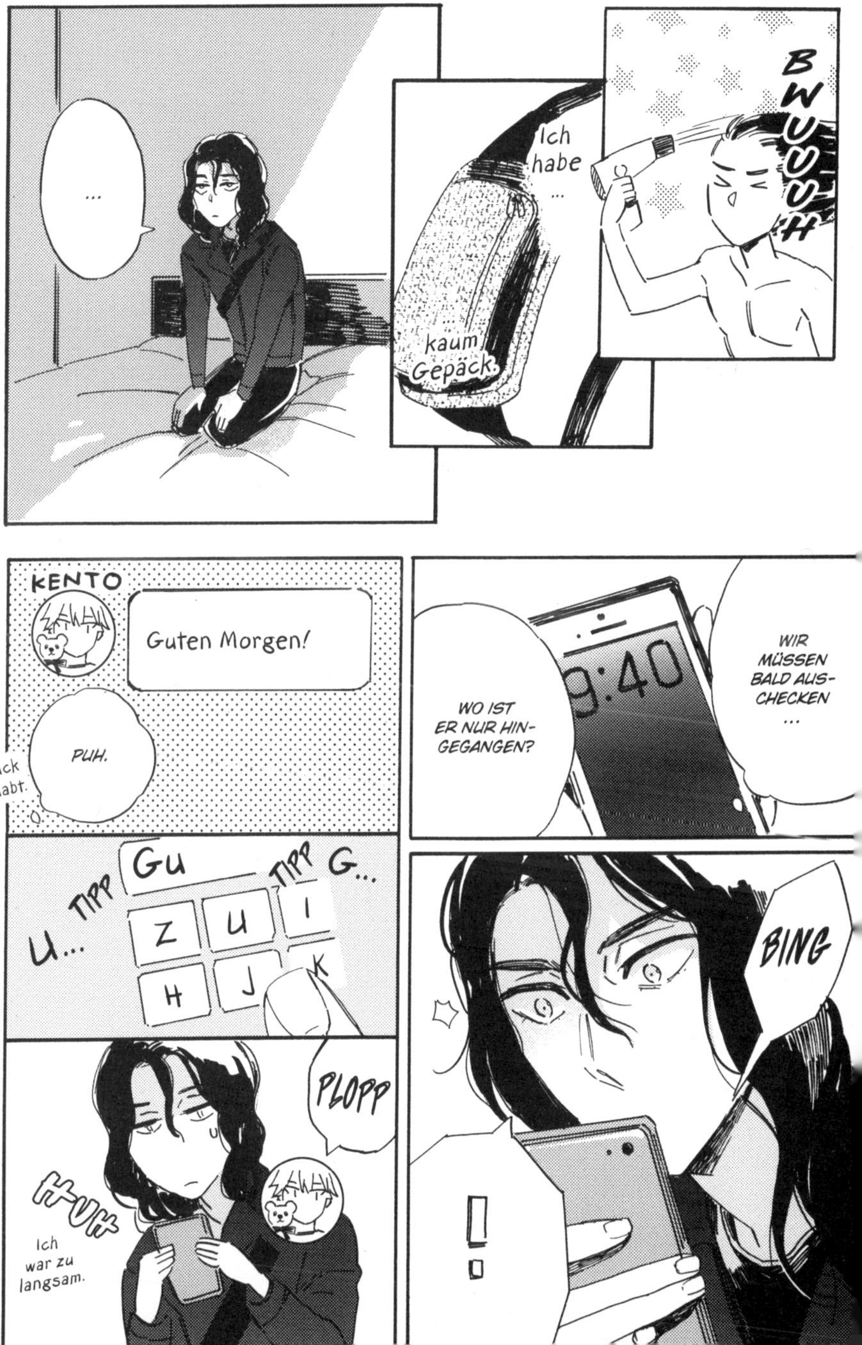
BWUUUH
Ich habe ... kaum Gepäck.
...
Wir müssen bald aus-checken ...
Wo ist er nur hin-gegangen?
KENTO
Guten Morgen!
Puh.
BING
!!
Gu
U... TIPP
TIPP G...
PLOPP
Ich war zu langsam.

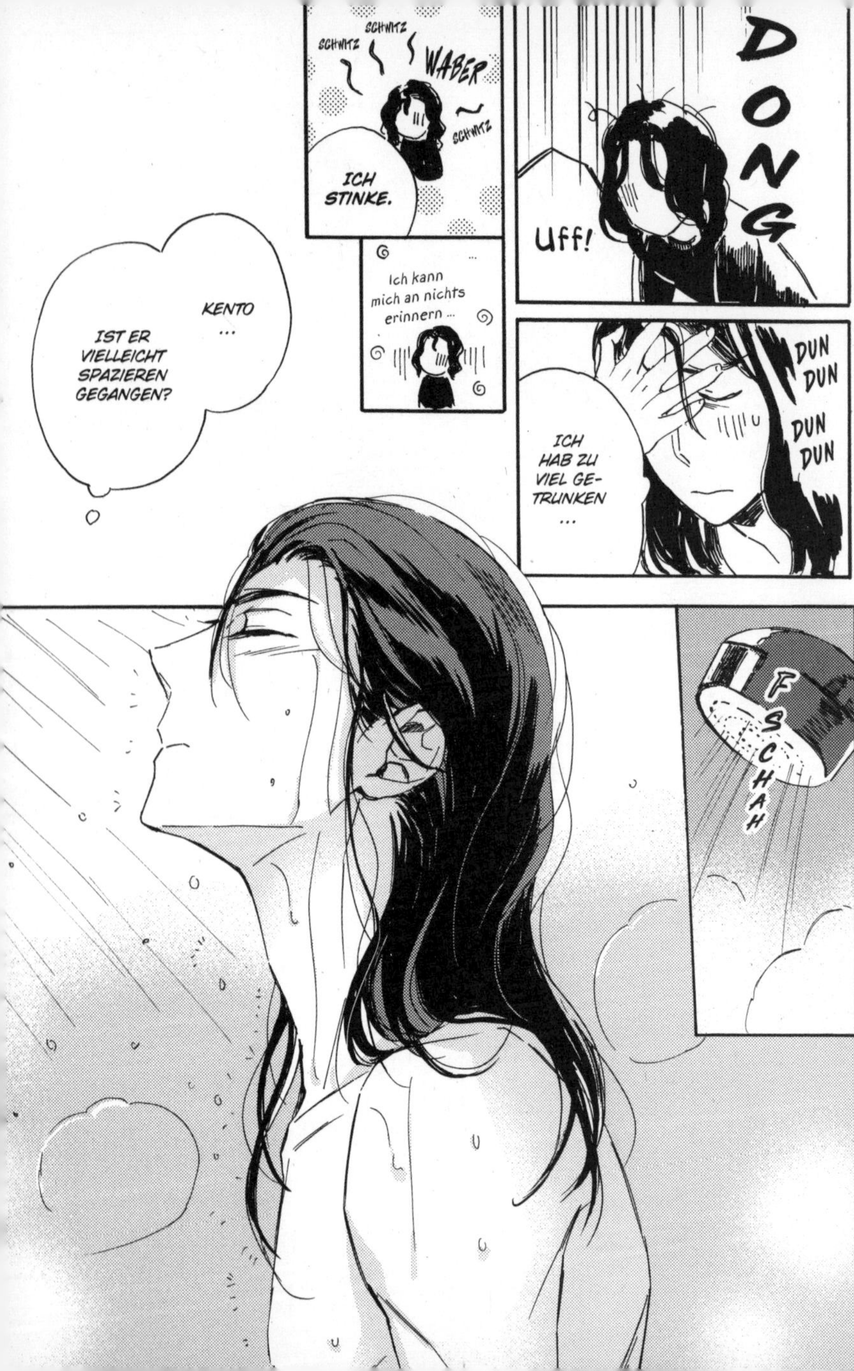
DONG
Uff!
SCHWITZ
SCHWITZ
WABER
SCHWITZ
ICH STINKE.
DUN DUN
DUN DUN
ICH HAB ZU VIEL GETRUNKEN ...
Ich kann mich an nichts erinnern ...
KENTO ...
IST ER VIELLEICHT SPAZIEREN GEGANGEN?
FSCHAH

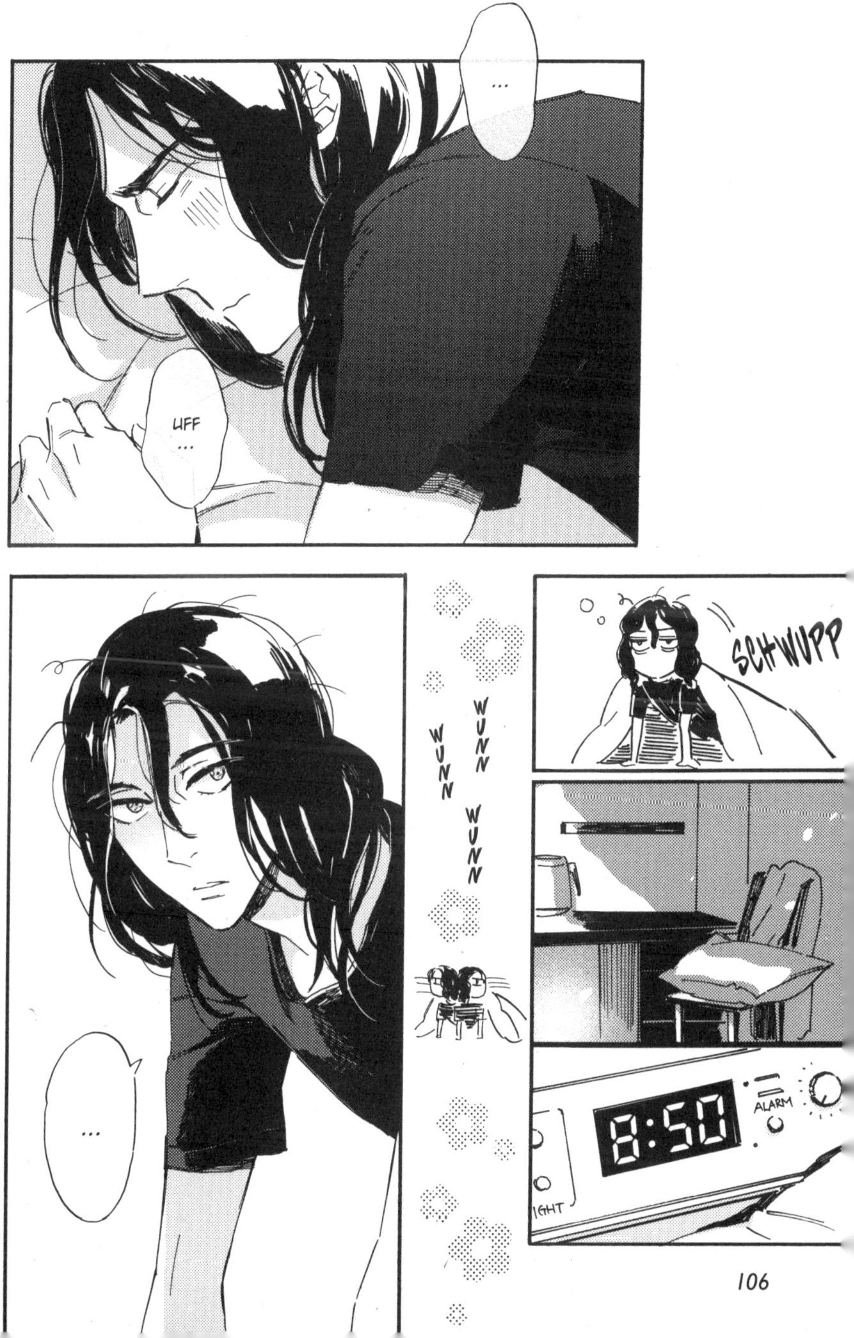
...
UFF ...
SCHWUPP
WUNN WUNN
WUNN
...
8:50
ALARM
IGHT

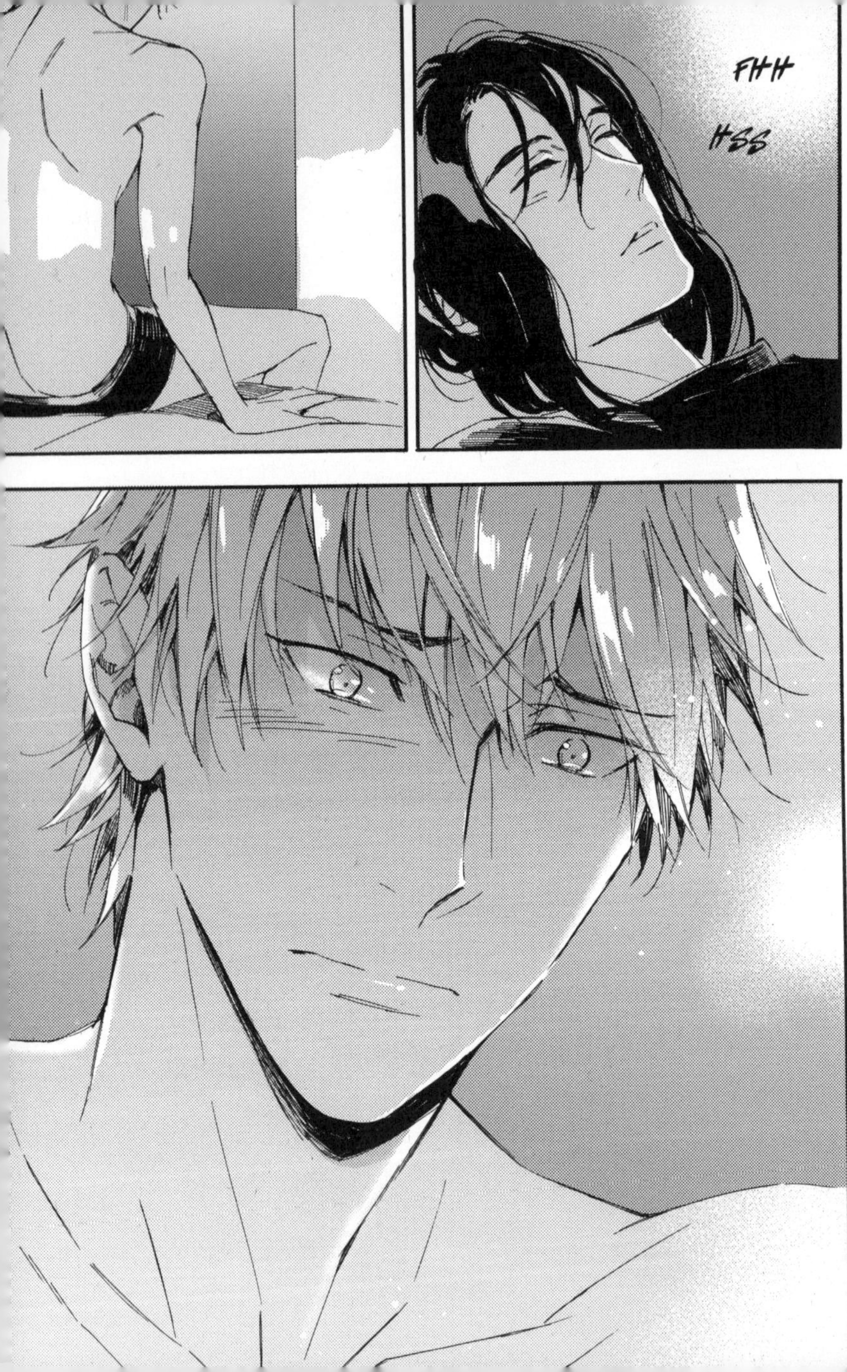
FHH
HSS

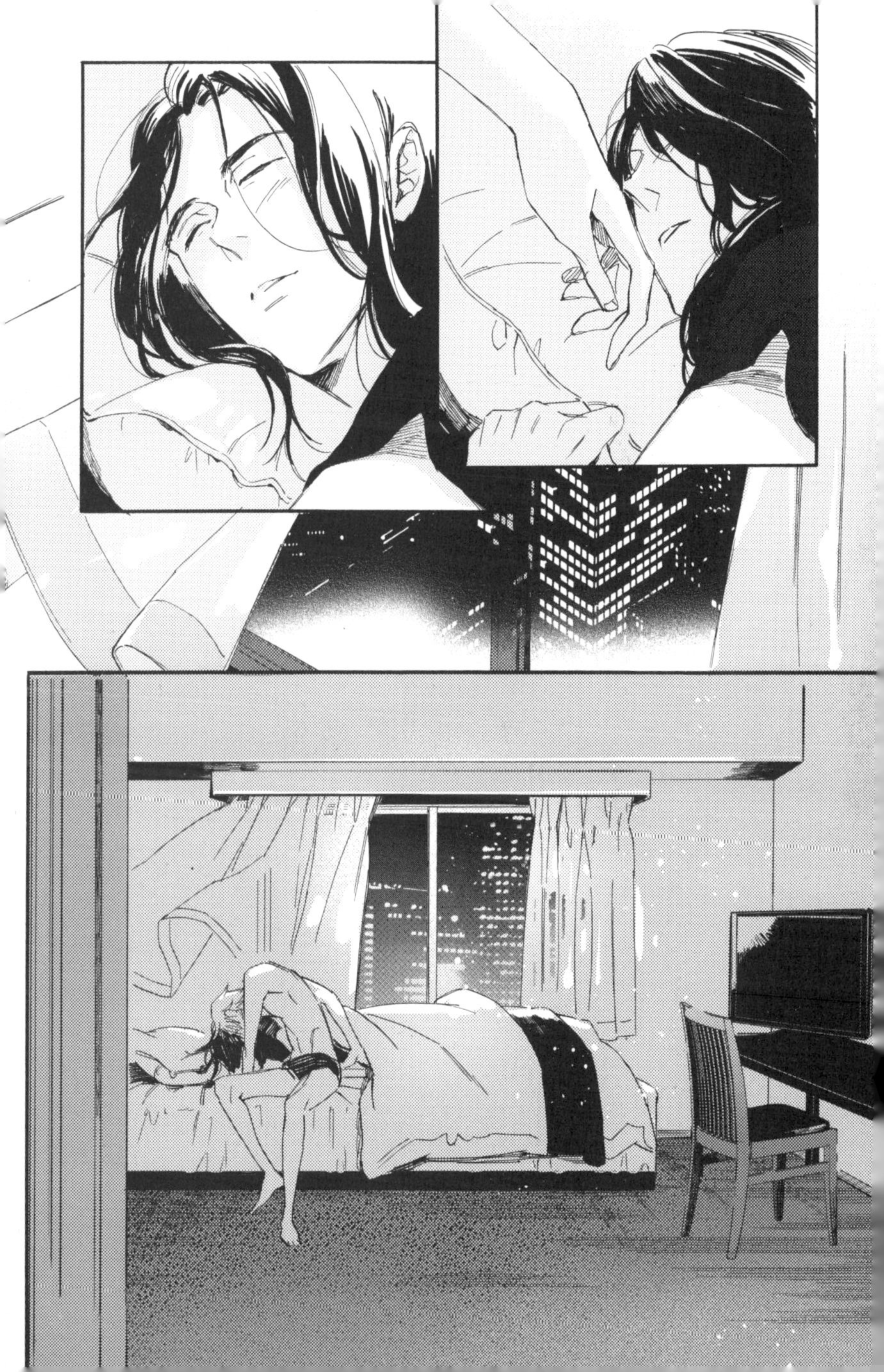

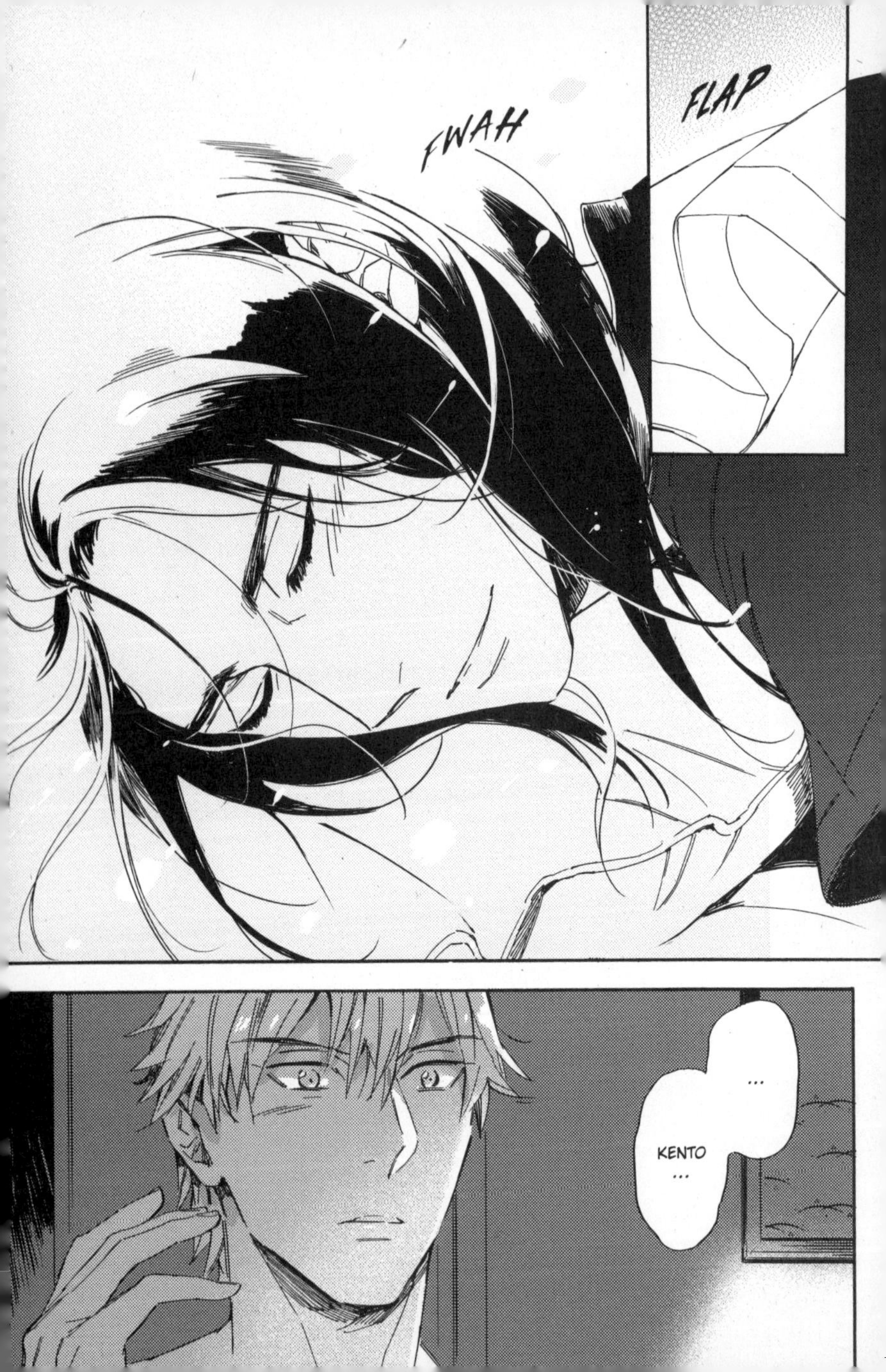
FLAP
FWAH
...
KENTO
...

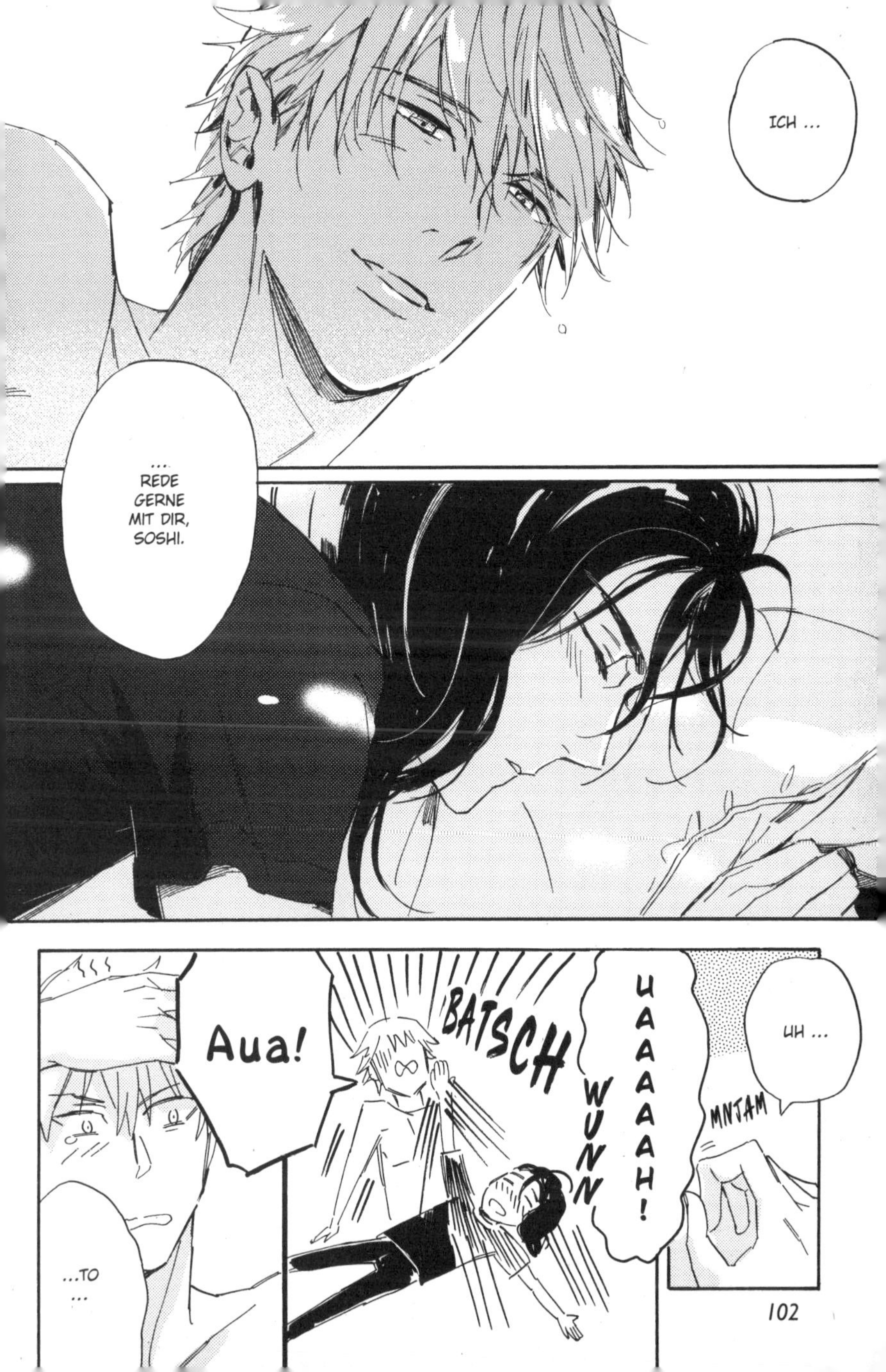

ICH …
… REDE GERNE MIT DIR, SOSHI.
UH …
MNJAM
UAAAAAAAH!
WUNN
BATSCH
Aua!
…TO …

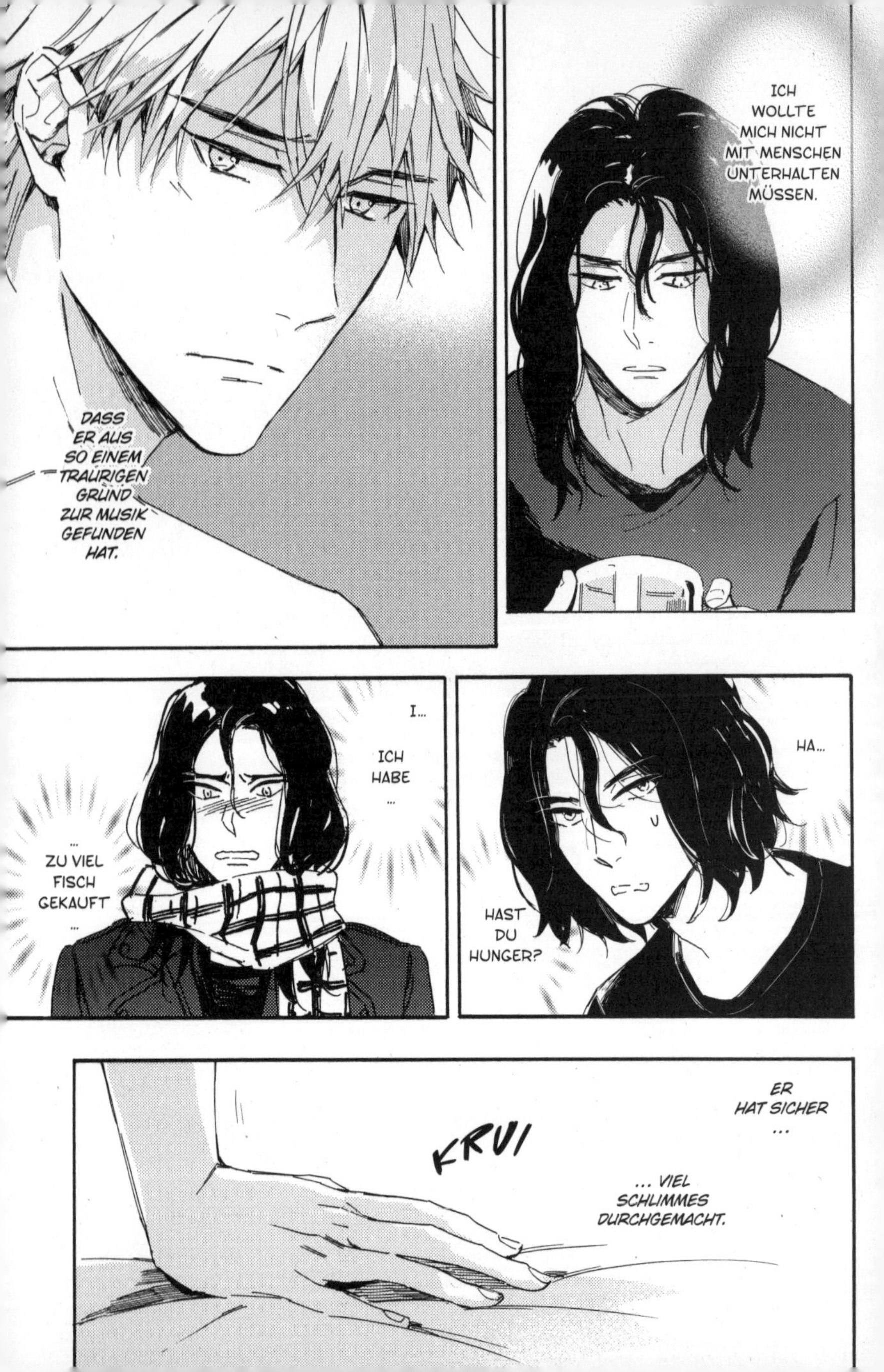
ICH WOLLTE MICH NICHT MIT MENSCHEN UNTERHALTEN MÜSSEN.
DASS ER AUS SO EINEM TRAURIGEN GRUND ZUR MUSIK GEFUNDEN HAT.
HA...
HAST DU HUNGER?
I...
ICH HABE ...
... ZU VIEL FISCH GEKAUFT ...
ER HAT SICHER ...
... VIEL SCHLIMMES DURCHGEMACHT.
KRUI

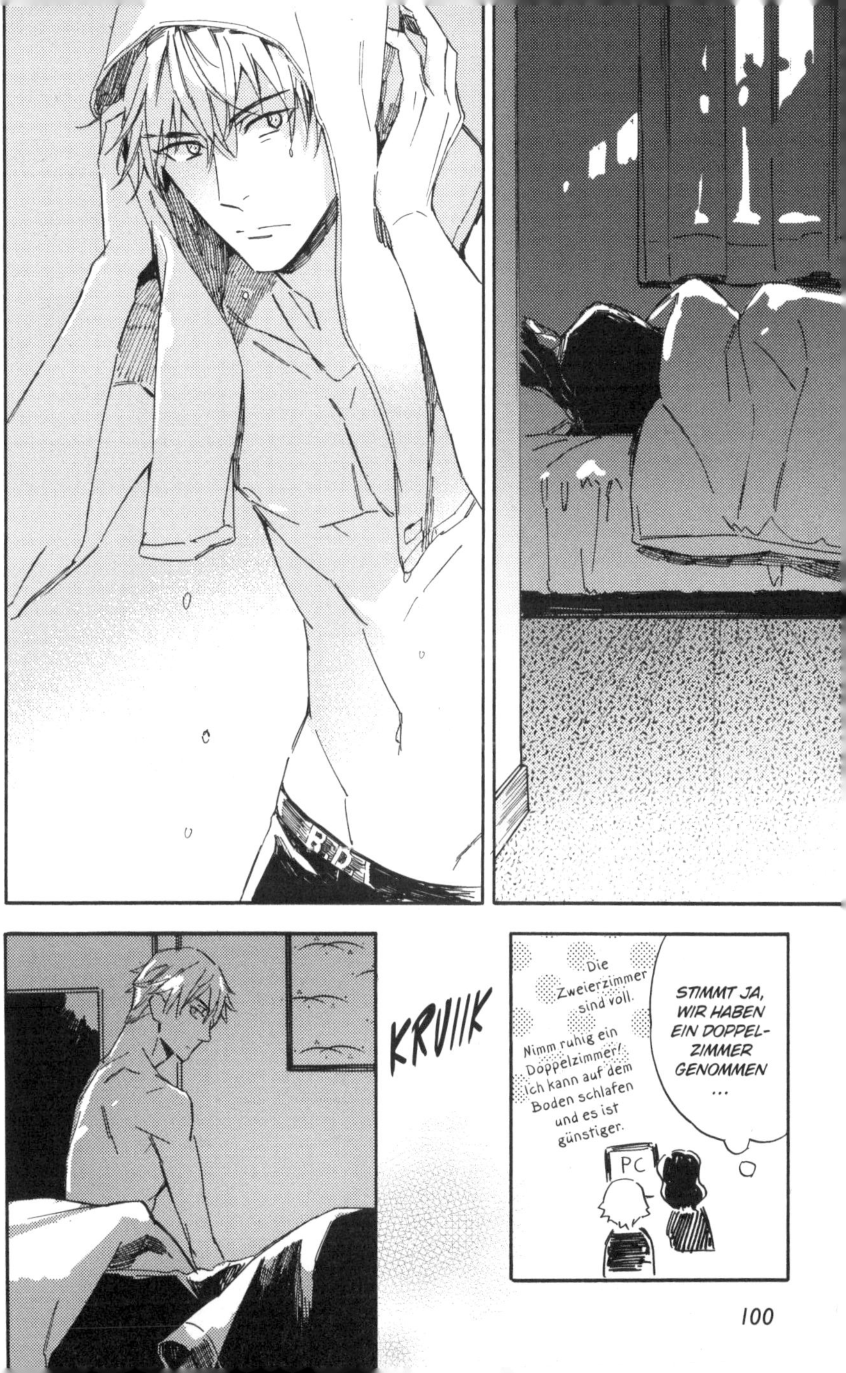
STIMMT JA, WIR HABEN EIN DOPPEL-ZIMMER GENOMMEN …
Die Zweierzimmer sind voll.
Nimm ruhig ein Doppelzimmer! Ich kann auf dem Boden schlafen und es ist günstiger.
PC
KRUIIK

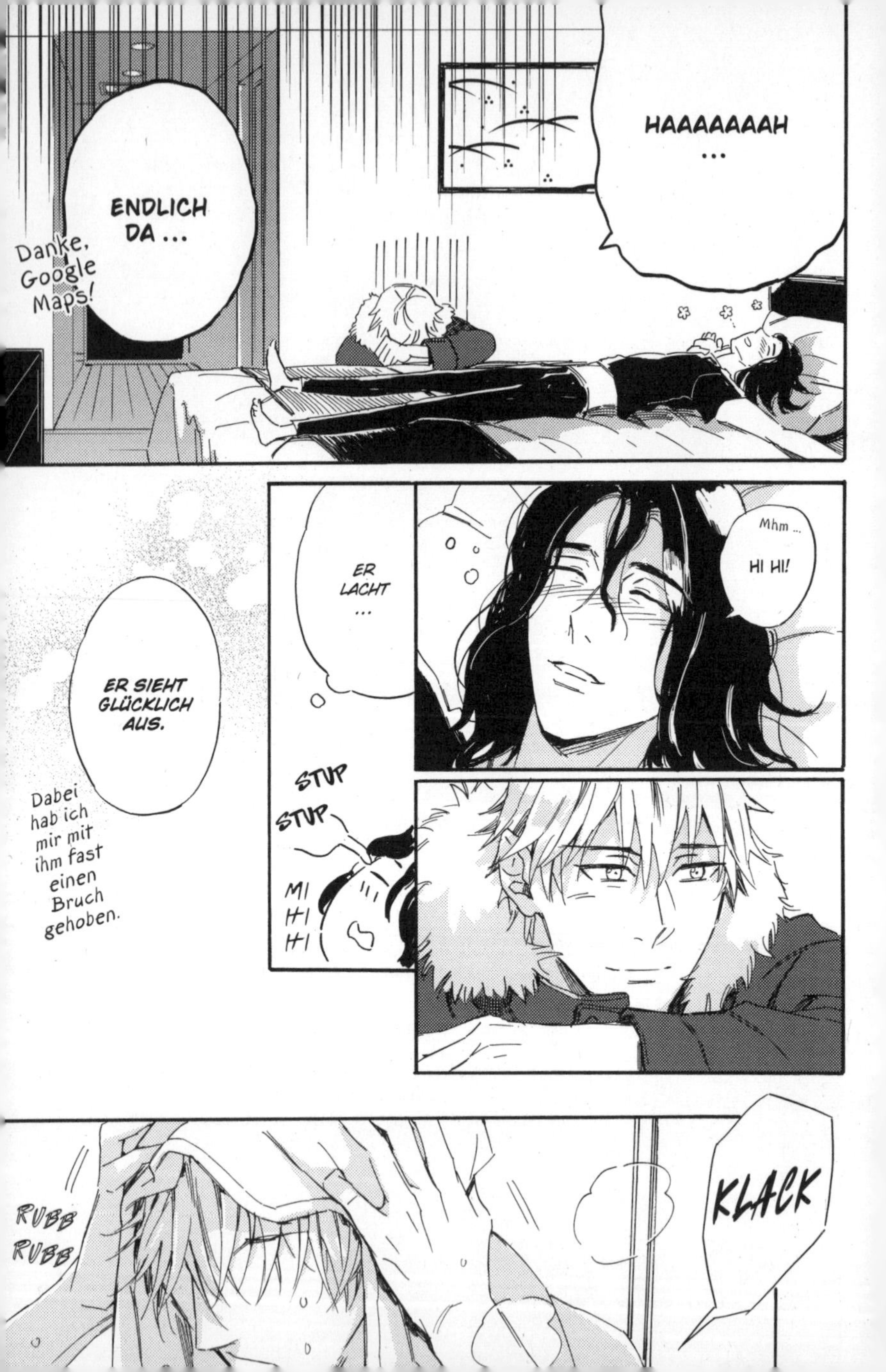
HAAAAAAAH …
ENDLICH DA …
Danke, Google Maps!
Mhm …
HI HI!
ER LACHT …
ER SIEHT GLÜCKLICH AUS.
Dabei hab ich mir mit ihm fast einen Bruch gehoben.
STUP
STUP
MI HI HI
KLACK
RUBB RUBB

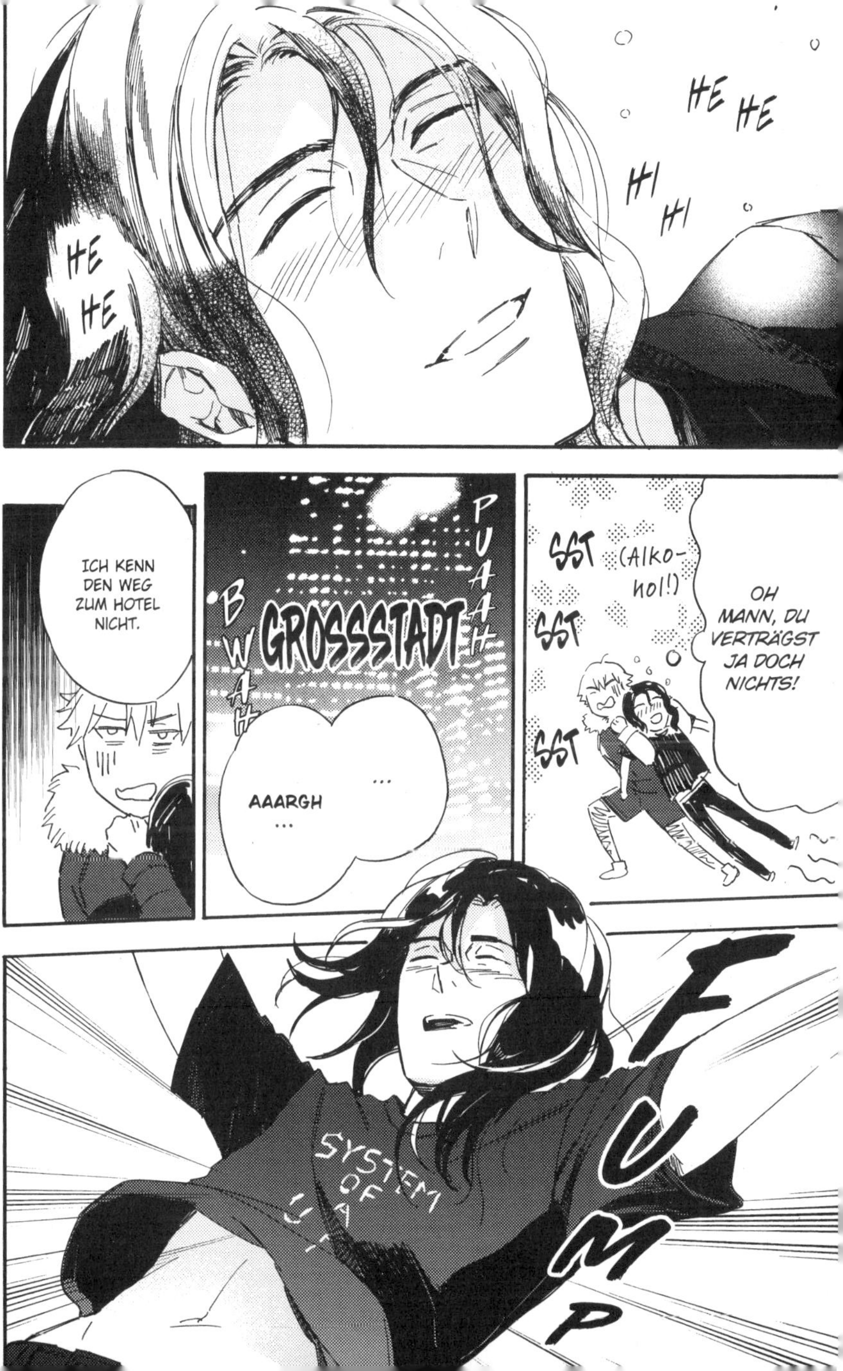
HE HE
HI HI
HE HE
OH MANN, DU VERTRÄGST JA DOCH NICHTS!
(ALKO-HOL!)
SST SST SST
PUAAAH
BWAAH
GROSSSTADT
... AAARGH ...
ICH KENN DEN WEG ZUM HOTEL NICHT.
SYSTEM OF A
FUMP

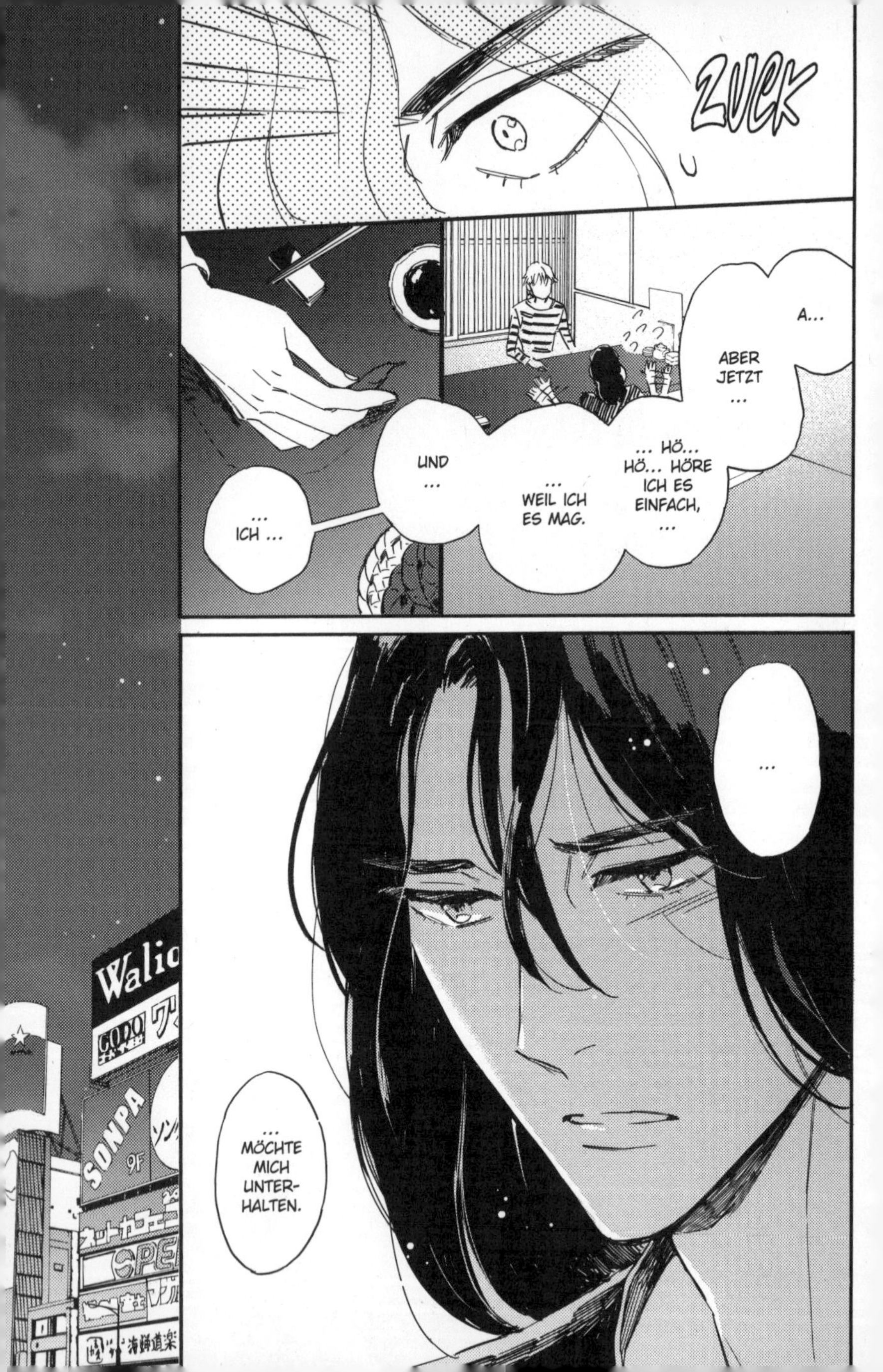
ZUCK
A…
ABER JETZT …
… HÖ… HÖ… HÖRE ICH ES EINFACH, …
… WEIL ICH ES MAG.
UND …
… ICH …
…
… MÖCHTE MICH UNTER-HALTEN.
Walio
SONPA
9F
海鮮道楽

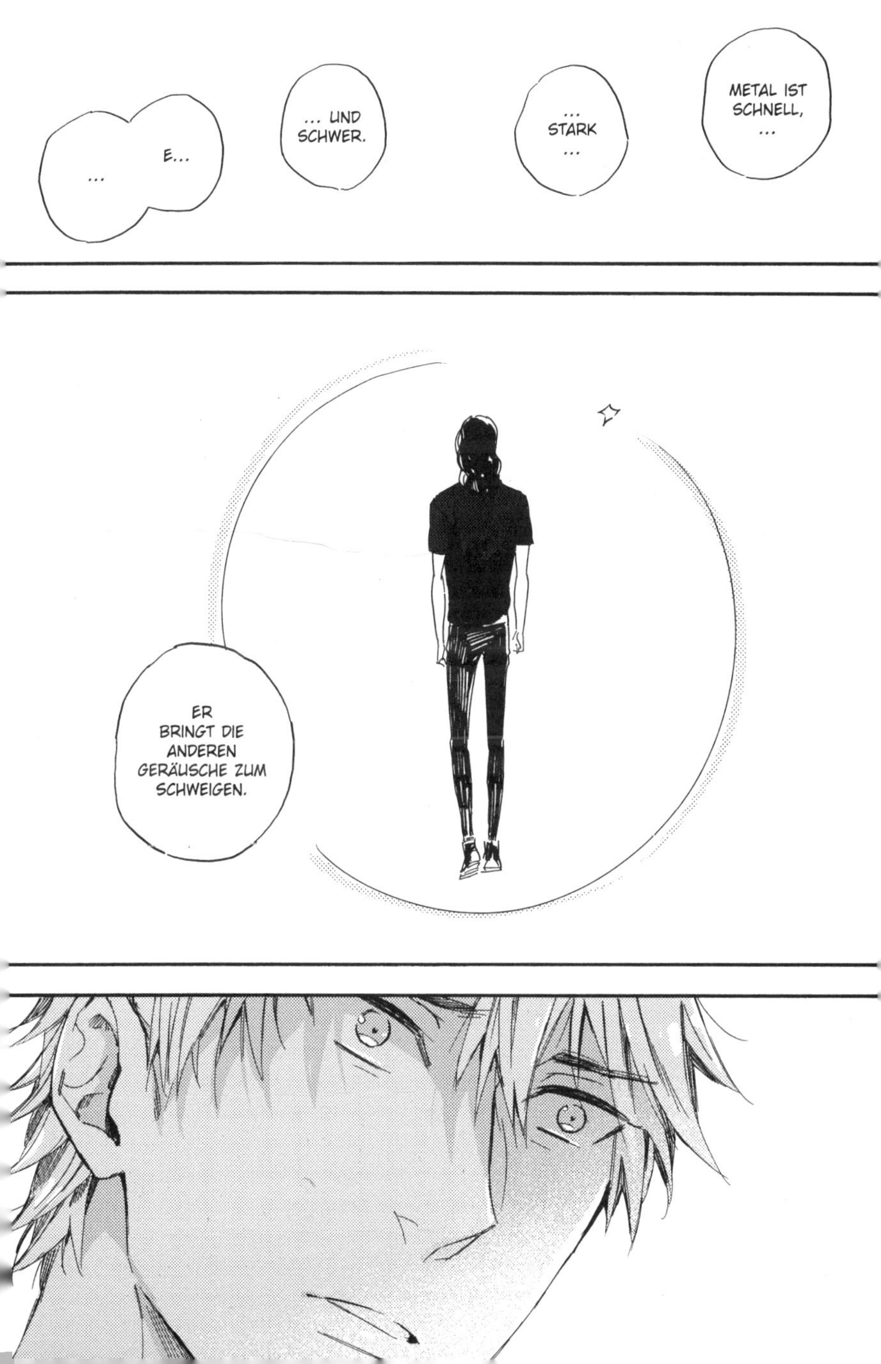
METAL IST SCHNELL, ...
... STARK ...
... UND SCHWER.
E... ...
ER BRINGT DIE ANDEREN GERÄUSCHE ZUM SCHWEIGEN.

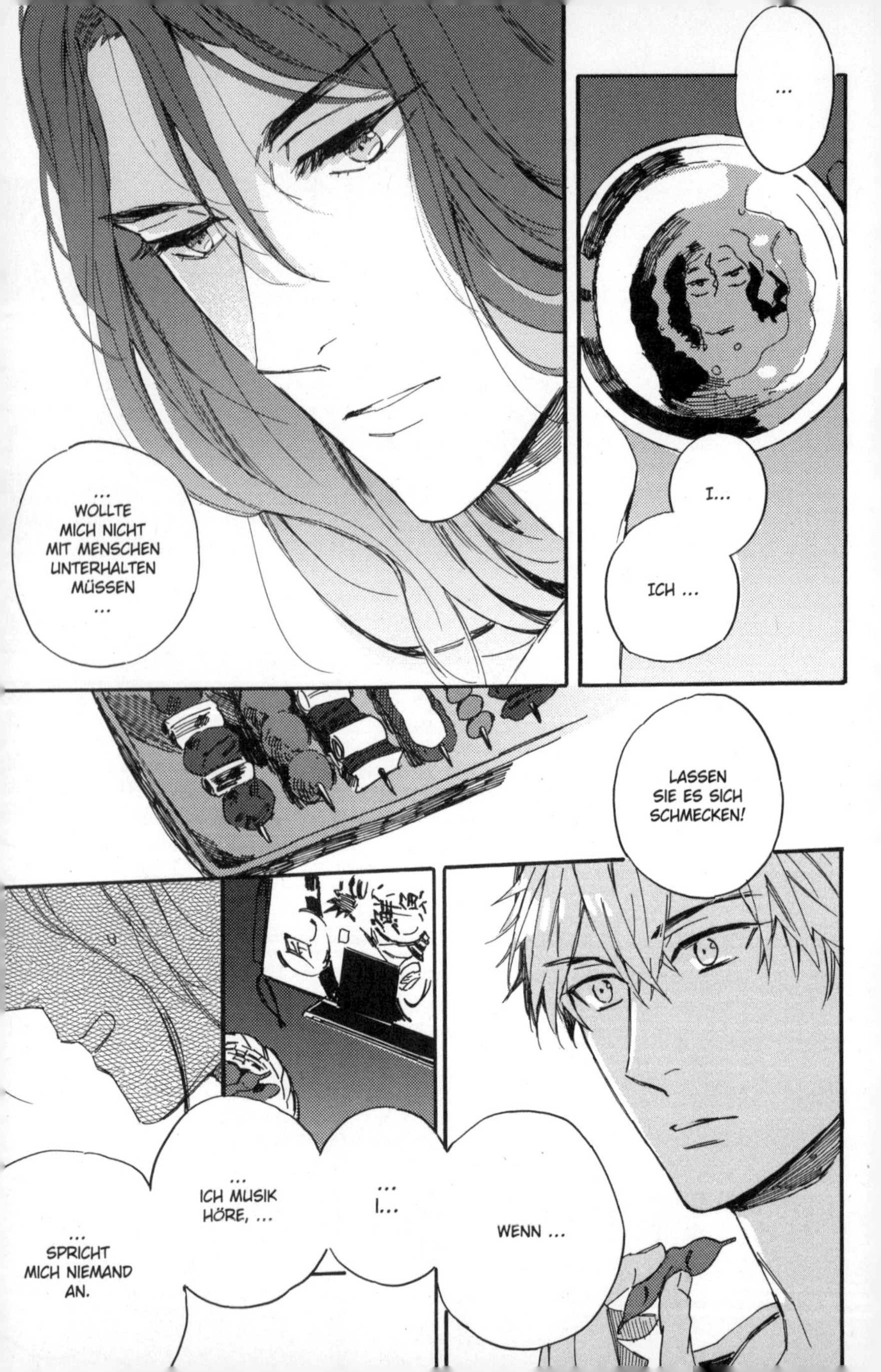
...
I...
ICH ...
... WOLLTE MICH NICHT MIT MENSCHEN UNTERHALTEN MÜSSEN ...
LASSEN SIE ES SICH SCHMECKEN!
WENN ...
... I...
... ICH MUSIK HÖRE, ...
... SPRICHT MICH NIEMAND AN.

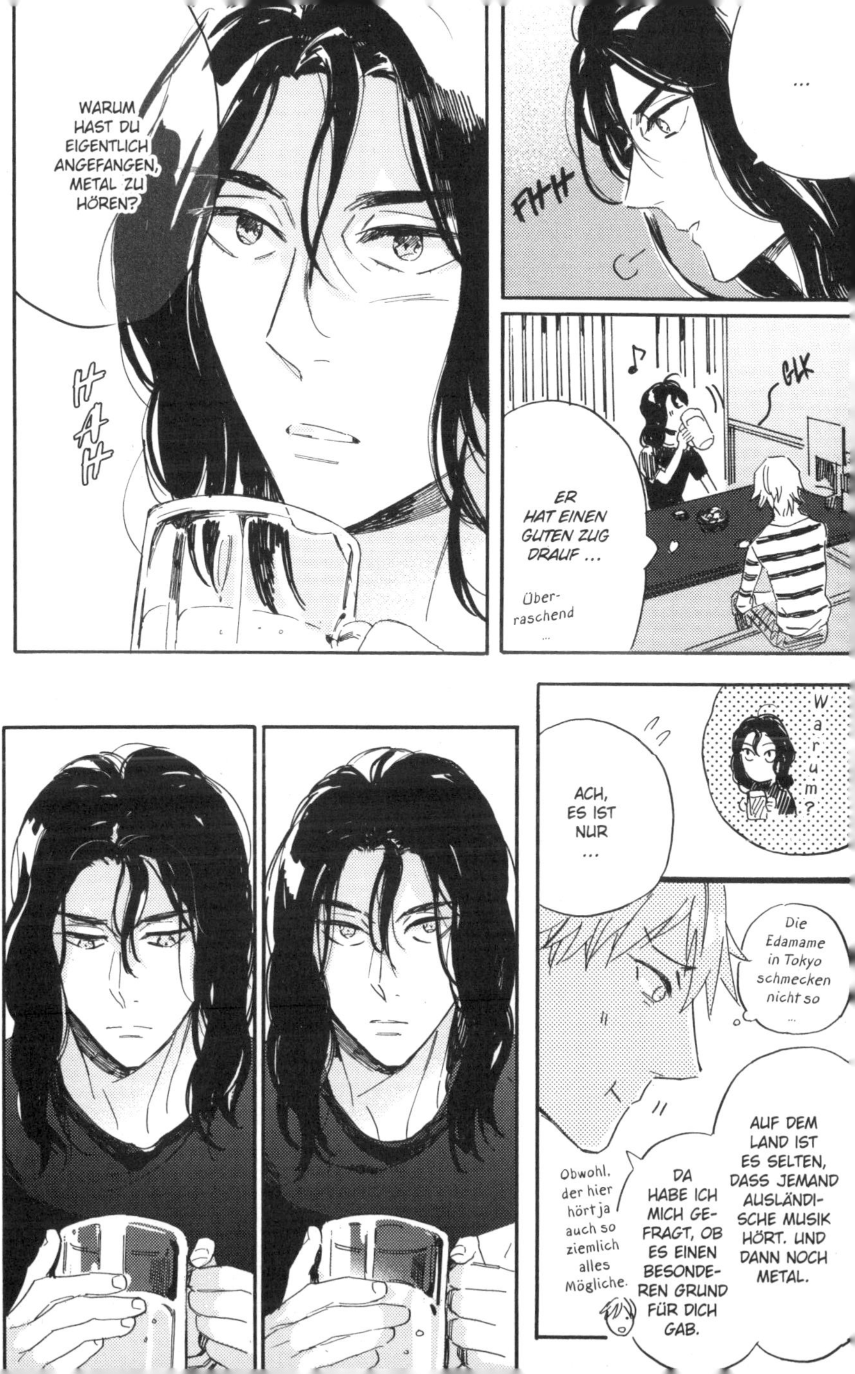

...
FHH
WARUM HAST DU EIGENTLICH ANGEFANGEN, METAL ZU HÖREN?
HAH
GLK
ER HAT EINEN GUTEN ZUG DRAUF ...
Über-raschend ...
Warum?
ACH, ES IST NUR ...
Die Edamame in Tokyo schmecken nicht so ...
AUF DEM LAND IST ES SELTEN, DASS JEMAND AUSLÄNDI-SCHE MUSIK HÖRT. UND DANN NOCH METAL.
DA HABE ICH MICH GE-FRAGT, OB ES EINEN BESONDE-REN GRUND FÜR DICH GAB.
Obwohl, der hier hört ja auch so ziemlich alles Mögliche.

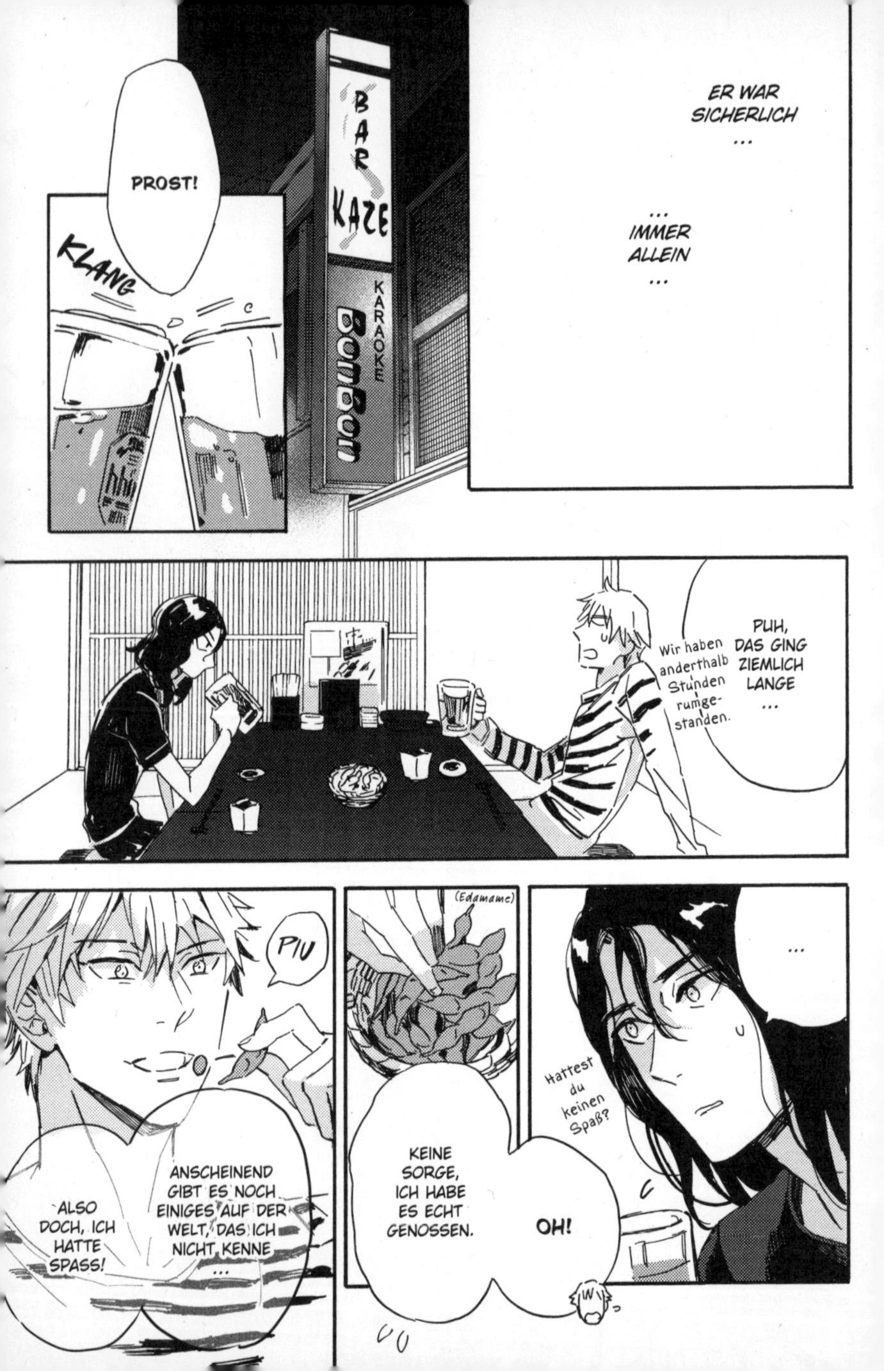
ER WAR SICHERLICH …
… IMMER ALLEIN …
BAR KAZE
KARAOKE
BonBon
PROST!
KLANG
PUH, DAS GING ZIEMLICH LANGE …
Wir haben anderthalb Stunden rumgestanden.
…
Hattest du keinen Spaß?
(Edamame)
OH!
KEINE SORGE, ICH HABE ES ECHT GENOSSEN.
PIU
ANSCHEINEND GIBT ES NOCH EINIGES AUF DER WELT, DAS ICH NICHT KENNE …
ALSO DOCH, ICH HATTE SPASS!

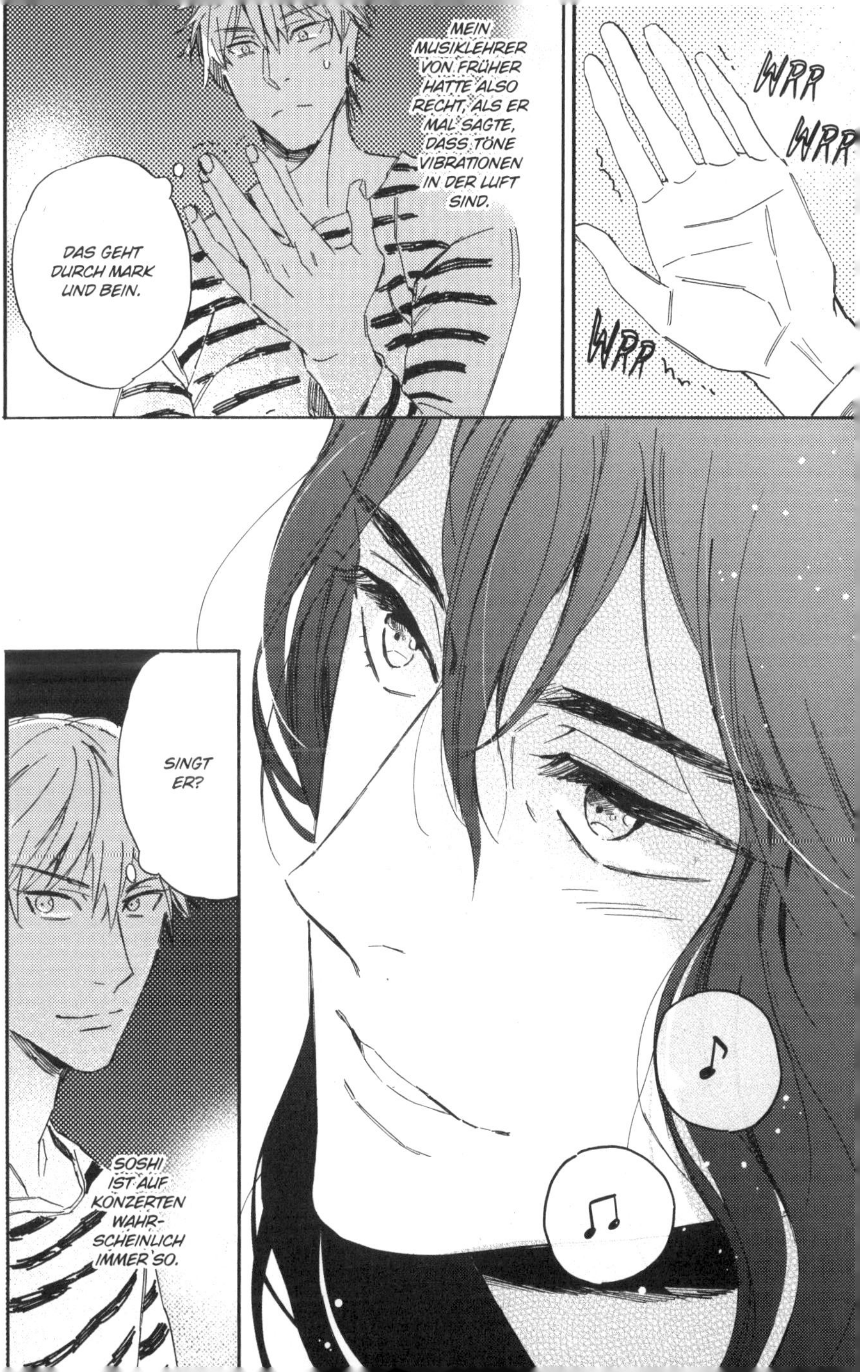
WRR
WRR
WRR
MEIN MUSIKLEHRER VON FRÜHER HATTE ALSO RECHT, ALS ER MAL SAGTE, DASS TÖNE VIBRATIONEN IN DER LUFT SIND.
DAS GEHT DURCH MARK UND BEIN.
SINGT ER?
SOSHI IST AUF KONZERTEN WAHR-SCHEINLICH IMMER SO.

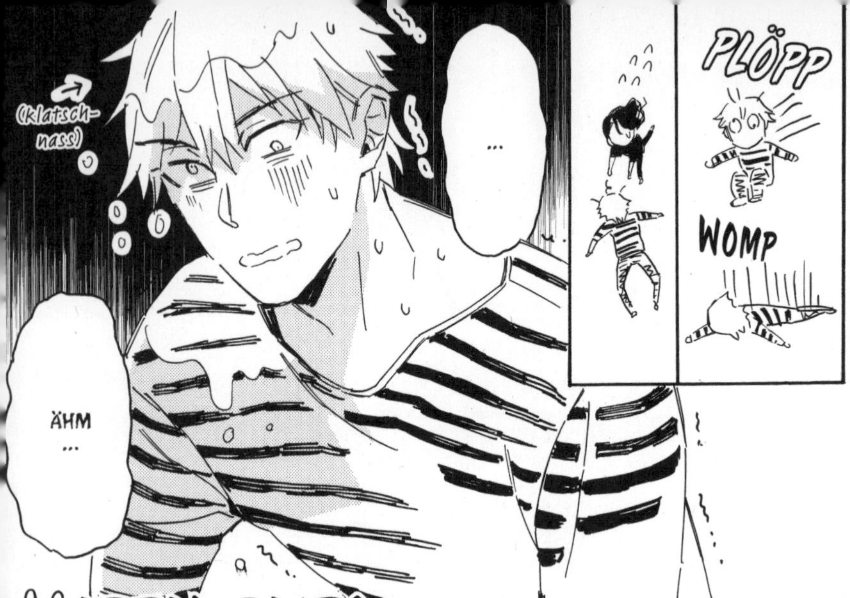

METAL-FACTS

Bei Metal-Konzerten kommt es oft zu sogenannten „Circle Pits“, bei denen man im Kreis rennt und zusammen „mosht“, sich anrempelt. Wenn man aus Versehen hineingerät, kann das richtig gefährlich werden (oder sogar tödlich). Eher schwache Personen sollten vom Rand aus zusehen!

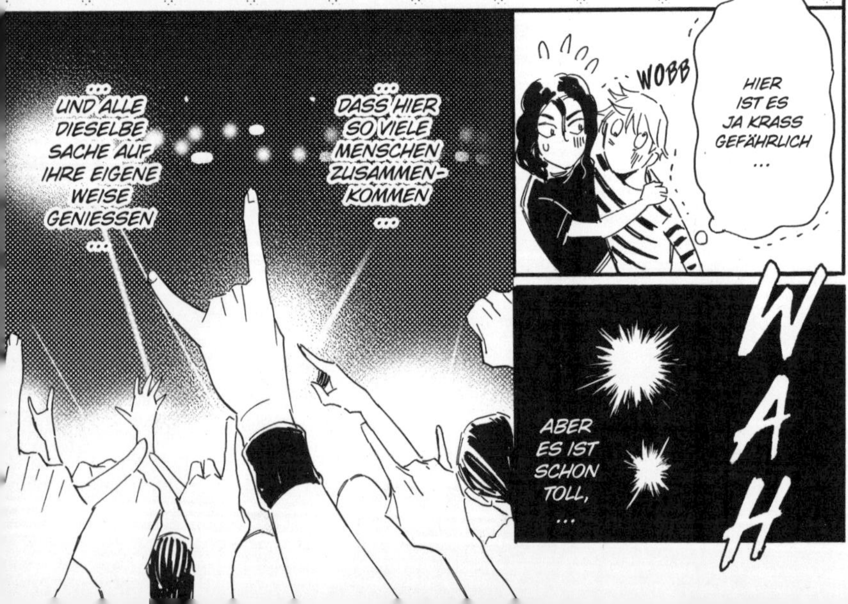

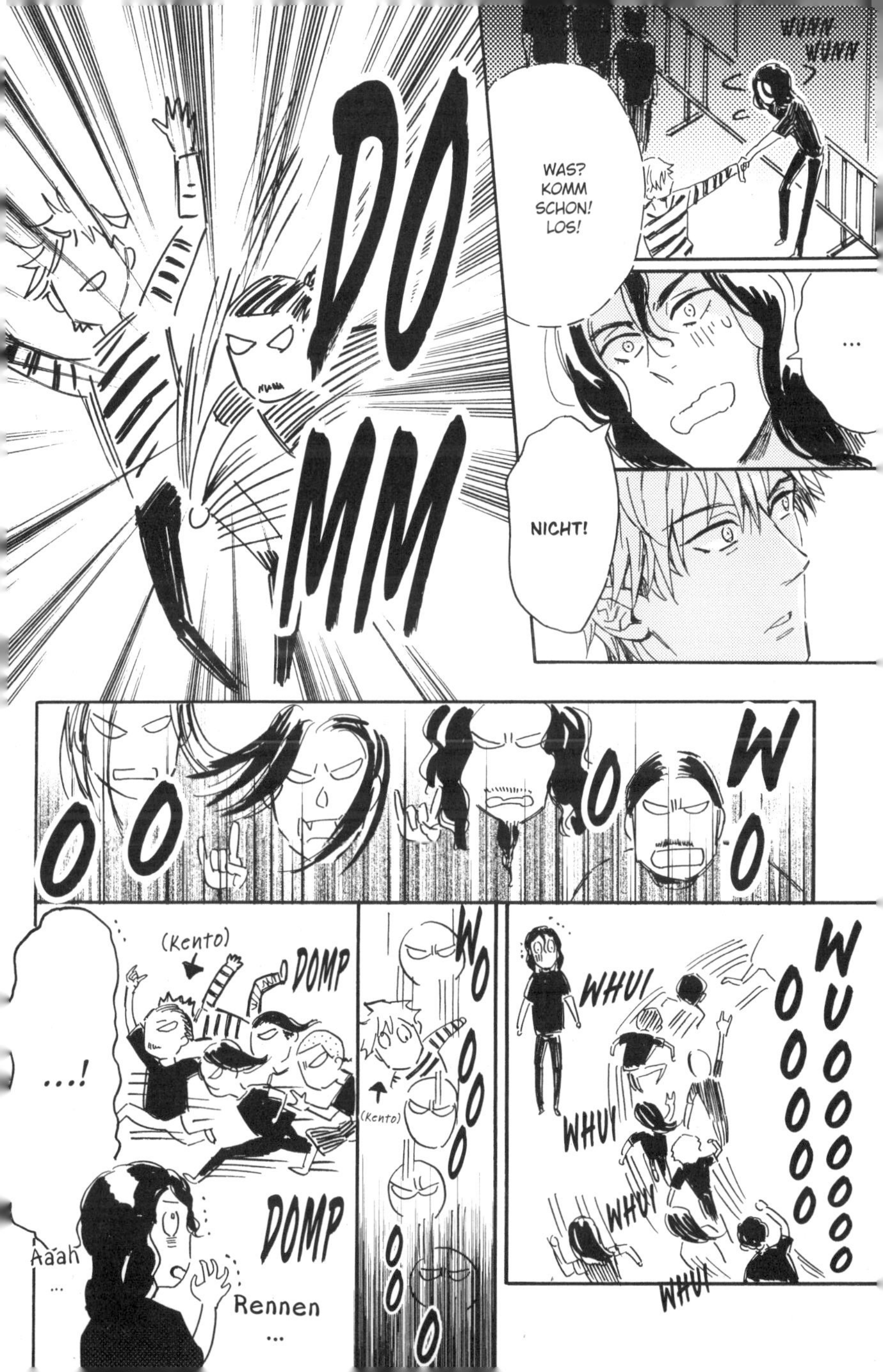
WUNN
WUNN
WAS? KOMM SCHON! LOS!
...
NICHT!
DOMM
WOOOOOO
WUOOOOOOOOO
WOOOOOOO
WHUI
WHUI
WHUI
WHUI
WOOOOOO
(Kento)
DOMP
(Kento)
...!
DOMP
Aaah ...
Rennen ...

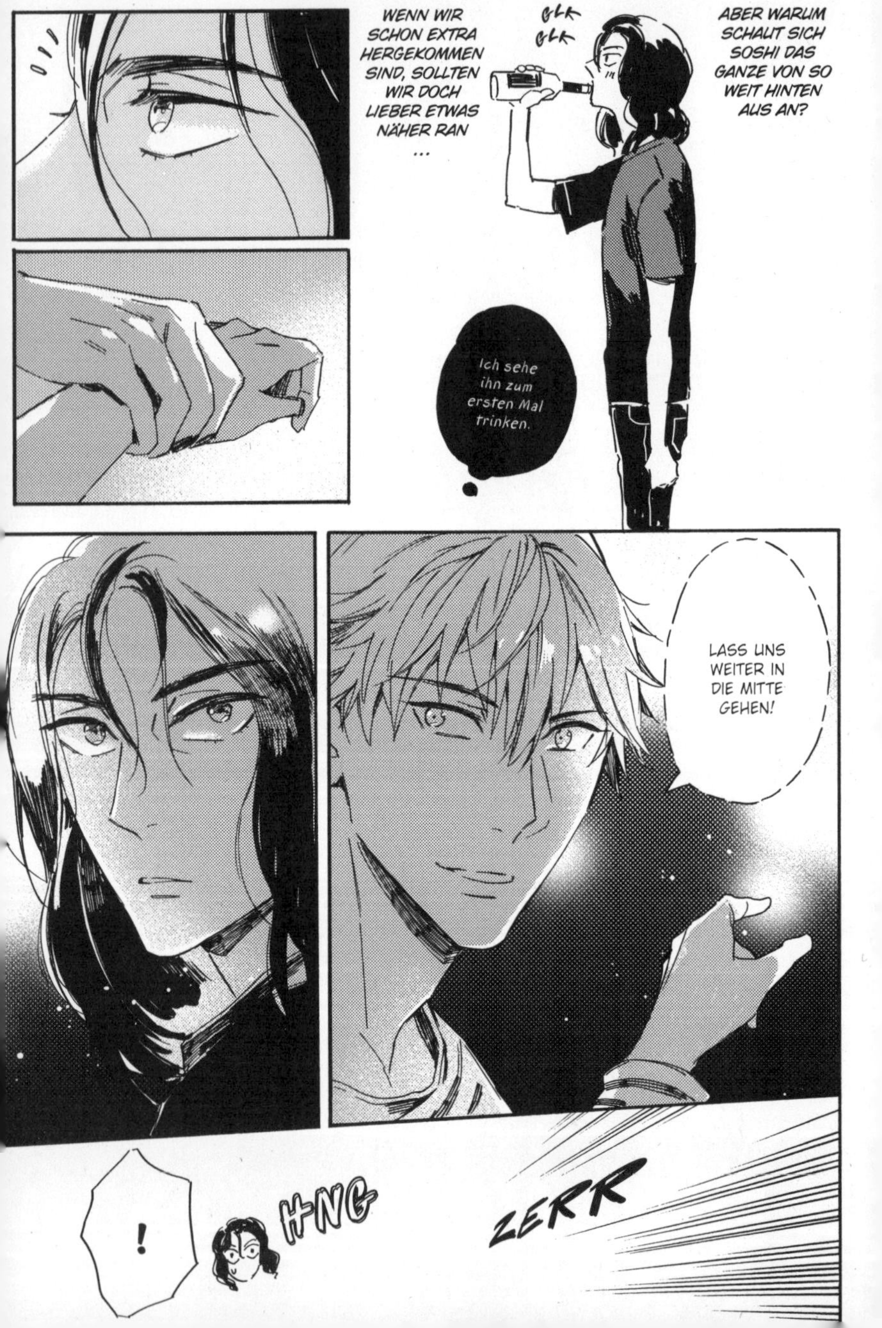
ABER WARUM SCHAUT SICH SOSHI DAS GANZE VON SO WEIT HINTEN AUS AN?
GLK GLK
WENN WIR SCHON EXTRA HERGEKOMMEN SIND, SOLLTEN WIR DOCH LIEBER ETWAS NÄHER RAN …
Ich sehe ihn zum ersten Mal trinken.
LASS UNS WEITER IN DIE MITTE GEHEN!
ZERR
HNG
!

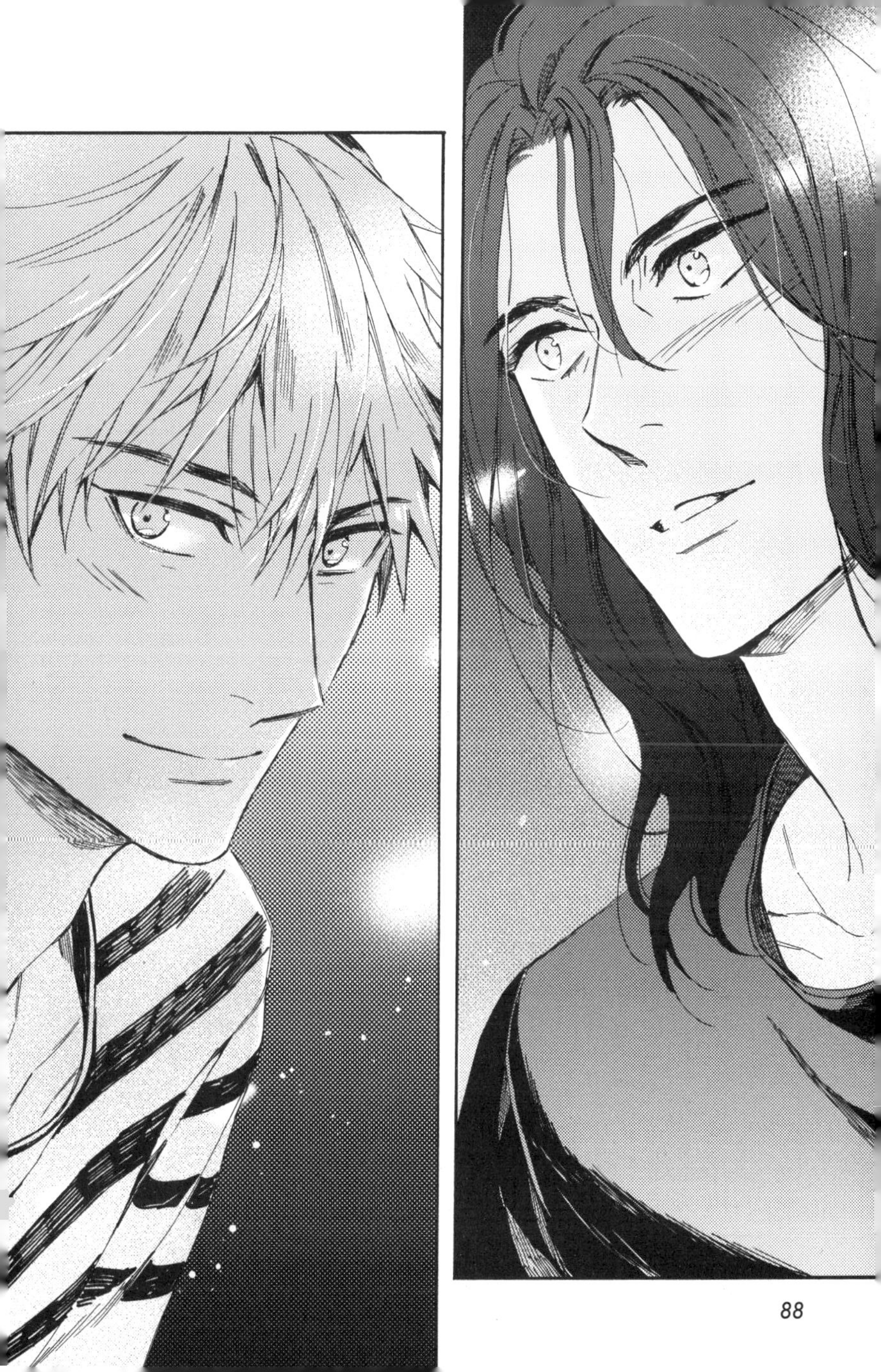

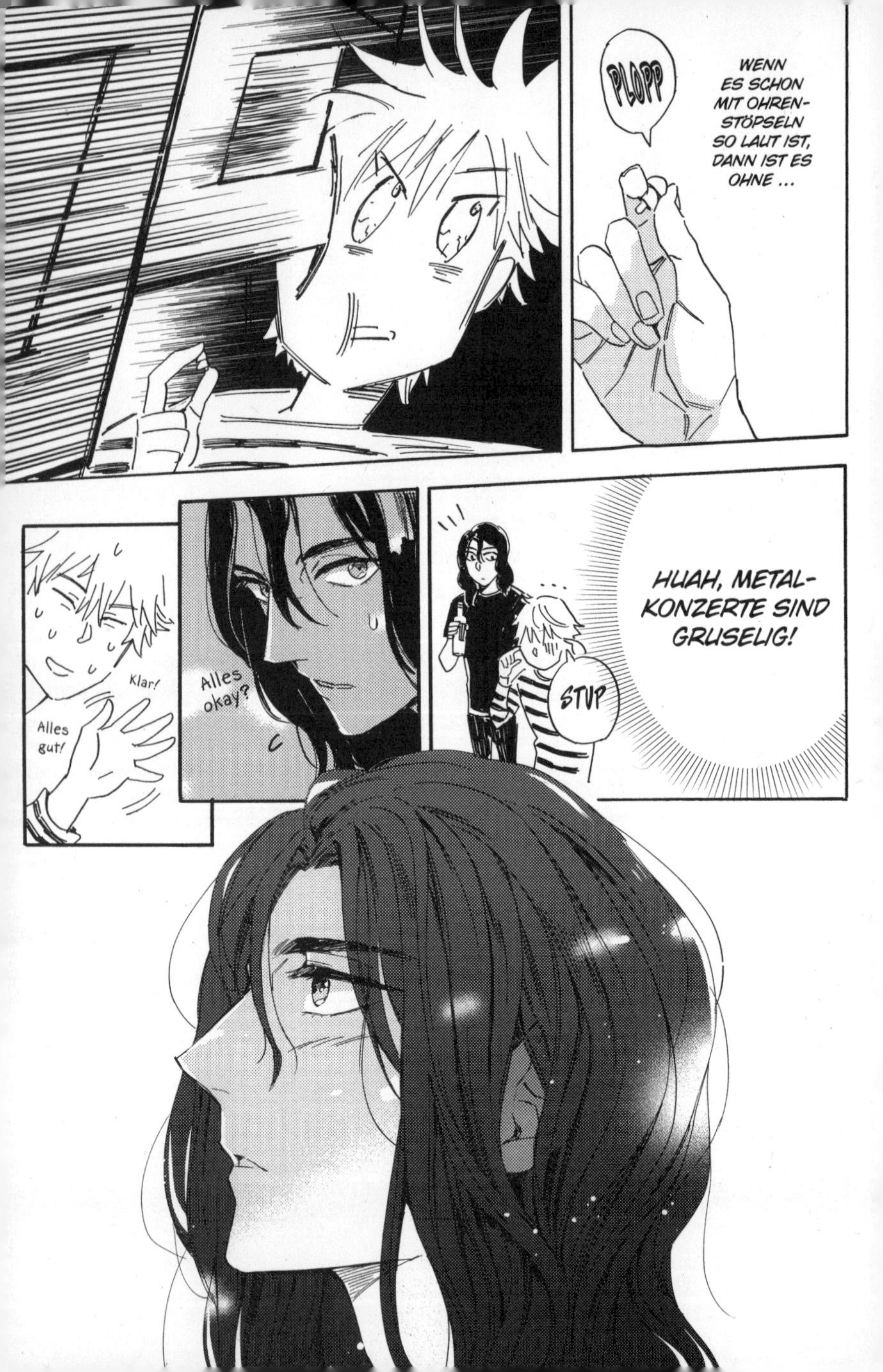
PLOPP
WENN ES SCHON MIT OHREN-STÖPSELN SO LAUT IST, DANN IST ES OHNE …
HUAH, METAL-KONZERTE SIND GRUSELIG!
STUP
Alles okay?
Klar!
Alles gut!

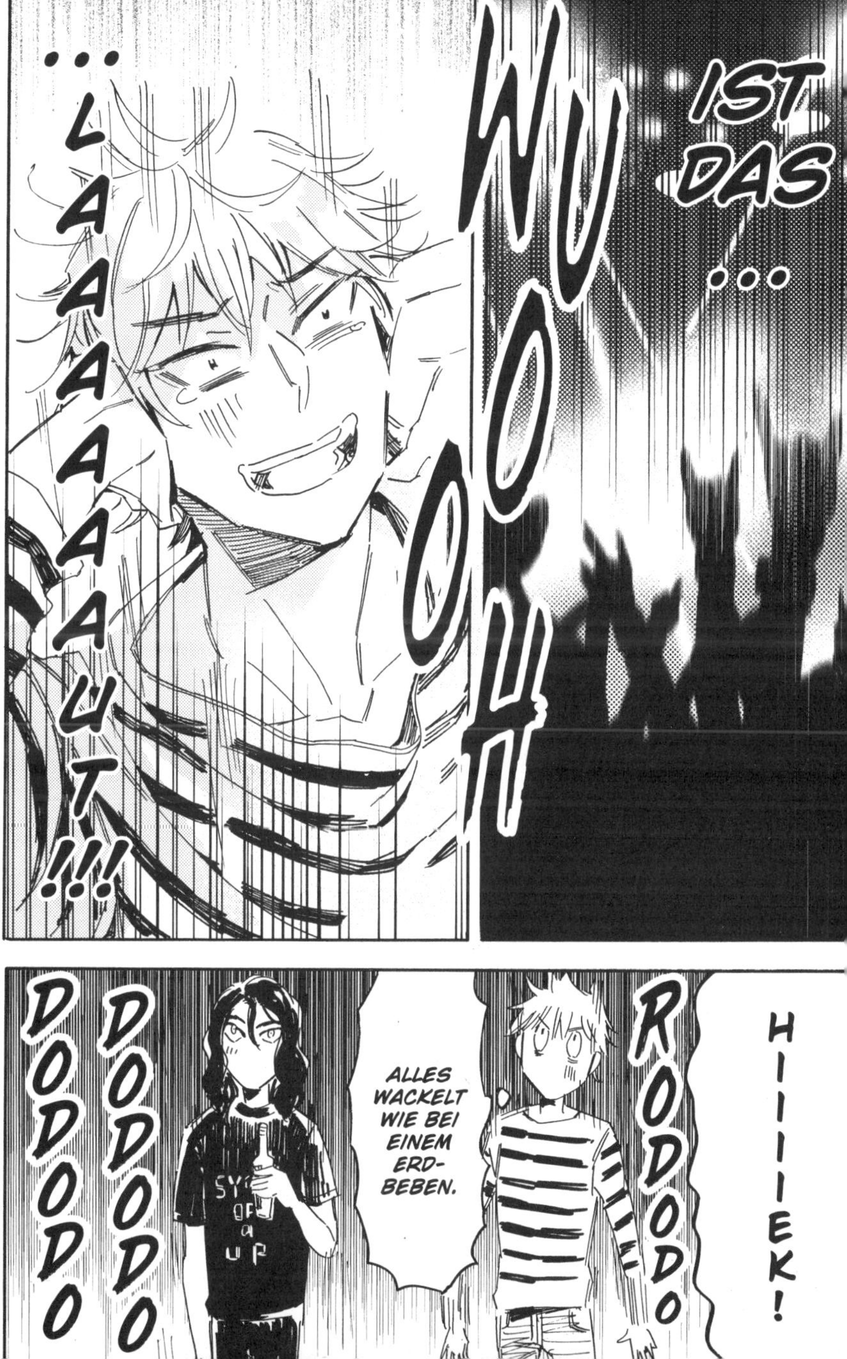

IST DAS ...
WUOOHH
...LAAAAAAUT!!!
HIIIIEK!
RODODODO
ALLES WACKELT WIE BEI EINEM ERD-BEBEN.
DODODODO
DODODODO

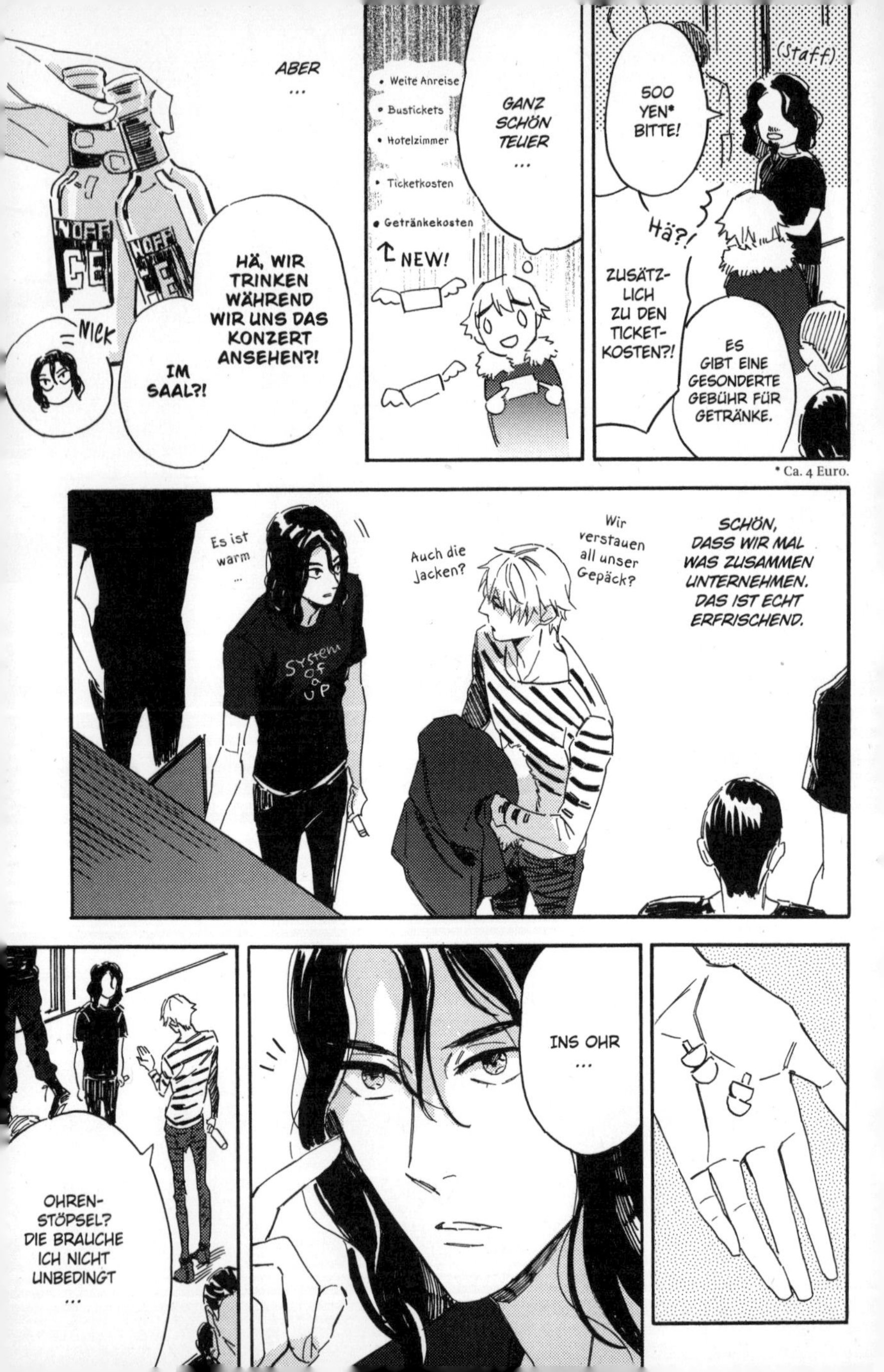
(Staff)
500 YEN* BITTE!
Hä?!
ZUSÄTZLICH ZU DEN TICKETKOSTEN?!
ES GIBT EINE GESONDERTE GEBÜHR FÜR GETRÄNKE.
GANZ SCHÖN TEUER …
• Weite Anreise
• Bustickets
• Hotelzimmer
• Ticketkosten
• Getränkekosten
↑ NEW!
ABER …
HÄ, WIR TRINKEN WÄHREND WIR UNS DAS KONZERT ANSEHEN?!
IM SAAL?!
NICK
SCHÖN, DASS WIR MAL WAS ZUSAMMEN UNTERNEHMEN. DAS IST ECHT ERFRISCHEND.
Wir verstauen all unser Gepäck?
Auch die Jacken?
Es ist warm …
System of a UP
INS OHR …
OHREN-STÖPSEL? DIE BRAUCHE ICH NICHT UNBEDINGT …

* Ca. 4 Euro.

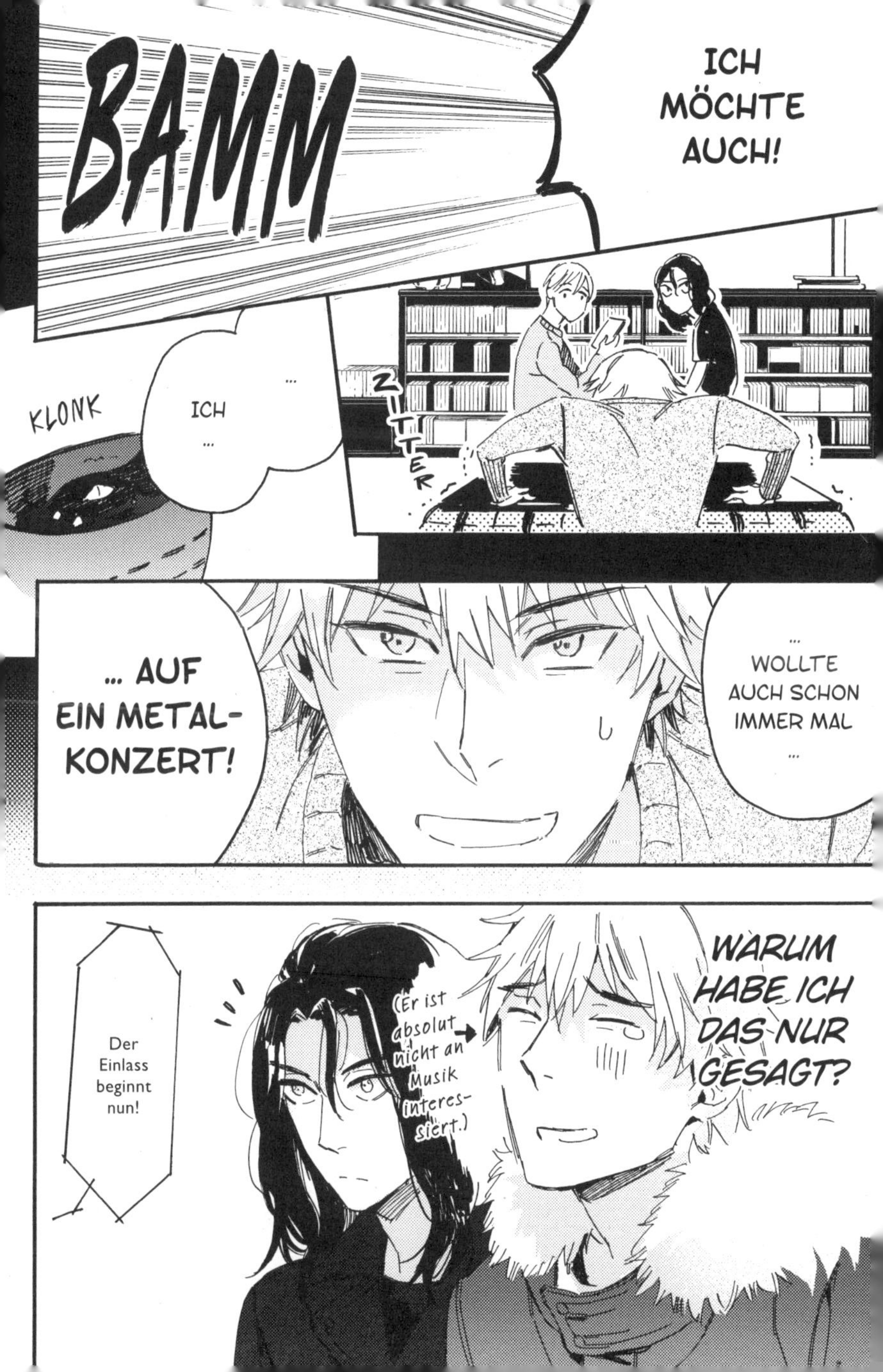
ICH MÖCHTE AUCH!
BAMM
ZITTER
... ICH ...
KLONK
... WOLLTE AUCH SCHON IMMER MAL ...
... AUF EIN METAL-KONZERT!
WARUM HABE ICH DAS NUR GESAGT?
(Er ist absolut nicht an Musik interessiert.)
Der Einlass beginnt nun!

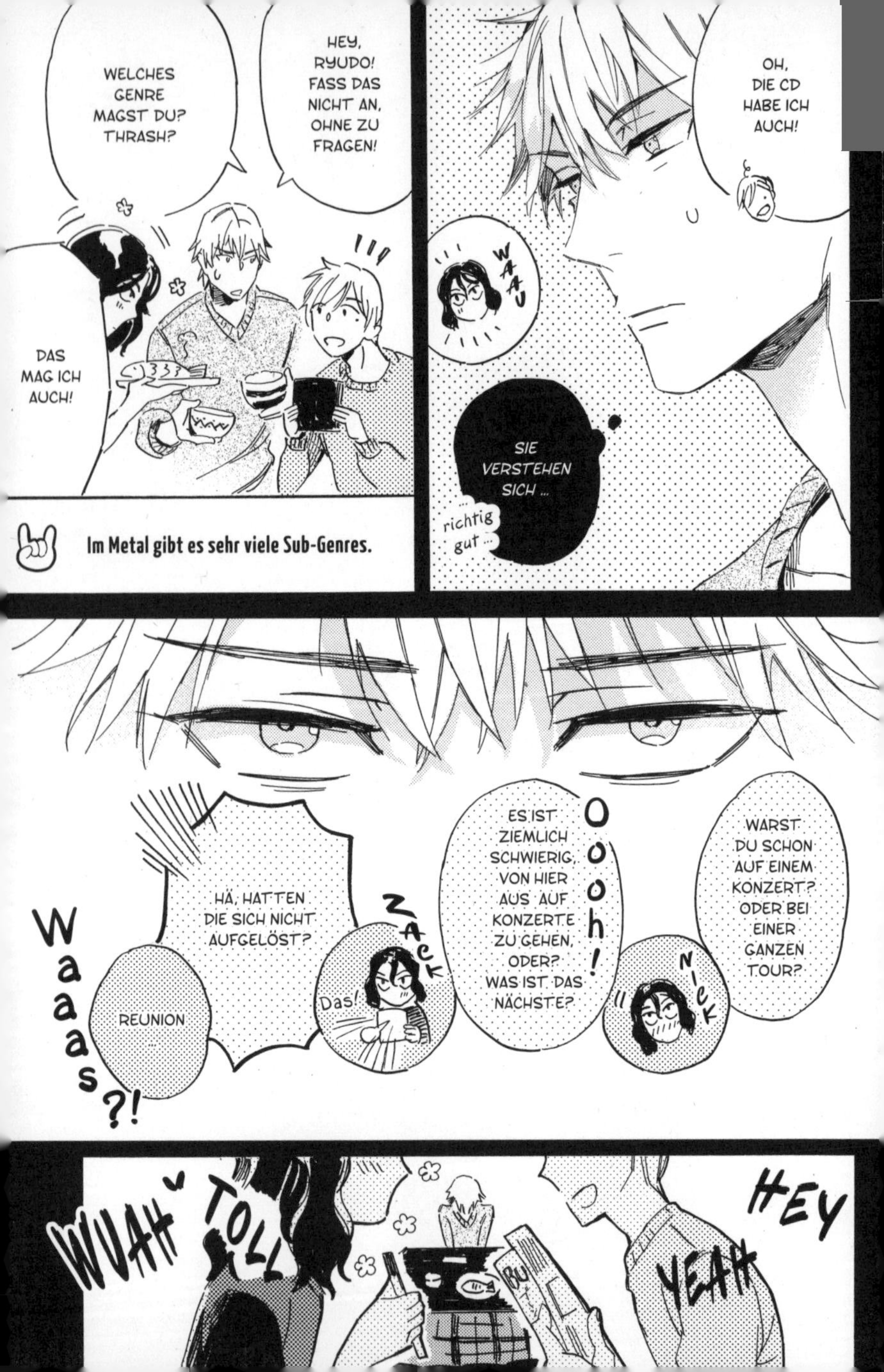

OH, DIE CD HABE ICH AUCH!
WAAU
SIE VERSTEHEN SICH ...
... richtig gut ...
HEY, RYUDO! FASS DAS NICHT AN, OHNE ZU FRAGEN!
WELCHES GENRE MAGST DU? THRASH?
DAS MAG ICH AUCH!
Im Metal gibt es sehr viele Sub-Genres.
WARST DU SCHON AUF EINEM KONZERT? ODER BEI EINER GANZEN TOUR?
NICK
Oooh!
ES IST ZIEMLICH SCHWIERIG, VON HIER AUS AUF KONZERTE ZU GEHEN, ODER? WAS IST DAS NÄCHSTE?
ZACK
Das!
HÄ, HATTEN DIE SICH NICHT AUFGELÖST?
REUNION
Waaas?!
HEY
YEAH
TOLL
WUAH

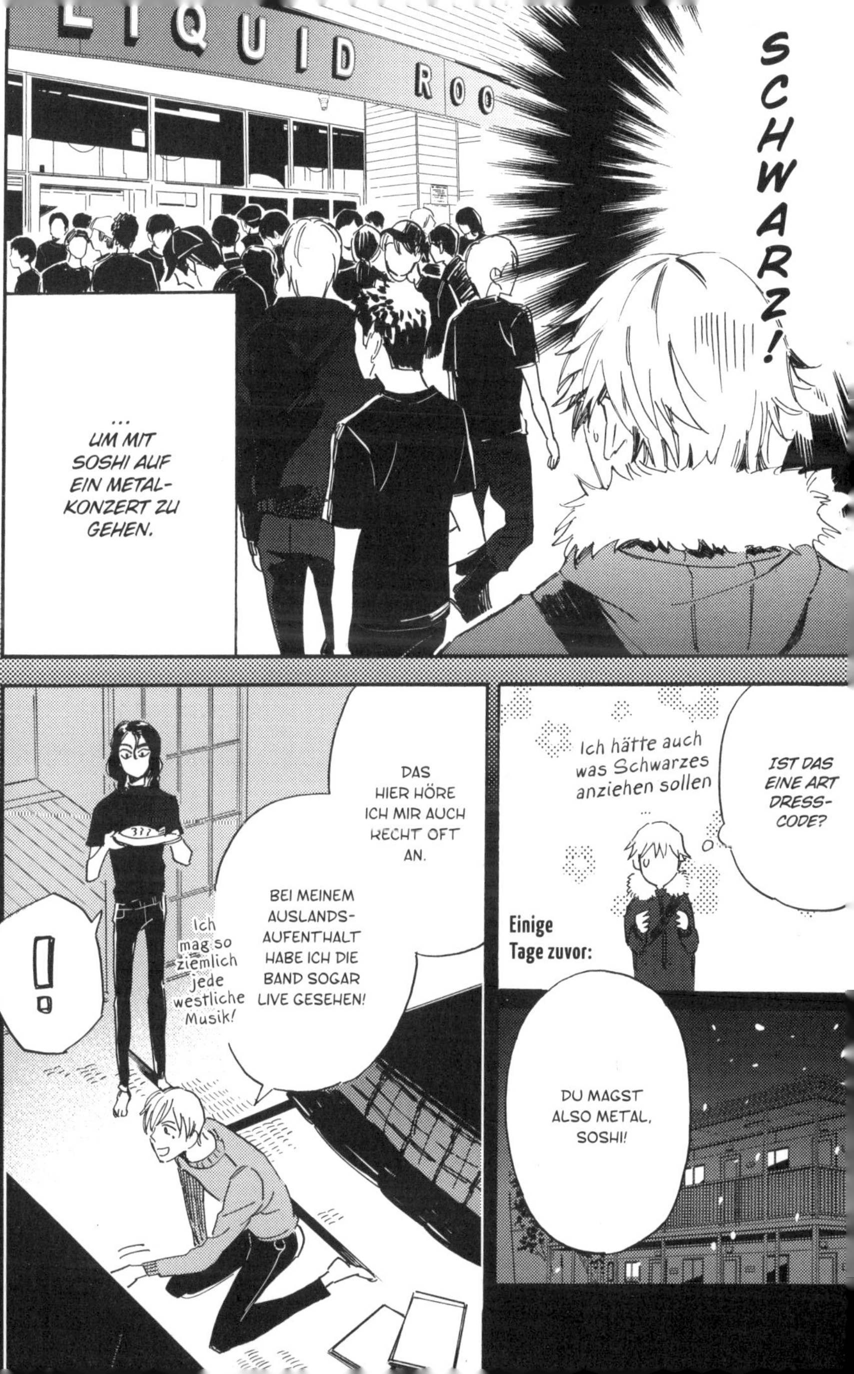
LIQUID ROO
SCHWARZ!
... um mit Soshi auf ein Metal-Konzert zu gehen.
Ist das eine Art Dress-Code?
Ich hätte auch was Schwarzes anziehen sollen
...
Einige Tage zuvor:
Du magst also Metal, Soshi!
Das hier höre ich mir auch recht oft an.
Bei meinem Auslandsaufenthalt habe ich die Band sogar live gesehen!
Ich mag so ziemlich jede westliche Musik!
!

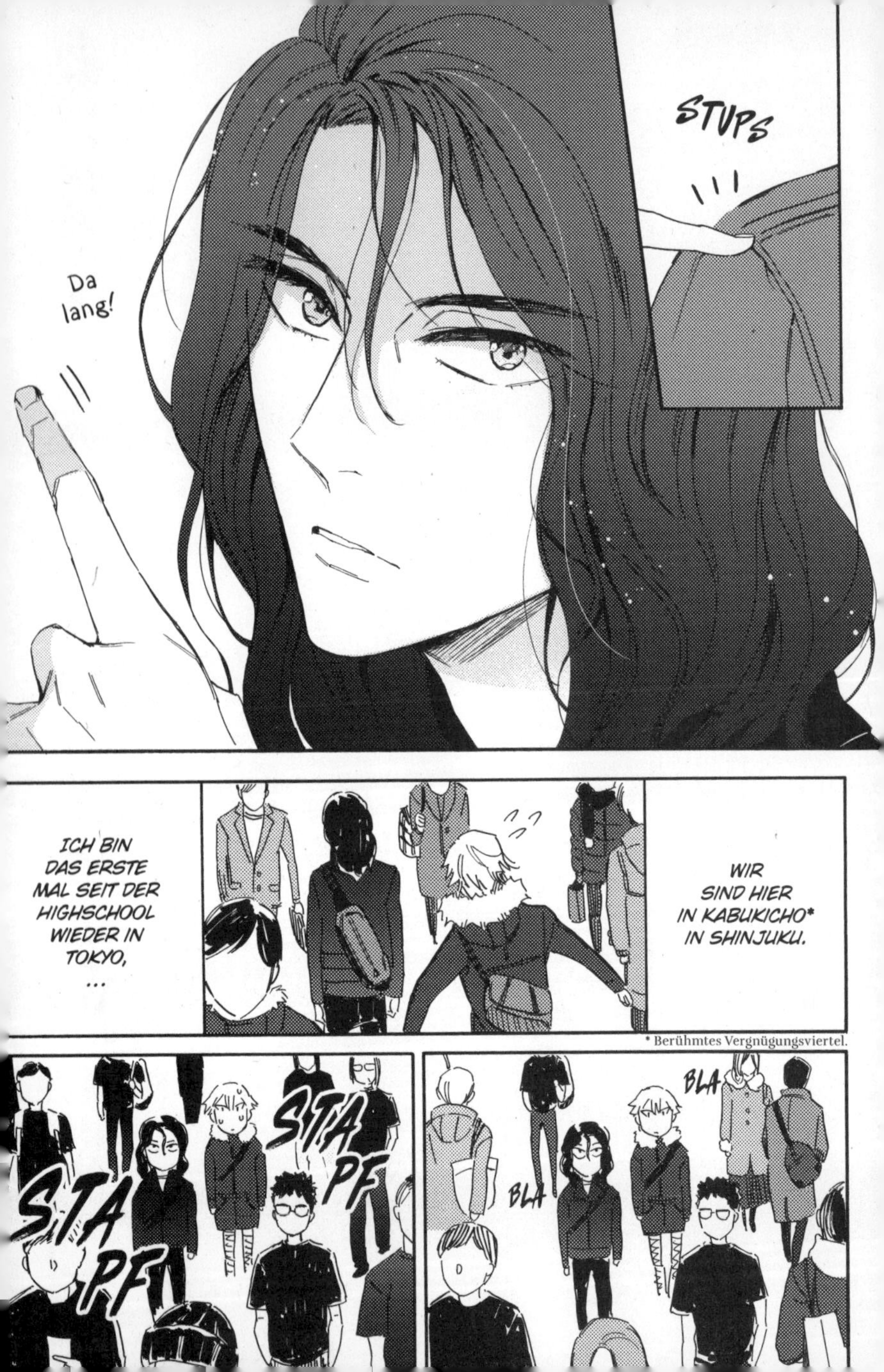

* Berühmtes Vergnügungsviertel.

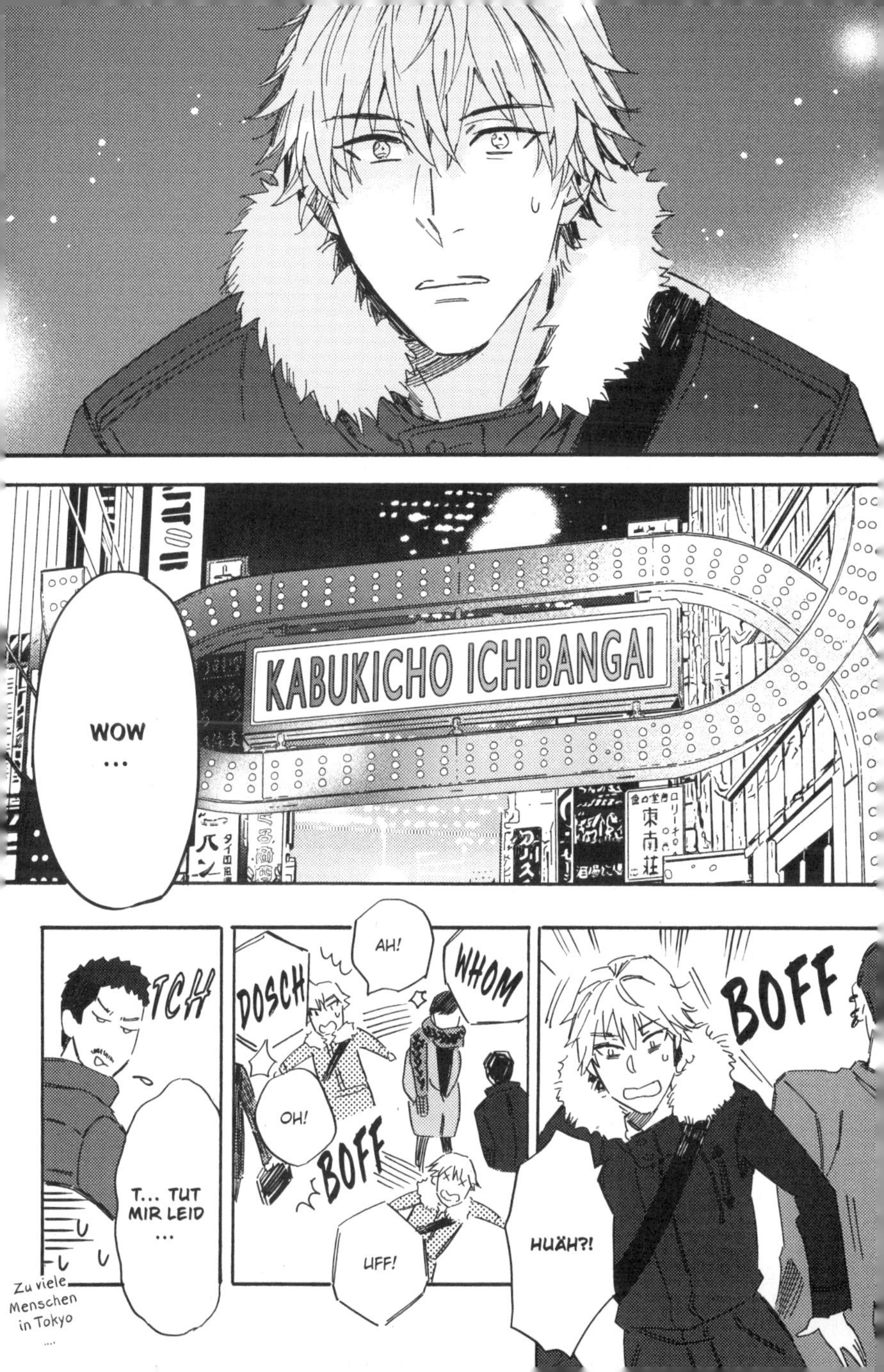
KABUKICHO ICHIBANGAI
WOW …
AH!
WHOM
DOSCH
TCH
OH!
BOFF
T… TUT MIR LEID …
UFF!
BOFF
HUÄH?!
Zu viele Menschen in Tokyo ….

Kapitel 3

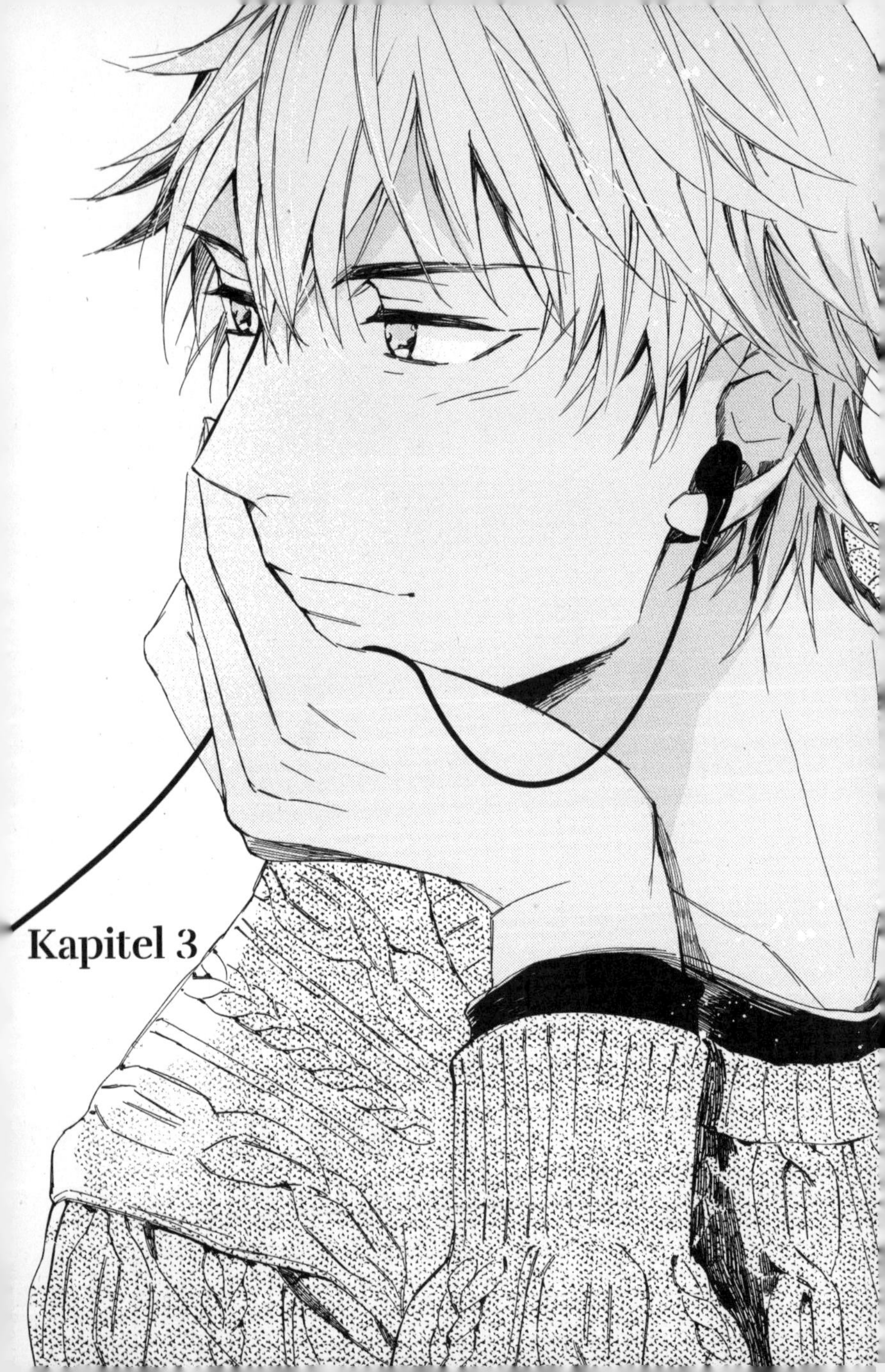

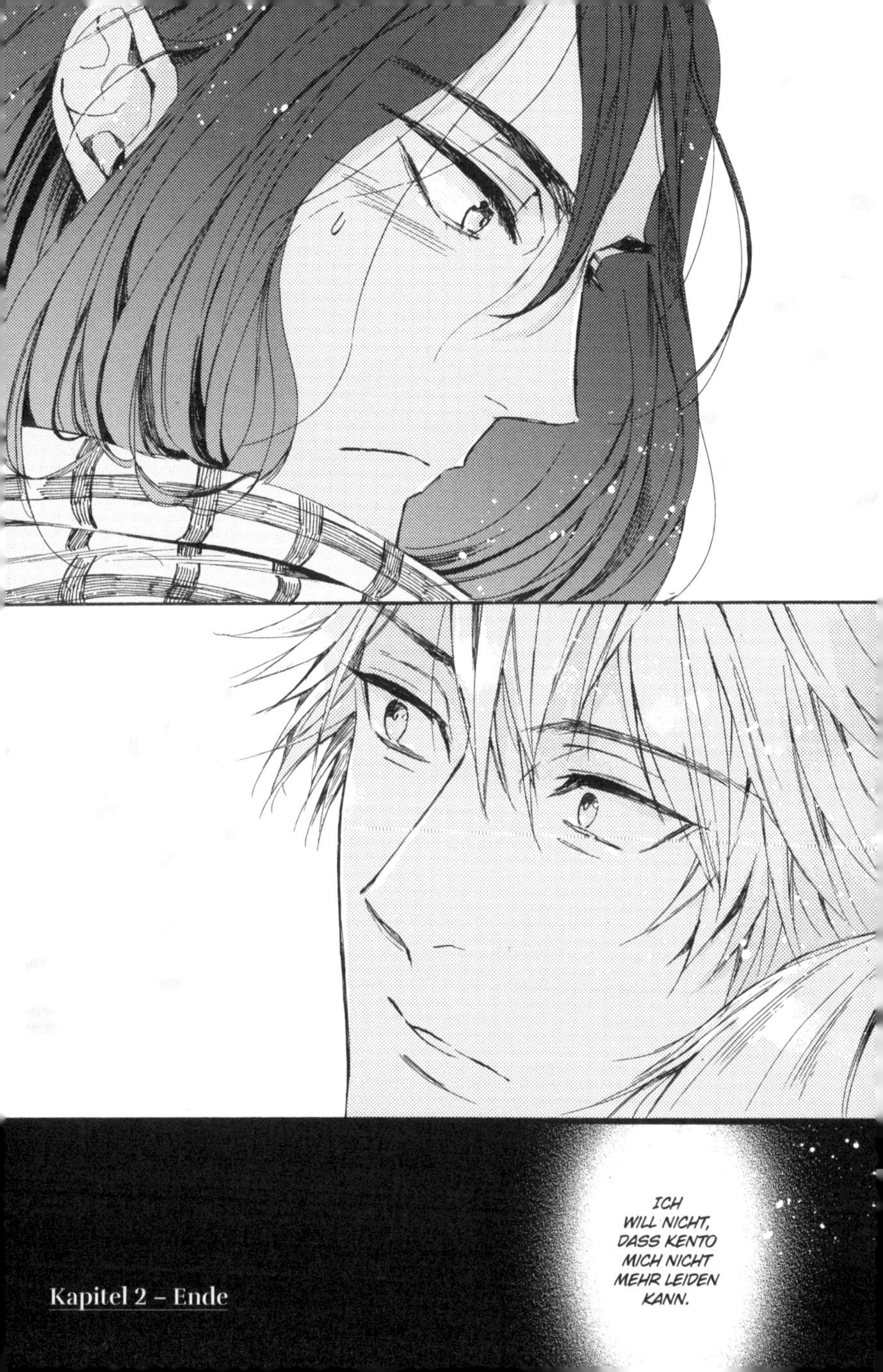
ICH WILL NICHT, DASS KENTO MICH NICHT MEHR LEIDEN KANN.
Kapitel 2 – Ende

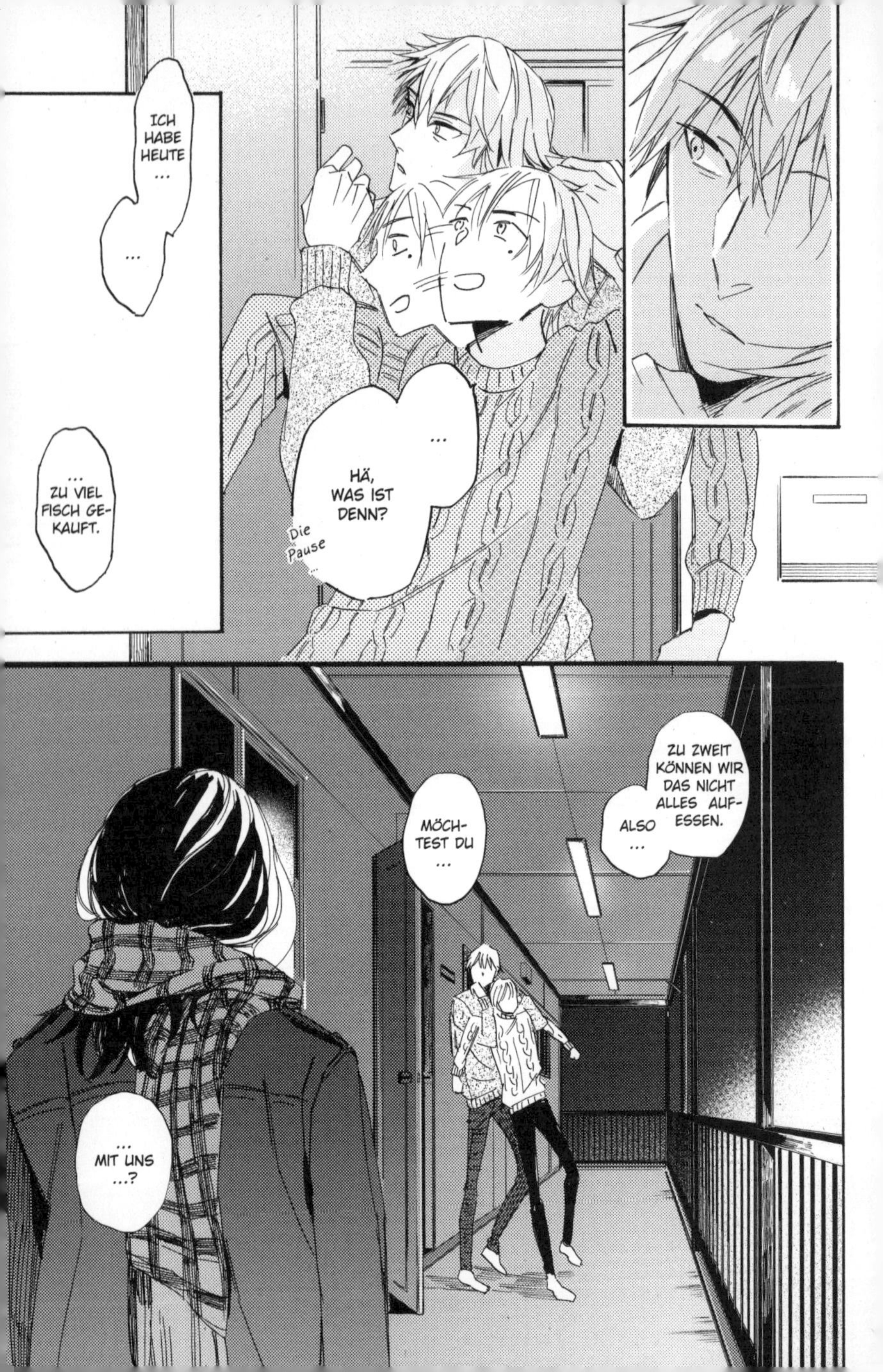

...
Hä, was ist denn?
Die Pause ...
Ich habe heute ...
...
... zu viel Fisch gekauft.
Also ...
Zu zweit können wir das nicht alles aufessen.
Möchtest du ...
... mit uns ...?

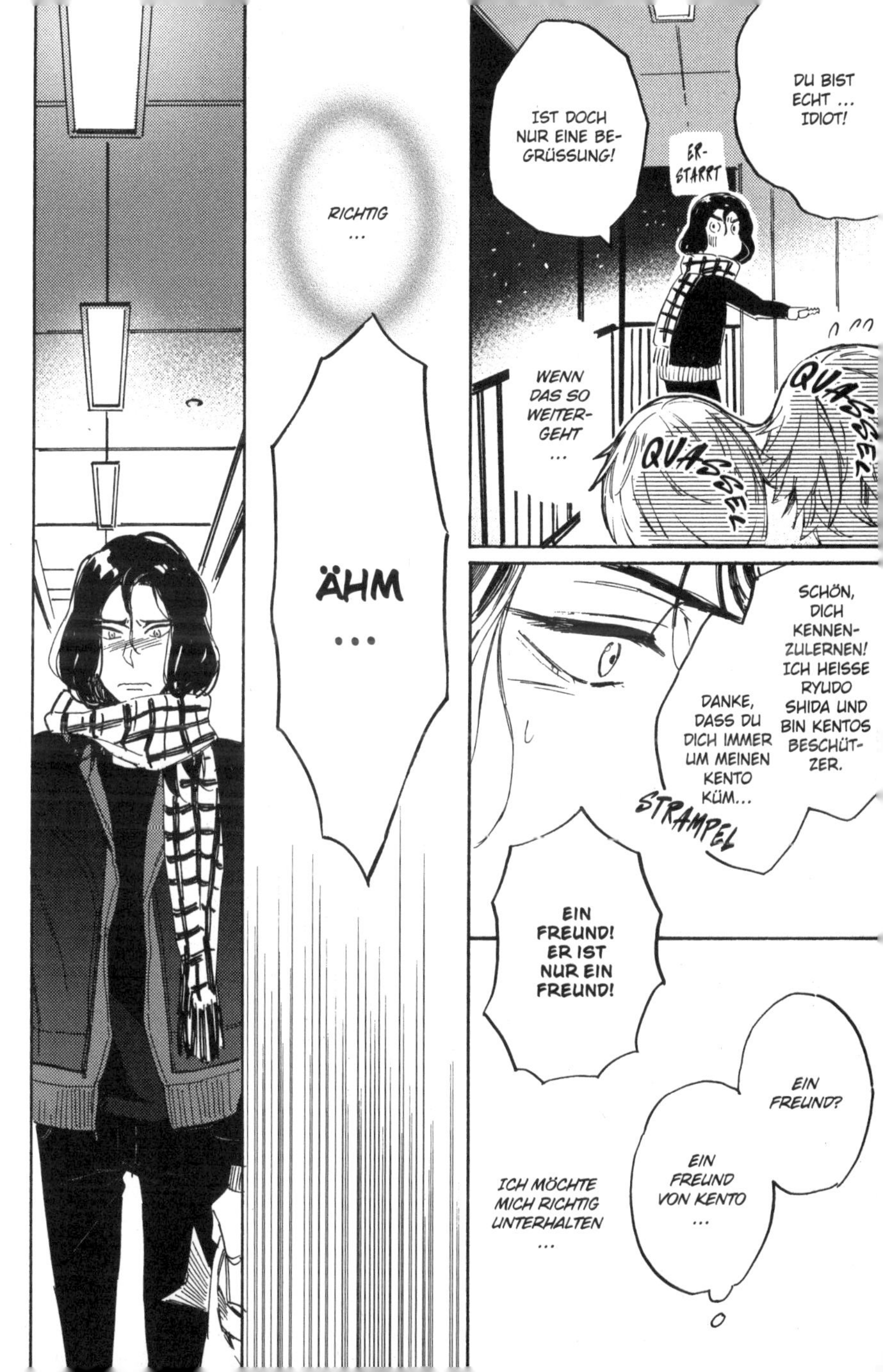
DU BIST ECHT ... IDIOT!
ER-STARRT
IST DOCH NUR EINE BEGRÜSSUNG!
QUASSEL
QUASSEL
WENN DAS SO WEITERGEHT ...
SCHÖN, DICH KENNENZULERNEN! ICH HEISSE RYUDO SHIDA UND BIN KENTOS BESCHÜTZER.
DANKE, DASS DU DICH IMMER UM MEINEN KENTO KÜM...
STRAMPEL
EIN FREUND! ER IST NUR EIN FREUND!
EIN FREUND?
EIN FREUND VON KENTO ...
ICH MÖCHTE MICH RICHTIG UNTERHALTEN ...
RICHTIG ...
ÄHM ...

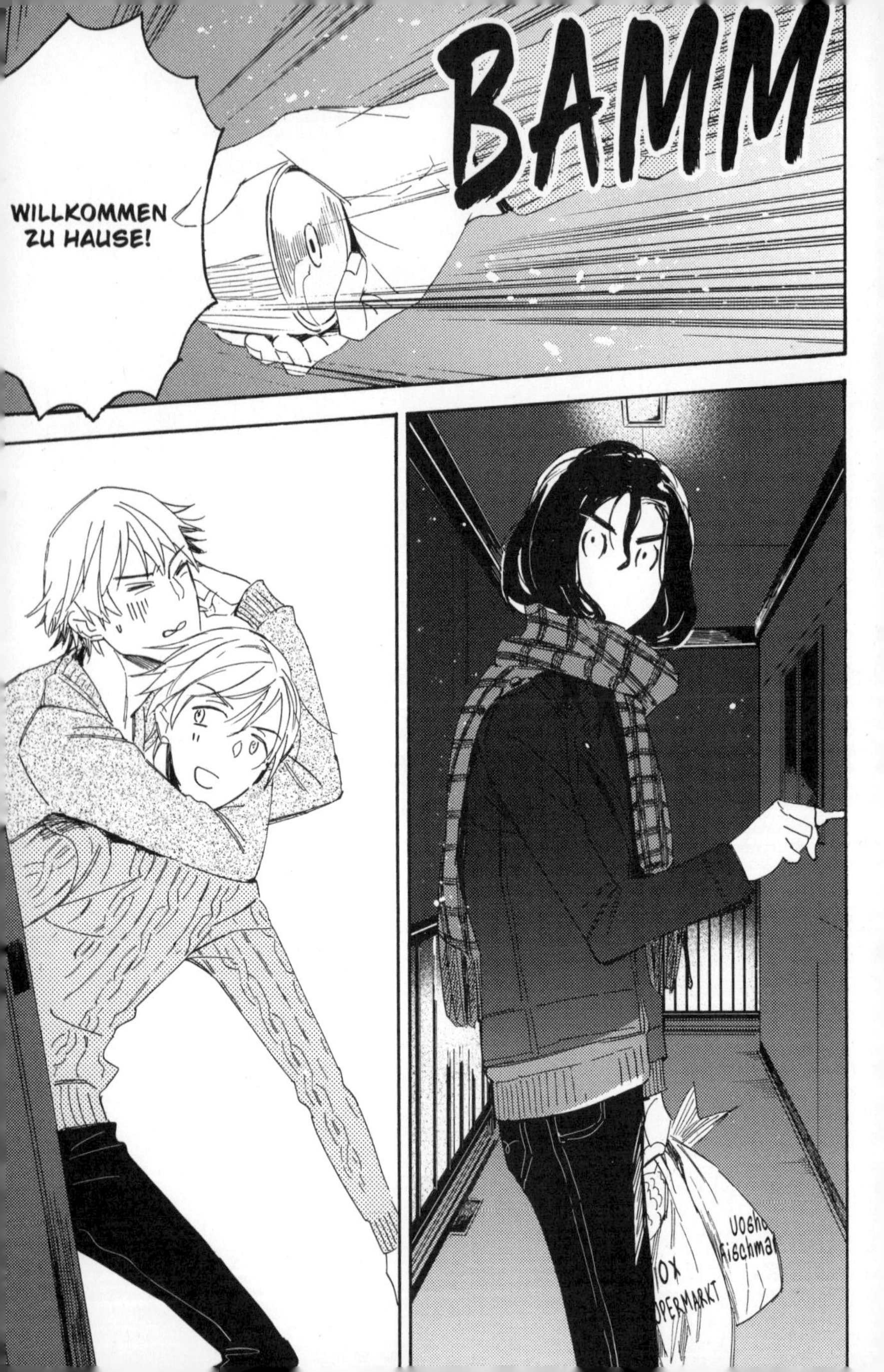
BAMM
WILLKOMMEN ZU HAUSE!

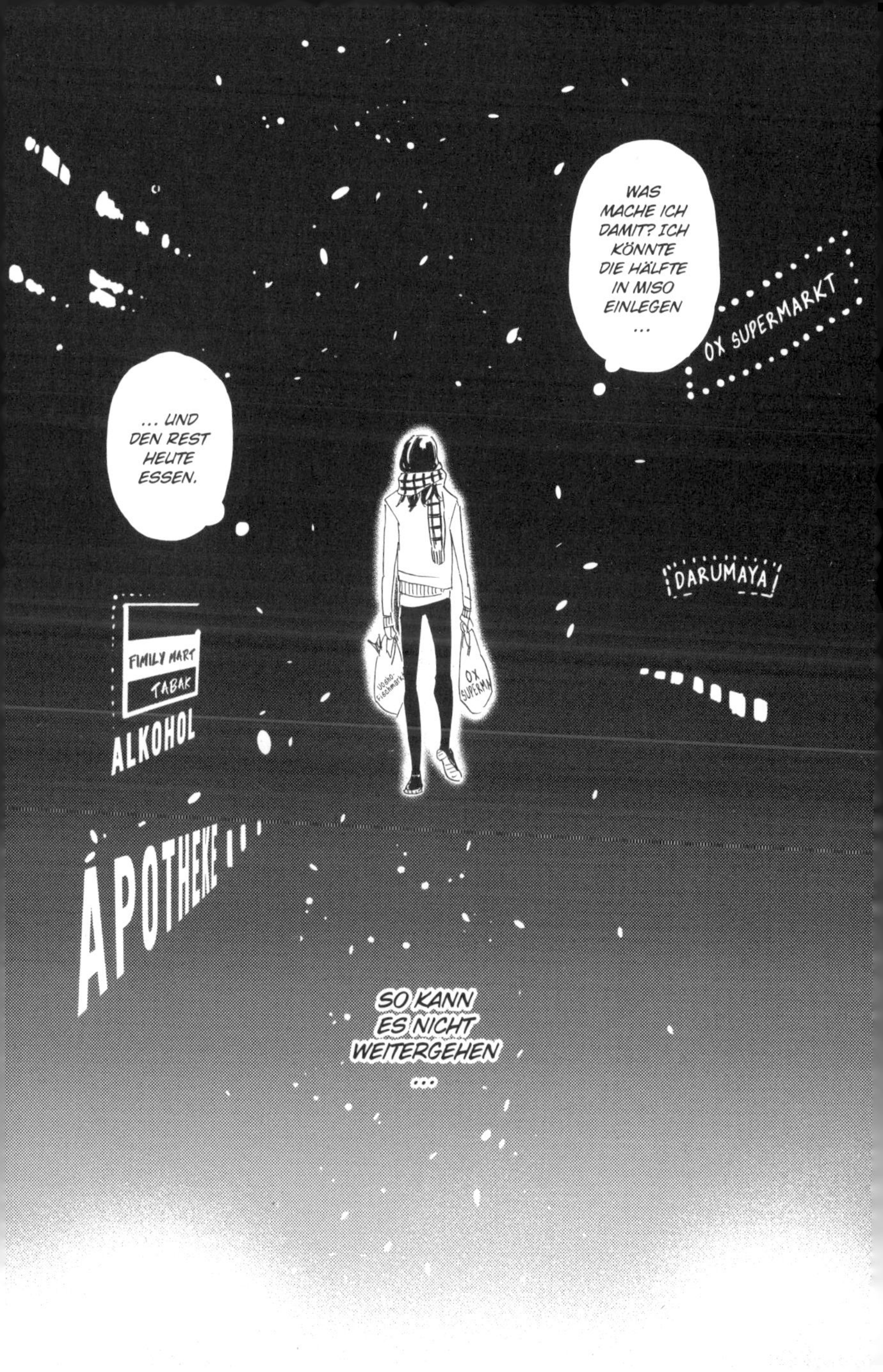
WAS MACHE ICH DAMIT? ICH KÖNNTE DIE HÄLFTE IN MISO EINLEGEN …
OX SUPERMARKT
… UND DEN REST HEUTE ESSEN.
DARUMAYA
FIMILY MART
TABAK
ALKOHOL
APOTHEKE
OX SUPERM
SO KANN ES NICHT WEITERGEHEN …

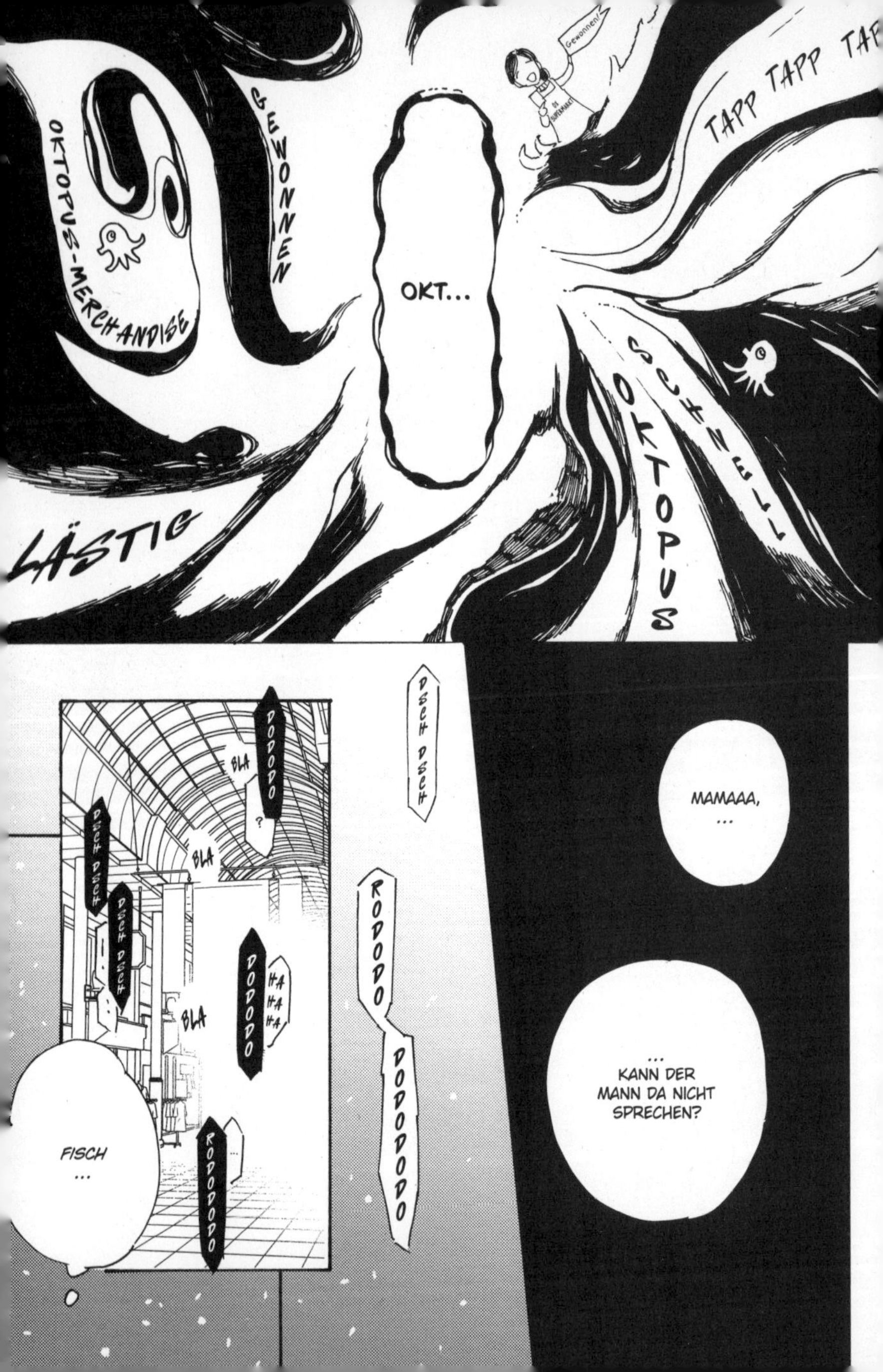
TAPP TAPP TAPP
Gewonnen!
OKT...
SCHNELL
OKTOPUS
GEWONNEN
OKTOPUS-MERCHANDISE
LÄSTIG
MAMAAA,
...
...
KANN DER MANN DA NICHT SPRECHEN?
DSCH DSCH DSCH
RODODODO
DODODODODO
DODODO
BLA
?
BLA
DSCH DSCH
DSCH DSCH
DODODO
HA HA HA HA
BLA
RODODODO
...
FISCH
...

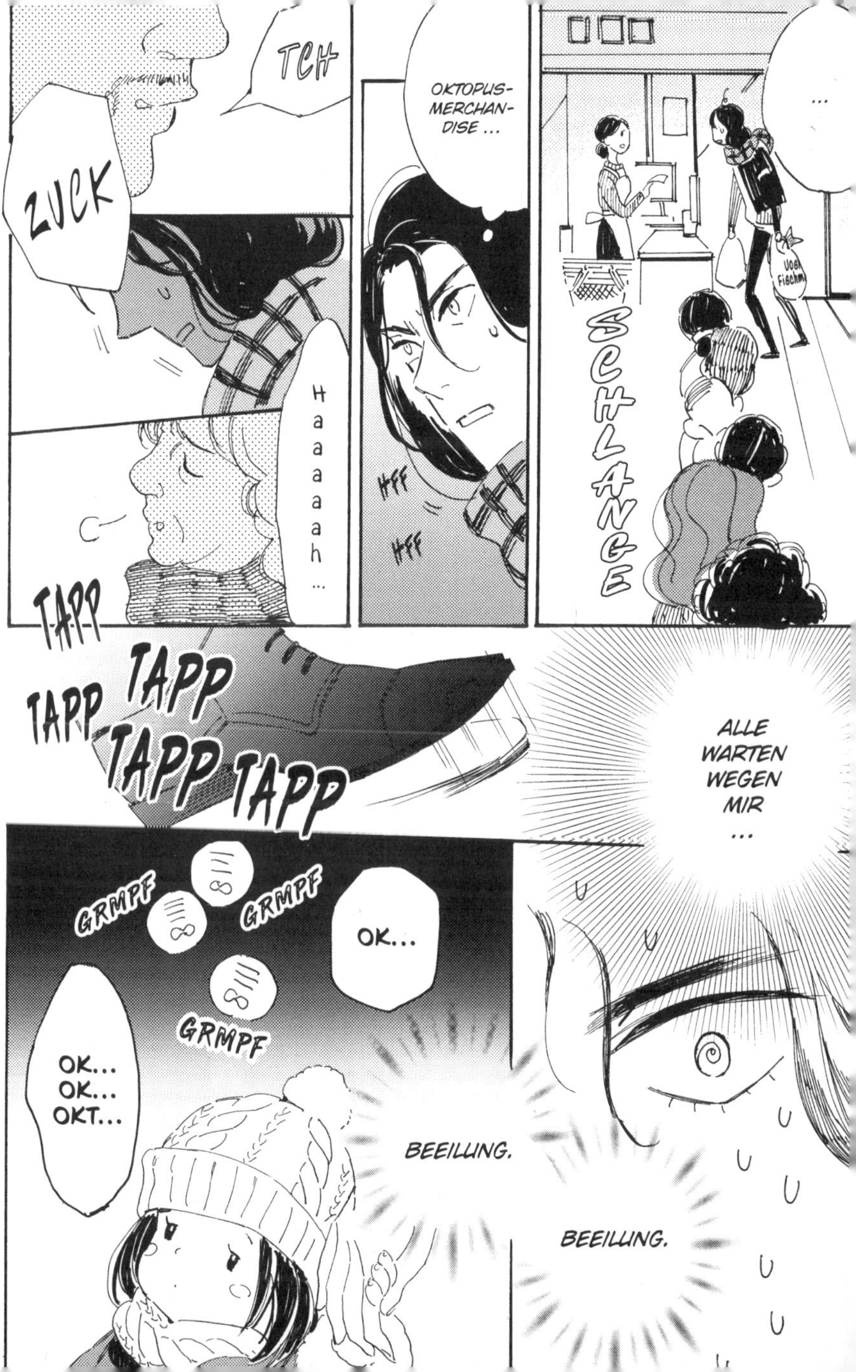
...
SCHLANGE
OKTOPUS-MERCHANDISE ...
HFF
HFF
TCH
ZUCK
Haaaaaah ...
TAPP
ALLE WARTEN WEGEN MIR ...
TAPP
TAPP
TAPP
TAPP
BEEILUNG.
BEEILUNG.
OK...
GRMPF
GRMPF
GRMPF
OK... OK... OKT...

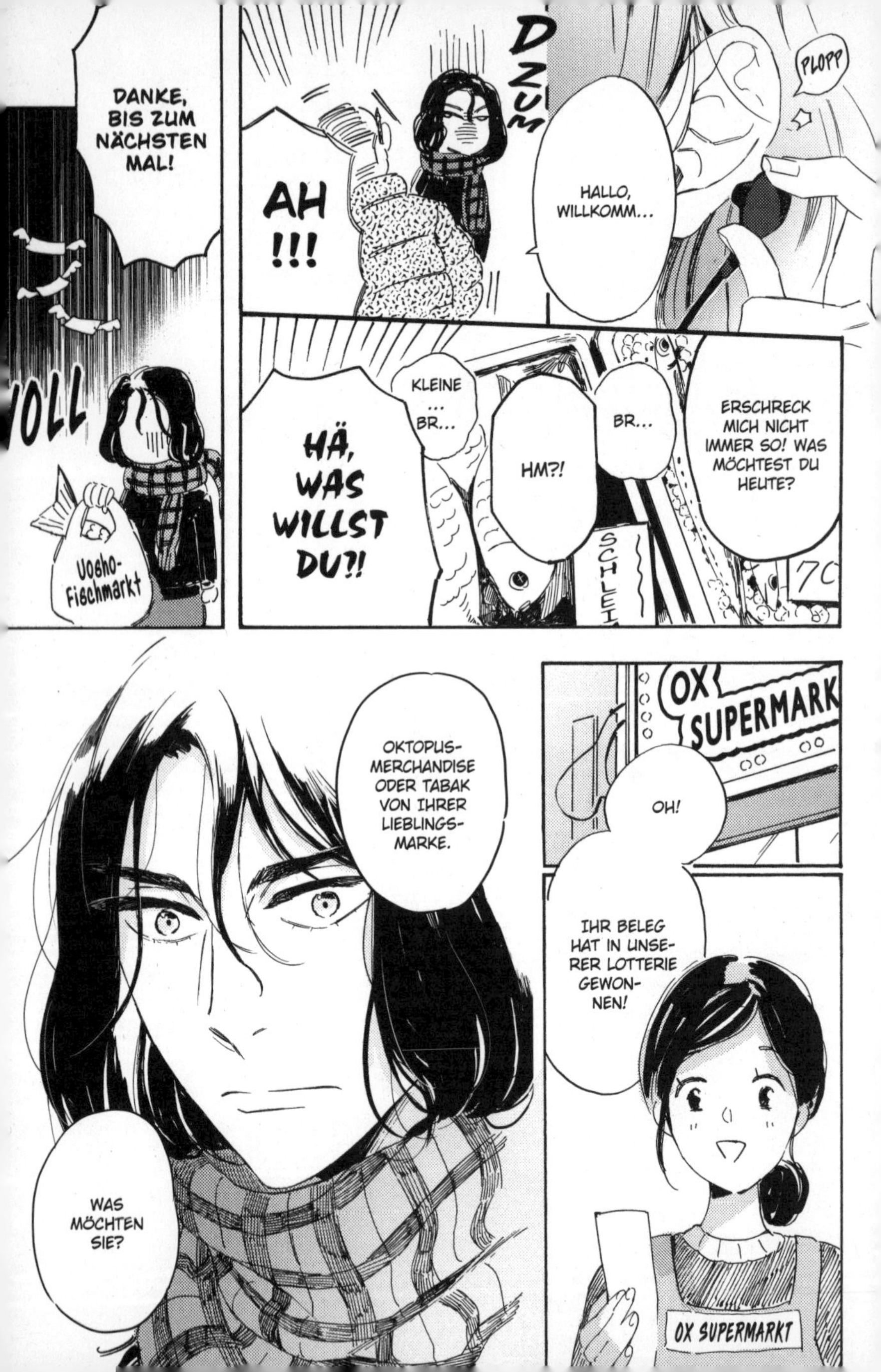
PLOPP
HALLO, WILLKOMM…
DZUM
AH !!!
DANKE, BIS ZUM NÄCHSTEN MAL!
Uosho-Fischmarkt
ERSCHRECK MICH NICHT IMMER SO! WAS MÖCHTEST DU HEUTE?
BR…
HM?!
KLEINE … BR…
HÄ, WAS WILLST DU?!
OH!
IHR BELEG HAT IN UNSERER LOTTERIE GEWONNEN!
OX SUPERMARKT
OKTOPUS-MERCHANDISE ODER TABAK VON IHRER LIEBLINGSMARKE.
WAS MÖCHTEN SIE?

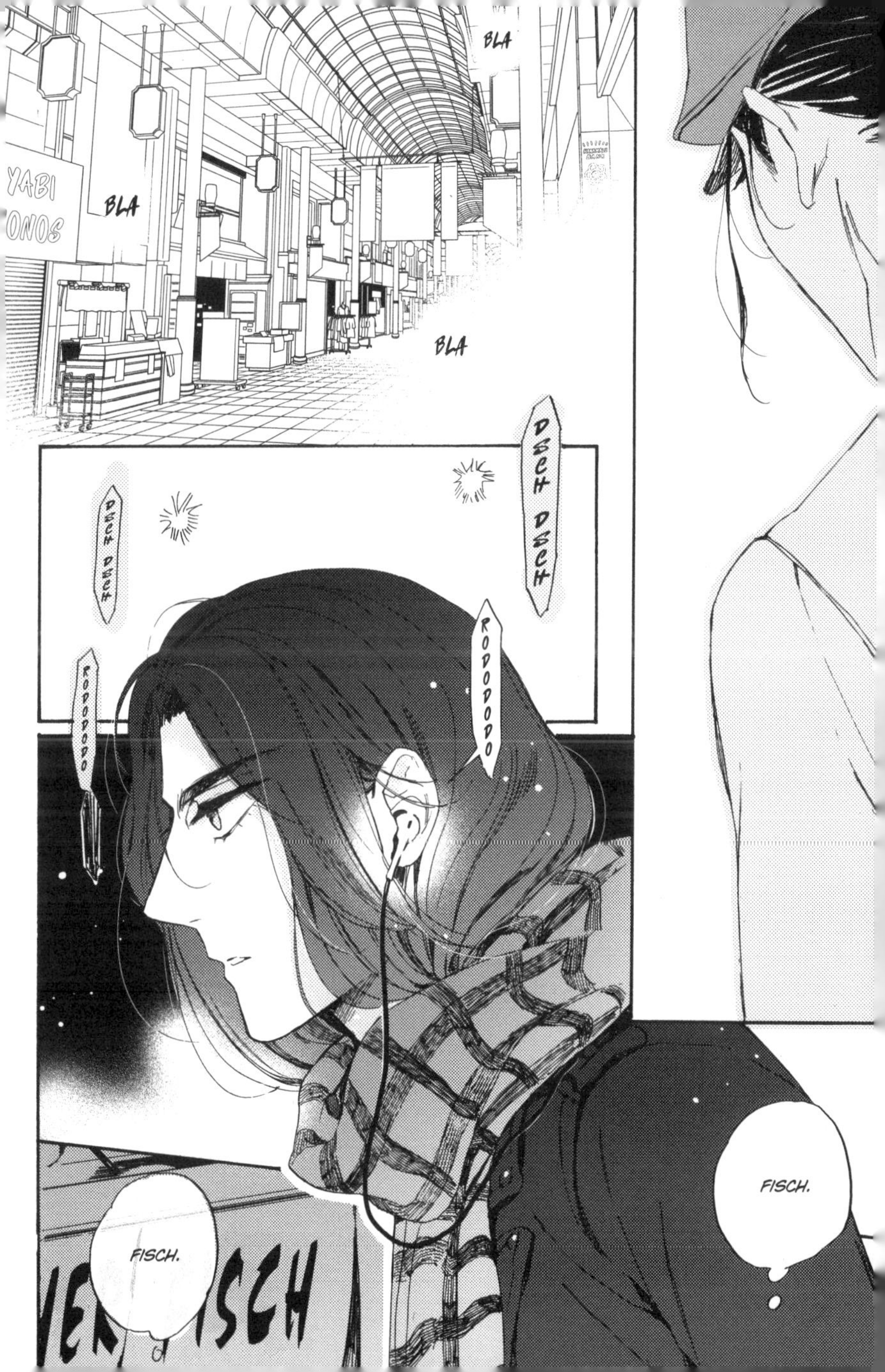
BLA
YABI
ONOS
BLA
BLA
DSCH DSCH
DSCH DSCH
RODODODO
RODODODO
FISCH.
FISCH.

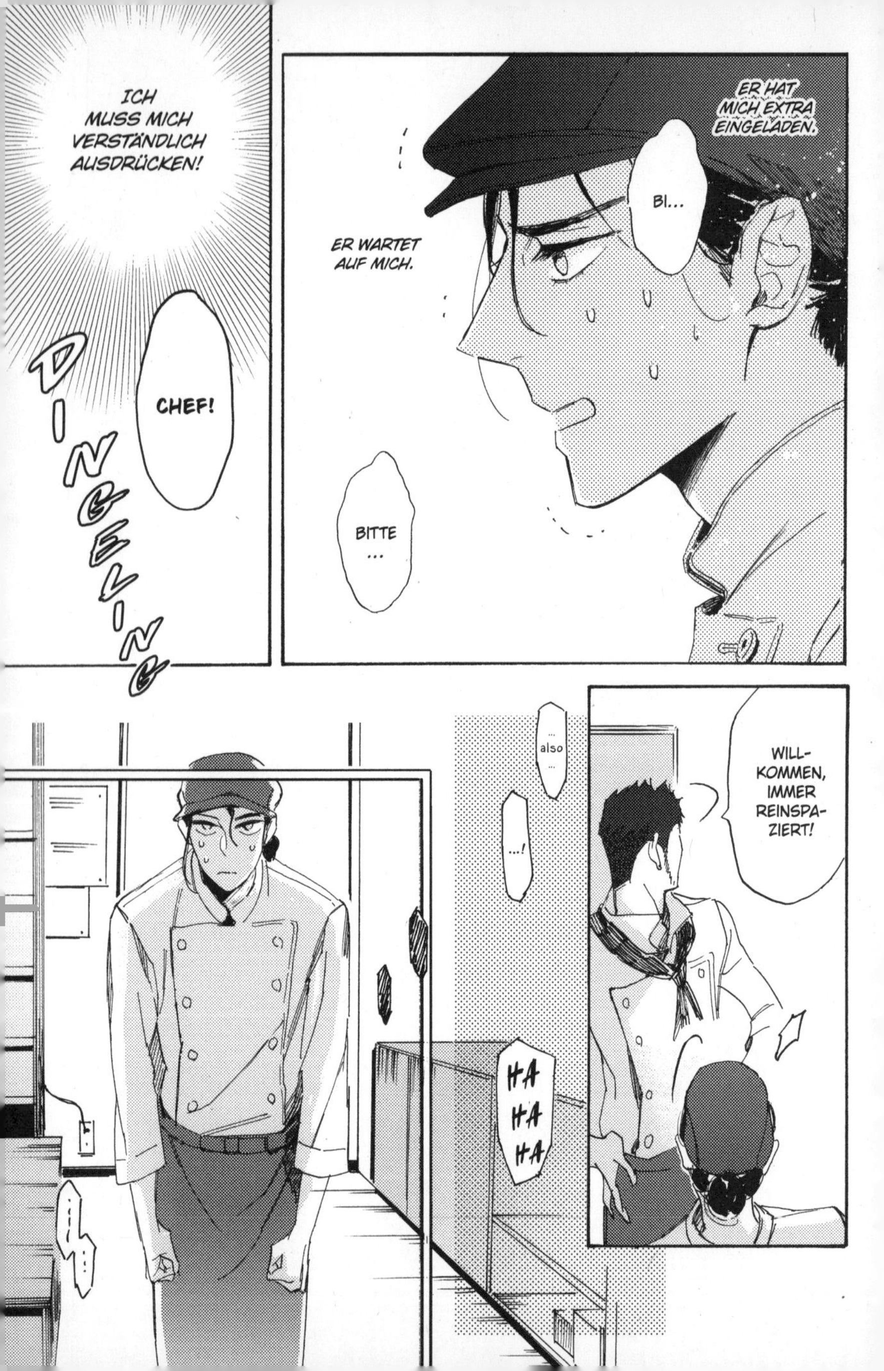
ER HAT MICH EXTRA EINGELADEN.
BI...
ER WARTET AUF MICH.
BITTE ...
ICH MUSS MICH VERSTÄNDLICH AUSDRÜCKEN!
CHEF!
DINGELING
WILL-KOMMEN, IMMER REINSPA-ZIERT!
... also ...
...!
HA HA HA

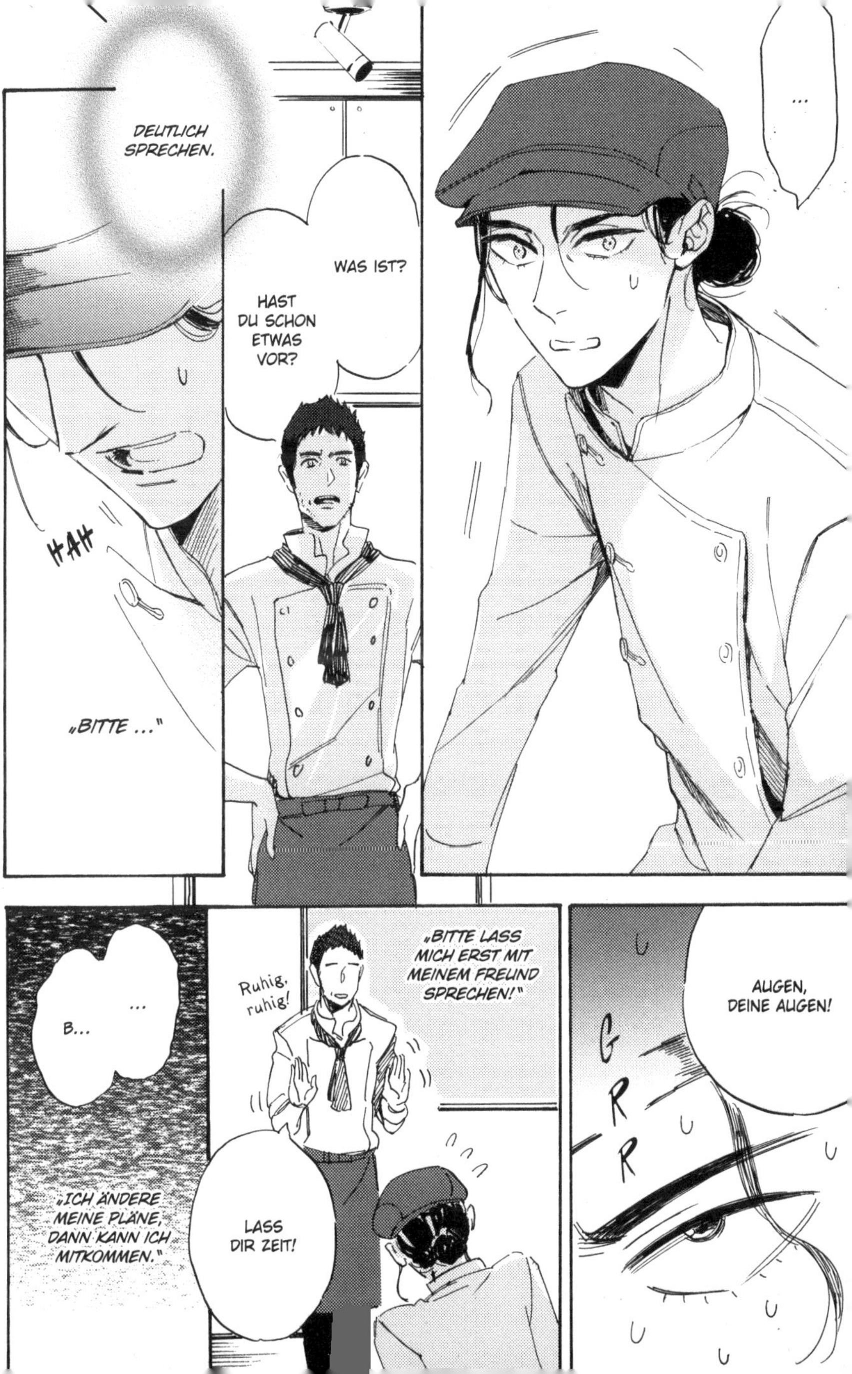
…
WAS IST?
HAST DU SCHON ETWAS VOR?
DEUTLICH SPRECHEN.
HAH
„BITTE …"
AUGEN, DEINE AUGEN!
GRR
„BITTE LASS MICH ERST MIT MEINEM FREUND SPRECHEN!"
Ruhig, ruhig!
LASS DIR ZEIT!
B… …
„ICH ÄNDERE MEINE PLÄNE, DANN KANN ICH MITKOMMEN."

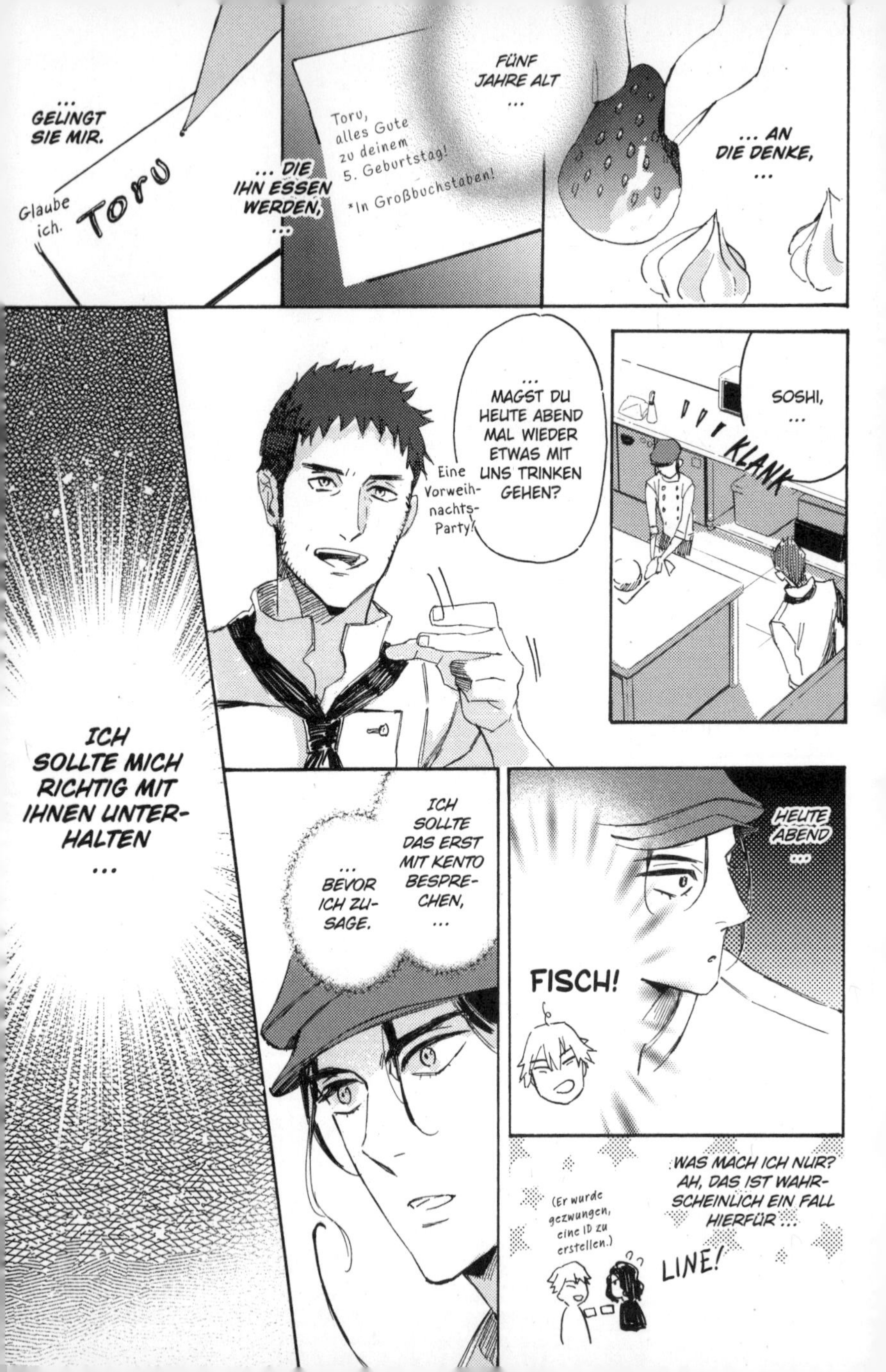

… AN DIE DENKE, …
FÜNF JAHRE ALT …
Toru, alles Gute zu deinem 5. Geburtstag!
*In Großbuchstaben!
… DIE IHN ESSEN WERDEN, …
… GELINGT SIE MIR.
TORU
Glaube ich.
SOSHI, …
KLANK
… MAGST DU HEUTE ABEND MAL WIEDER ETWAS MIT UNS TRINKEN GEHEN?
Eine Vorweihnachts-Party!
ICH SOLLTE MICH RICHTIG MIT IHNEN UNTERHALTEN …
HEUTE ABEND …
FISCH!
ICH SOLLTE DAS ERST MIT KENTO BESPRECHEN, …
… BEVOR ICH ZUSAGE.
WAS MACH ICH NUR? AH, DAS IST WAHRSCHEINLICH EIN FALL HIERFÜR …
(Er wurde gezwungen, eine ID zu erstellen.)
LINE!

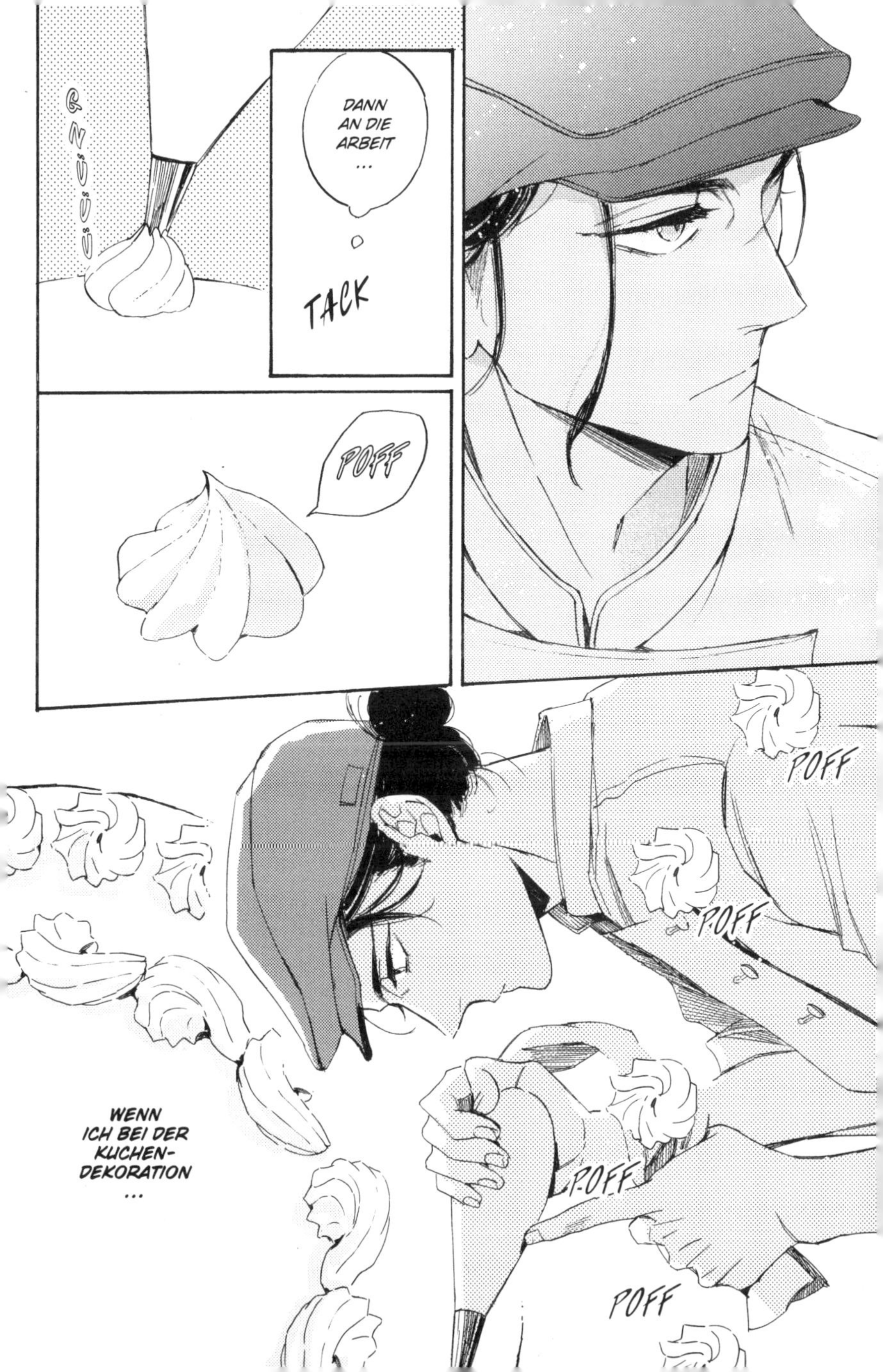
DANN AN DIE ARBEIT ...
TACK
GNÜÜÜ
POFF
POFF
POFF
POFF
POFF
WENN ICH BEI DER KUCHEN-DEKORATION ...

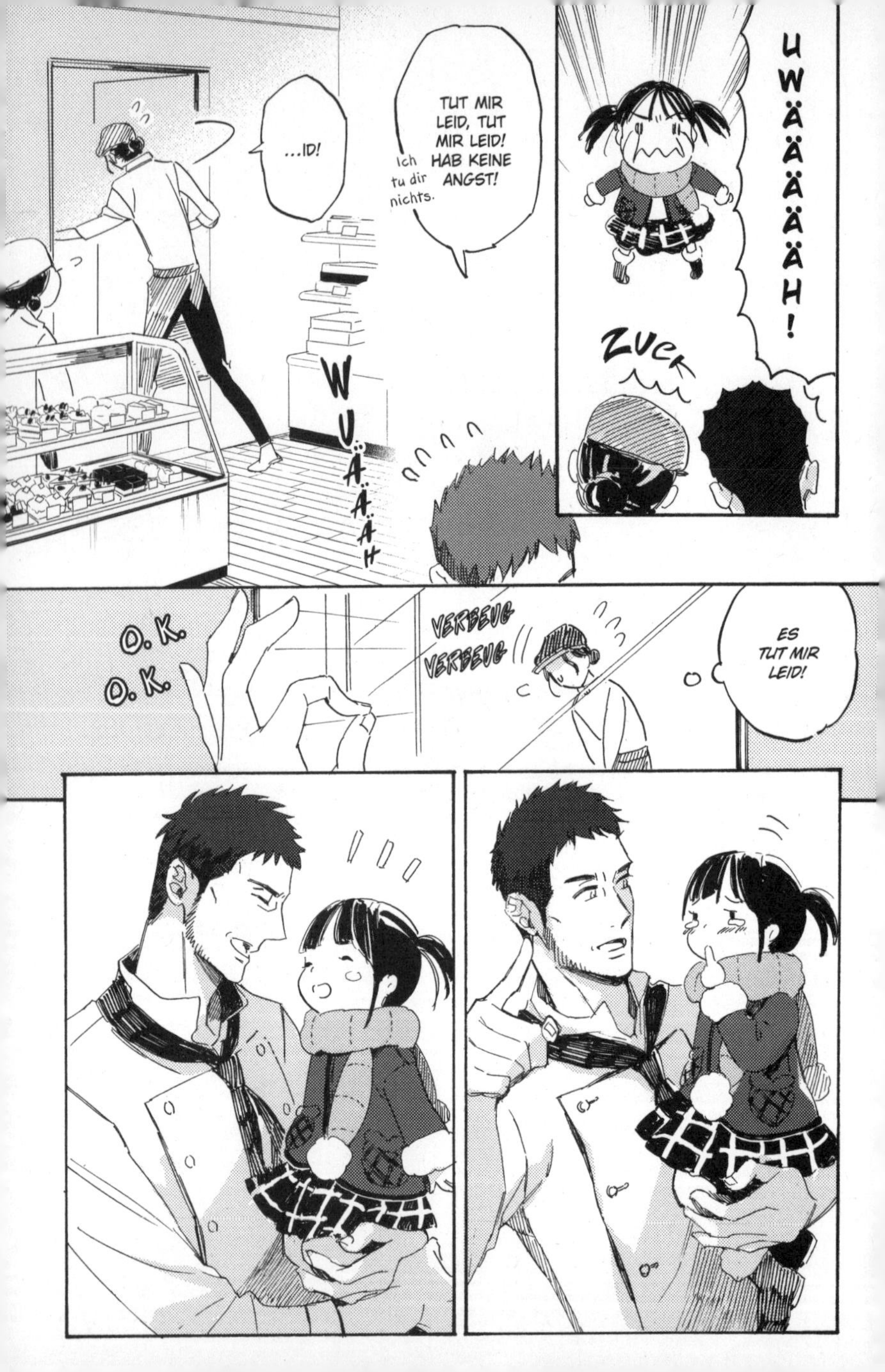
UWÄÄÄÄÄH!
ZUCK
TUT MIR LEID, TUT MIR LEID! HAB KEINE ANGST!
Ich tu dir nichts.
...ID!
WUÄÄÄH
ES TUT MIR LEID!
VERBEUG VERBEUG
O. K. O. K.

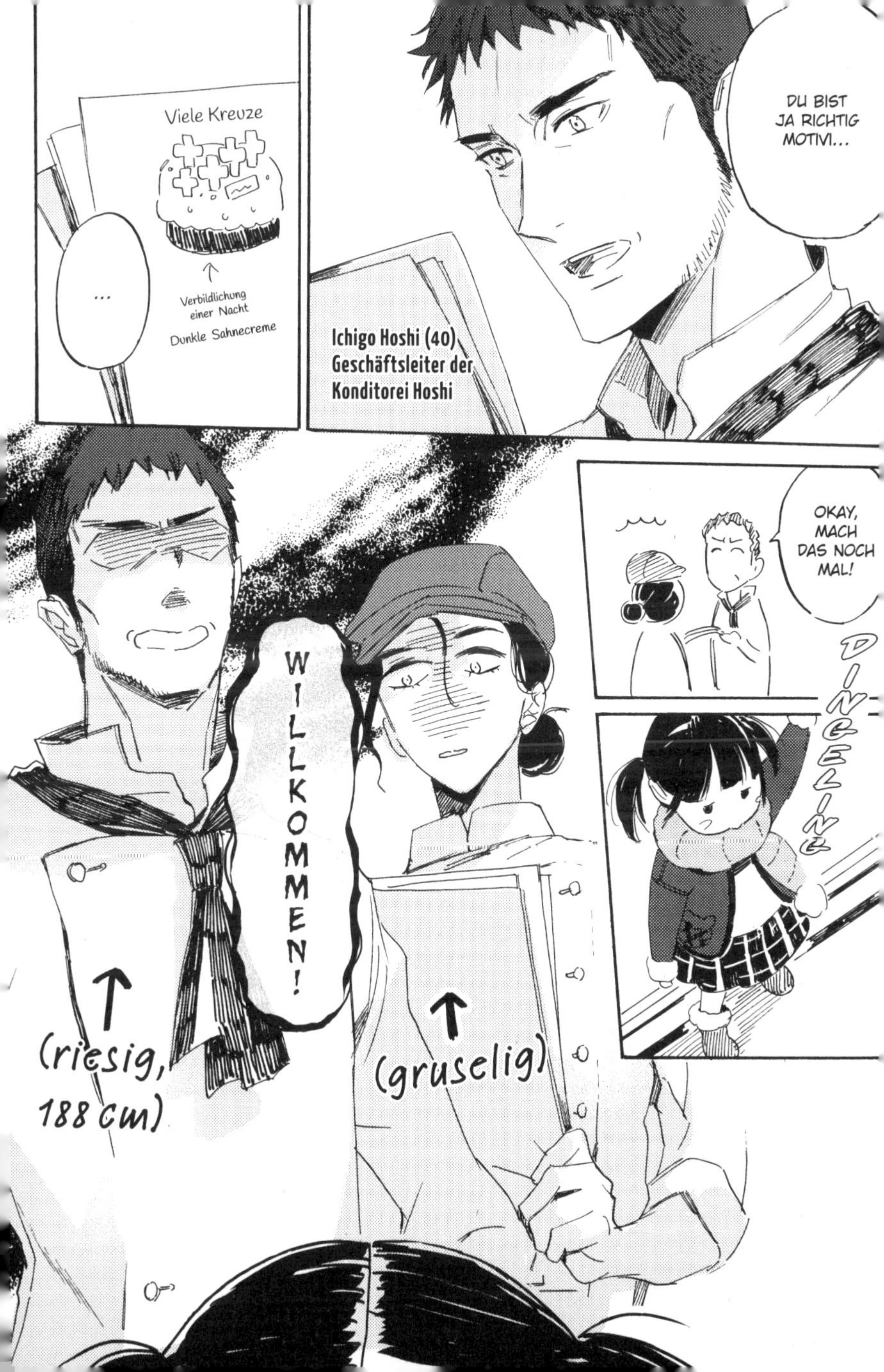
DU BIST JA RICHTIG MOTIVI…
Ichigo Hoshi (40) Geschäftsleiter der Konditorei Hoshi
Viele Kreuze
Verbildlichung einer Nacht
Dunkle Sahnecreme
…
OKAY, MACH DAS NOCH MAL!
DINGELING
WILLKOMMEN!
(gruselig)
(riesig, 188 cm)

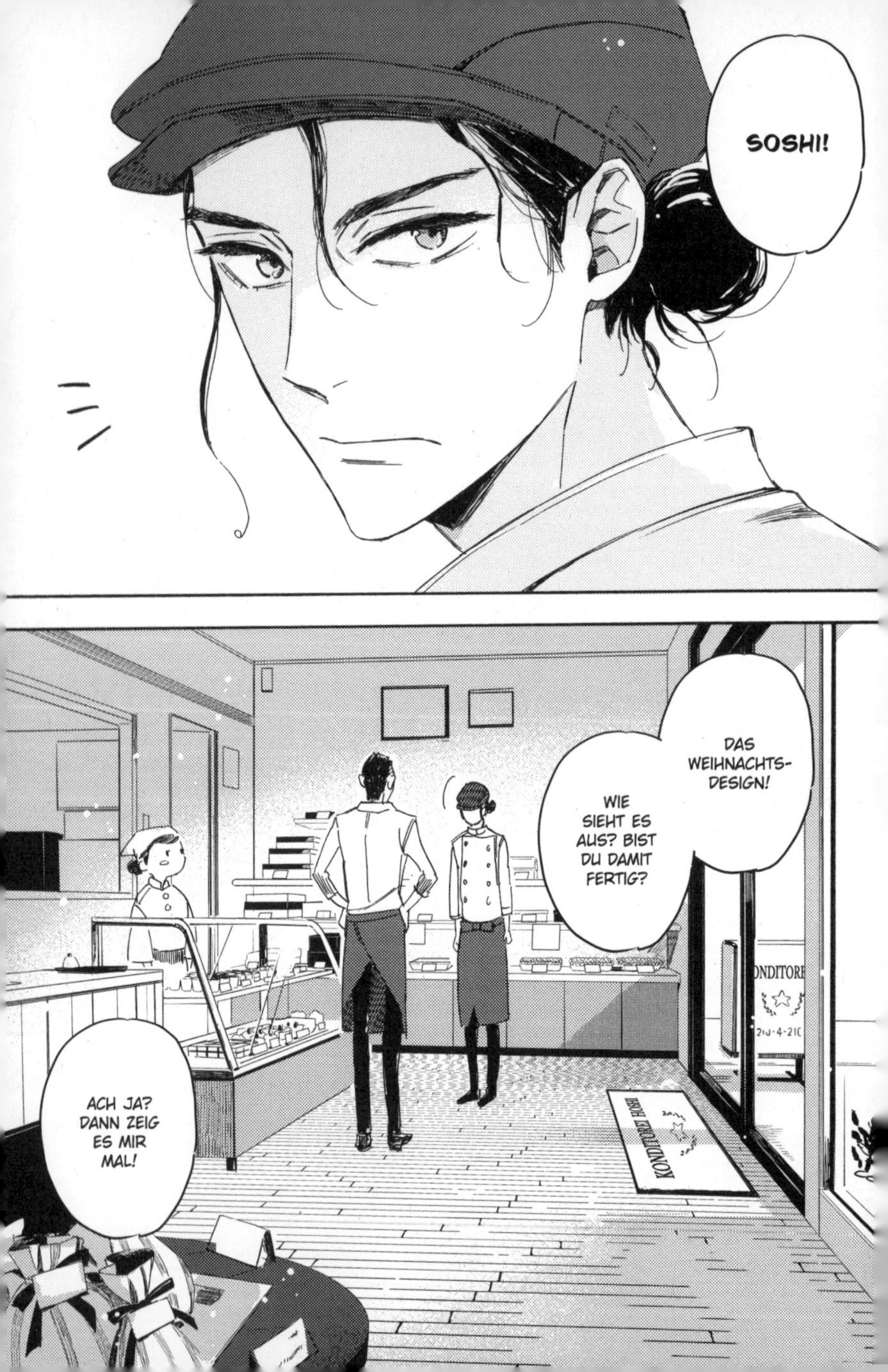
SOSHI!
DAS WEIHNACHTS-DESIGN!
WIE SIEHT ES AUS? BIST DU DAMIT FERTIG?
ACH JA? DANN ZEIG ES MIR MAL!
KONDITOREI HOSHI

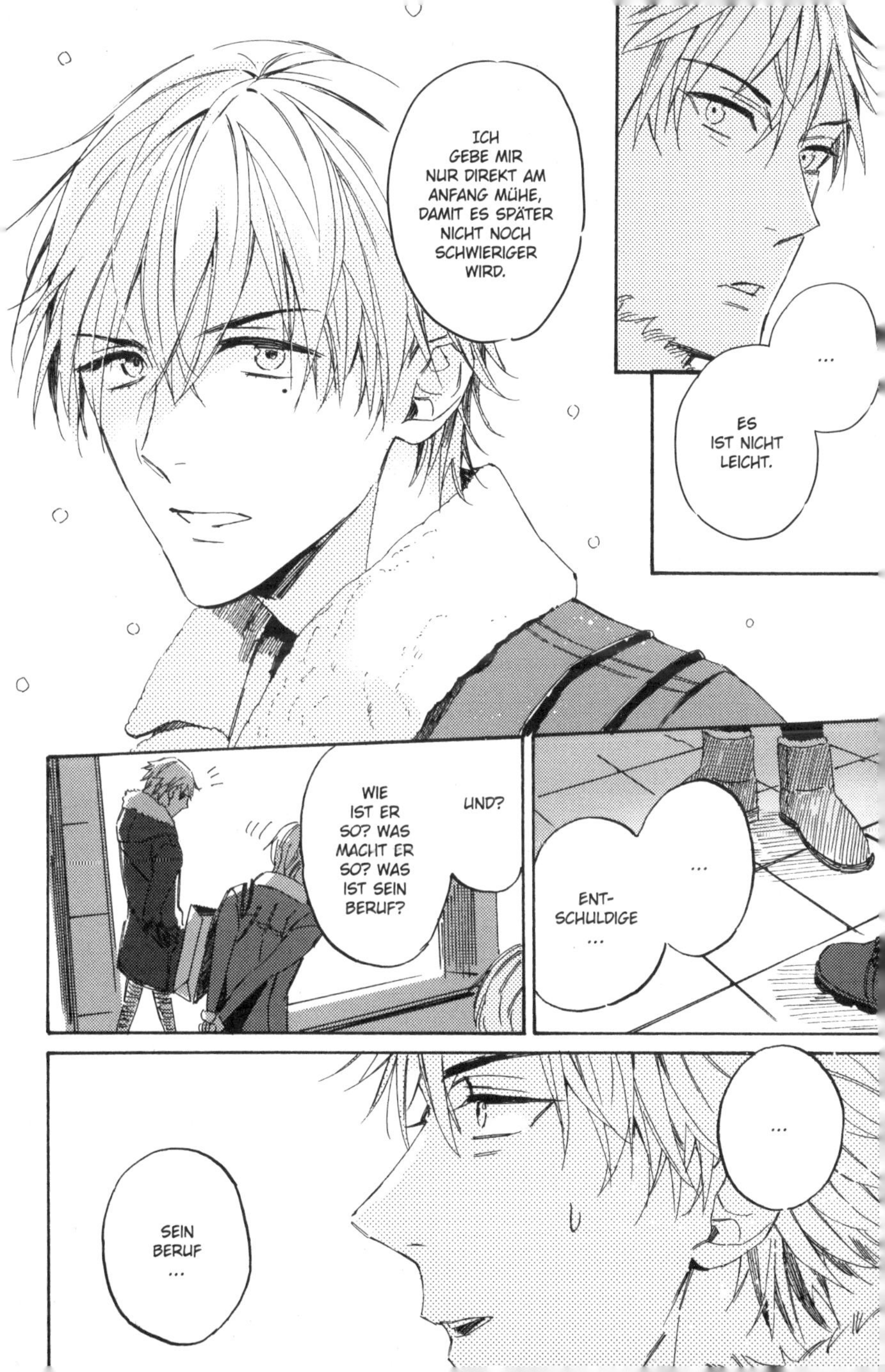
ICH GEBE MIR NUR DIREKT AM ANFANG MÜHE, DAMIT ES SPÄTER NICHT NOCH SCHWIERIGER WIRD.
...
ES IST NICHT LEICHT.
...
ENT-SCHULDIGE ...
UND?
WIE IST ER SO? WAS MACHT ER SO? WAS IST SEIN BERUF?
...
SEIN BERUF ...

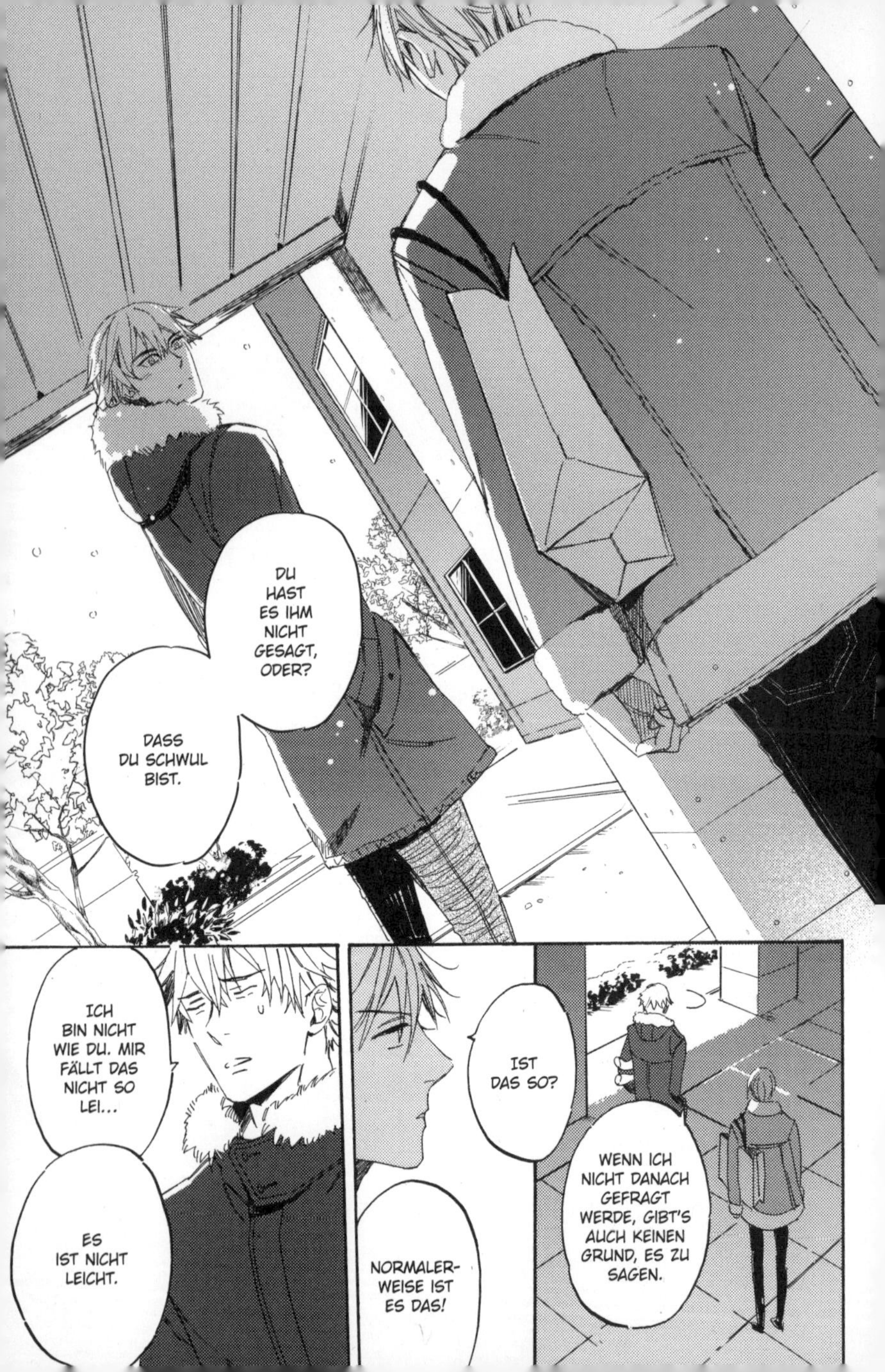
DU HAST ES IHM NICHT GESAGT, ODER?
DASS DU SCHWUL BIST.
WENN ICH NICHT DANACH GEFRAGT WERDE, GIBT'S AUCH KEINEN GRUND, ES ZU SAGEN.
IST DAS SO?
NORMALERWEISE IST ES DAS!
ICH BIN NICHT WIE DU. MIR FÄLLT DAS NICHT SO LEI…
ES IST NICHT LEICHT.

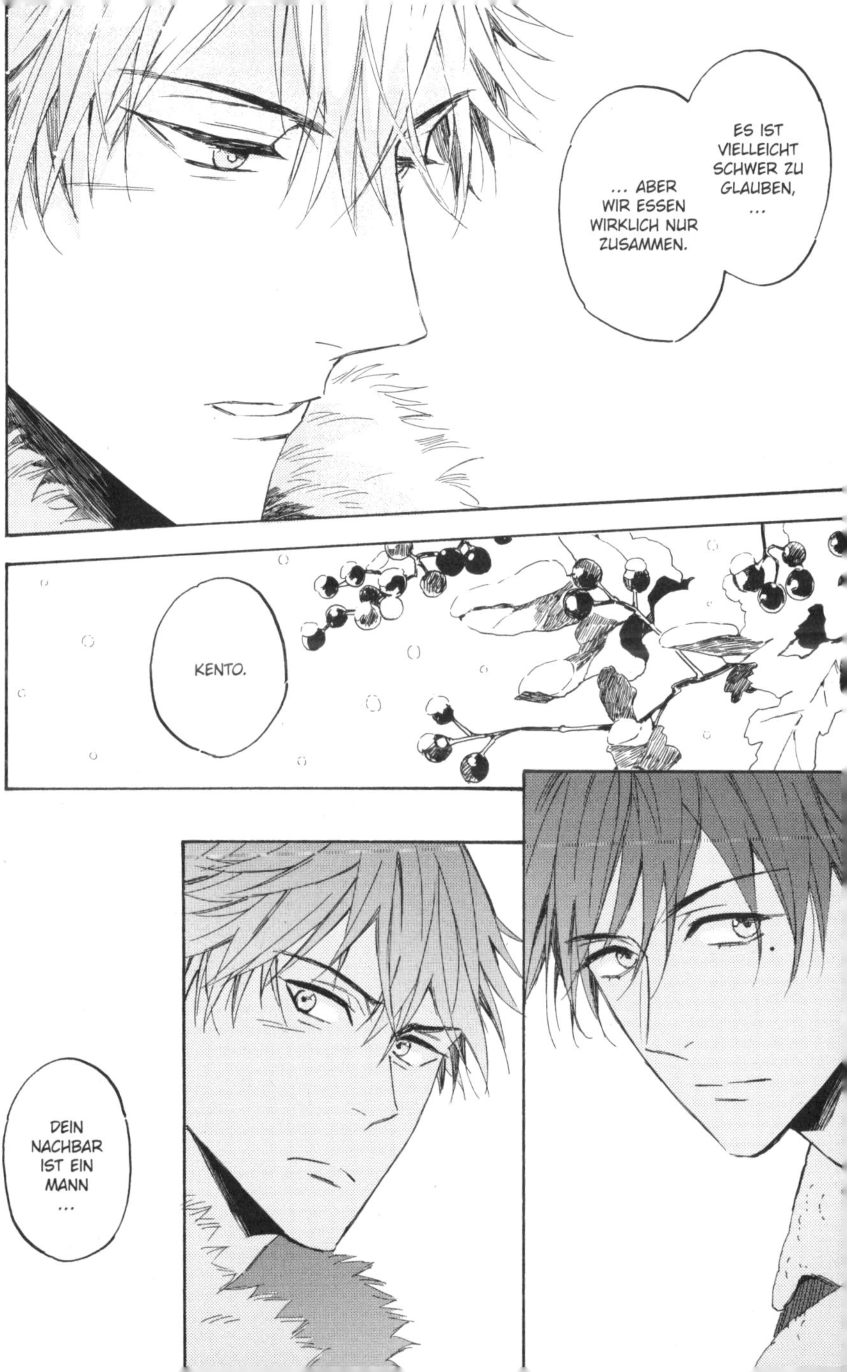
ES IST VIELLEICHT SCHWER ZU GLAUBEN, ...
... ABER WIR ESSEN WIRKLICH NUR ZUSAMMEN.
KENTO.
DEIN NACHBAR IST EIN MANN ...

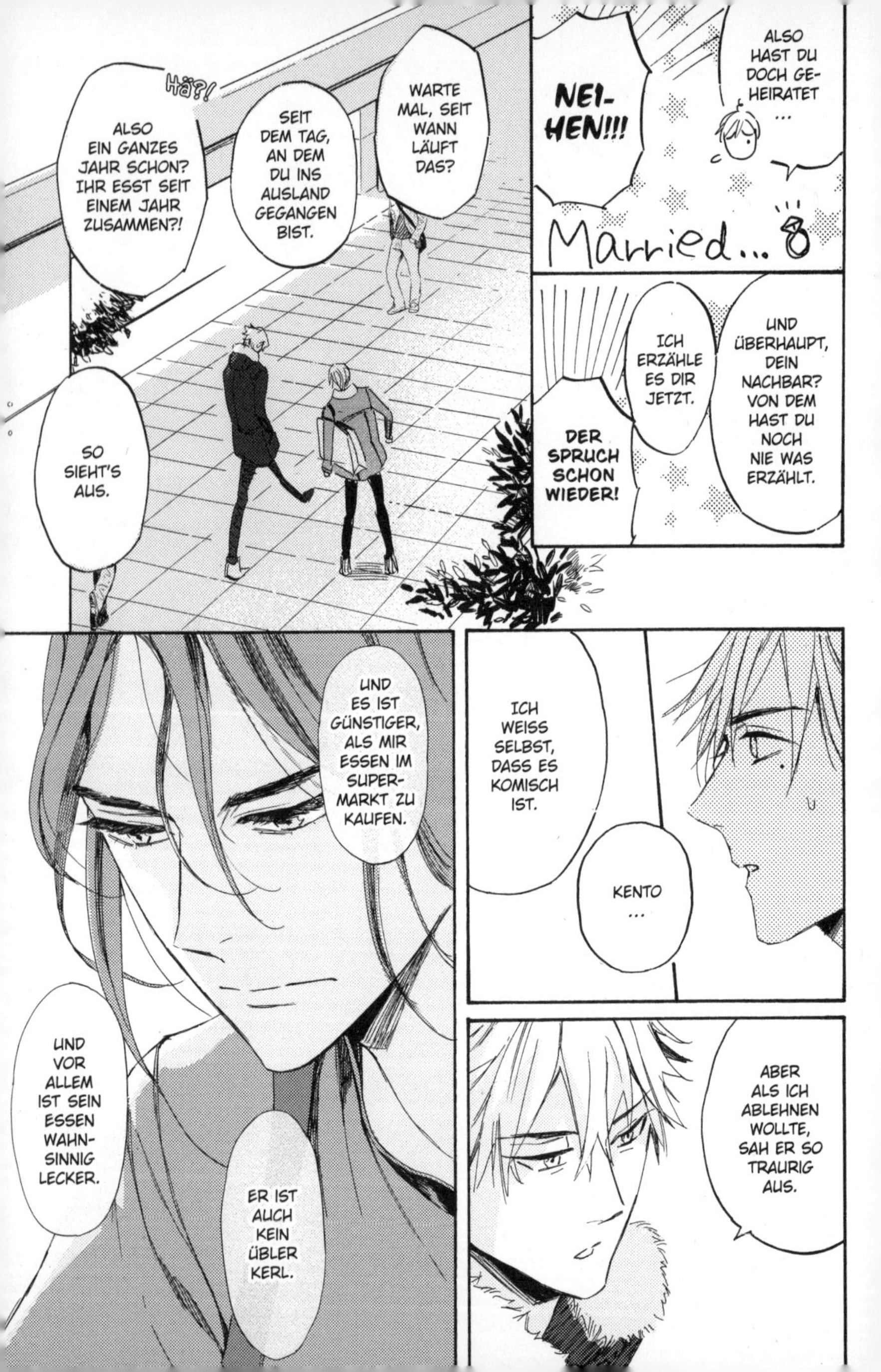
ALSO HAST DU DOCH GEHEIRATET ...
NEI-HEN!!!
Married...
UND ÜBERHAUPT, DEIN NACHBAR? VON DEM HAST DU NOCH NIE WAS ERZÄHLT.
ICH ERZÄHLE ES DIR JETZT.
DER SPRUCH SCHON WIEDER!
WARTE MAL, SEIT WANN LÄUFT DAS?
SEIT DEM TAG, AN DEM DU INS AUSLAND GEGANGEN BIST.
Hä?!
ALSO EIN GANZES JAHR SCHON? IHR ESST SEIT EINEM JAHR ZUSAMMEN?!
SO SIEHT'S AUS.
ICH WEISS SELBST, DASS ES KOMISCH IST.
KENTO ...
ABER ALS ICH ABLEHNEN WOLLTE, SAH ER SO TRAURIG AUS.
UND ES IST GÜNSTIGER, ALS MIR ESSEN IM SUPERMARKT ZU KAUFEN.
UND VOR ALLEM IST SEIN ESSEN WAHNSINNIG LECKER.
ER IST AUCH KEIN ÜBLER KERL.

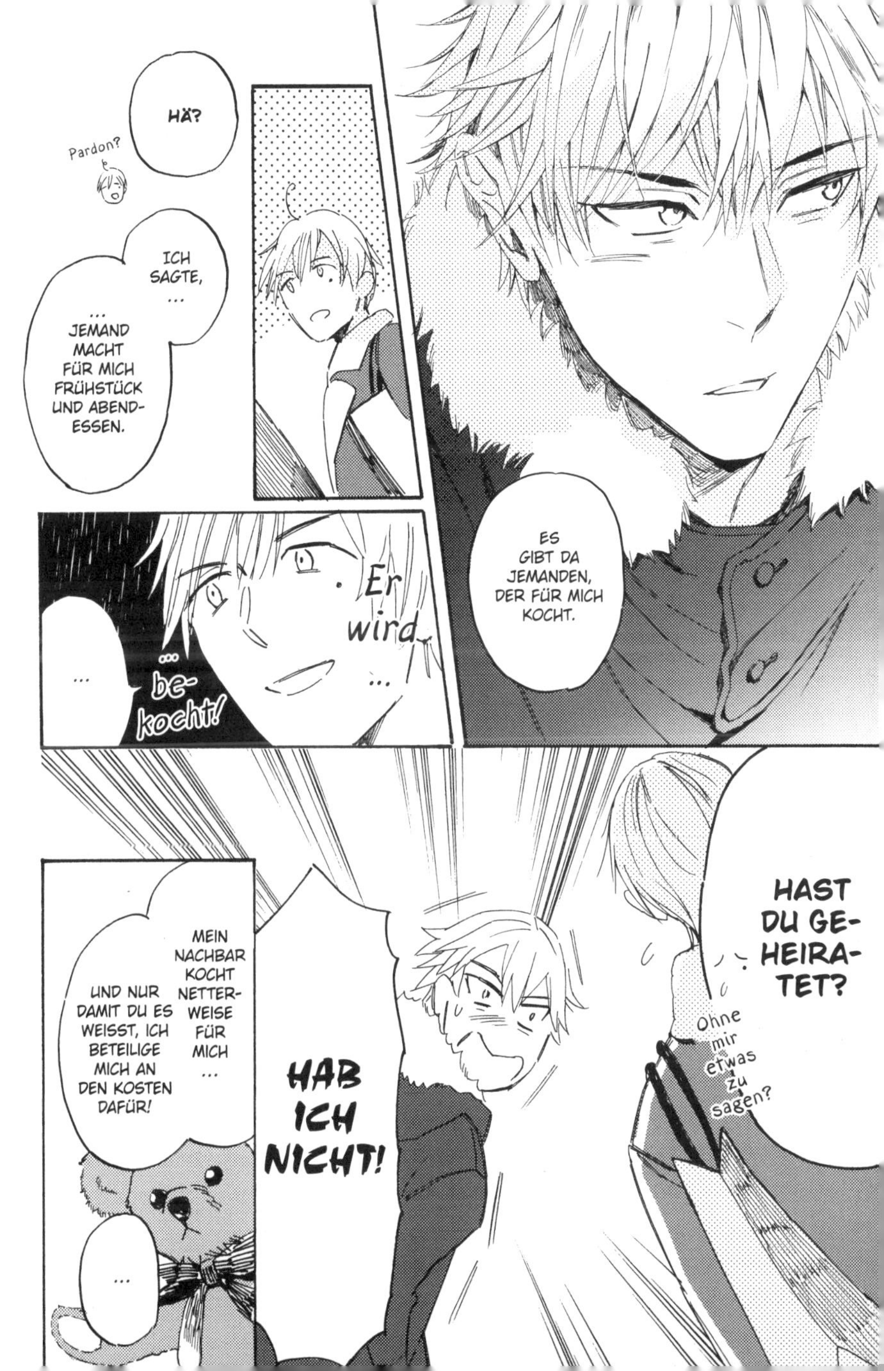
HÄ?
Pardon?
ICH SAGTE, … … JEMAND MACHT FÜR MICH FRÜHSTÜCK UND ABEND-ESSEN.
ES GIBT DA JEMANDEN, DER FÜR MICH KOCHT.
Er wird …
… be-kocht!
…
…
HAST DU GE-HEIRA-TET?
Ohne mir etwas zu sagen?
HAB ICH NICHT!
MEIN NACHBAR KOCHT NETTER-WEISE FÜR MICH …
UND NUR DAMIT DU ES WEISST, ICH BETEILIGE MICH AN DEN KOSTEN DAFÜR!
…

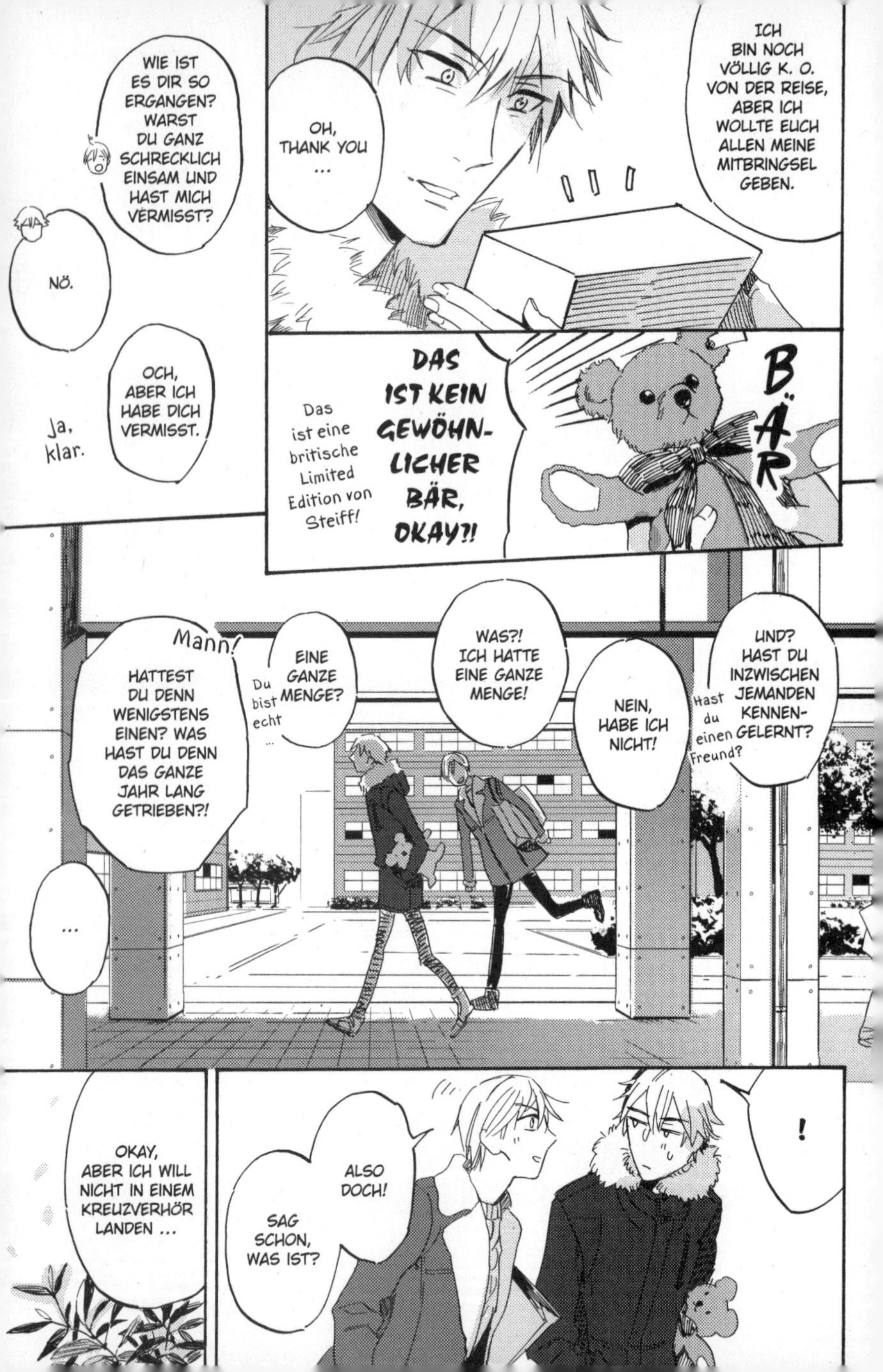
ICH BIN NOCH VÖLLIG K. O. VON DER REISE, ABER ICH WOLLTE EUCH ALLEN MEINE MITBRINGSEL GEBEN.
OH, THANK YOU …
WIE IST ES DIR SO ERGANGEN? WARST DU GANZ SCHRECKLICH EINSAM UND HAST MICH VERMISST?
NÖ.
OCH, ABER ICH HABE DICH VERMISST.
Ja, klar.
BÄR
DAS IST KEIN GEWÖHNLICHER BÄR, OKAY?!
Das ist eine britische Limited Edition von Steiff!
UND? HAST DU INZWISCHEN JEMANDEN KENNENGELERNT?
Hast du einen Freund?
NEIN, HABE ICH NICHT!
WAS?! ICH HATTE EINE GANZE MENGE!
EINE GANZE MENGE?
Du bist echt …
Mann!
HATTEST DU DENN WENIGSTENS EINEN? WAS HAST DU DENN DAS GANZE JAHR LANG GETRIEBEN?!
…
!
ALSO DOCH!
SAG SCHON, WAS IST?
OKAY, ABER ICH WILL NICHT IN EINEM KREUZVERHÖR LANDEN …

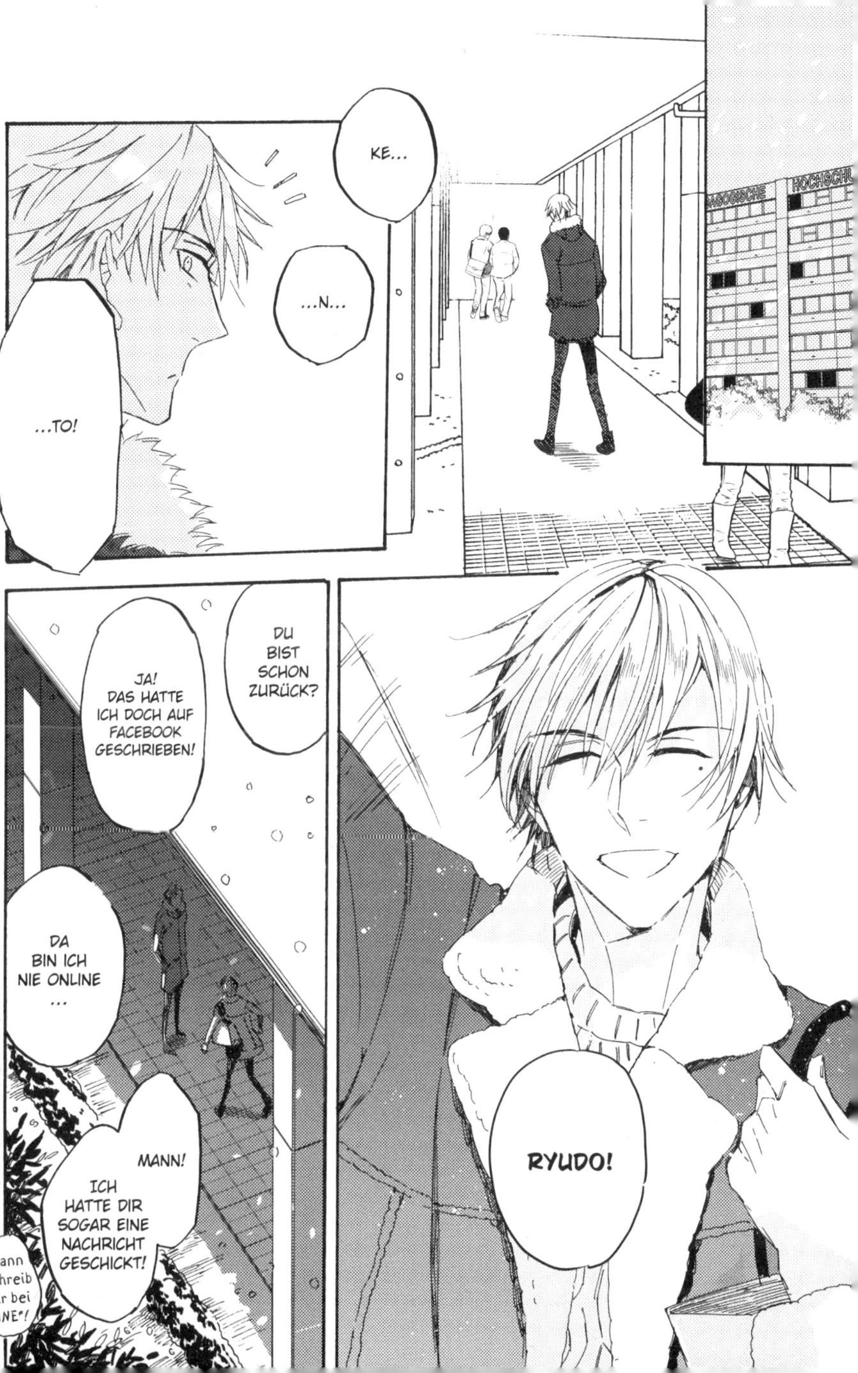

* Oft genutzter Messenger in Japan.

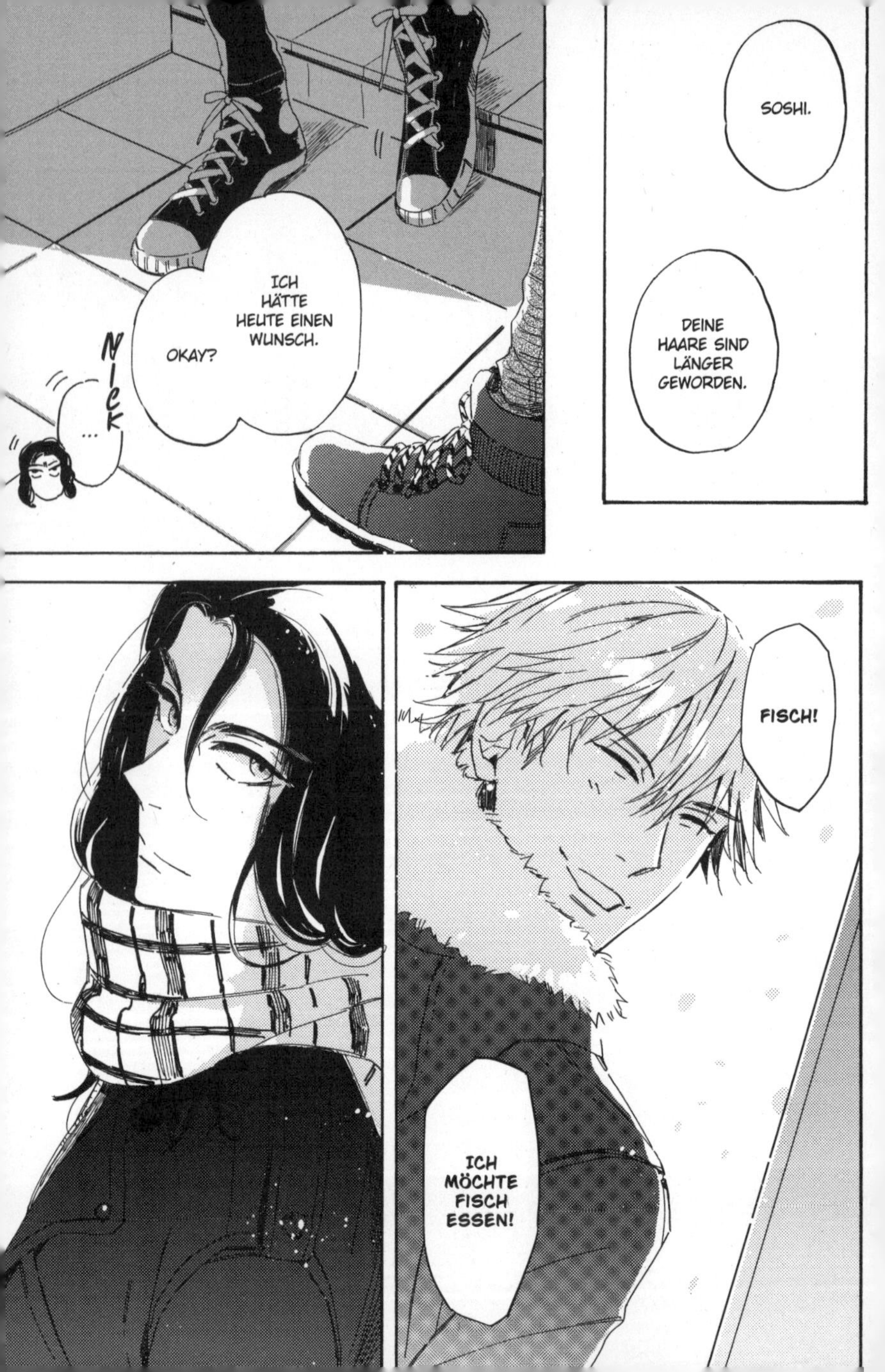
SOSHI.
DEINE HAARE SIND LÄNGER GEWORDEN.
ICH HÄTTE HEUTE EINEN WUNSCH.
OKAY?
NICK
...
FISCH!
ICH MÖCHTE FISCH ESSEN!

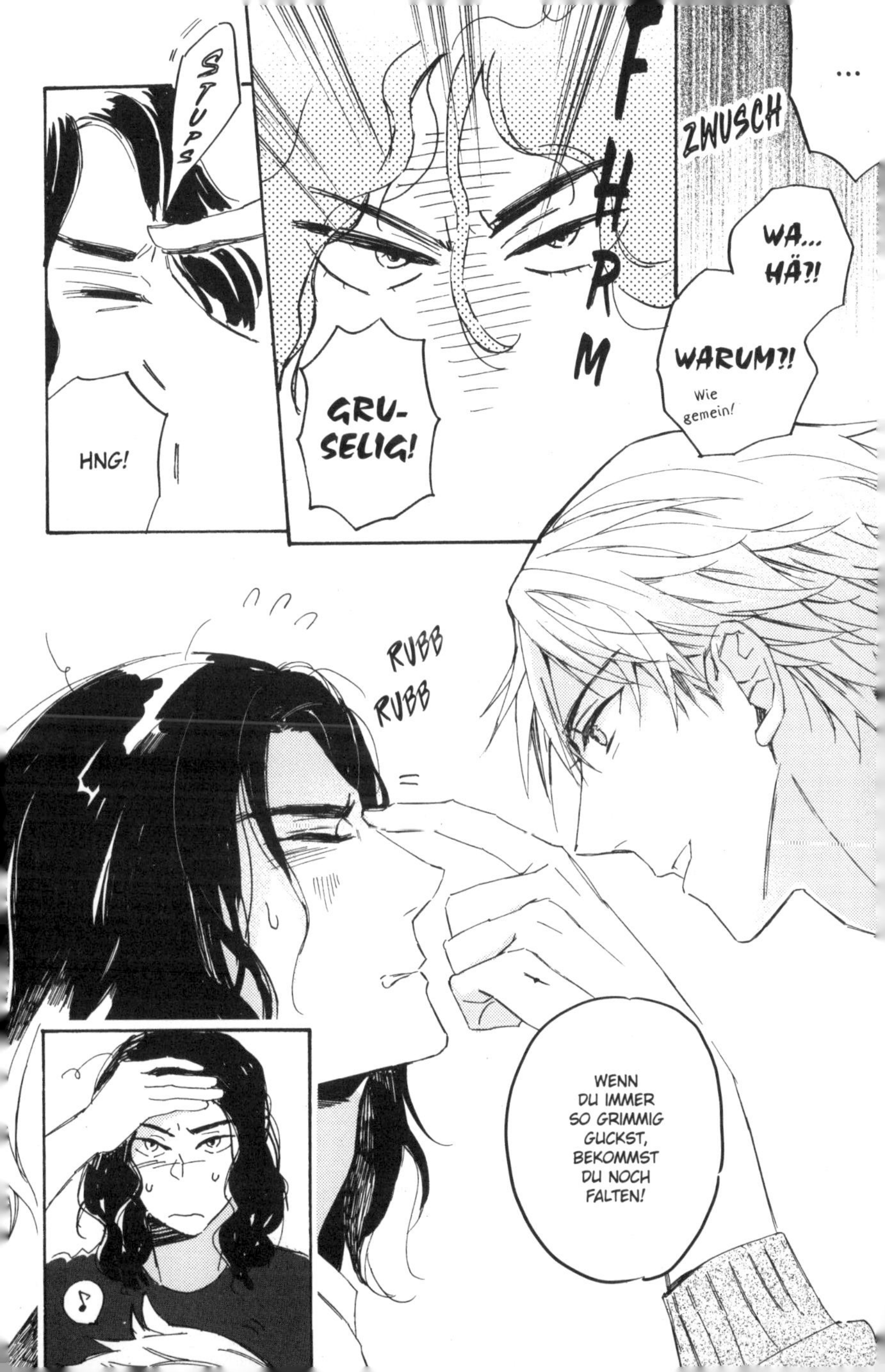
...
ZWUSCH
WA... HÄ?!
WARUM?!
Wie gemein!
FHRM
GRU-SELIG!
STUPS
HNG!
RUBB RUBB
WENN DU IMMER SO GRIMMIG GUCKST, BEKOMMST DU NOCH FALTEN!

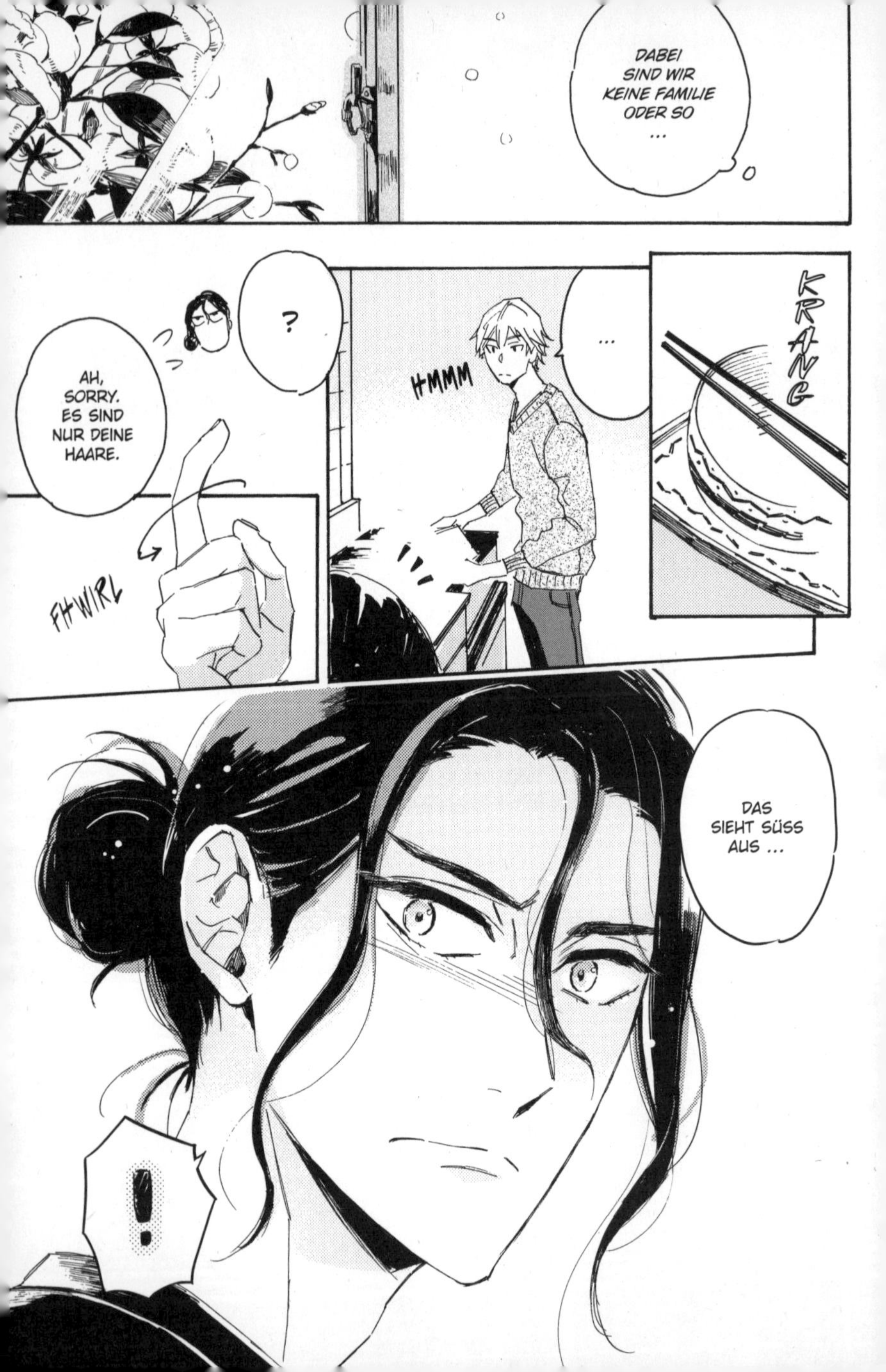
DABEI SIND WIR KEINE FAMILIE ODER SO …
KRANG
…
HMMM
?
AH, SORRY. ES SIND NUR DEINE HAARE.
FHWIRL
DAS SIEHT SÜSS AUS …
!

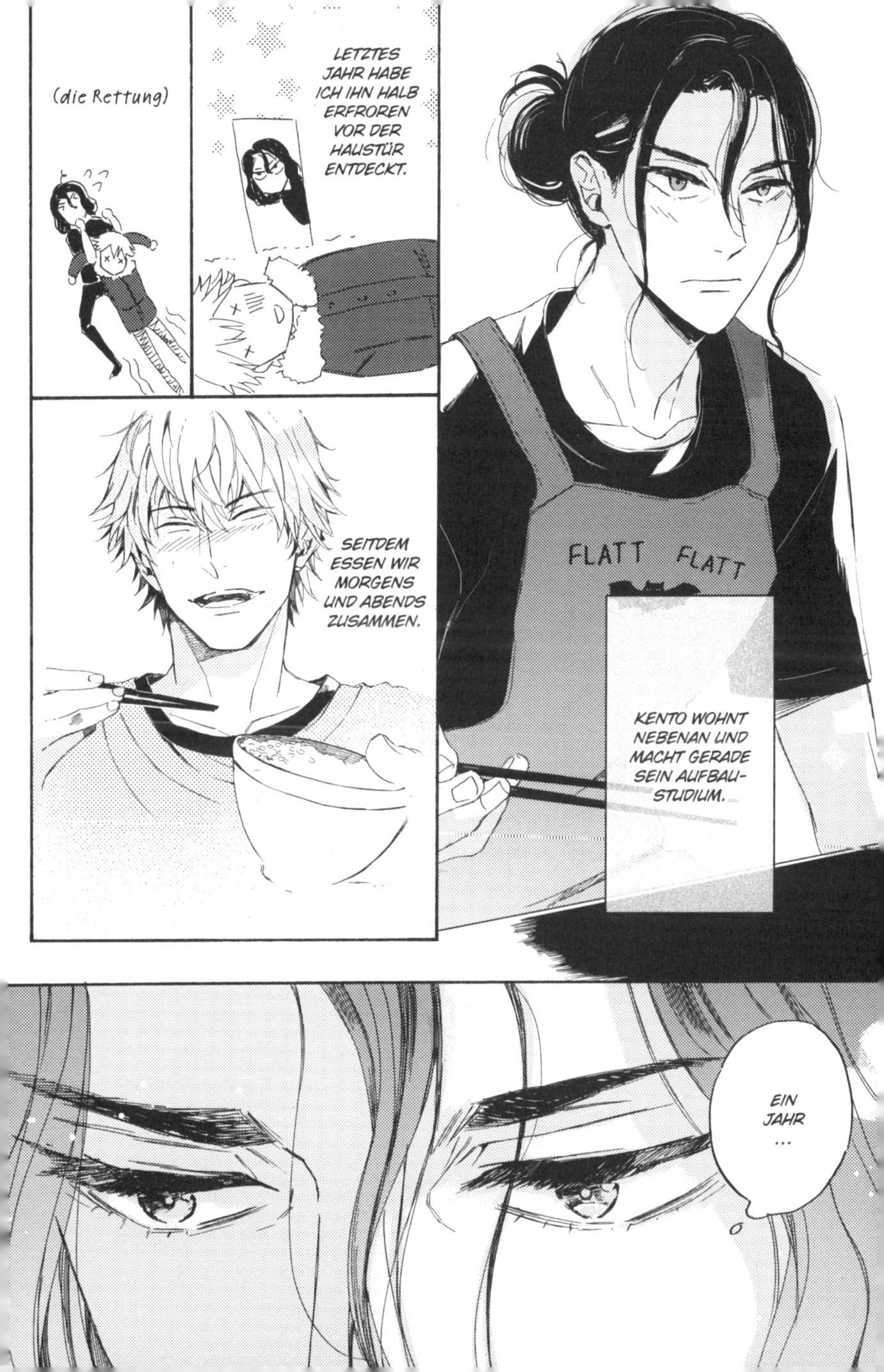
Letztes Jahr habe ich ihn halb erfroren vor der Haustür entdeckt.
(die Rettung)
Kento wohnt nebenan und macht gerade sein Aufbau-studium.
FLATT FLATT
Seitdem essen wir morgens und abends zusammen.
Ein Jahr ...

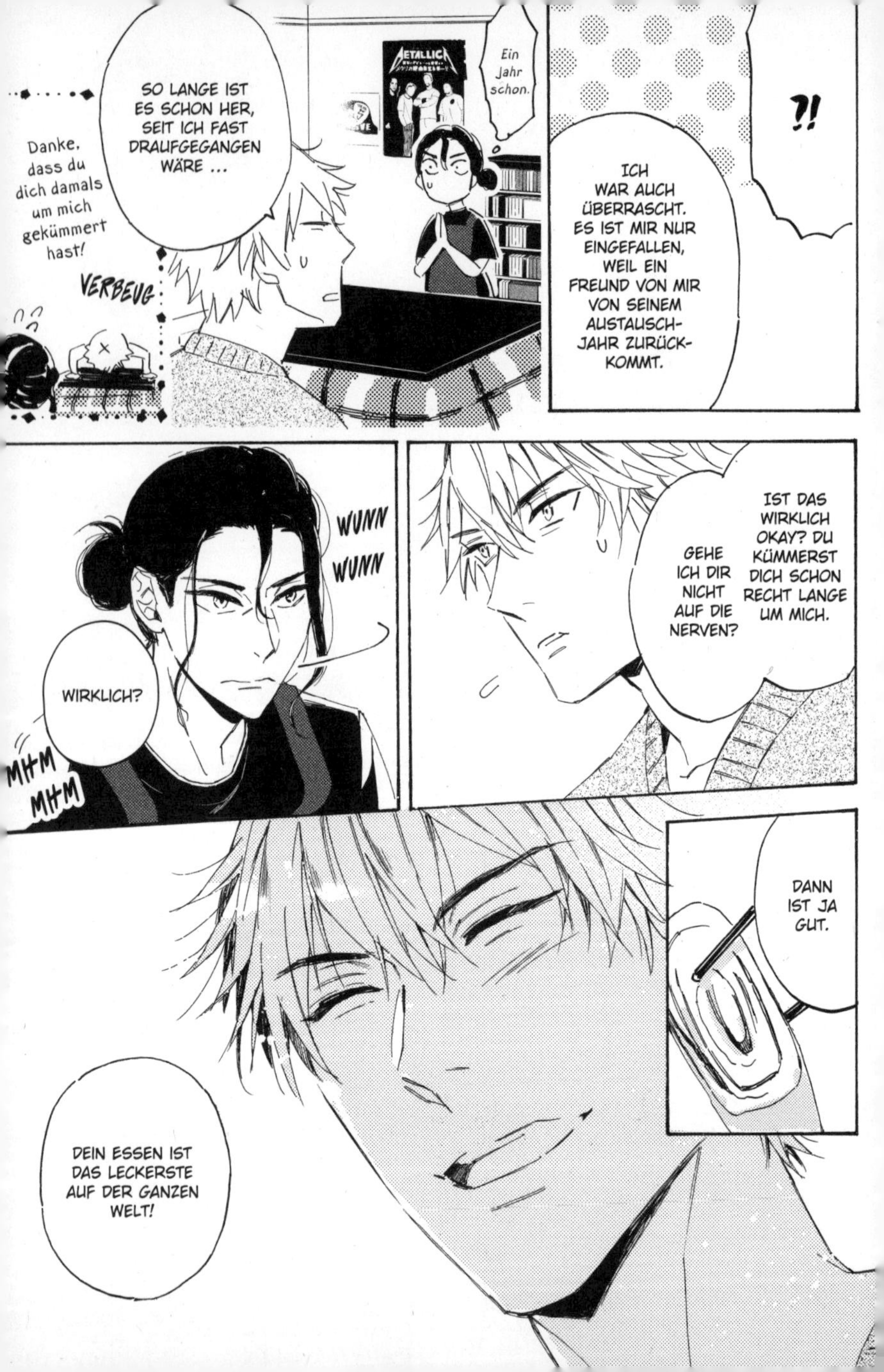
?!
ICH WAR AUCH ÜBERRASCHT. ES IST MIR NUR EINGEFALLEN, WEIL EIN FREUND VON MIR VON SEINEM AUSTAUSCH-JAHR ZURÜCK-KOMMT.
Ein Jahr schon.
SO LANGE IST ES SCHON HER, SEIT ICH FAST DRAUFGEGANGEN WÄRE …
Danke, dass du dich damals um mich gekümmert hast!
VERBEUG
IST DAS WIRKLICH OKAY? DU KÜMMERST DICH SCHON RECHT LANGE UM MICH.
GEHE ICH DIR NICHT AUF DIE NERVEN?
WUNN WUNN
WIRKLICH?
MHM MHM
DANN IST JA GUT.
DEIN ESSEN IST DAS LECKERSTE AUF DER GANZEN WELT!

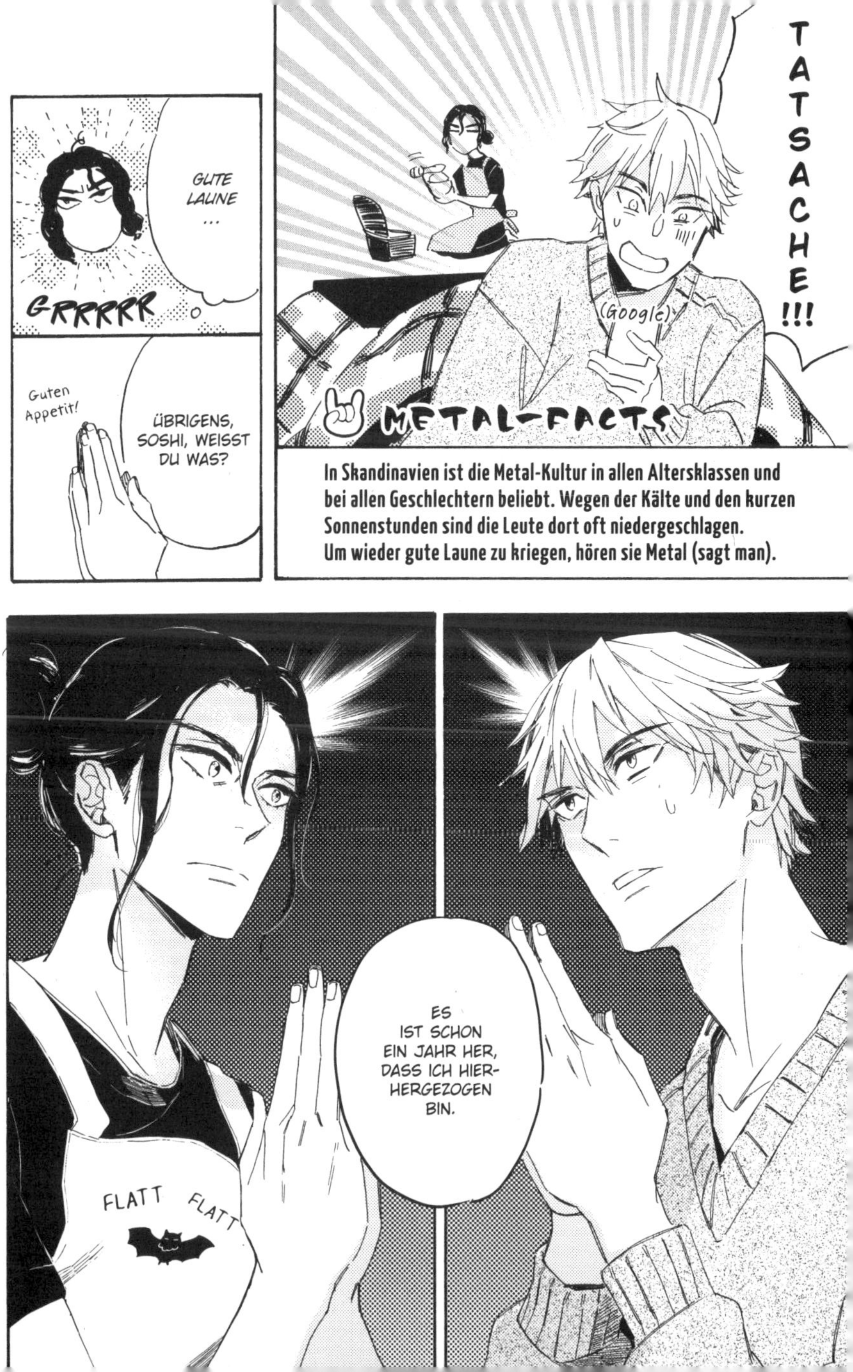

TATSACHE!!!
(Google)
METAL-FACTS
In Skandinavien ist die Metal-Kultur in allen Altersklassen und bei allen Geschlechtern beliebt. Wegen der Kälte und den kurzen Sonnenstunden sind die Leute dort oft niedergeschlagen. Um wieder gute Laune zu kriegen, hören sie Metal (sagt man).
GUTE LAUNE ...
GRRRRR
ÜBRIGENS, SOSHI, WEISST DU WAS?
Guten Appetit!
ES IST SCHON EIN JAHR HER, DASS ICH HIERHERGEZOGEN BIN.
FLATT FLATT

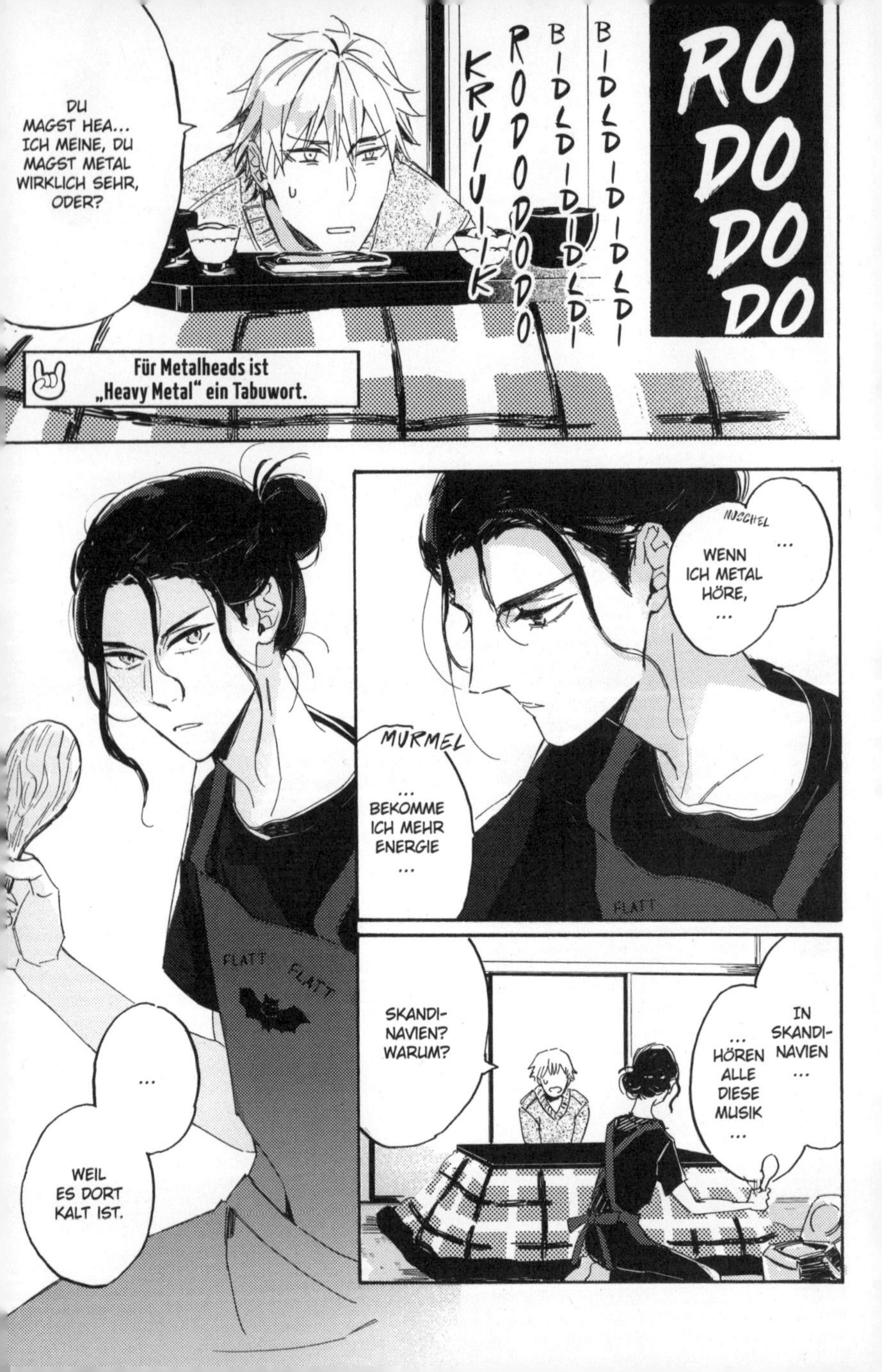
RODODODO
BIDLDI-IDLDI-IDLDI
BIDLDI-IDLDI-IDLDI
RODODODODO
KRUIUIK
DU MAGST HEA… ICH MEINE, DU MAGST METAL WIRKLICH SEHR, ODER?
Für Metalheads ist „Heavy Metal“ ein Tabuwort.
NUSCHEL
… WENN ICH METAL HÖRE, …
MURMEL
… BEKOMME ICH MEHR ENERGIE …
FLATT
IN SKANDINAVIEN …
… HÖREN ALLE DIESE MUSIK …
SKANDINAVIEN? WARUM?
FLATT FLATT
…
WEIL ES DORT KALT IST.

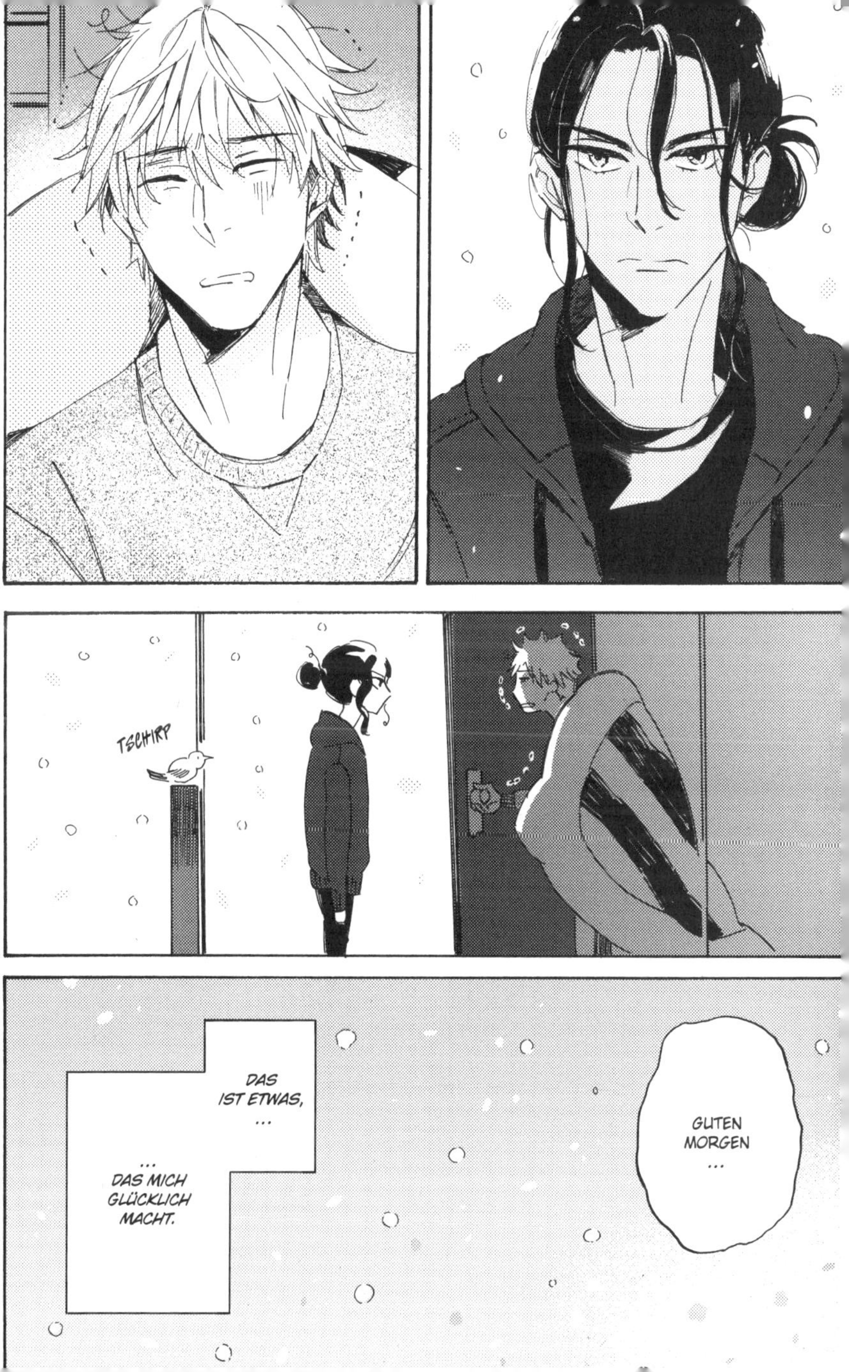
TSCHIRP
GUTEN MORGEN ...
DAS IST ETWAS, ...
... DAS MICH GLÜCKLICH MACHT.

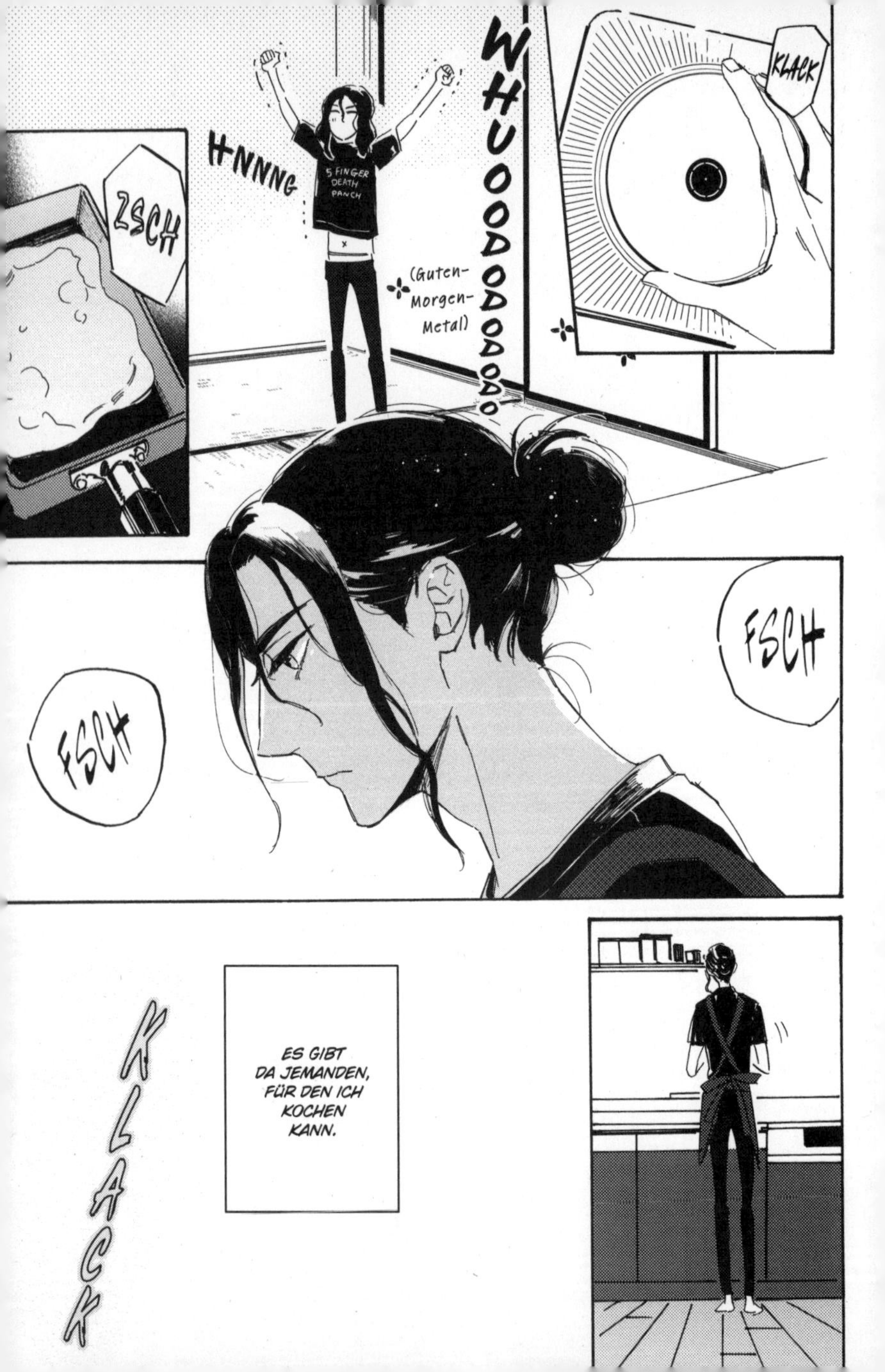

KLACK
WHUOODODODODO
HNNNG
5 FINGER DEATH PANCH
(Guten-Morgen-Metal)
ZSCH
FSCH
FSCH
ES GIBT DA JEMANDEN, FÜR DEN ICH KOCHEN KANN.
KLACK

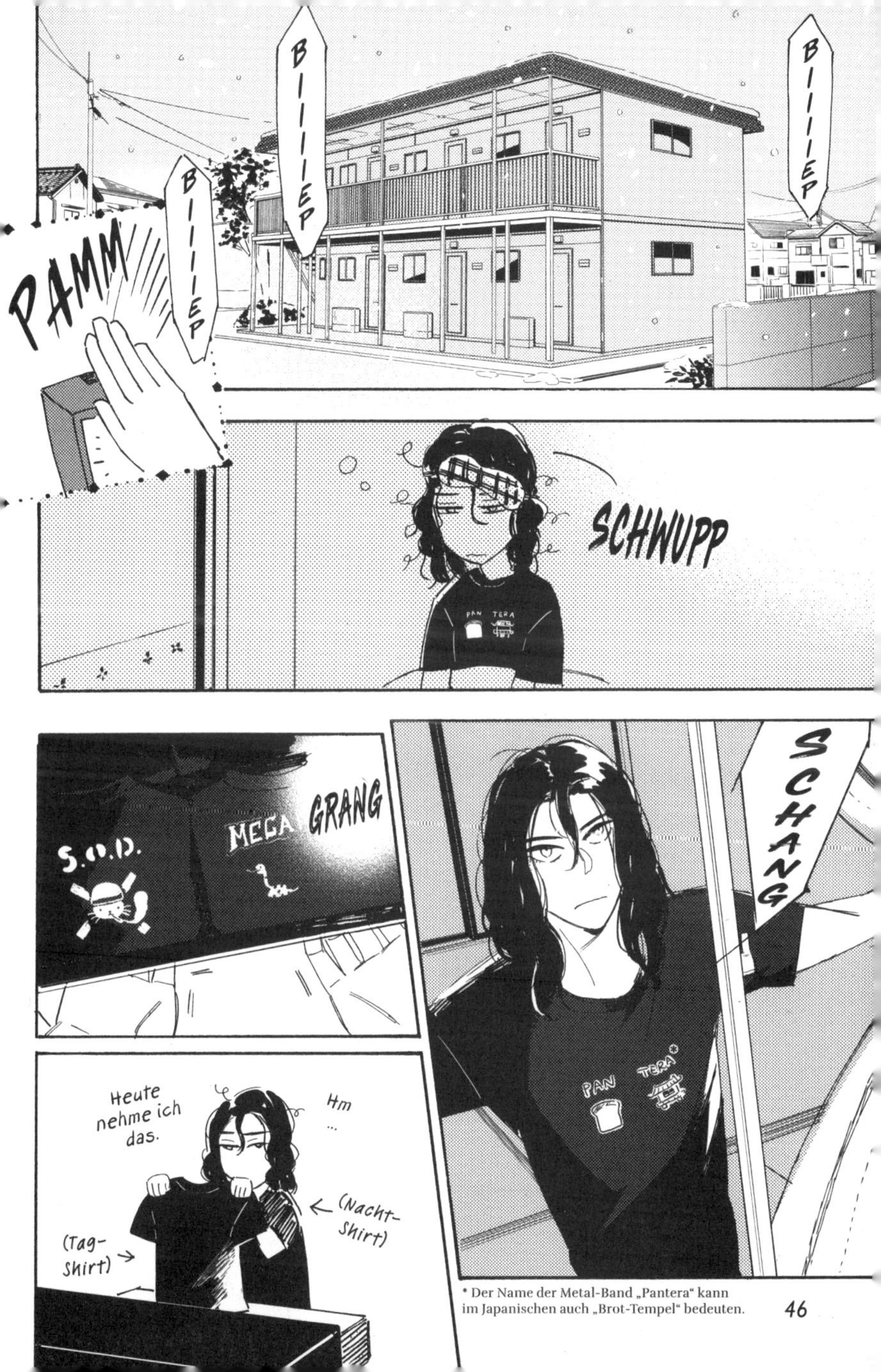

* Der Name der Metal-Band „Pantera“ kann im Japanischen auch „Brot-Tempel“ bedeuten.

Kapitel 2

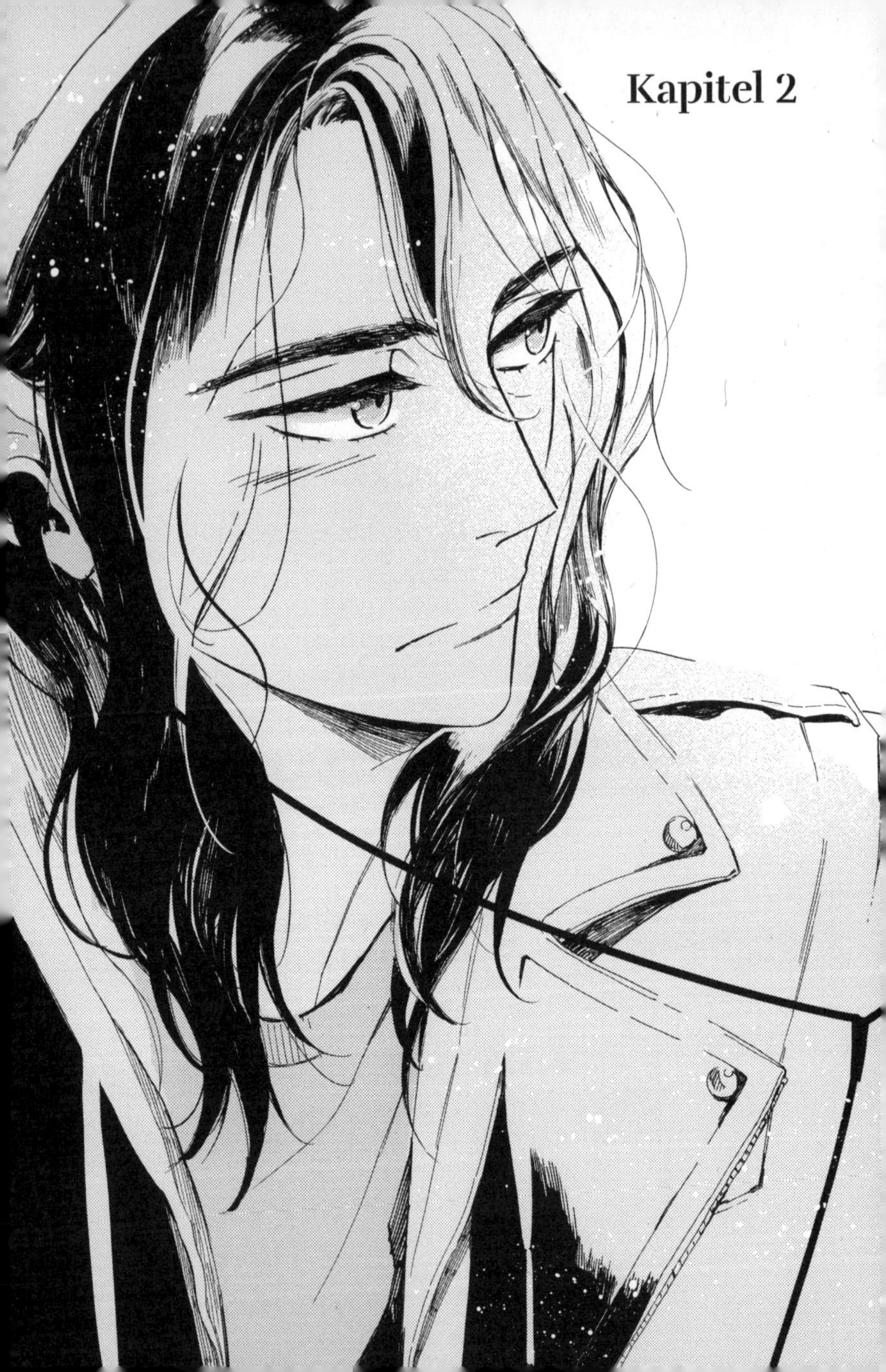

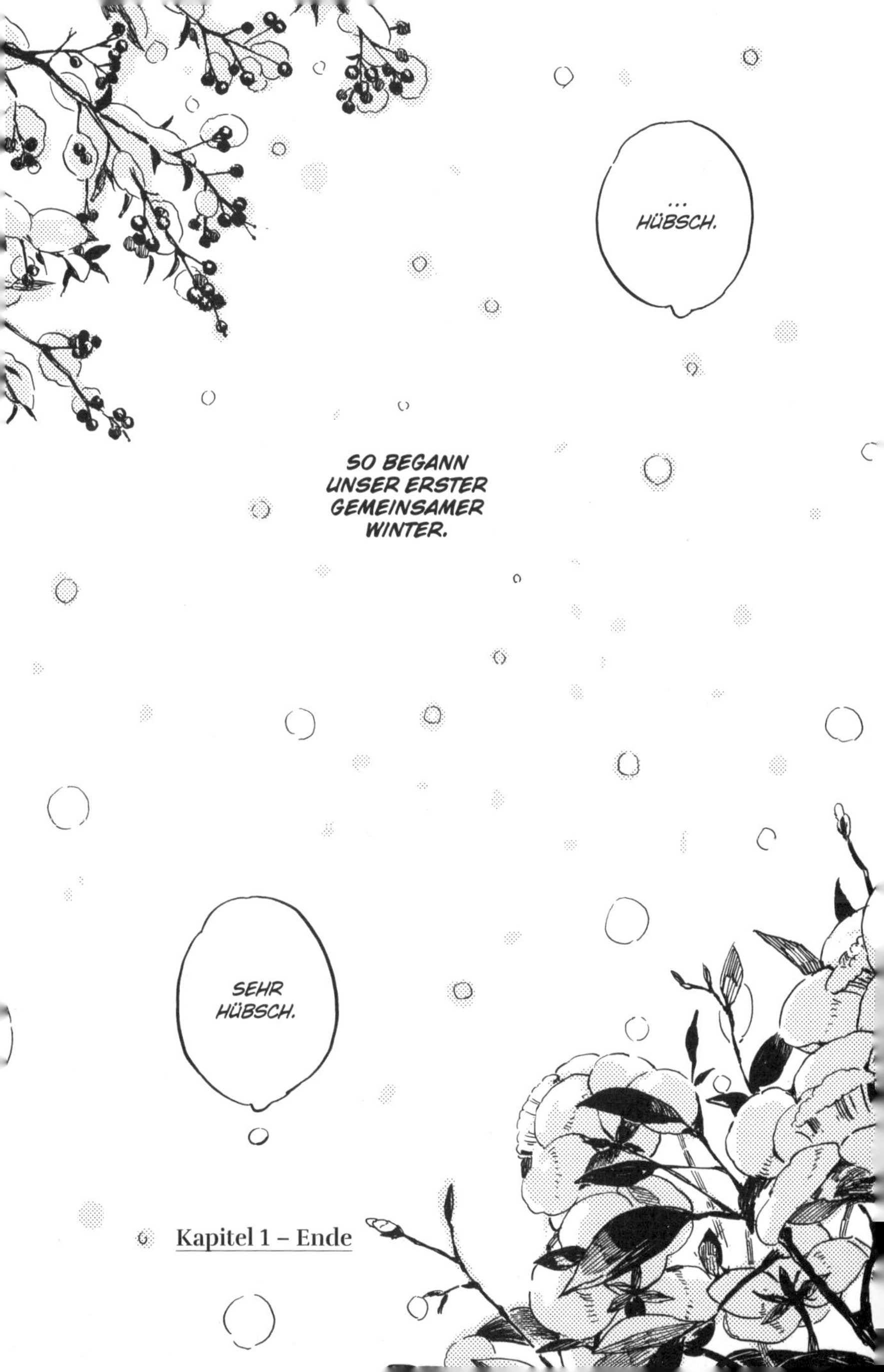
... HÜBSCH.
SO BEGANN UNSER ERSTER GEMEINSAMER WINTER.
SEHR HÜBSCH.
Kapitel 1 – Ende

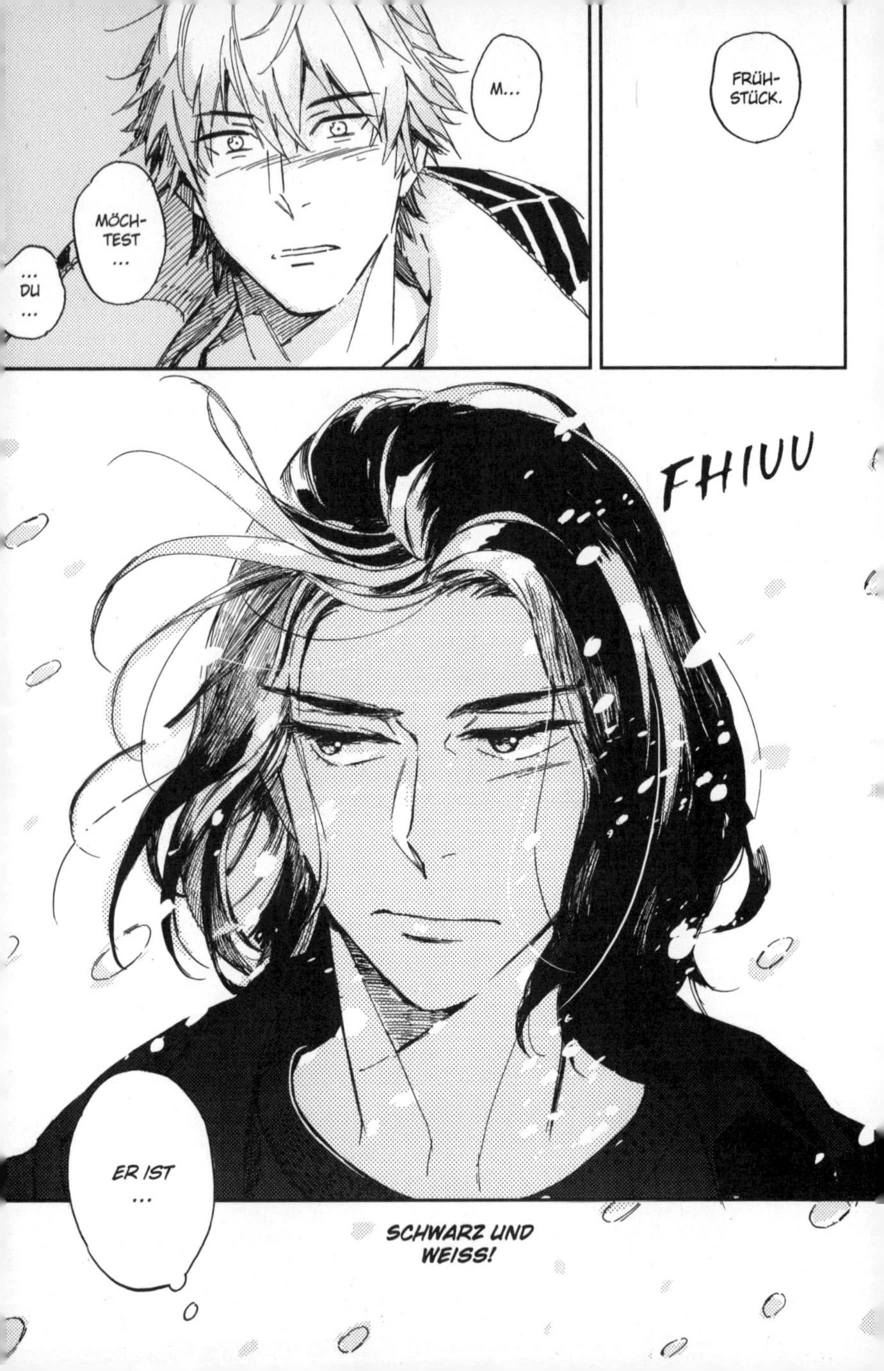
FRÜHSTÜCK.
M...
MÖCHTEST ...
... DU ...
FHIUU
ER IST ...
SCHWARZ UND WEISS!

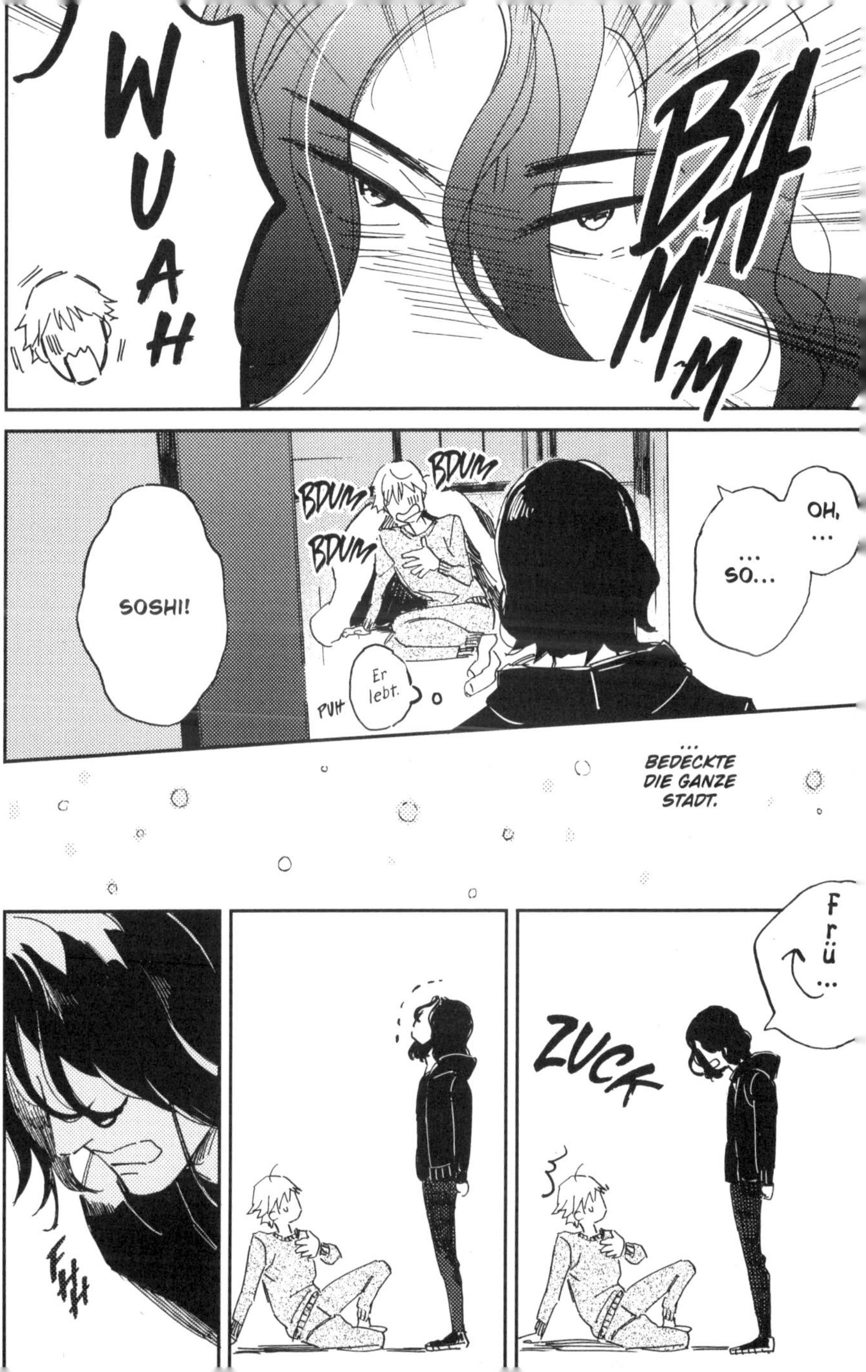
BAMMM
WUAH
OH, … … SO…
BDUM
BDUM
BDUM
SOSHI!
Er lebt.
PUH
… BEDECKTE DIE GANZE STADT.
Frü…
ZUCK
FHH

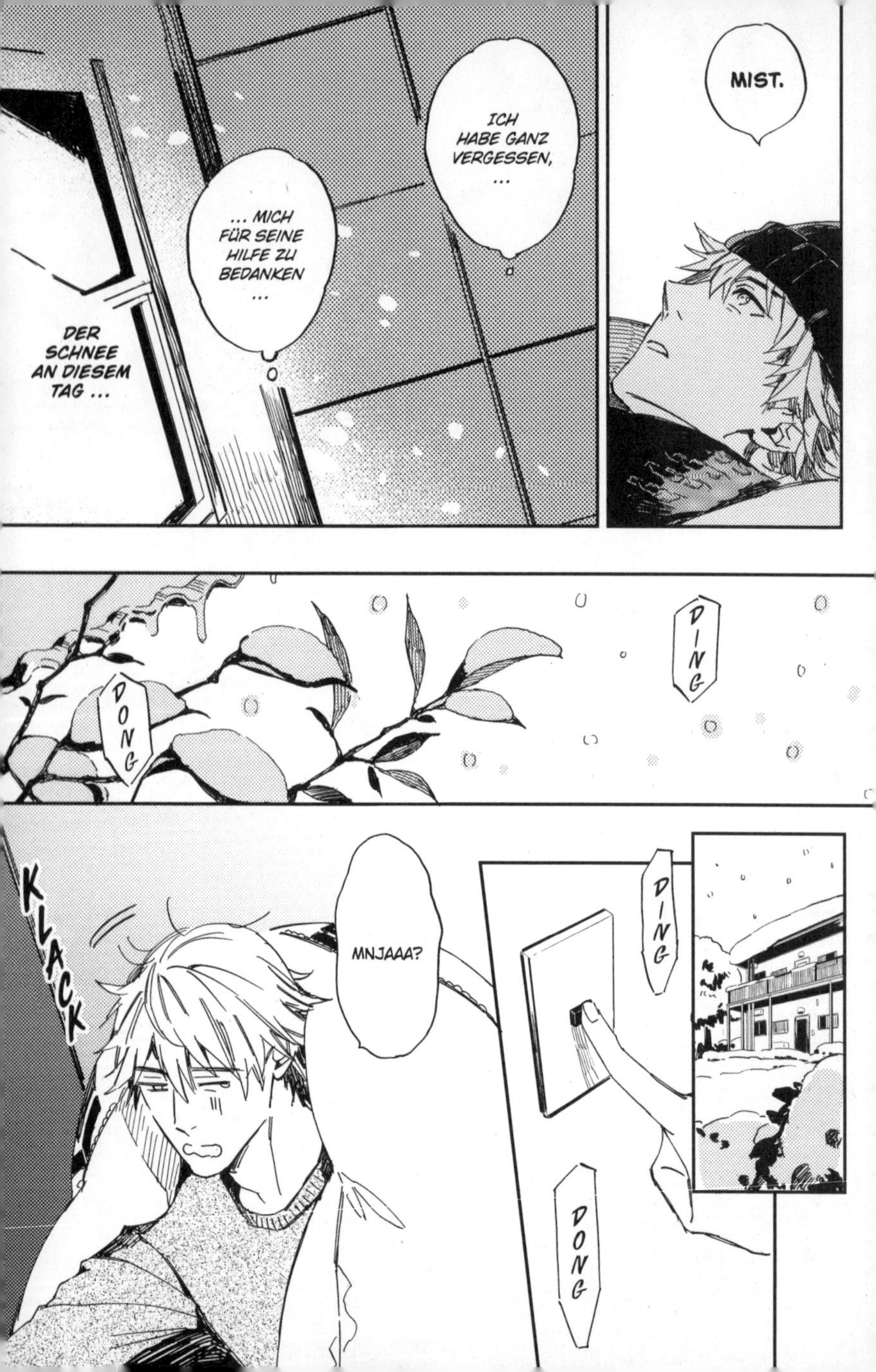
MIST.
ICH HABE GANZ VERGESSEN, ...
... MICH FÜR SEINE HILFE ZU BEDANKEN ...
DER SCHNEE AN DIESEM TAG ...
DING
DONG
DING
DONG
MNJAAA?
KLACK

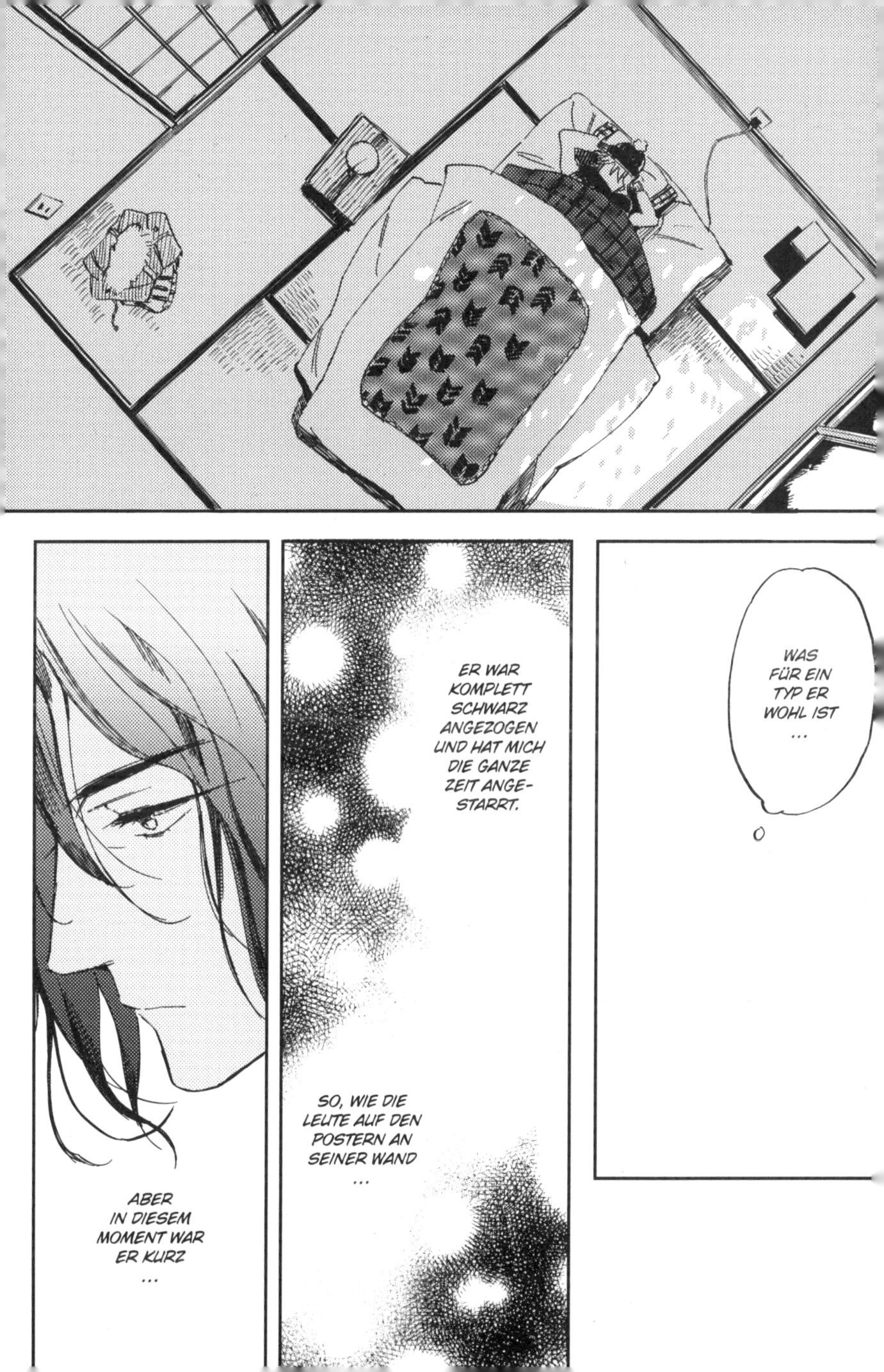
WAS FÜR EIN TYP ER WOHL IST ...
ER WAR KOMPLETT SCHWARZ ANGEZOGEN UND HAT MICH DIE GANZE ZEIT ANGE-STARRT.
SO, WIE DIE LEUTE AUF DEN POSTERN AN SEINER WAND ...
ABER IN DIESEM MOMENT WAR ER KURZ ...

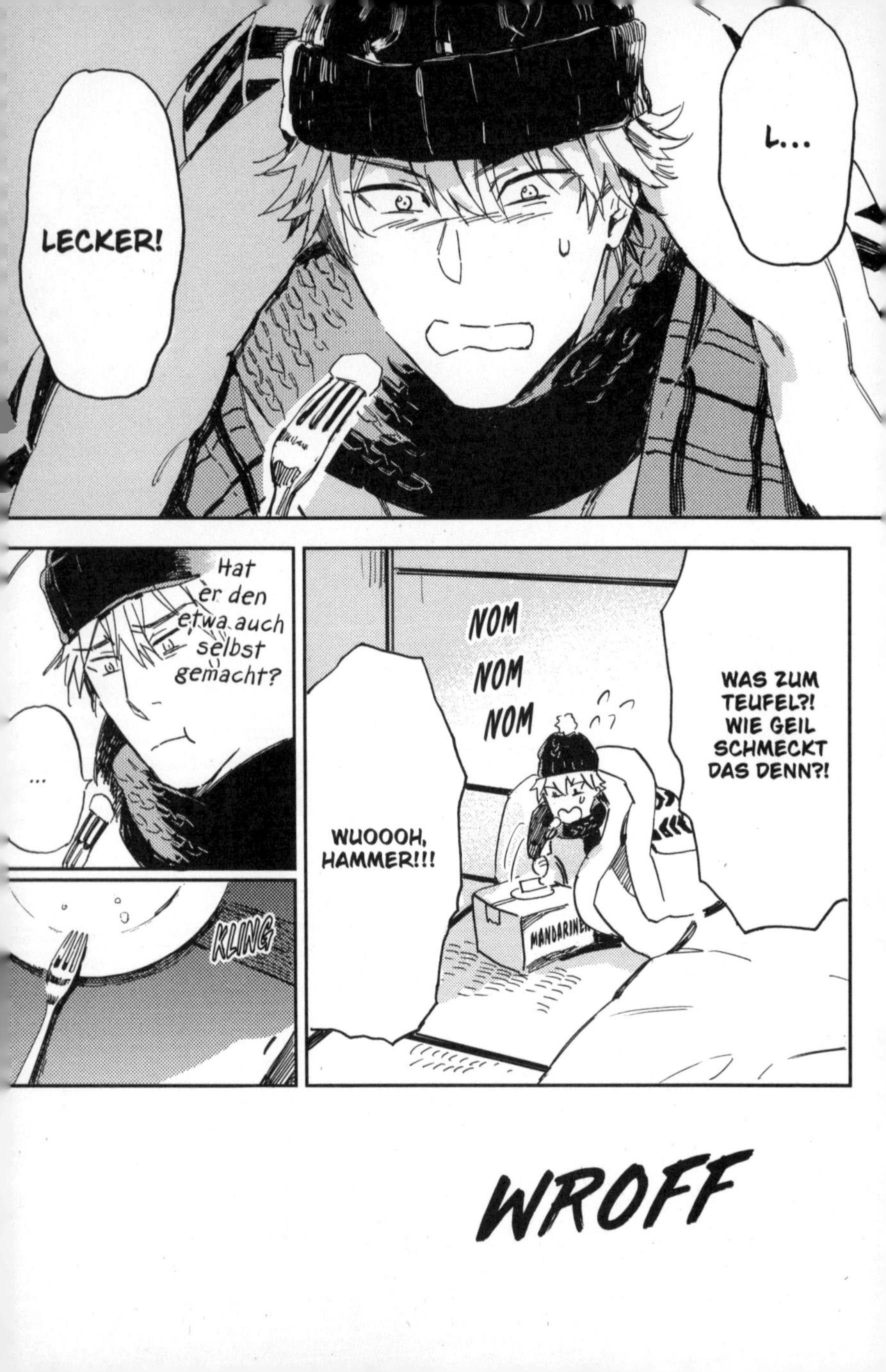
L...
LECKER!
WAS ZUM TEUFEL?! WIE GEIL SCHMECKT DAS DENN?!
NOM NOM NOM
WUOOOH, HAMMER!!!
Hat er den etwa auch selbst gemacht?
...
MANDARINEN
KLING
WROFF

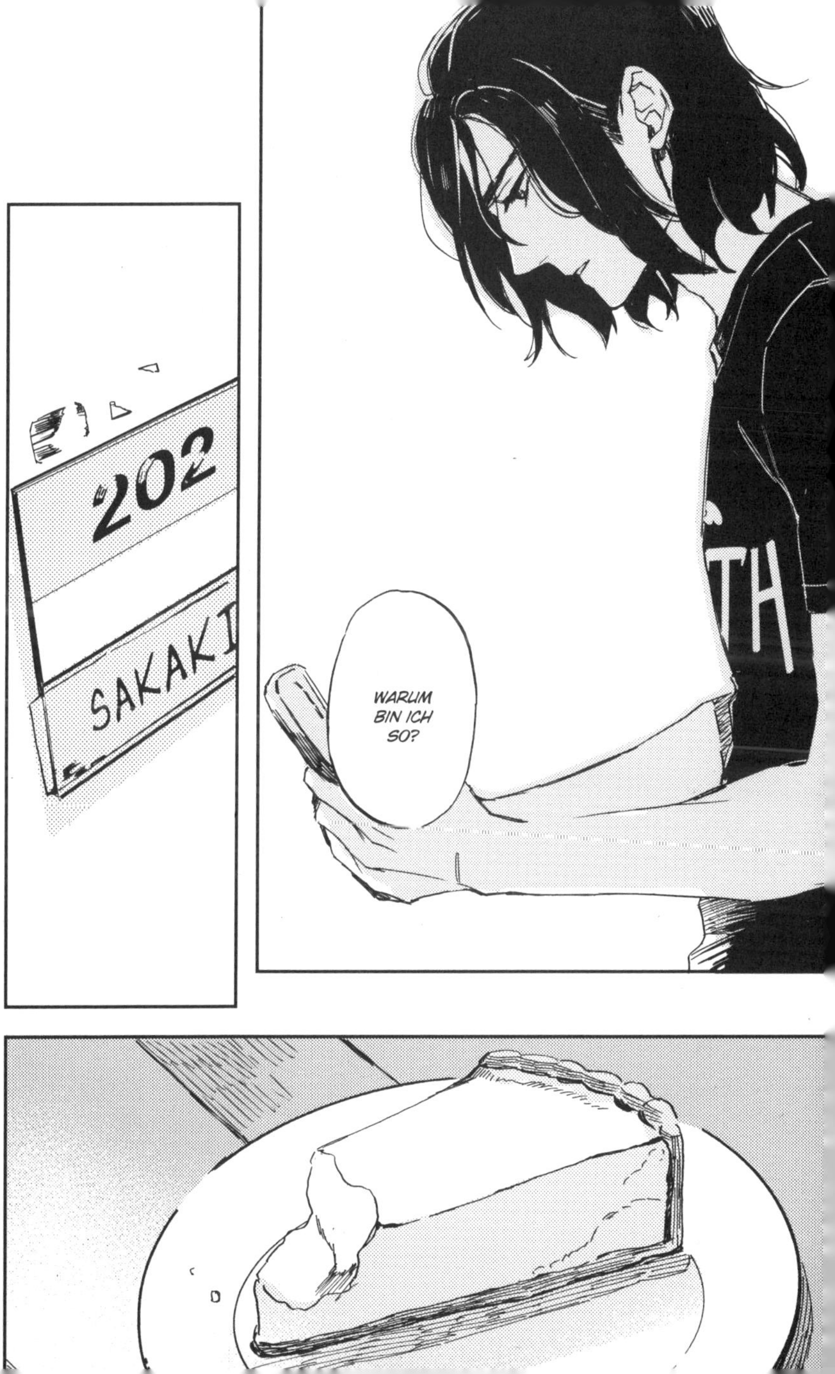
202
SAKAKI
WARUM BIN ICH SO?

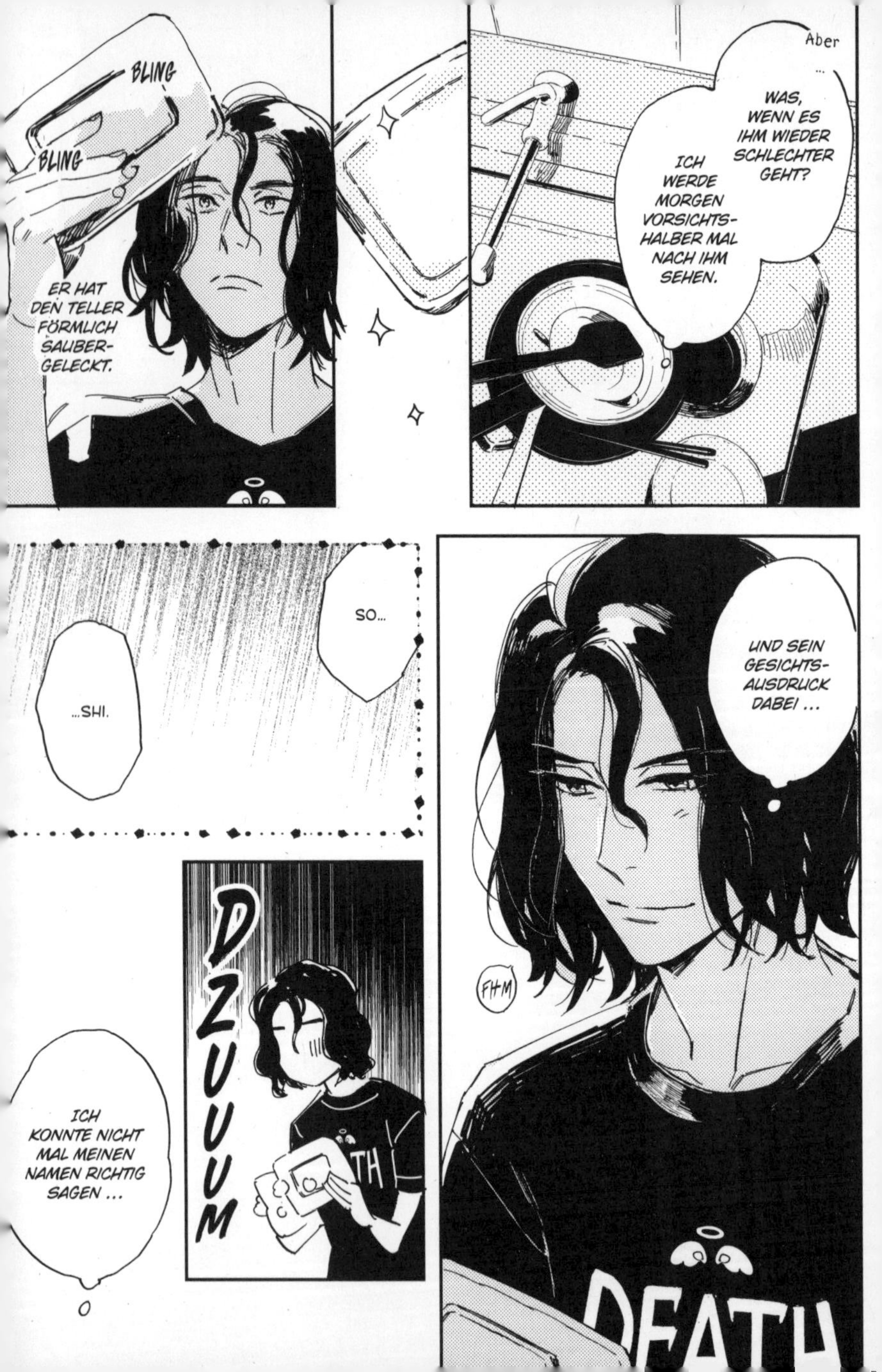
Aber ...
WAS, WENN ES IHM WIEDER SCHLECHTER GEHT?
ICH WERDE MORGEN VORSICHTS-HALBER MAL NACH IHM SEHEN.
BLING
BLING
ER HAT DEN TELLER FÖRMLICH SAUBER-GELECKT.
UND SEIN GESICHTS-AUSDRUCK DABEI ...
FHM
SO...
...SHI.
DZUUUM
ICH KONNTE NICHT MAL MEINEN NAMEN RICHTIG SAGEN ...
DEATH

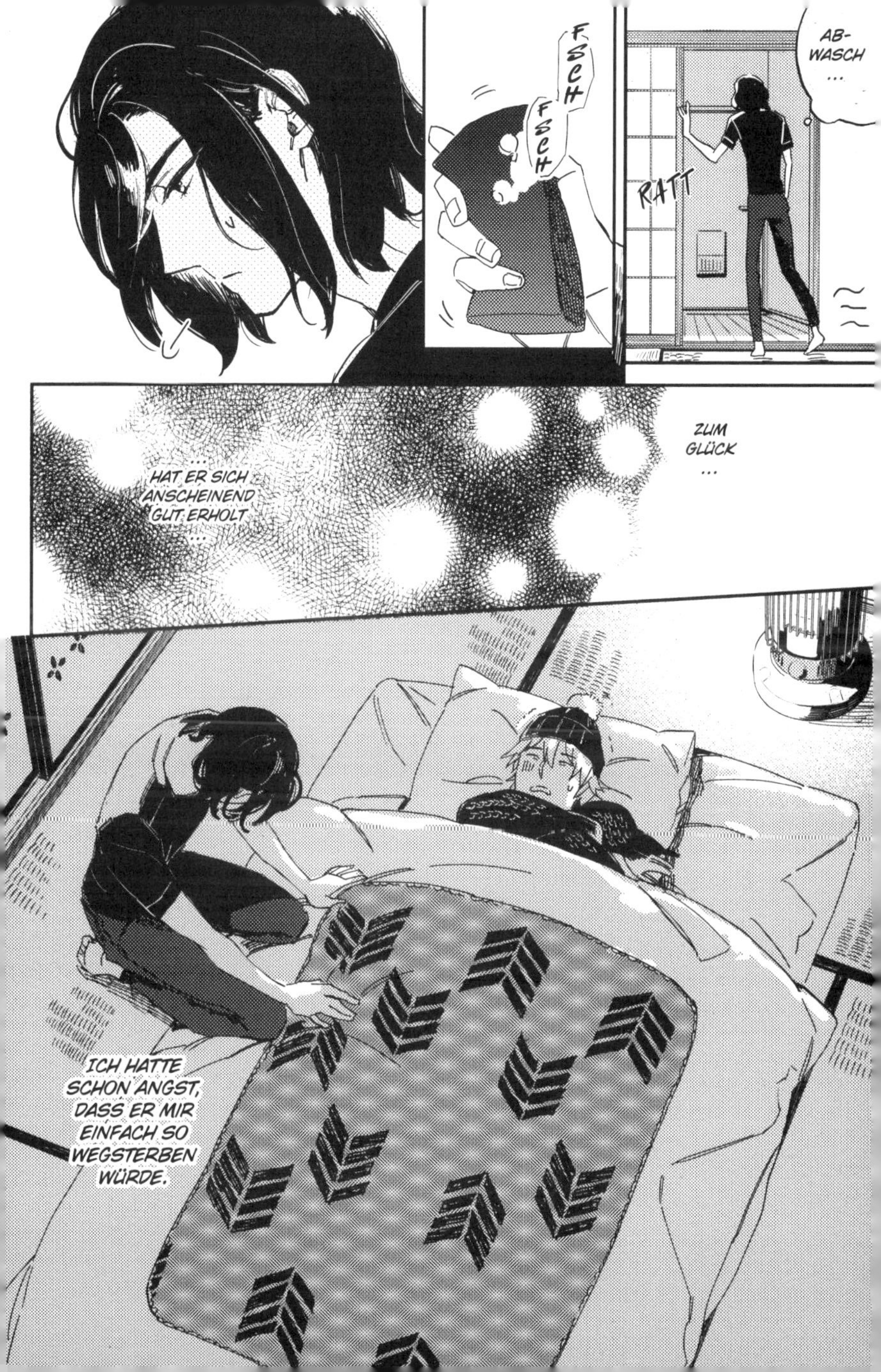
ABWASCH …
RATT
FSCH FSCH
ZUM GLÜCK …
… HAT ER SICH ANSCHEINEND GUT ERHOLT …
ICH HATTE SCHON ANGST, DASS ER MIR EINFACH SO WEGSTERBEN WÜRDE.

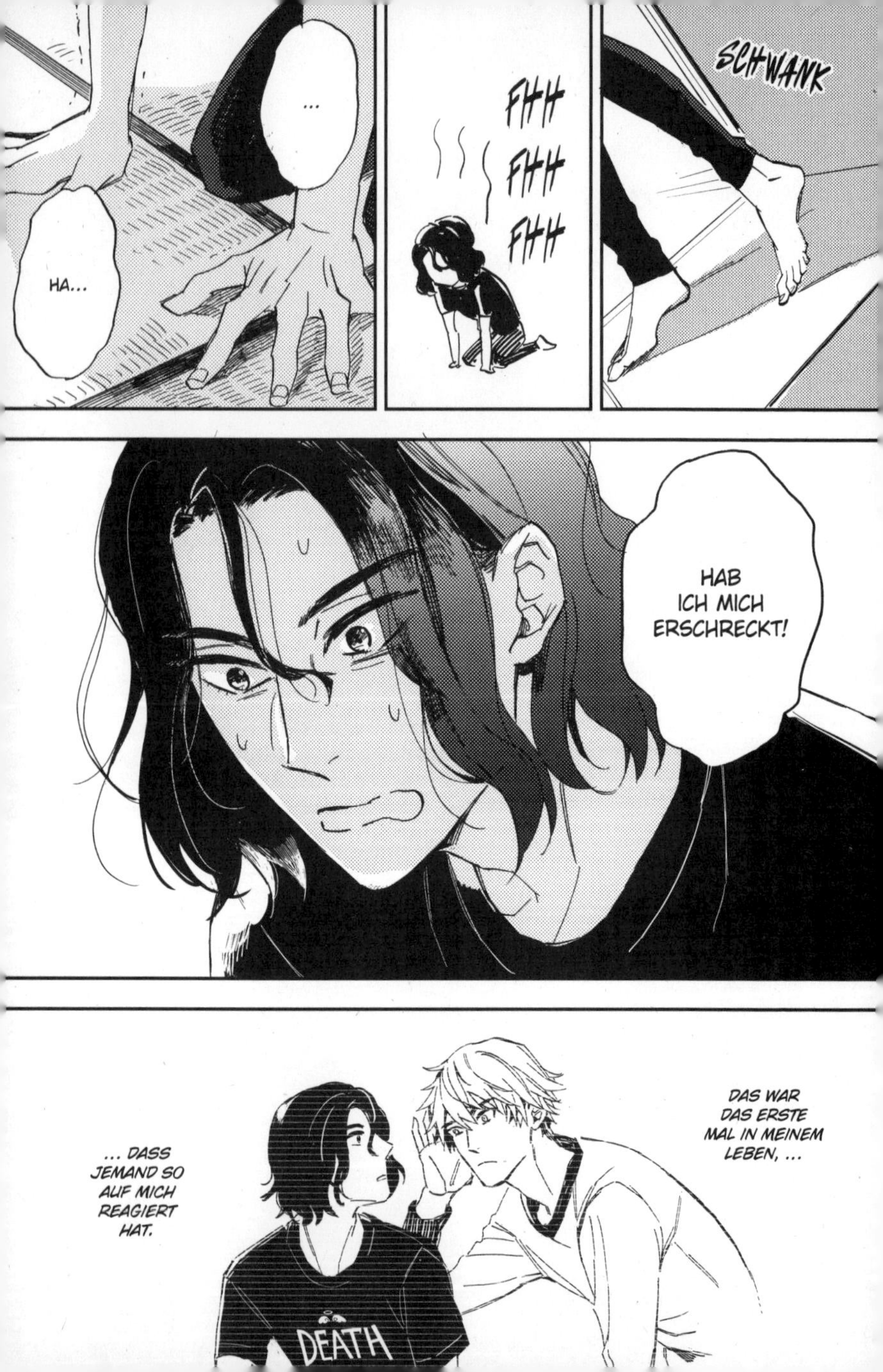
SCHWANK
FHH
FHH
FHH
…
HA…
HAB ICH MICH ERSCHRECKT!
DAS WAR DAS ERSTE MAL IN MEINEM LEBEN, …
… DASS JEMAND SO AUF MICH REAGIERT HAT.
DEATH

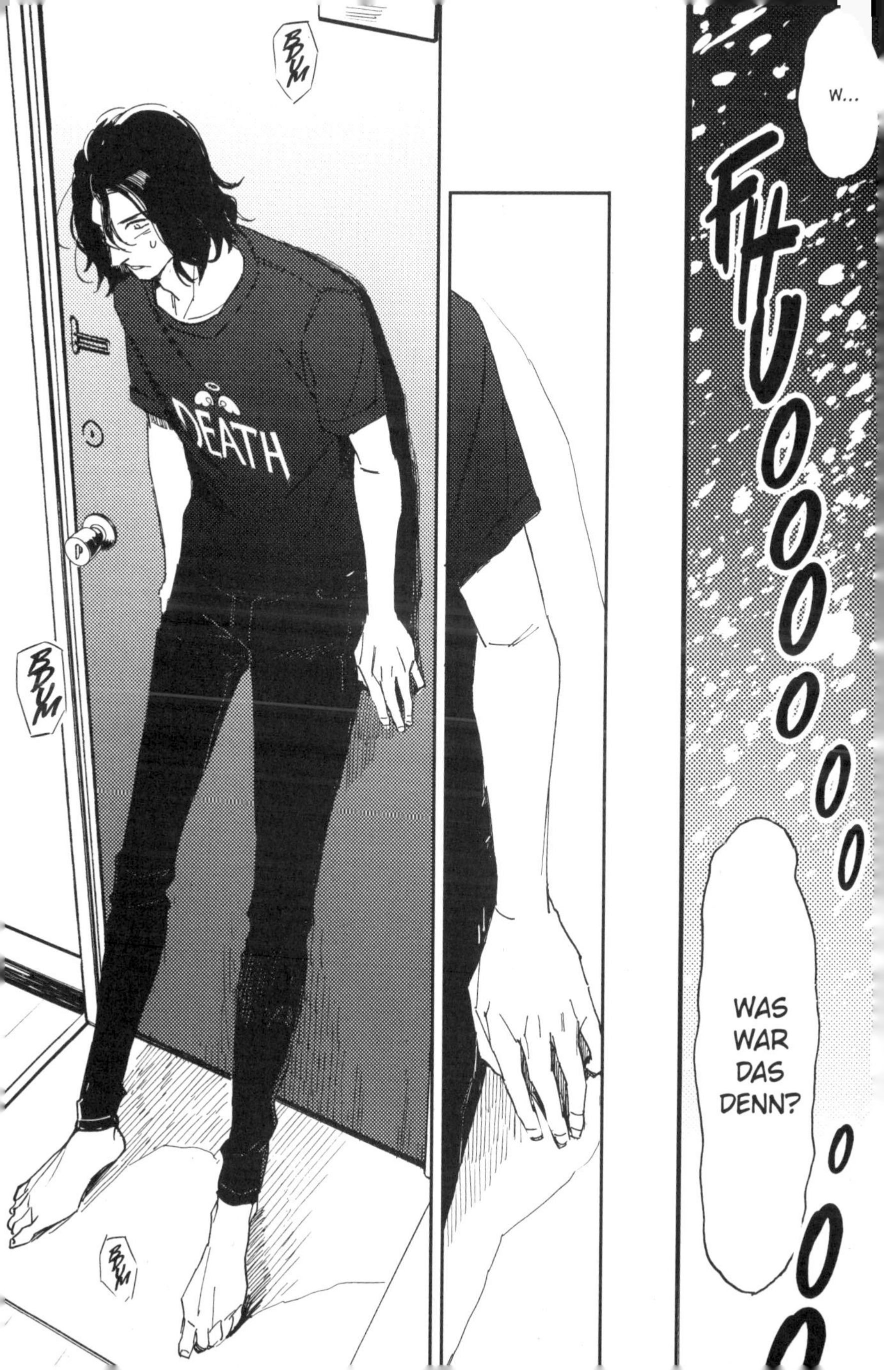
W...
WAS WAR DAS DENN?
DEATH

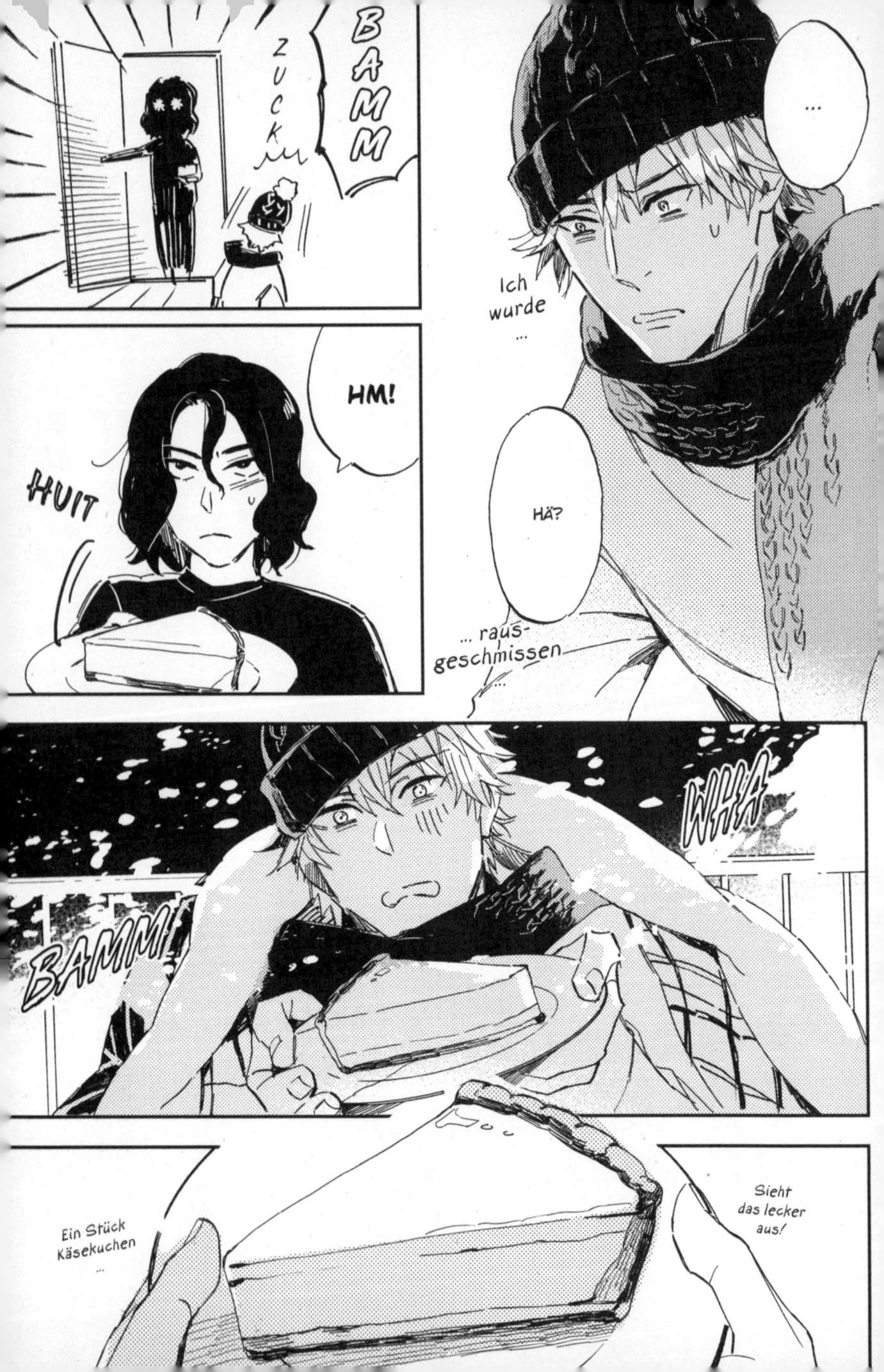
BAMM
ZUCK
...
Ich wurde ...
HM!
HUIT
HÄ?
... raus-geschmissen ...
WHA
BAMM
Sieht das lecker aus!
Ein Stück Käsekuchen ...

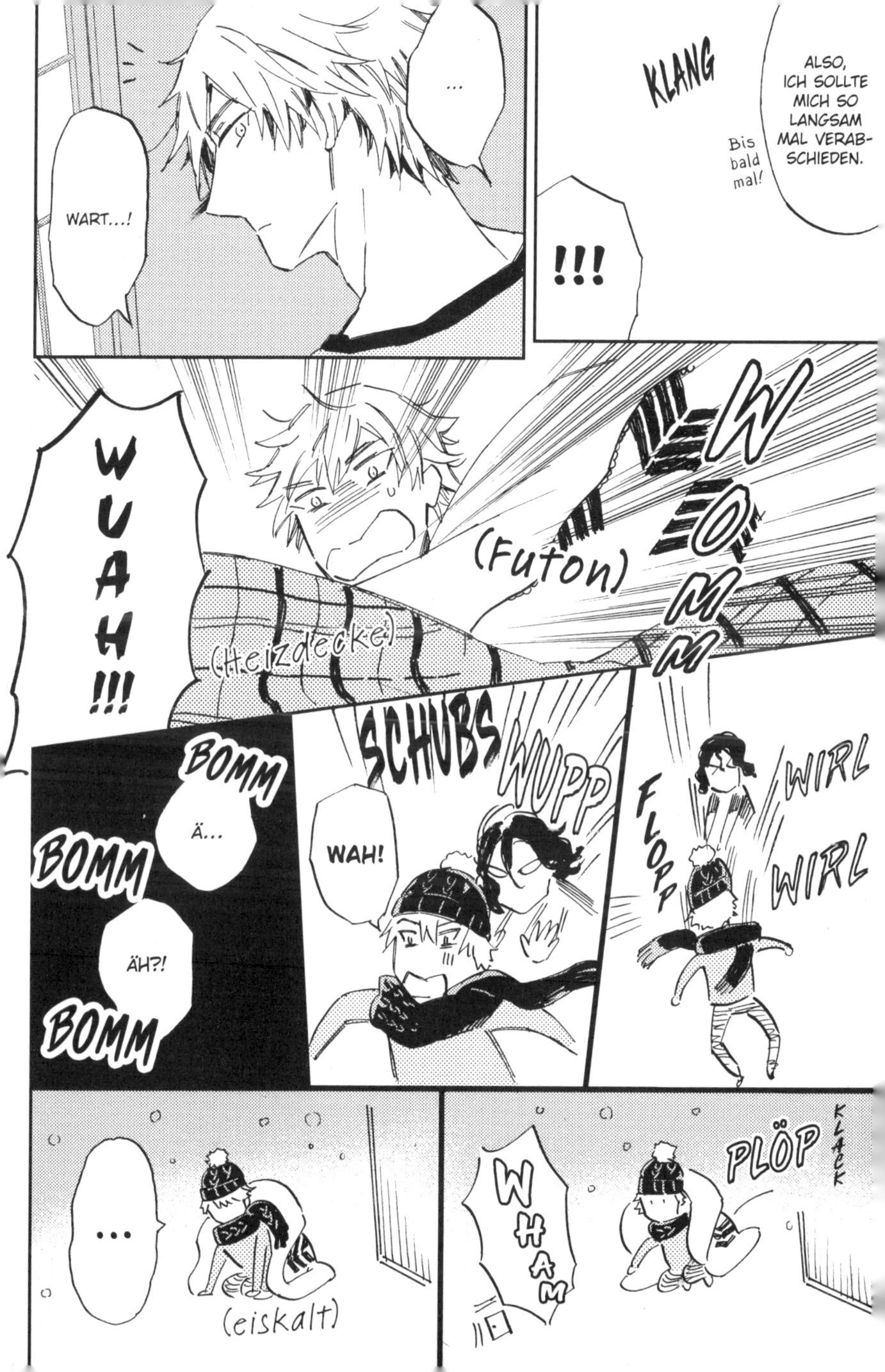
ALSO, ICH SOLLTE MICH SO LANGSAM MAL VERAB-SCHIEDEN.
Bis bald mal!
KLANG
!!!
...
WART...!
WOMM
(Futon)
(Heizdecke)
WUAH!!!
WIRL
WIRL
FLOPP
SCHUBS
WUPP
WAH!
BOMM
Ä...
BOMM
ÄH?!
BOMM
KLACK
PLÖP
WHAM
...
(eiskalt)

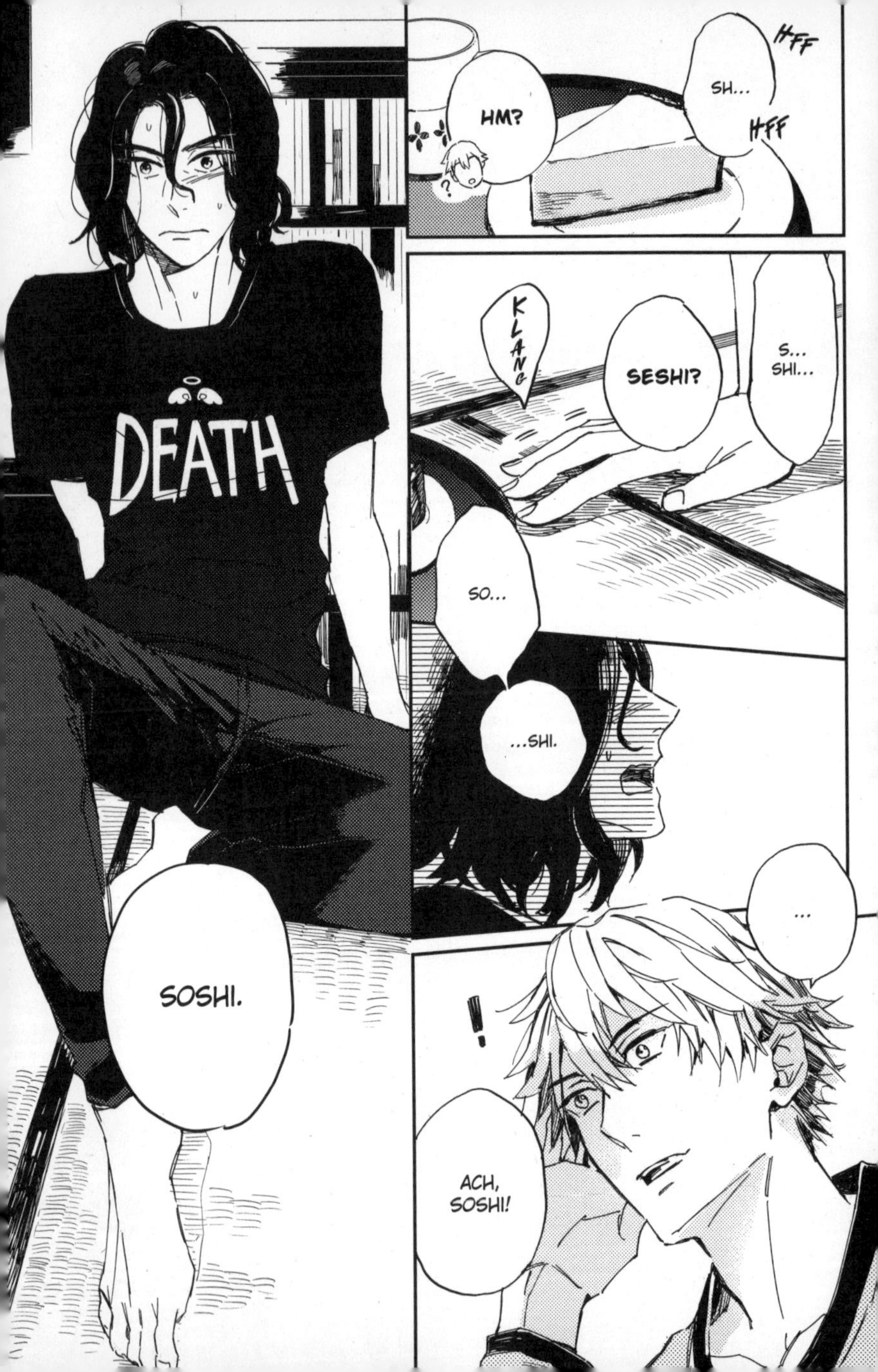
HFF
SH...
HFF
HM?
?
S... SHI...
SESHI?
KLANG
DEATH
SO...
...SHI.
...
!
ACH, SOSHI!
SOSHI.

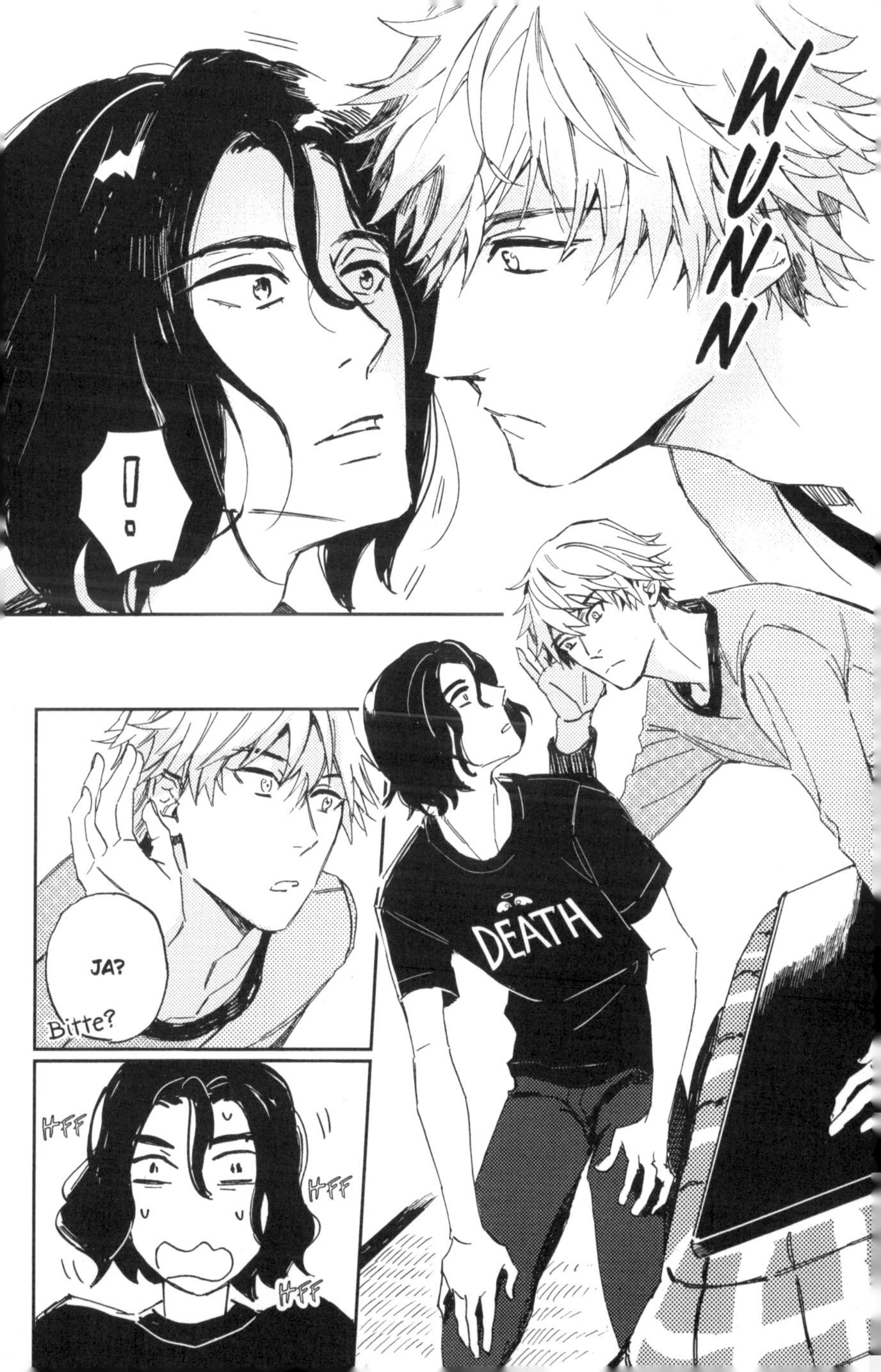
WUNN
!
JA?
Bitte?
DEATH
HFF
HFF
HFF

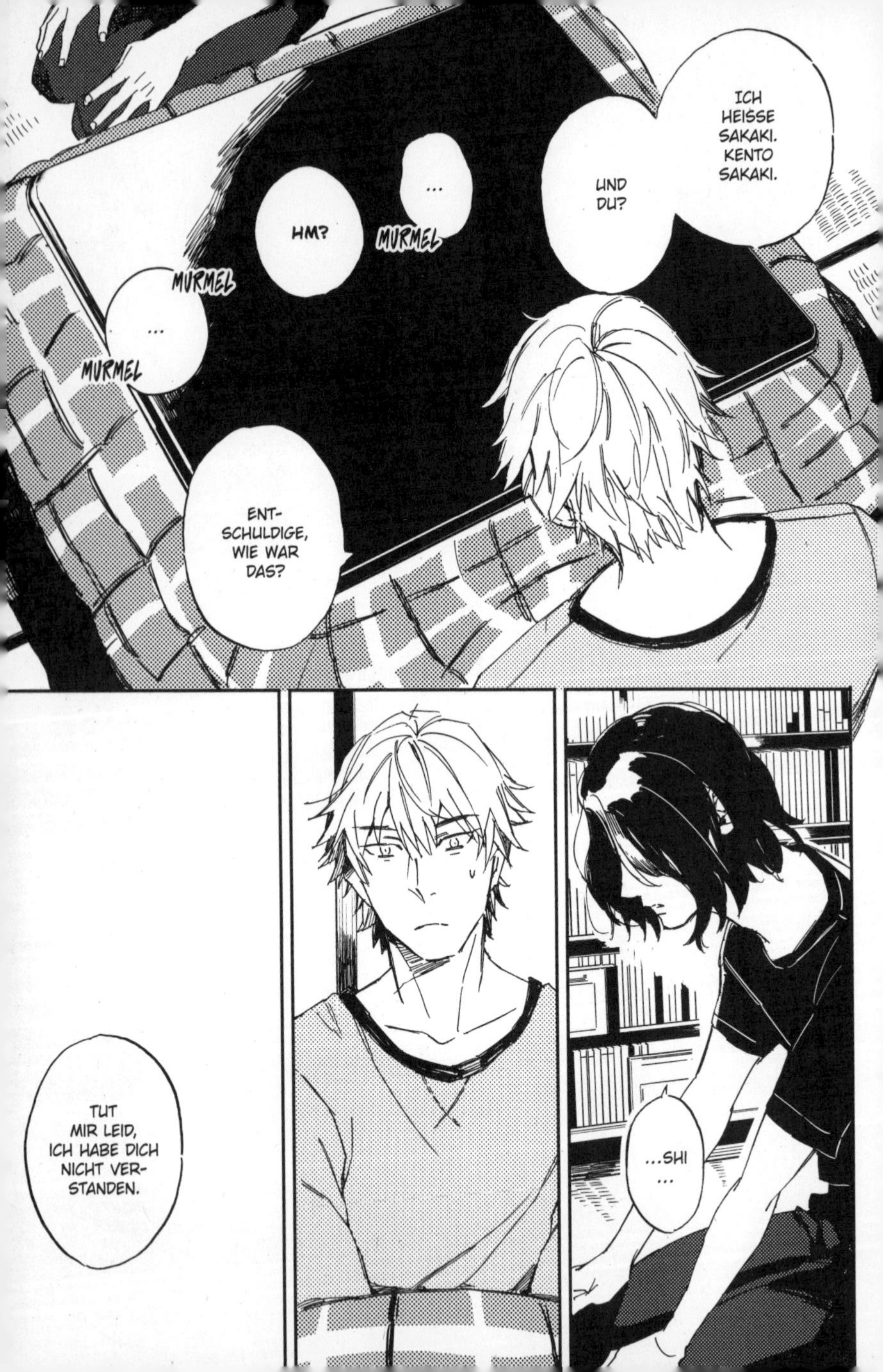
ICH HEISSE SAKAKI. KENTO SAKAKI.
UND DU?
...
MURMEL
HM?
MURMEL
...
MURMEL
ENT-SCHULDIGE, WIE WAR DAS?
...SHI ...
TUT MIR LEID, ICH HABE DICH NICHT VER-STANDEN.

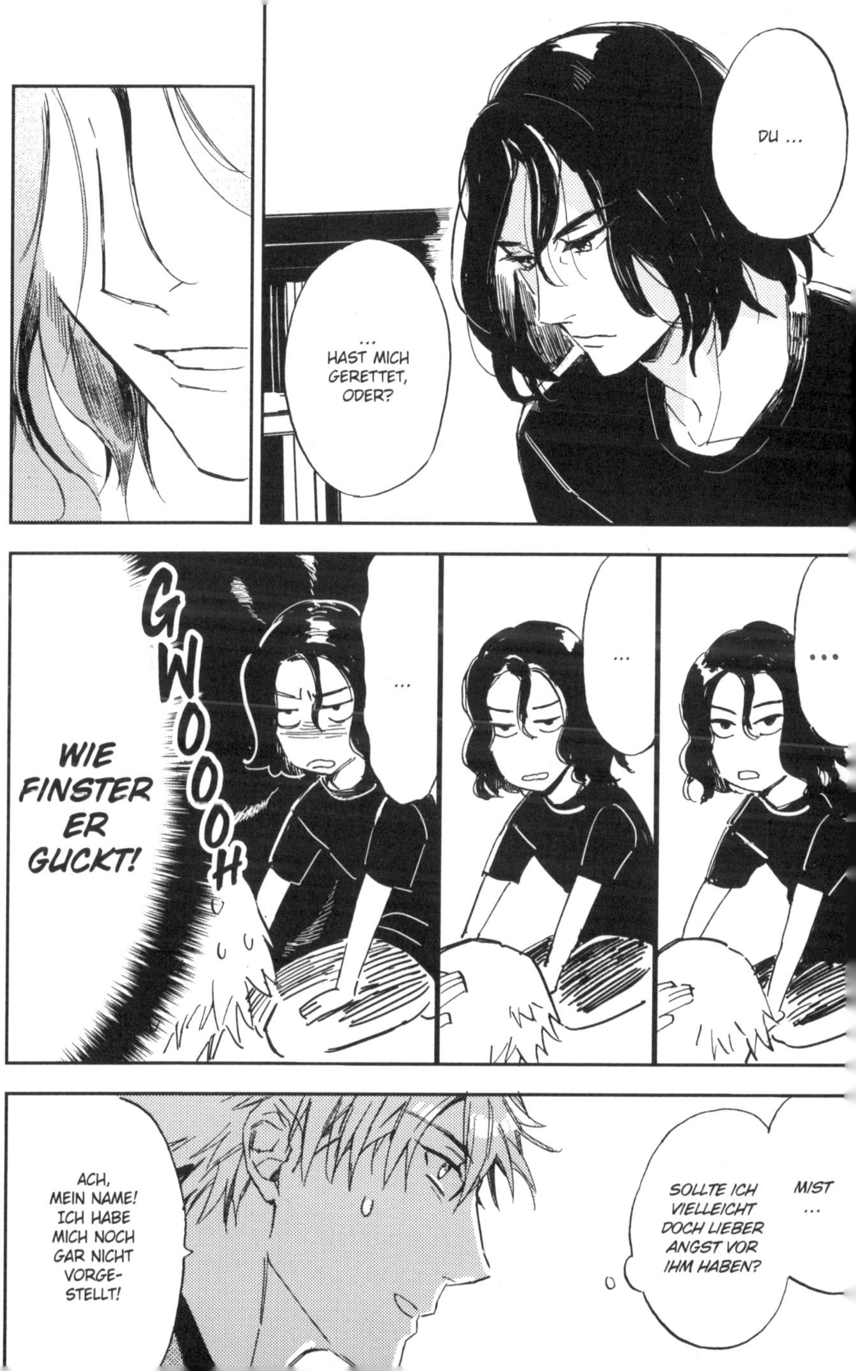
DU …
… HAST MICH GERETTET, ODER?
…
WIE FINSTER ER GUCKT!
GWOOOOH
…
…
MIST …
SOLLTE ICH VIELLEICHT DOCH LIEBER ANGST VOR IHM HABEN?
ACH, MEIN NAME! ICH HABE MICH NOCH GAR NICHT VORGE-STELLT!

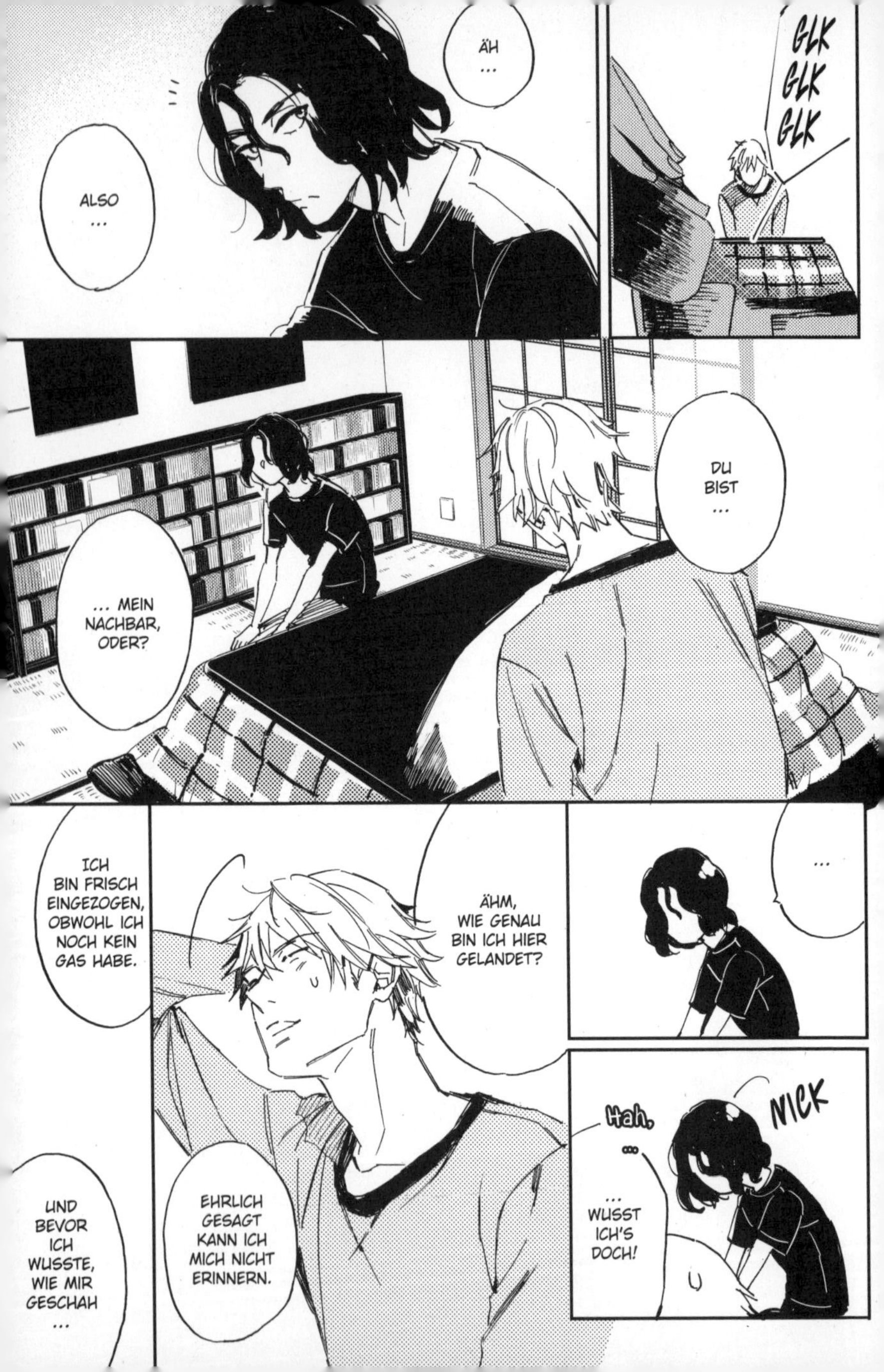
GLK GLK GLK
ÄH ...
ALSO ...
DU BIST ...
... MEIN NACHBAR, ODER?
...
Hah, ...
NICK
... WUSST ICH'S DOCH!
ÄHM, WIE GENAU BIN ICH HIER GELANDET?
ICH BIN FRISCH EINGEZOGEN, OBWOHL ICH NOCH KEIN GAS HABE.
EHRLICH GESAGT KANN ICH MICH NICHT ERINNERN.
UND BEVOR ICH WUSSTE, WIE MIR GESCHAH ...

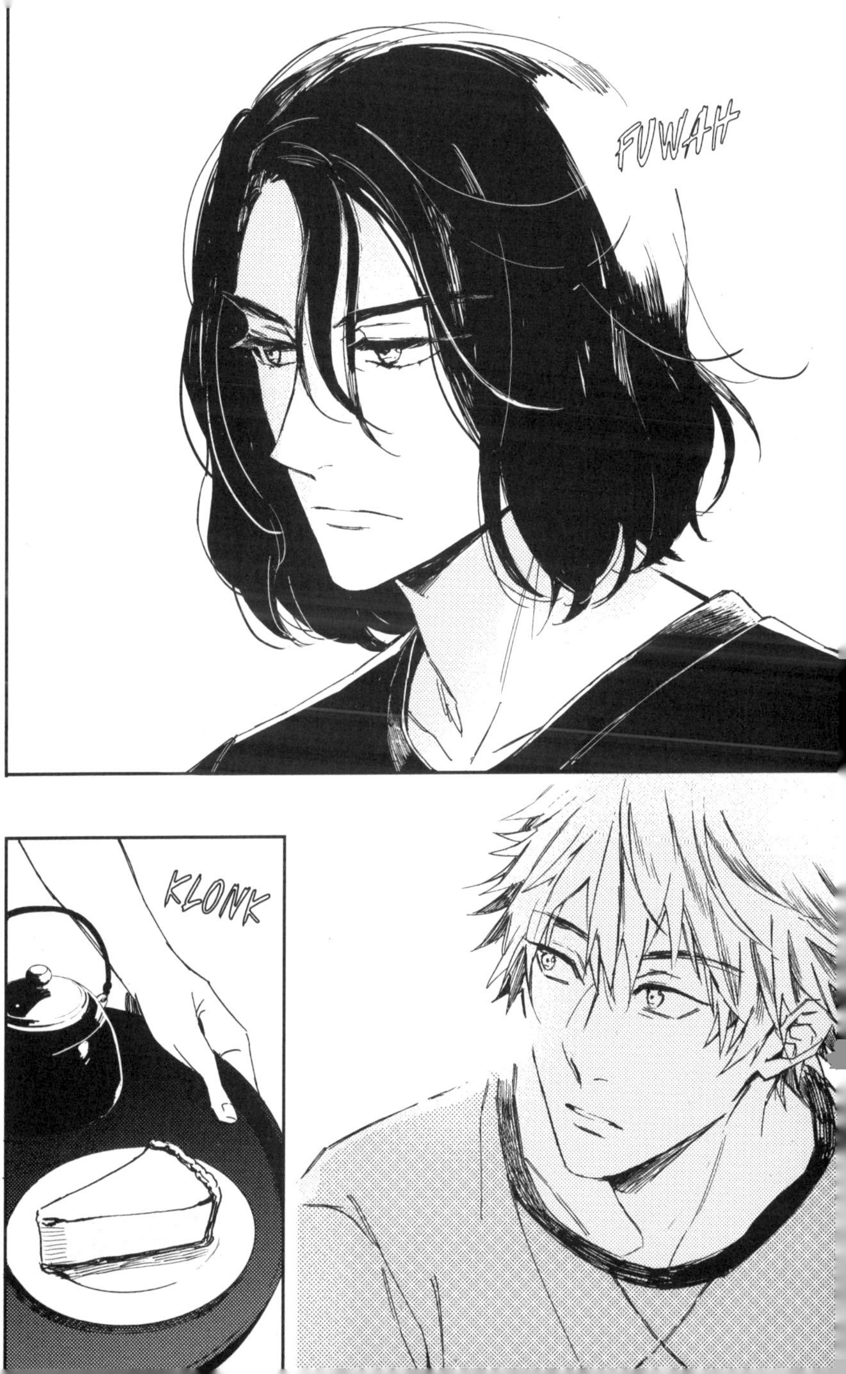
FUWAH
KLONK

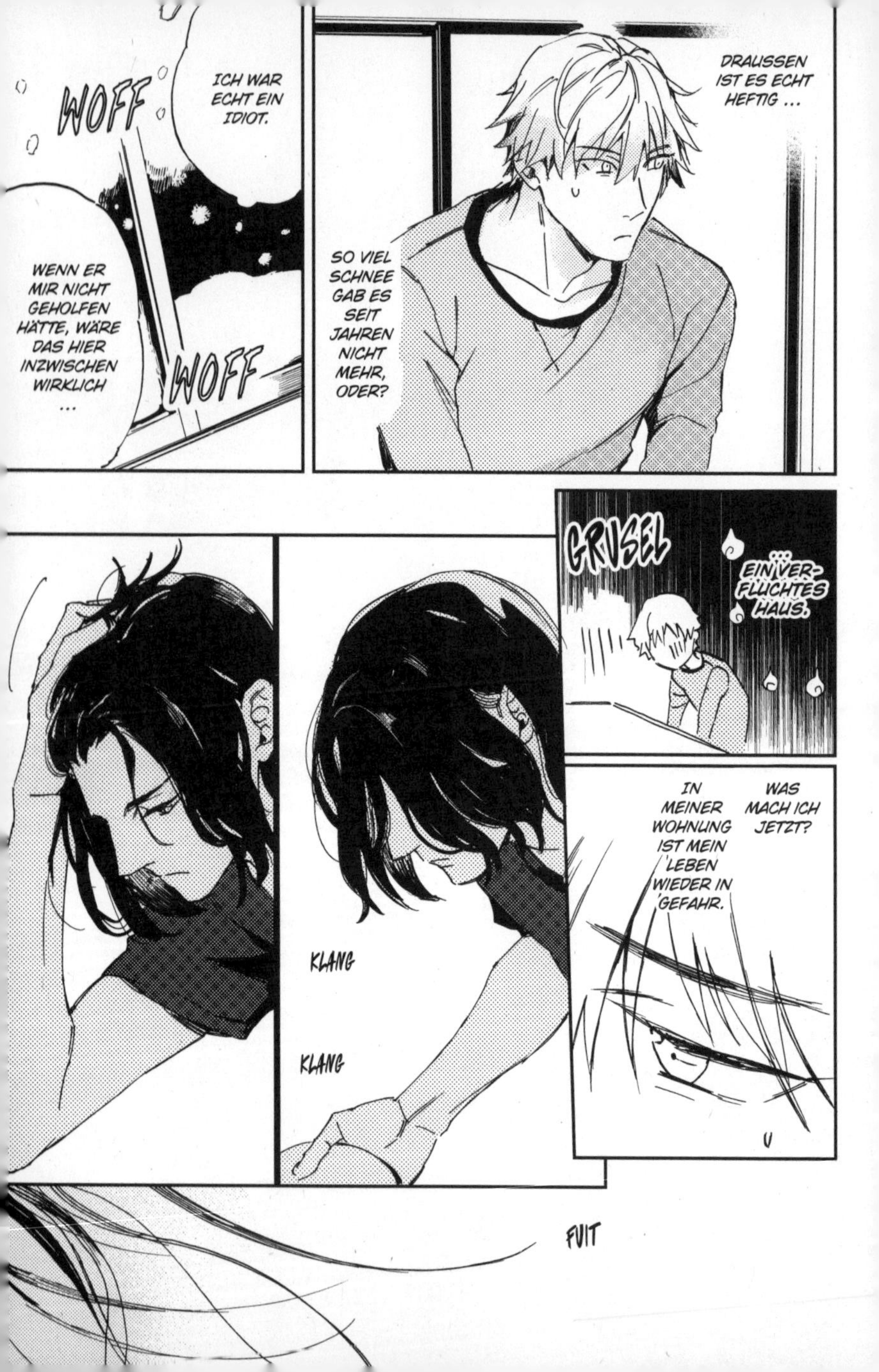
DRAUSSEN IST ES ECHT HEFTIG …
SO VIEL SCHNEE GAB ES SEIT JAHREN NICHT MEHR, ODER?
ICH WAR ECHT EIN IDIOT.
WOFF
WENN ER MIR NICHT GEHOLFEN HÄTTE, WÄRE DAS HIER INZWISCHEN WIRKLICH …
WOFF
GRUSEL
… EIN VERFLUCHTES HAUS.
WAS MACH ICH JETZT?
IN MEINER WOHNUNG IST MEIN LEBEN WIEDER IN GEFAHR.
KLANG
KLANG
FUIT

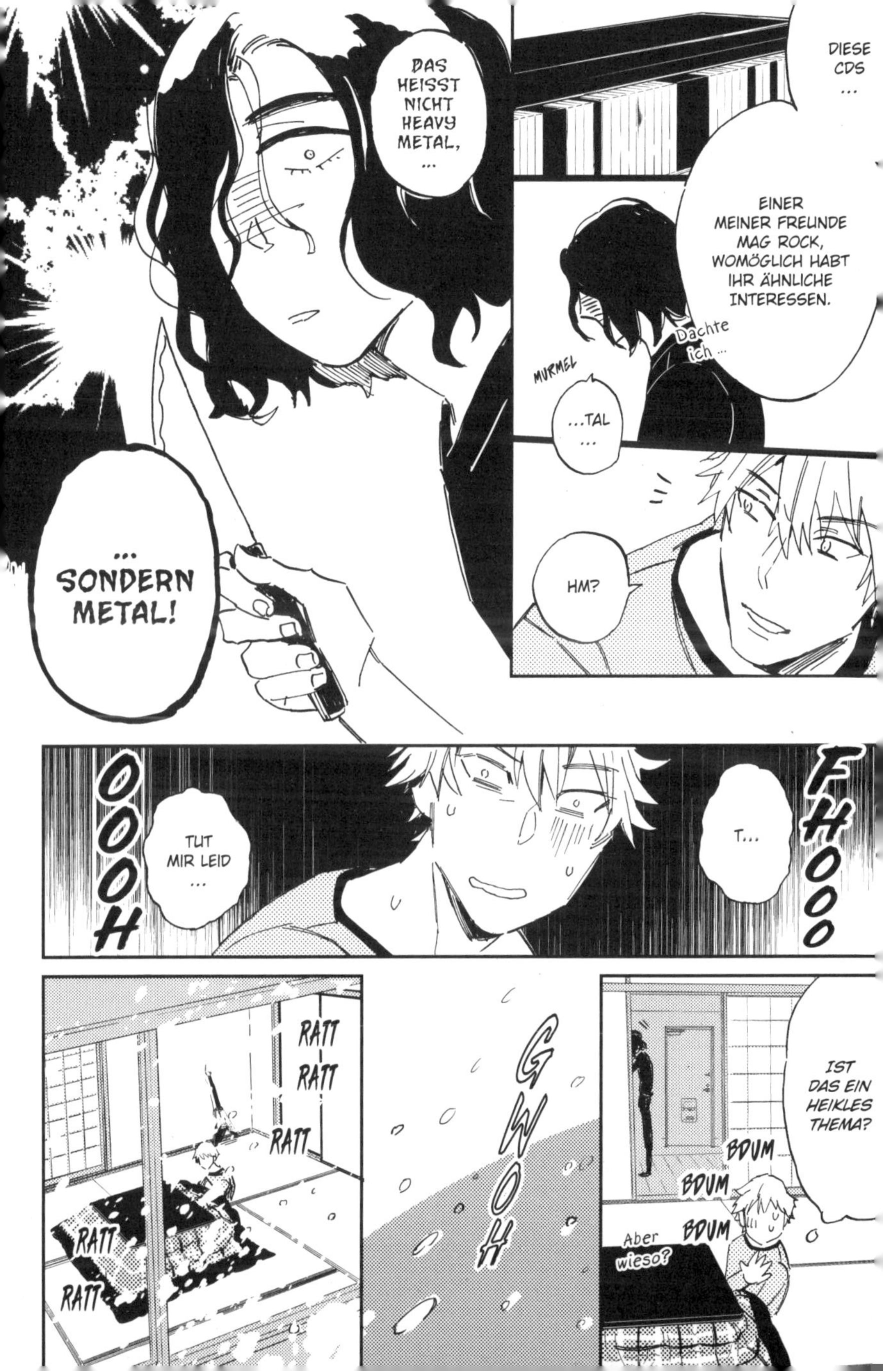
DIESE CDS ...
EINER MEINER FREUNDE MAG ROCK, WOMÖGLICH HABT IHR ÄHNLICHE INTERESSEN.
Dachte ich ...
MURMEL
...TAL ...
HM?
DAS HEISST NICHT HEAVY METAL, ...
... SONDERN METAL!
FHOOOO
T...
TUT MIR LEID ...
OOOOH
IST DAS EIN HEIKLES THEMA?
BDUM
BDUM
BDUM
Aber wieso?
GWOOH
RATT
RATT
RATT
RATT
RATT

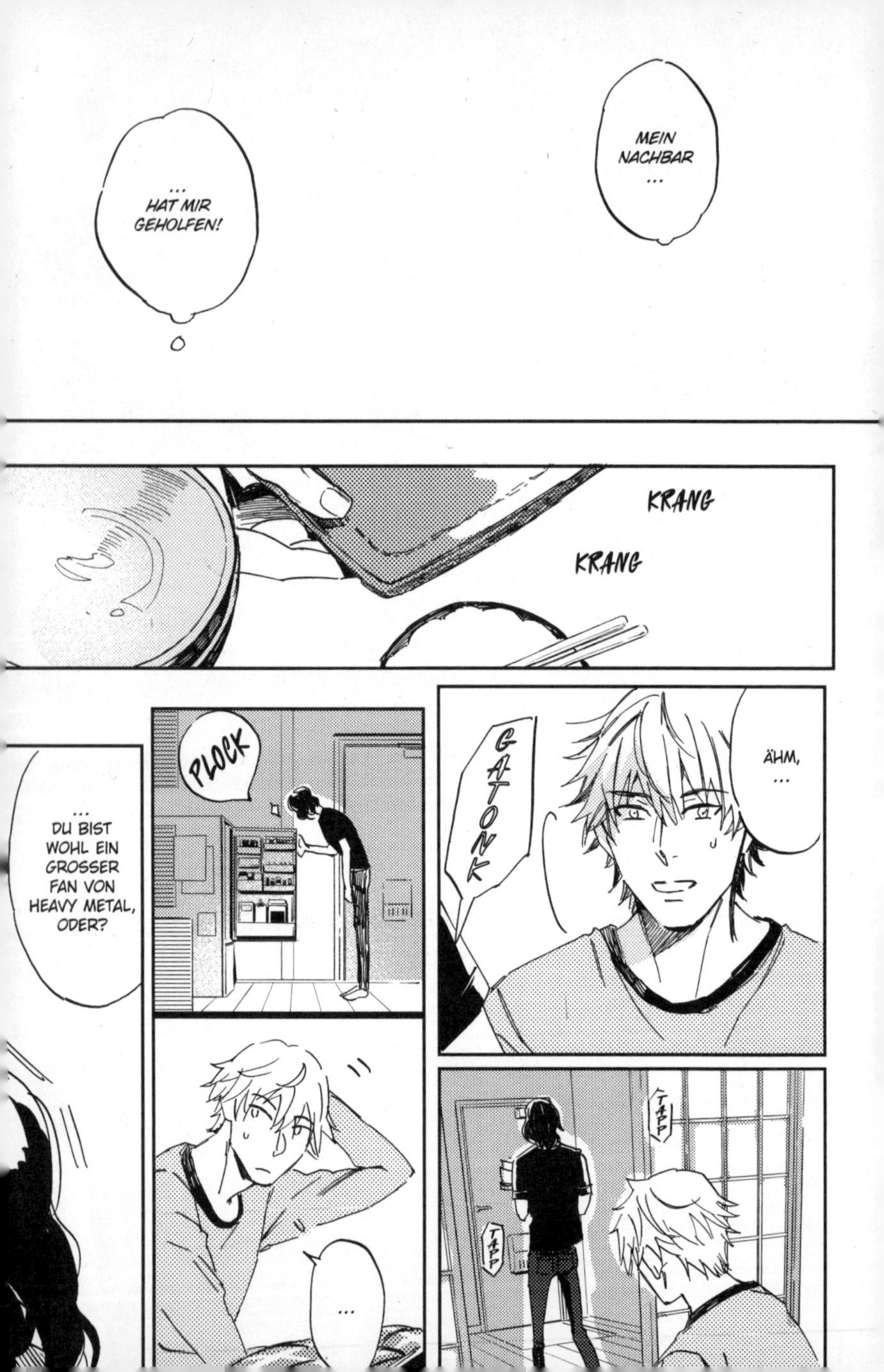
MEIN NACHBAR ...
... HAT MIR GEHOLFEN!
KRANG
KRANG
GATONK
ÄHM, ...
PLOCK
... DU BIST WOHL EIN GROSSER FAN VON HEAVY METAL, ODER?
TAPP
TAPP
...

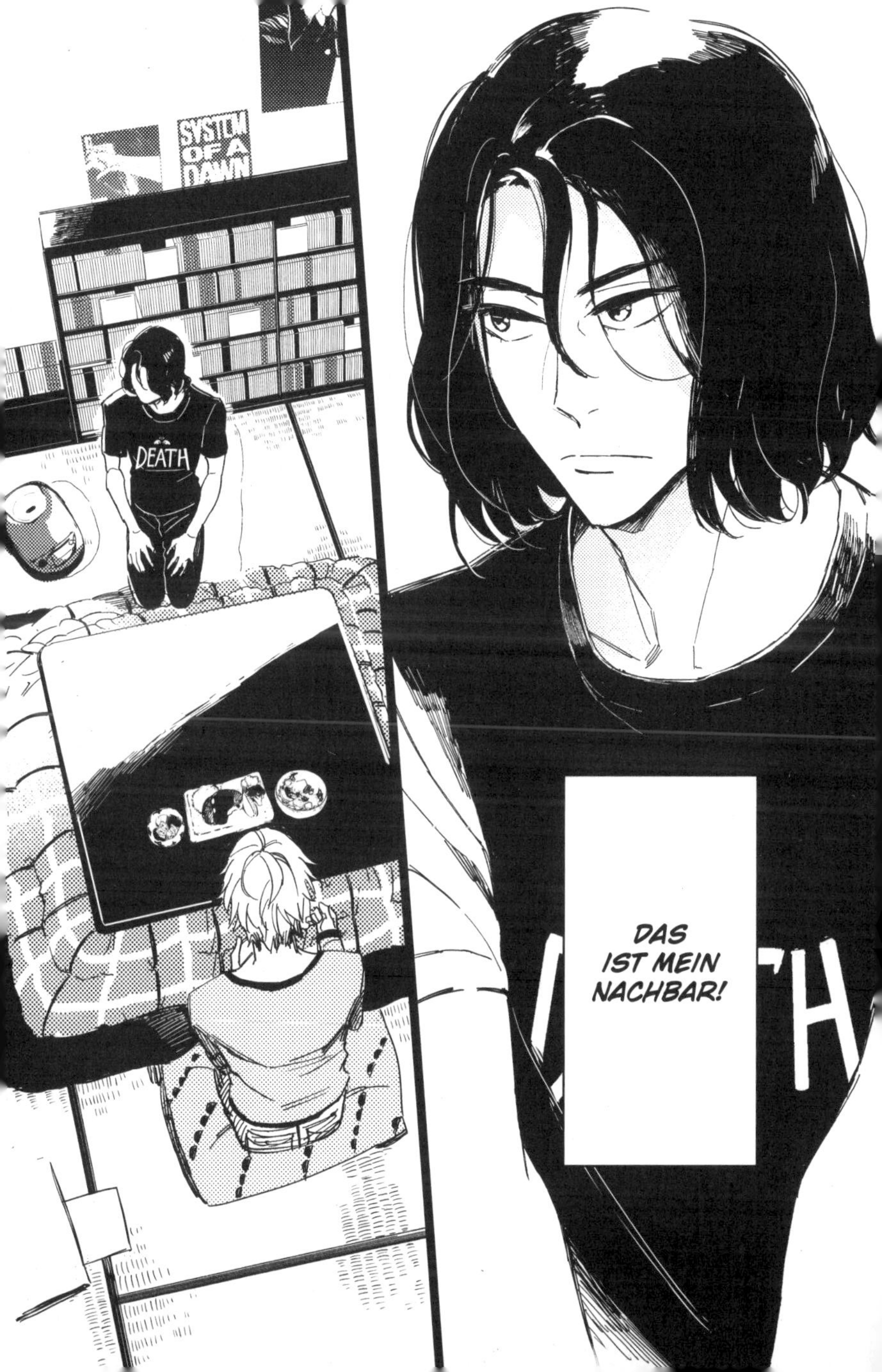
DAS IST MEIN NACHBAR!
SYSTEM OF A DAWN
DEATH

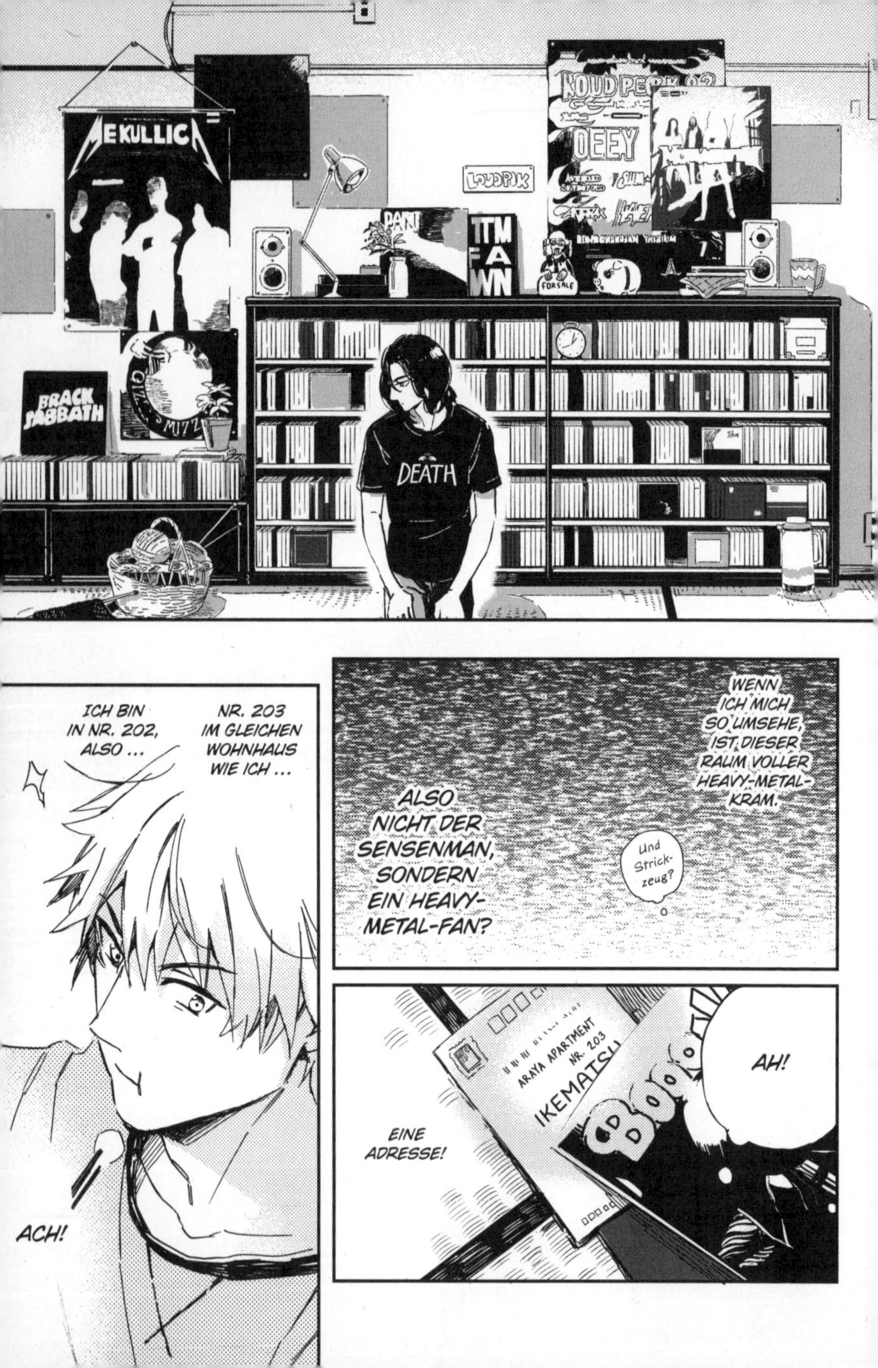
DEATH
WENN ICH MICH SO UMSEHE, IST DIESER RAUM VOLLER HEAVY-METAL-KRAM.
Und Strickzeug?
ALSO NICHT DER SENSENMAN, SONDERN EIN HEAVY-METAL-FAN?
AH!
ARAYA APARTMENT NR. 203
IKEMATSU
EINE ADRESSE!
NR. 203 IM GLEICHEN WOHNHAUS WIE ICH …
ICH BIN IN NR. 202, ALSO …
ACH!

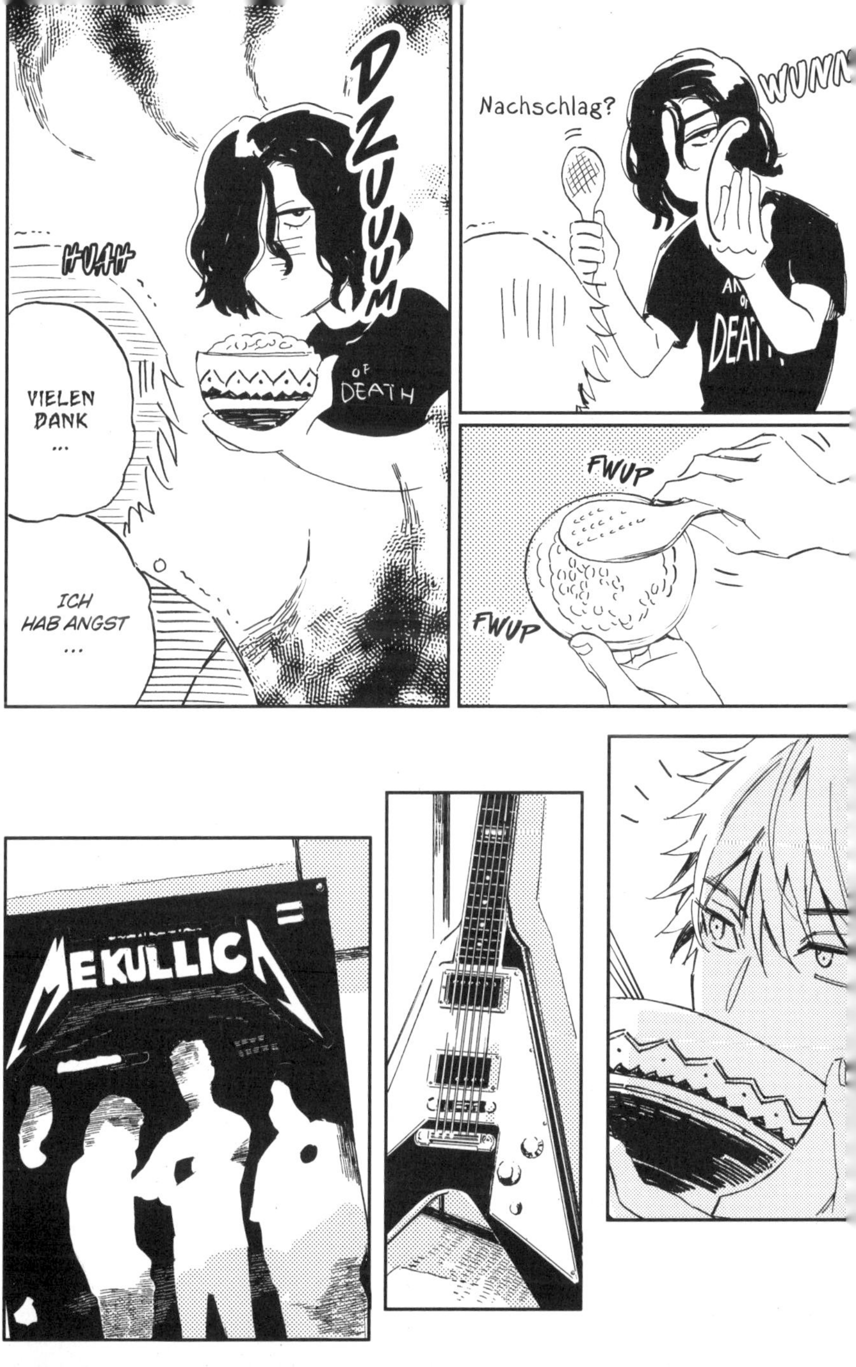
DZUUUUM
HUAH
VIELEN DANK …
ICH HAB ANGST …
OF DEATH
WUNN
Nachschlag?
DEATH
FWUP
FWUP
MEKULLICA

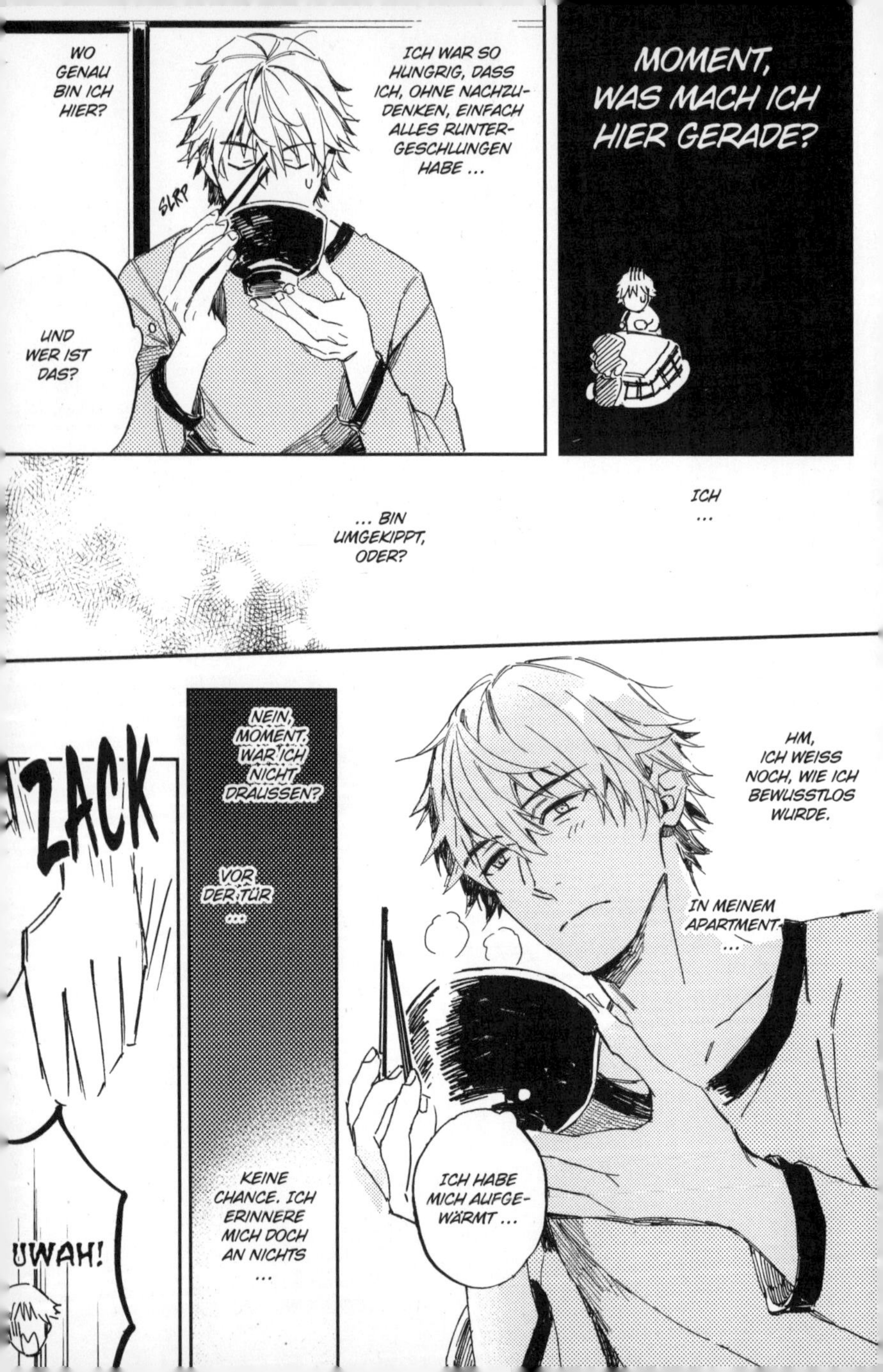
MOMENT, WAS MACH ICH HIER GERADE?
ICH WAR SO HUNGRIG, DASS ICH, OHNE NACHZUDENKEN, EINFACH ALLES RUNTERGESCHLUNGEN HABE …
WO GENAU BIN ICH HIER?
SLRP
UND WER IST DAS?
ICH …
… BIN UMGEKIPPT, ODER?
HM, ICH WEISS NOCH, WIE ICH BEWUSSTLOS WURDE.
IN MEINEM APARTMENT …
ICH HABE MICH AUFGEWÄRMT …
NEIN, MOMENT. WAR ICH NICHT DRAUSSEN?
VOR DER TÜR …
KEINE CHANCE. ICH ERINNERE MICH DOCH AN NICHTS …
ZACK
UWAH!

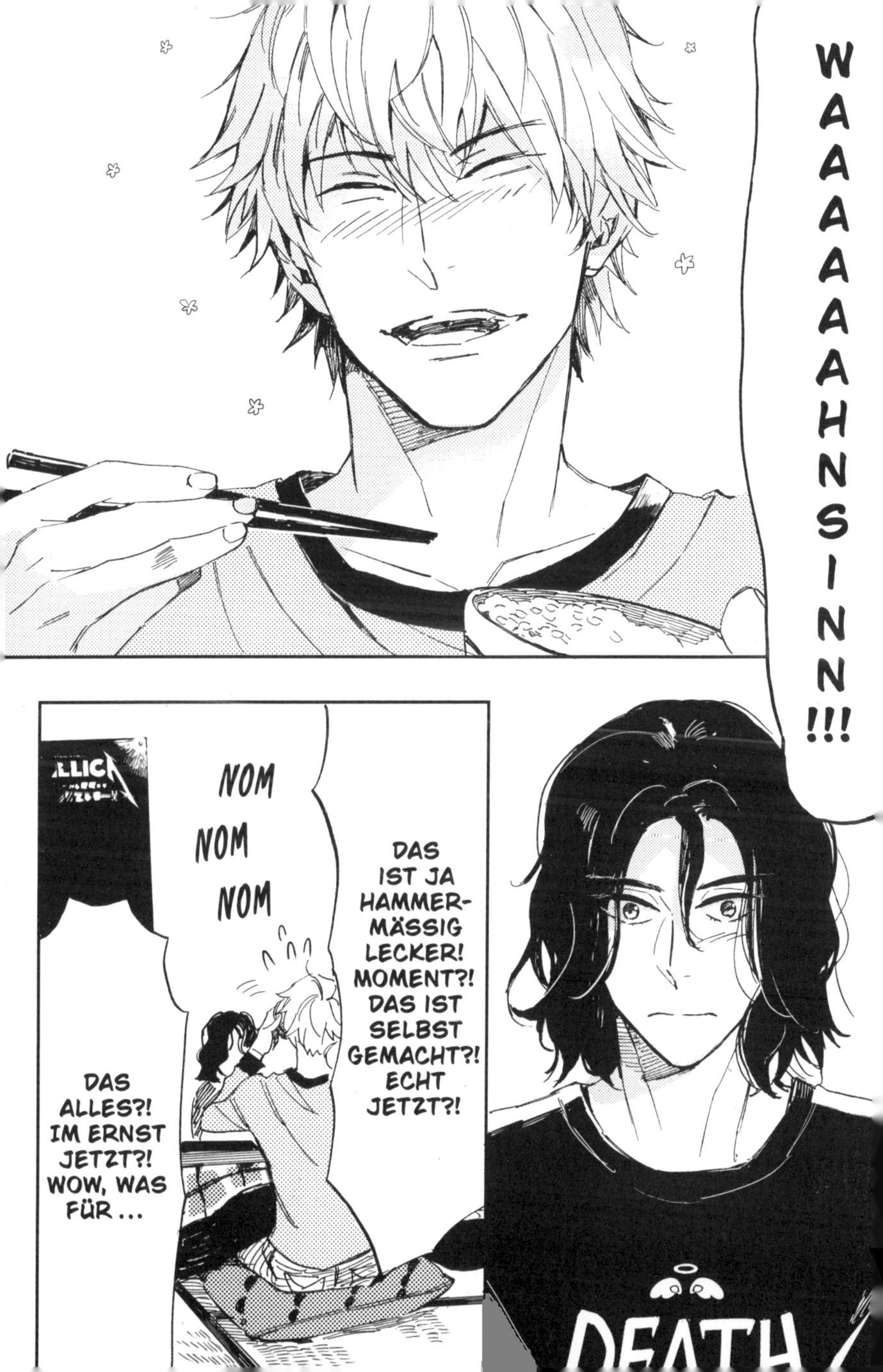
WAAAAAAHNSINN!!!
DAS IST JA HAMMER-MÄSSIG LECKER! MOMENT?! DAS IST SELBST GEMACHT?! ECHT JETZT?!
NOM NOM NOM
DAS ALLES?! IM ERNST JETZT?! WOW, WAS FÜR ...

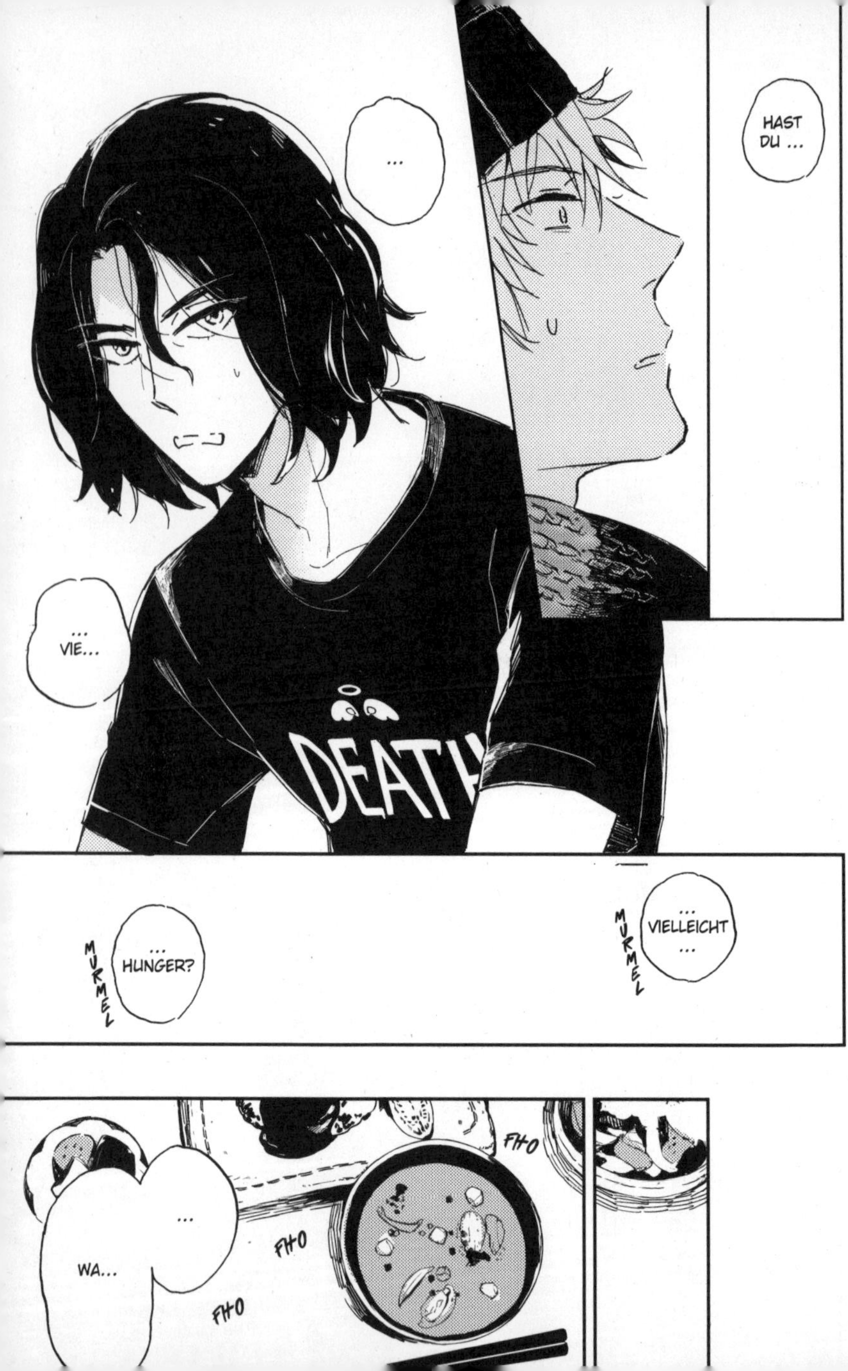

HAST DU ...
...
... VIE...
MURMEL
... VIELLEICHT ...
MURMEL
... HUNGER?
FHO
FHO
FHO
...
WA...

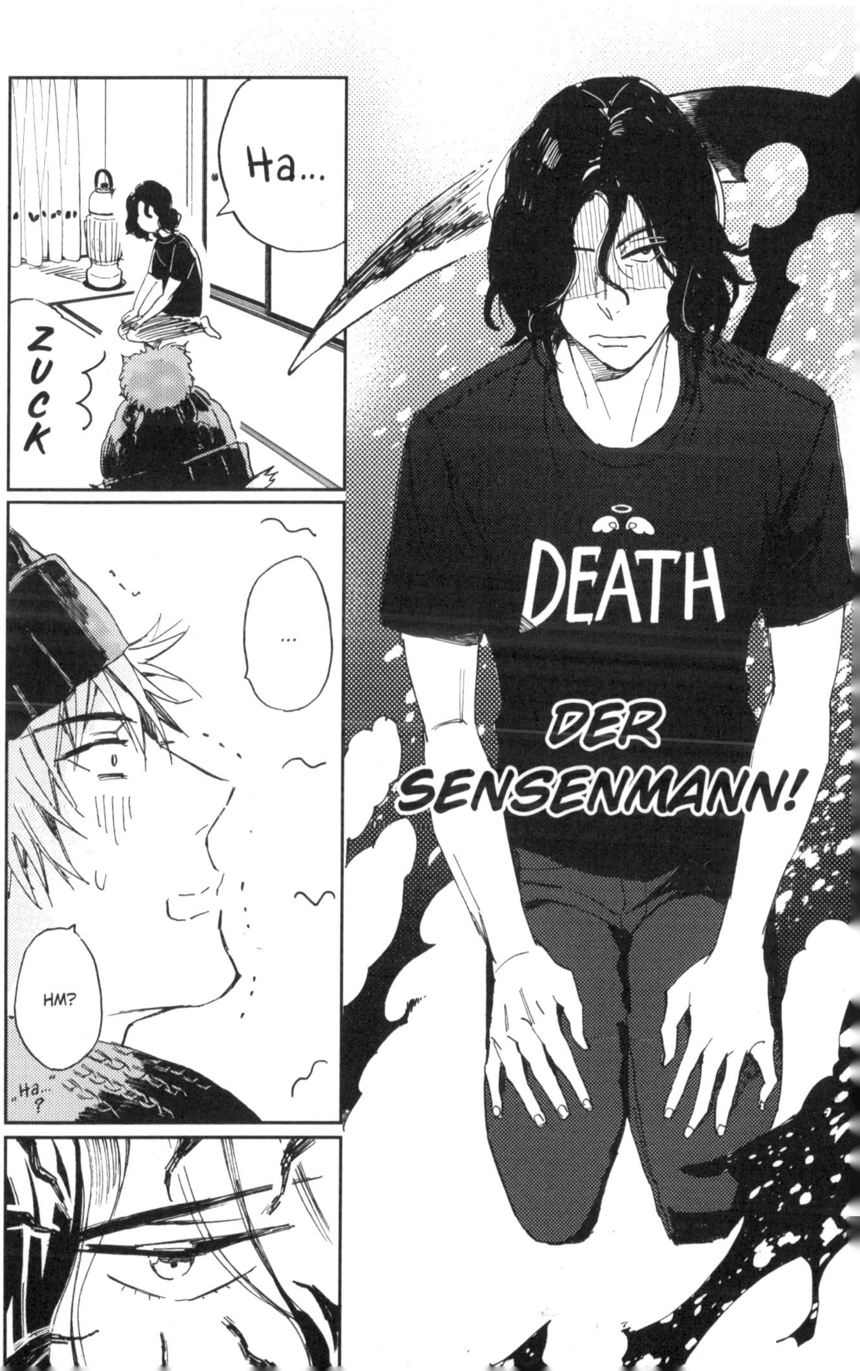
Ha...
ZUCK
...
HM?
„Ha...?"
DEATH
DER SENSENMANN!

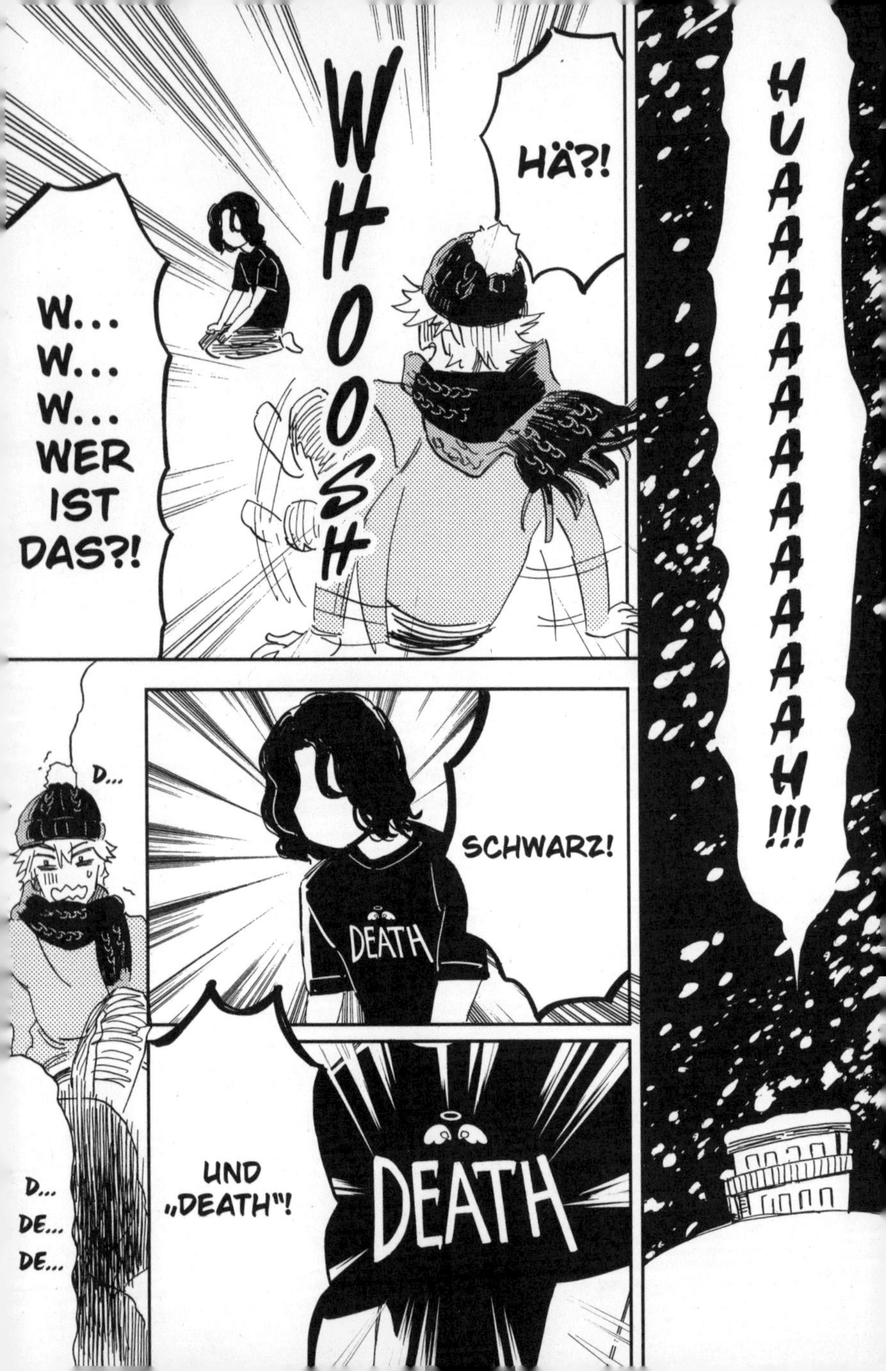
HUAAAAAAAAAAAAAH!!!
HÄ?!
WHOOSH
W... W... W... WER IST DAS?!
D...
SCHWARZ!
DEATH
UND „DEATH"!
DEATH
D... DE... DE...

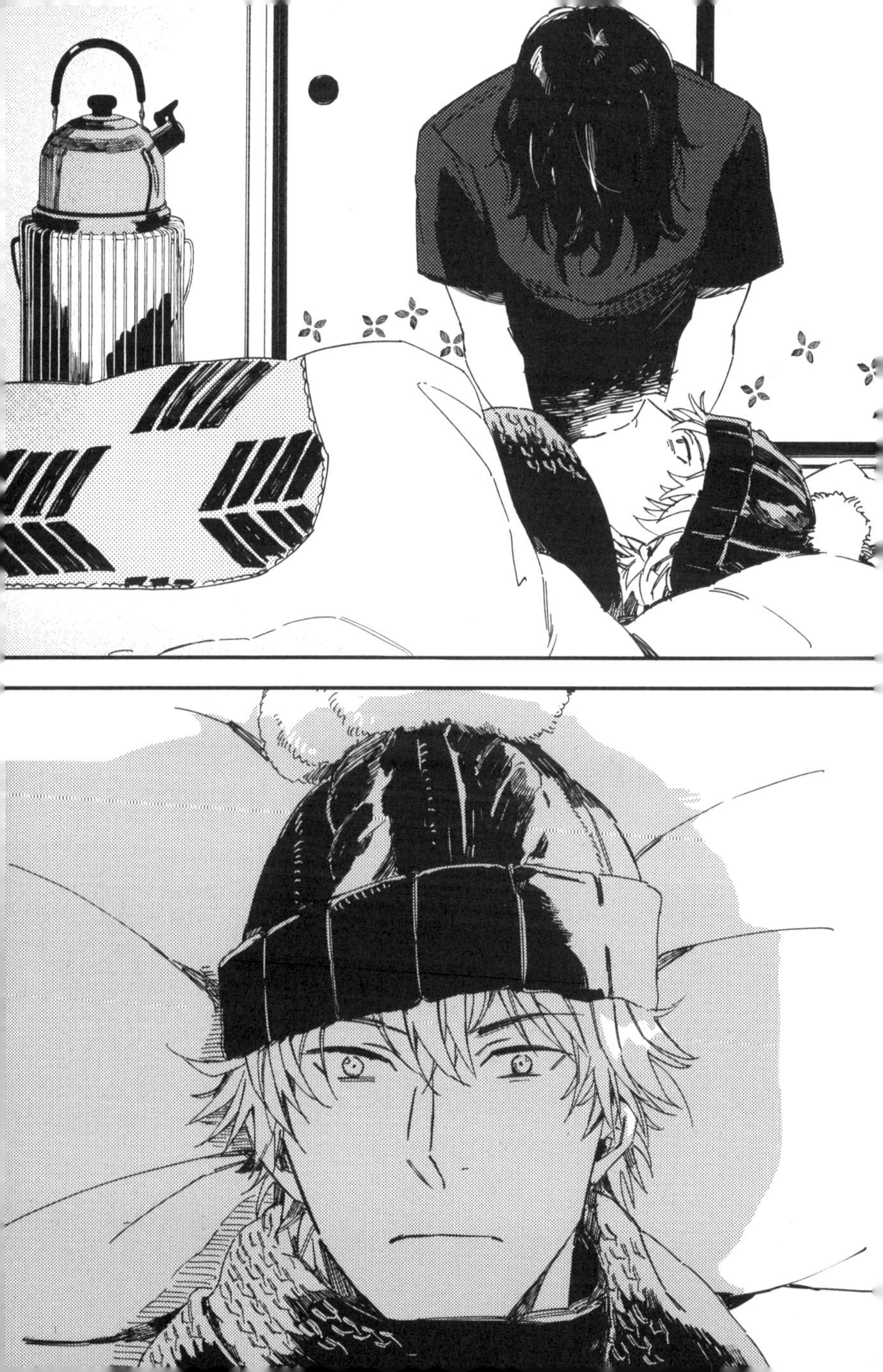

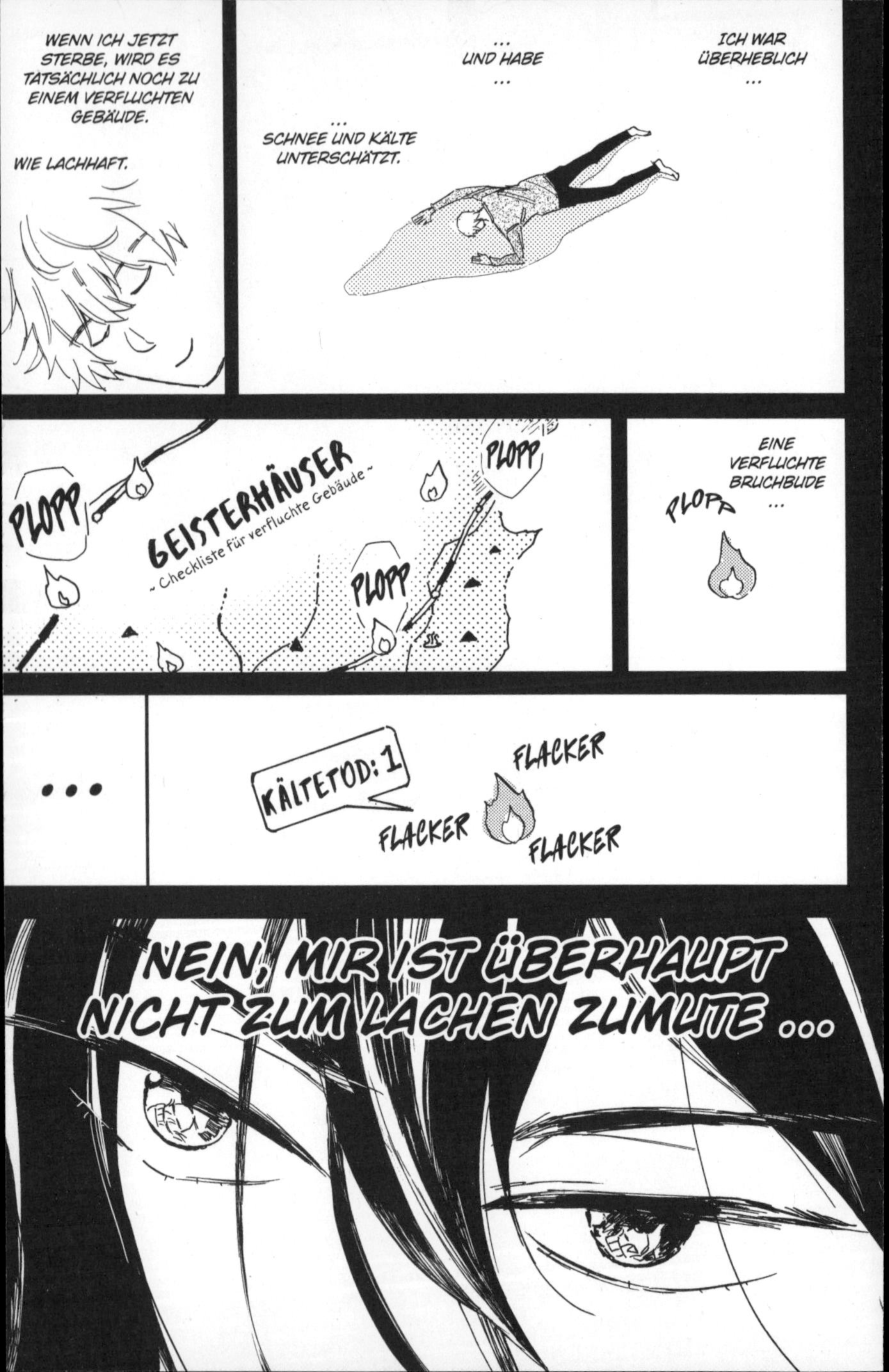
ICH WAR ÜBERHEBLICH ...
... UND HABE ...
... SCHNEE UND KÄLTE UNTERSCHÄTZT.
WENN ICH JETZT STERBE, WIRD ES TATSÄCHLICH NOCH ZU EINEM VERFLUCHTEN GEBÄUDE.
WIE LACHHAFT.
EINE VERFLUCHTE BRUCHBUDE ...
PLOPP
PLOPP
PLOPP
PLOPP
GEISTERHÄUSER
~ Checkliste für verfluchte Gebäude ~
KÄLTETOD: 1
FLACKER
FLACKER
FLACKER
...
NEIN, MIR IST ÜBERHAUPT NICHT ZUM LACHEN ZUMUTE ...

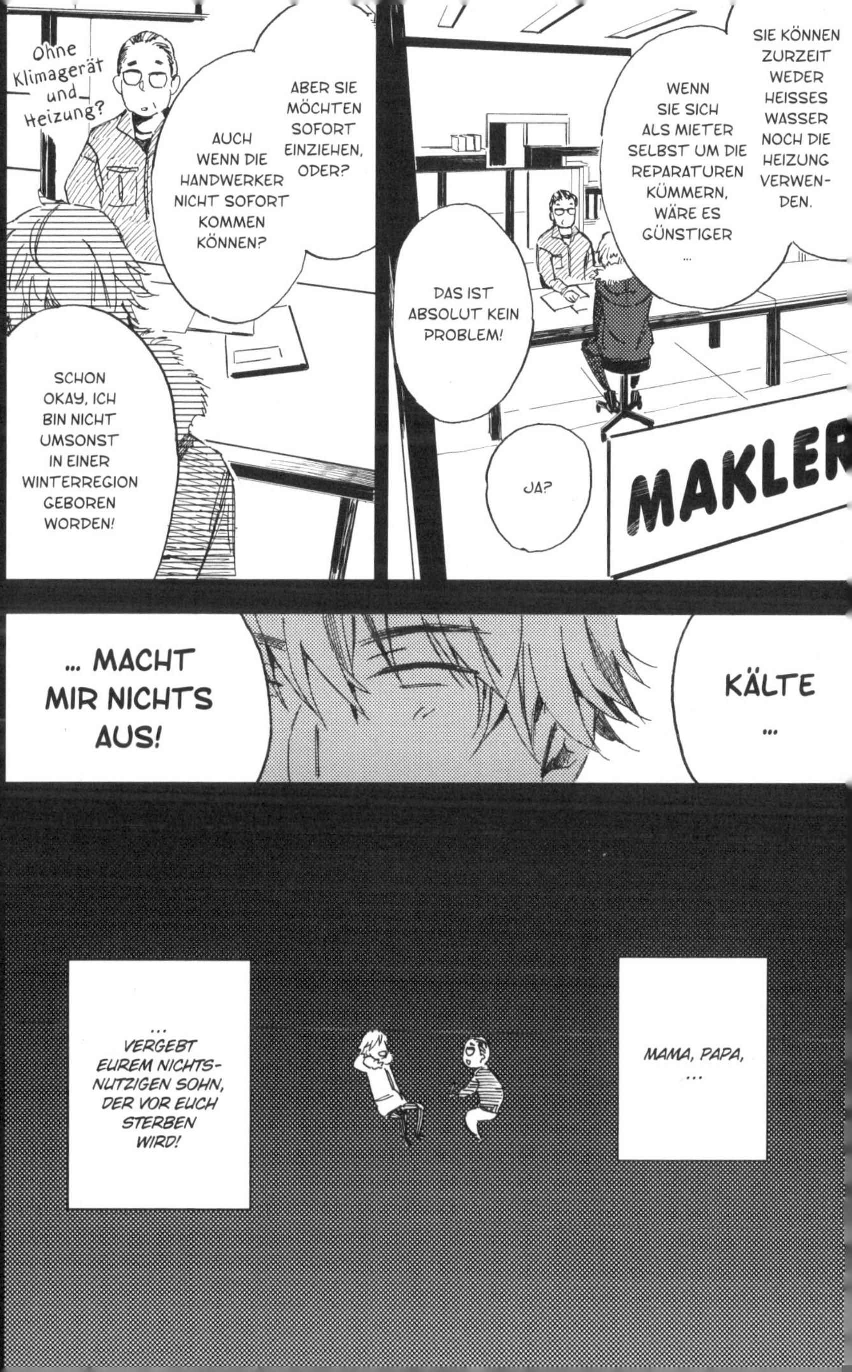
SIE KÖNNEN ZURZEIT WEDER HEISSES WASSER NOCH DIE HEIZUNG VERWEN-DEN.
WENN SIE SICH ALS MIETER SELBST UM DIE REPARATUREN KÜMMERN, WÄRE ES GÜNSTIGER …
DAS IST ABSOLUT KEIN PROBLEM!
JA?
MAKLER
ABER SIE MÖCHTEN SOFORT EINZIEHEN, ODER?
AUCH WENN DIE HANDWERKER NICHT SOFORT KOMMEN KÖNNEN?
Ohne Klimagerät und Heizung?
SCHON OKAY, ICH BIN NICHT UMSONST IN EINER WINTERREGION GEBOREN WORDEN!
KÄLTE …
… MACHT MIR NICHTS AUS!
MAMA, PAPA, …
… VERGEBT EUREM NICHTS-NUTZIGEN SOHN, DER VOR EUCH STERBEN WIRD!

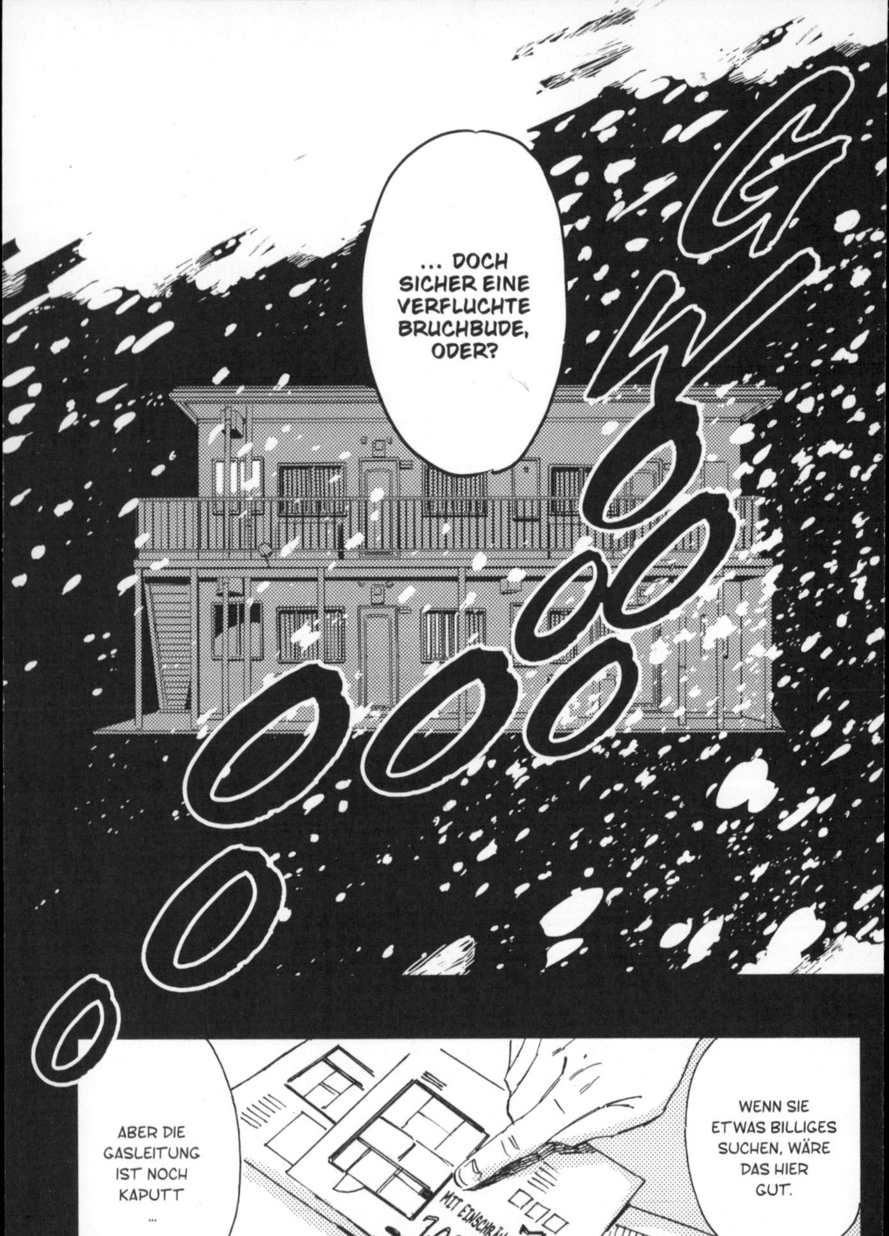
GWOOOOOOOOO
... DOCH SICHER EINE VERFLUCHTE BRUCHBUDE, ODER?
WENN SIE ETWAS BILLIGES SUCHEN, WÄRE DAS HIER GUT.
MIT EINSCHRÄNKUNGEN: 7.000 YEN
ABER DIE GASLEITUNG IST NOCH KAPUTT ...

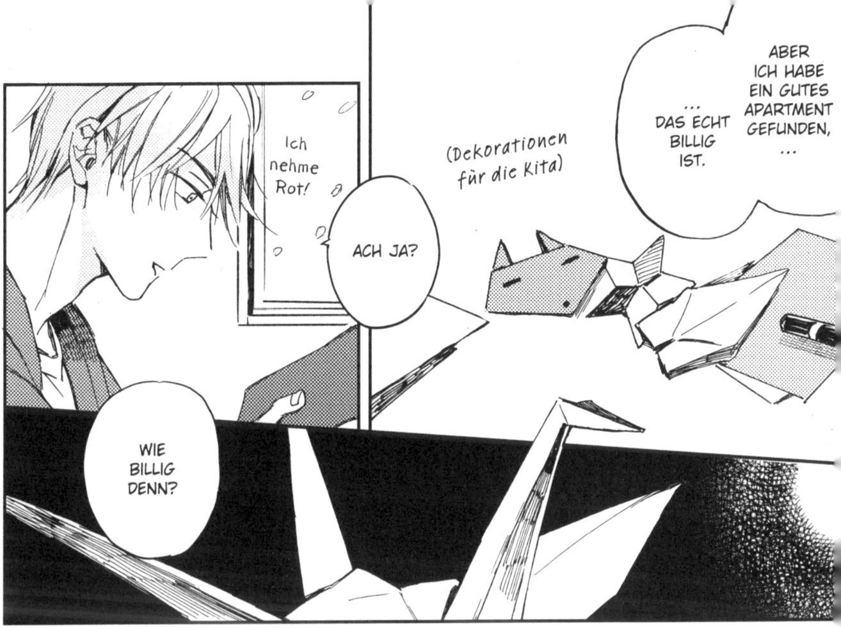

ABER ICH HABE EIN GUTES APARTMENT GEFUNDEN, …
… DAS ECHT BILLIG IST.
(Dekorationen für die Kita)
Ich nehme Rot!
ACH JA?
WIE BILLIG DENN?

* Ca. 53 Euro.

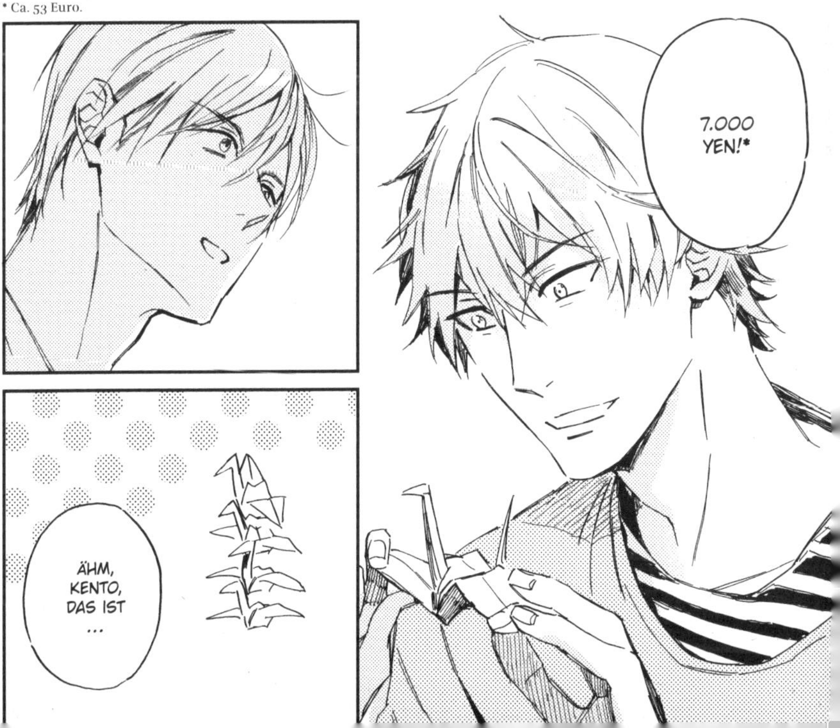

7.000 YEN!*
ÄHM, KENTO, DAS IST …

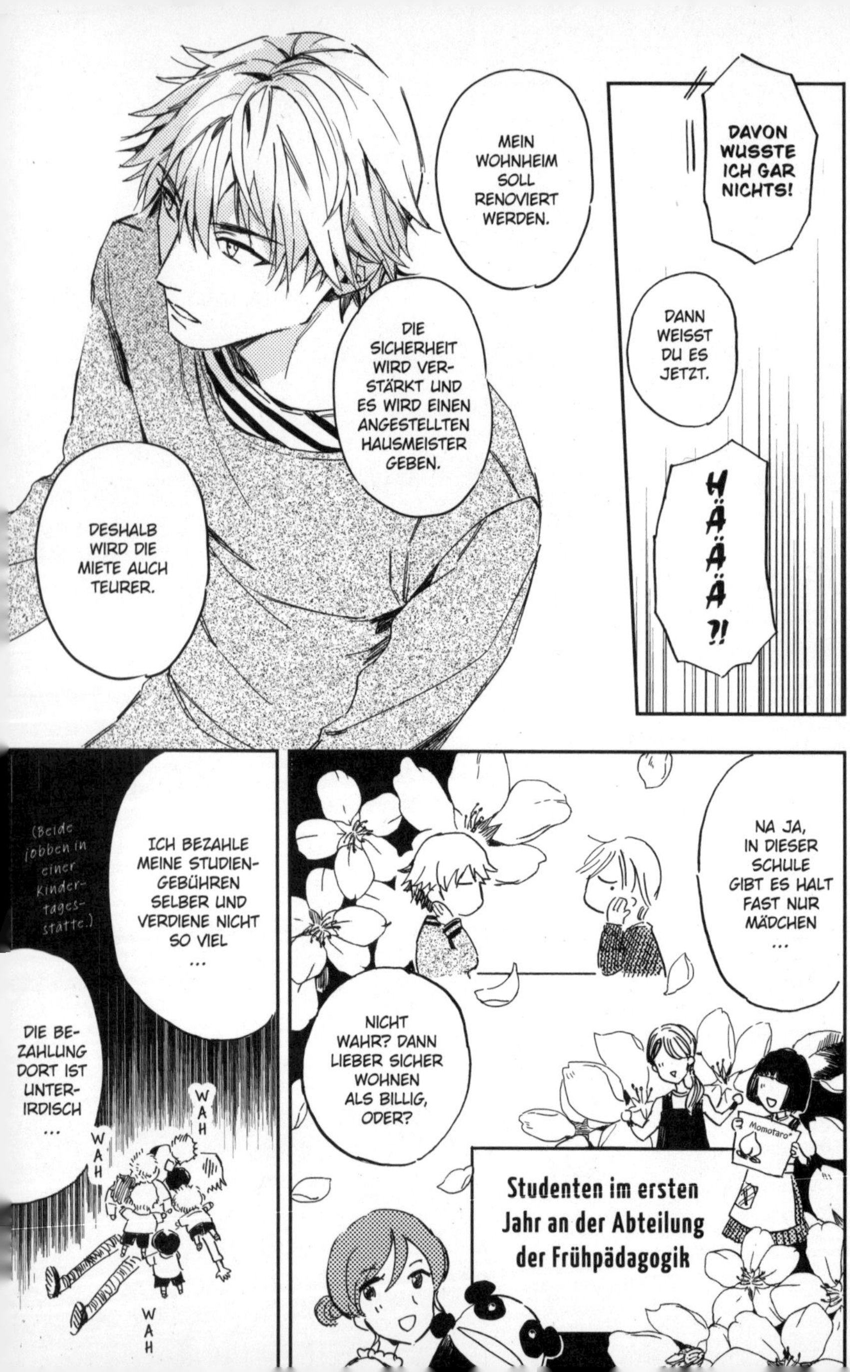

* Figur aus einem japanischen Märchen.

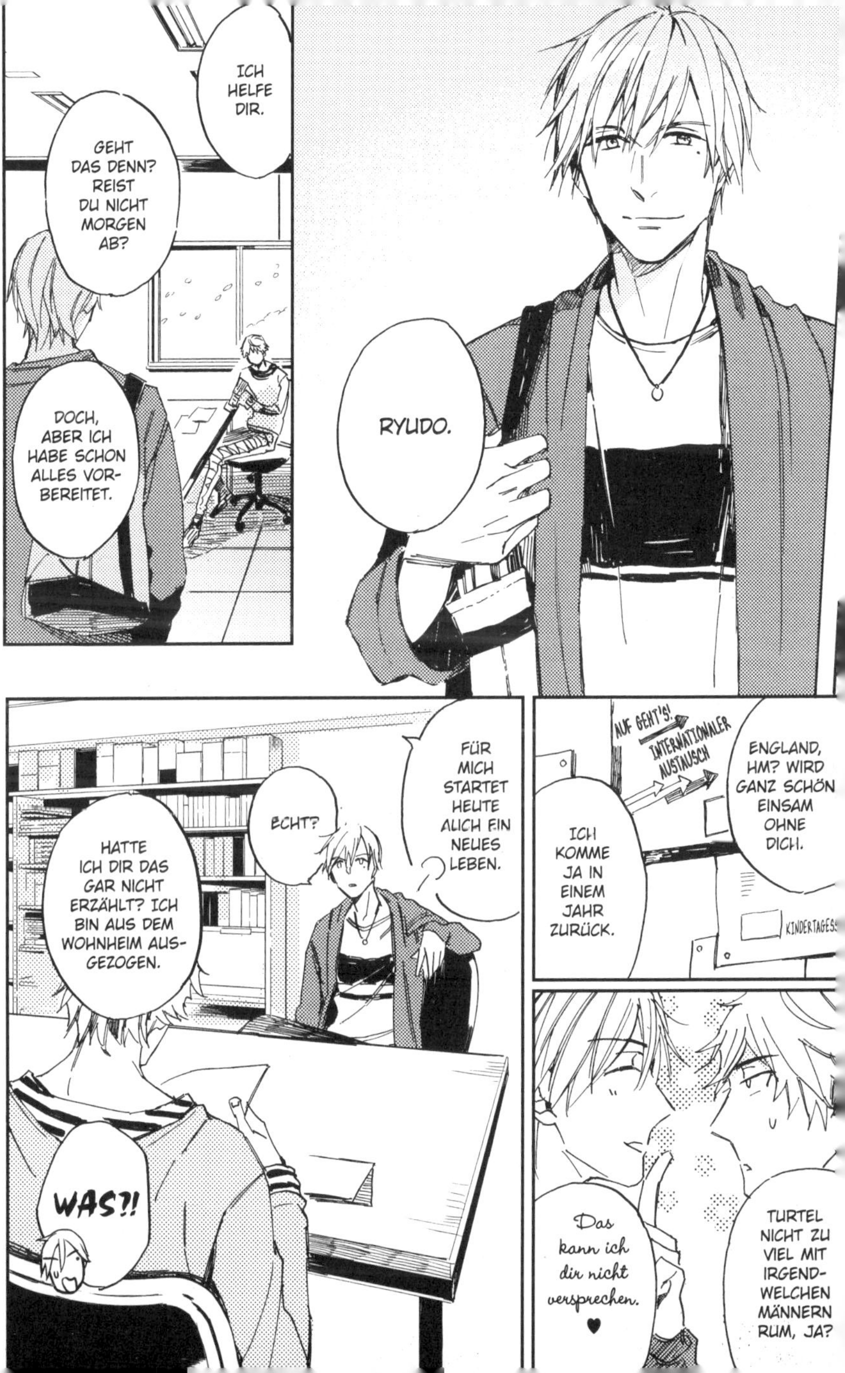
RYUDO.
ICH HELFE DIR.
GEHT DAS DENN? REIST DU NICHT MORGEN AB?
DOCH, ABER ICH HABE SCHON ALLES VORBEREITET.
AUF GEHT'S! INTERNATIONALER AUSTAUSCH
ENGLAND, HM? WIRD GANZ SCHÖN EINSAM OHNE DICH.
ICH KOMME JA IN EINEM JAHR ZURÜCK.
KINDERTAGESS
FÜR MICH STARTET HEUTE AUCH EIN NEUES LEBEN.
ECHT?
HATTE ICH DIR DAS GAR NICHT ERZÄHLT? ICH BIN AUS DEM WOHNHEIM AUSGEZOGEN.
WAS?!
TURTEL NICHT ZU VIEL MIT IRGENDWELCHEN MÄNNERN RUM, JA?
Das kann ich dir nicht versprechen. ♥

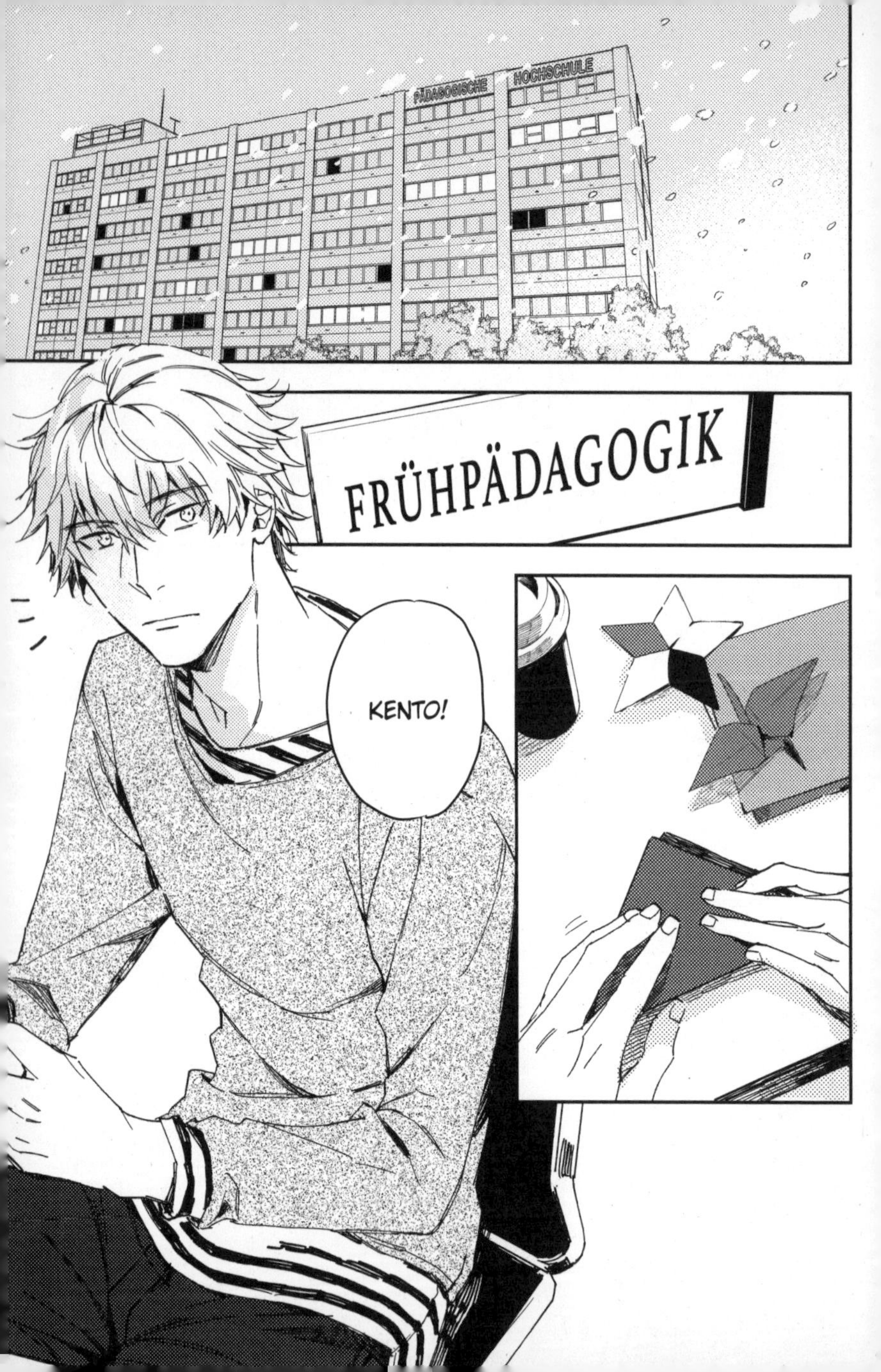
PÄDAGOGISCHE HOCHSCHULE
FRÜHPÄDAGOGIK
KENTO!

Der Metalhead von nebenan

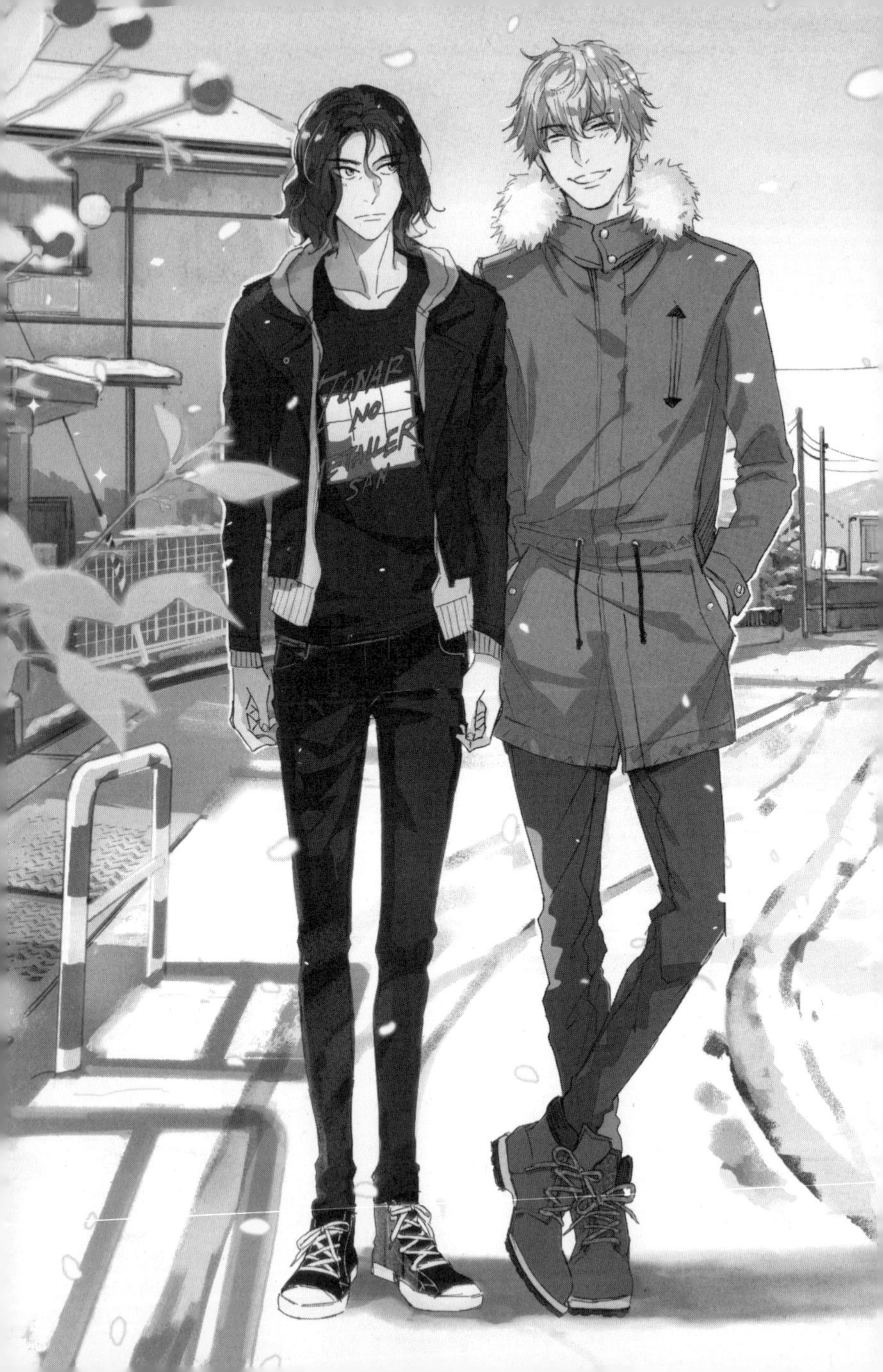
NO
SAN

Kapitel 1

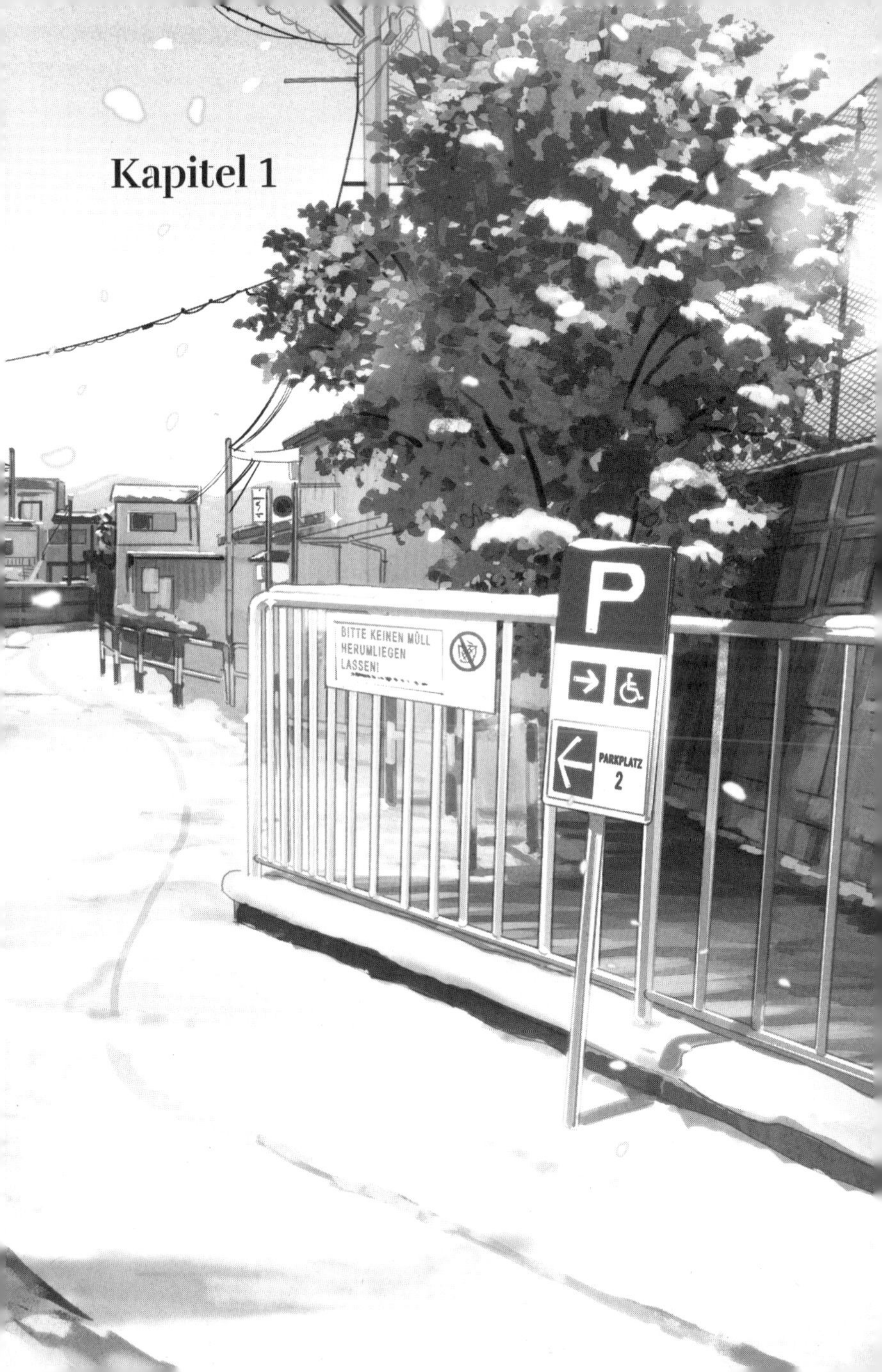

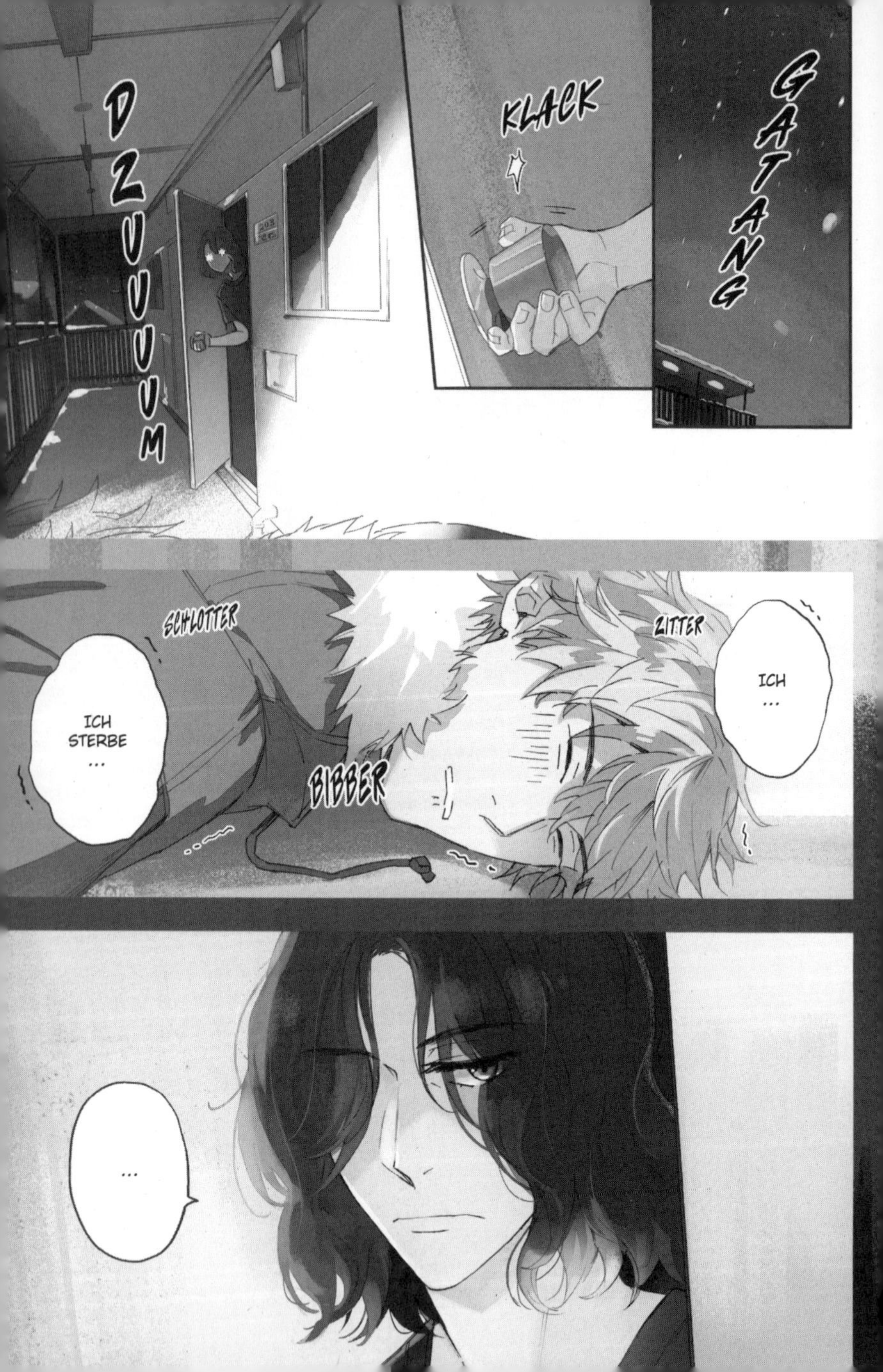
GATANG
KLACK
DZUUUUUM
ZITTER
ICH …
SCHLOTTER
ICH STERBE …
BIBBER
…